異文化間コミュニケーションからみた
韓国高等学校の日本語教育

シリーズ 言語学と言語教育

第1巻 日本語複合動詞の習得研究－認知意味論による意味分析を通して　松田文子著

第2巻 統語構造を中心とした日本語とタイ語の対照研究　田中寛著

第3巻 日本語と韓国語の受身文の対照研究　許明子著

第4巻 言語教育の新展開－牧野成一教授古稀記念論文集
　　　鎌田修，筒井通雄，畑佐由紀子，ナズキアン富美子，岡まゆみ編

第5巻 第二言語習得とアイデンティティ
　　　－社会言語学的適切性習得のエスノグラフィー的ディスコース分析　窪田光男著

第6巻 ポライトネスと英語教育－言語使用における対人関係の機能
　　　堀素子，津田早苗，大塚容子，村田泰美
　　　重光由加，大谷麻美，村田和代著

第7巻 引用表現の習得研究－記号論的アプローチと機能的統語論に基づいて
　　　杉浦まそみ子著

第8巻 母語を活用した内容重視の教科学習支援方法の構築に向けて
　　　清田淳子著

第9巻 日本人と外国人のビジネス・コミュニケーションに関する実証研究
　　　近藤彩著

第10巻 大学における日本語教育の構築と展開
　　　－大坪一夫教授古稀記念論文集
　　　藤原雅憲，堀恵子，西村よしみ，才田いずみ，内山潤編

第12巻 異文化間コミュニケーションからみた韓国高等学校の日本語教育
　　　金賢信著

第13巻 日本語eラーニング教材設計モデルの基礎的研究
　　　加藤由香里著

第14巻 第二言語としての日本語教室における「ピア内省」活動の研究
　　　金孝卿著

第15巻 非母語話者日本語教師再教育における聴解指導に関する実証的研究
　　　横山紀子著

シリーズ 言語学と言語教育 12

異文化間コミュニケーションからみた韓国高等学校の日本語教育

金賢信 著

ひつじ書房

目　次

第 1 章　問題の所在
　　　　　―日韓関係改善のための言語教育へ向けて― ──── 1
1. 本研究の意図と目的 ……………………………………………… 1
2. 研究方法 …………………………………………………………… 4

第 2 章　理論的背景 ──────────────────── 7
1. 文化の定義 ………………………………………………………… 7
2. 外国語教育と文化 ………………………………………………… 9
3. 異文化間コミュニケーション …………………………………… 12
4. 日本語教育と文化 ………………………………………………… 14
5. 韓国の高等学校の日本語教科書に関する先行研究 …………… 16

第 3 章　韓国の第 3 次教育課程期（1974 ～ 1981 年）
　　　　　における高等学校の日本語教育 ──────── 25
1. 戦後の日本語教育開始と社会政治的背景 ……………………… 25
   - 1.1　時代背景 ………………………………………………… 25
   - 1.2　日本語教育をめぐる世論 ……………………………… 39
2. 第 3 次教育課程期の日本語教育の状況 ………………………… 42
3. 第 3 次教育課程期の日本語教育課程 …………………………… 47
   - 3.1　韓国の教育課程 ………………………………………… 47
   - 3.2　第 3 次教育課程期の高等学校教育課程 ……………… 49
   - 3.3　文教部令告示第 350 号（1974.12.31）による日本語教育課程 ……… 49
4. 第 3 次教育課程期における教科書政策 ………………………… 54
   - 4.1　第 3 次教育課程期以前の教科書政策 ………………… 55

4.2	第 3 次教育課程期の教科書政策 ………………………	58
5.	第 3 次教育課程期の教科書にみられるイデオロギー ……	60
5.1	「国籍ある教育」を求めて ………………………………	60
5.2	「国民教育憲章」と「セマウル運動」による国民統合政策 ………	61
5.3	小・中・高校の教科書内容 ……………………………	63
5.4	日本語教科書の内容 ……………………………………	65
6.	結語 ……………………………………………………………	93

第 4 章　第 4 次教育課程期（1982 ～ 1987 年）における高等学校の日本語教育 ── 115

1. 政治社会的背景 ……………………………………………… 115
2. 第 4 次教育課程期の日本語教育の状況 ………………… 119
   2.1 高等学校 …………………………………………………… 119
   2.2 大学と専門学校 …………………………………………… 128
3. 第 4 次教育課程期の日本語教育課程 …………………… 131
   3.1 第 4 次教育課程の改定背景 …………………………… 131
   3.2 教育課程の基本方針 …………………………………… 133
   3.3 第 4 次教育課程期の日本語教育課程 ………………… 135
4. 第 4 次教育課程期における教科書政策 ………………… 137
5. 第 4 次教育課程期の教科書にみられるイデオロギー …… 143
   5.1 国民精神教育の強化 …………………………………… 143
   5.2 小・中・高校の教科書の内容 ………………………… 145
   5.3 日本語教科書 …………………………………………… 146
6. 結語 …………………………………………………………… 189

第 5 章　第 5 次教育課程期（1988 ～ 1995 年）における高等学校の日本語教育 ── 207

1. 政治社会的背景 ……………………………………………… 207
2. 第 5 次教育課程期の日本語教育の状況 ………………… 209
   2.1 高等学校 …………………………………………………… 209
   2.2 大学と専門学校 …………………………………………… 221
3. 第 5 次教育課程期の日本語教育課程 …………………… 229

3.1　第5次教育課程の改正背景 ································· 229
　　3.2　教育課程の基本方針 ·· 231
　　3.3　第5次教育課程期の日本語教育課程 ······················ 234
　4．第5次教育課程期における教科書政策 ························· 237
　5．第5次教育課程期の教科書にみられるイデオロギー ········ 240
　　5.1　国際化社会と情報化社会へ向けての教育強化 ·········· 240
　　5.2　小・中・高校の教科書の内容 ······························ 242
　　5.3　日本語教科書 ··· 243
　6．結語 ··· 318

第6章　終章 ──────────────────── 335
　1．まとめ ··· 335
　（1）　第3次教育課程期（1974～1981年） ························ 336
　（2）　第4次教育課程期（1982～1987年） ························ 338
　（3）　第5次教育課程期（1988～1995年） ························ 341
　2．結論と提言 ·· 343

参考文献 ───────────────────────── 365

あとがき ───────────────────────── 389

索引 ─────────────────────────── 391

第1章
問題の所在
―日韓関係改善のための言語教育へ向けて―

1. 本研究の意図と目的

　隣国同士である韓国と日本は古代から歴史的・文化的に深い関係を結んできた。ある時は仲が悪くなり戦争相手国になったり、ある時は文化交流と平和的な関係を維持する仲の良い隣国になったりした。さらに、20世紀初頭に始まった日本の36年間の朝鮮支配は朝鮮半島と日本の関係を葛藤的関係に変貌させた。「近くて遠い国」になってしまったのである。

　1965年の日韓国交正常化は日韓関係改善の一歩を踏む契機になったが、歴史認識の差がある両国民の親善関係の回復までには至らなかった。しかし、1998年金大中大統領の日本訪問を契機に、韓国の四回[1]にわたる日本文化の部分的開放政策、2000年11月には日本の大学入試センター試験外国語科目に韓国語の編入があり、また韓国・朝鮮語学習者も増加した。さらに、2001年に韓国釜山と日本大阪で行われた日韓交流祭、2002年のワールドカップサッカー大会の日韓共同開催、また近年始まった日本での「韓流」ブームなど、文化とことばの日韓相互交流の機会が急速に増えつつある。2000年に韓国を訪問した日本人観光客数は247万2,054人で全体国外観光客数の46.5％を占め、一位であった[2]。また、観光、商用（短期）、親族訪問等を目的とした日本での「短期滞在者」は2001年現在387万8,071人で、韓国人が98万761人と最も多く、「短期滞在者」全体の25.3パーセントを占めている[3]。このように、国家レベルの交流だけではなく、民間レベルの接触と

交流も増えつつある。日韓両国の関係改善と信頼回復にこのような接触がもたらす効果は少なくないと思われる。

　交流・相互理解にとってことばの学習が持つ意味は大きい。日本人に対する韓国・朝鮮語教育、また韓国人に対する日本語教育はコミュニケーションとしてだけではなく、相互理解・協力、善隣友好、信頼関係につながる学習になるべきである。もし、日韓両国の外国語教育の目的をコミュニケーションの道具だけに置くならば、日韓両国ともに学校教育全般を通した国民の英語によるコミュニケーション能力の向上を目指して様々な努力を重ねているので、英語教育だけでもその効果を上げることができるはずである。しかし、相手の国の様々な人々との交流と相互理解のためには、その国の文化と強く結びついているその国の言語を学ぶ必要がある。「近くて遠い国」からお互い「近くて近い国」になるためには、韓国人に対する日本語教育と日本人に対する韓国・朝鮮語教育が持つ意味は大きいのである。

　特に、日韓両国が互いの言葉を習う際には異文化間コミュニケーション能力の学習に対する教育的配慮は非常に重要である。ことばと文化と容貌が表層的に似ている韓国人と日本人同士の場合は、互いにことばと文化の行き違いが認識されにくいため、自国の社会的・文化的規範を当てはめてコミュニケーションをする傾向が多く、そのズレから感情的なレベルでの誤解や摩擦が生じる可能性が非常に高くなる。学習者が文法的な誤りを犯したとき、母語話者はそれが誤りであるとすぐ認識できるが、会話が行われているその場面に相応しくない、Hymes(1972)[4]のいう「ことば使いの適切性(appropriateness)」が欠けた用法をすると、それがノンネイティブの誤りであることに気付かず、ことば通りに解釈しがちである。特に、相手の発話が発音や文法の点で誤りがなく流暢で、学習者と母語話者の外観が似ている場合には、この傾向が一層強くなる。同じく東洋系で外観が似ている日韓両国人はお互いどこか「完全な外国人」として対処することを忘れさせてしまう相手なのだ。日韓両国人が相手のことばを習う際、学習者は自分の母語をそのまま相手のことばに当てはめてコミュニケートしようとする傾向があり、また母語話者も自分の言語文化のルールを基準にして相手を判断する傾向が強い。このようなズレから生じた誤解や摩擦で人間関係が損なわれると、相

手個人との問題として見なされず相手国の国民全体の問題として一般化され、相手国に対するステレオタイプや偏見が強化されたり、新たなステレオタイプや偏見が生まれたりする場合も多い。日韓両国人における異文化間コミュニケーションにおいては、社会的・政治的・歴史的な両国間の関係性による文脈が複雑に絡み合っているため、自分が発したことばや行動が自分の意図とはまったく違う意味として相手に解釈される可能性が非常に高い。日本人に対する韓国・朝鮮語教育と韓国人に対する日本語教育においては、相手の文化と自分の文化の相異と相似を認識し、互いの関係を正確に把握する必要がある。

　日本人と韓国人の関係は短期間の旅行、長期滞在などの直接的な接触より学校教育やマスコミを通した間接的な接触によって大きな影響を受けてきた。両国のマスコミは日韓の政治・経済関係や歴史関連問題を否定的に扱う場合が多かった。しかし、1999年以降は両国とも友好的パートナーとして扱う論調が増えている。まだ歴史認識の差など解決されていない問題が残っている両国の不安定な関係をより改善させるためには、幅広い多方面に渡る民間レベルの接触・交流を増やさなければならない。その際、日本と韓国の交流の掛け橋として活躍するのは、他ならぬ日本語及び韓国・朝鮮語学習者たちである。韓国文化と日本文化を客観的に見る視点を持つ人材を養成するためには、異文化理解教育、異文化間コミュニケーション教育を重視した日本語教育に力を入れる必要がある。

　国際交流基金日本語国際センターの報告によると、世界の日本語学習者は1995年現在162万人を越えるとされている。その中でも韓国での数は、学校教育だけでも82万人を上回り世界第1位の位置を占めるに至っている。また1998年の高等学校の日本語学習者は73万人に達している。2002年度からは中学校でも裁量授業の選択科目の一つとして日本語教育が始まった。2005年度の韓国教育統計年報によると、2005年には約56万人程度の高校生が日本語を第二外国語として選択している。この数は、韓国の全高校生の32%であり、第二外国語を履修した学生数の中では63%も占めている。彼らが学校の日本語教育を通じてどのように日本文化を理解しているのか、さらに学校教育の中で日本語教育は「文化」をどのように捉えてきたのかを探

ることは、世界で最も多い日本語学習者を持つ韓国における異文化理解教育を重視したこれからの日本語教育への指針として有効であろう。

　従って、本研究の目的は軍事政権下で国家中心主義の影響が強く、教育課程の決定において中央集権的であった第3次教育課程期から第5次教育課程期までの日本語教育政策の変遷過程を考察し、韓国の教育政策の中での日本語教育の歴史的な位置付けを明らかにすることである。特に、政治性が強かったこの時期の高等学校の日本語教科書の内容変遷を異文化間コミュニケーションの観点から分析・考察し、日本語教育における異文化間コミュニケーション教育の重要性を論じたい。

　分析対象として教科書を選んだのは、韓国の教科書は学校現場で一番強い影響力を持つ教育道具であり、教育現場での文化教育の相当な部分が教科書に依存して行われているからである。また、各教育課程期の日本語教科書の制作においては中央政府の外国語教育政策の影響を強く受けているので、言語政策的側面からの考察においてもこの時期の日本語教科書の分析は非常に重要である。

2.　研究方法

研究方法は、①第3次教育課程期(1974〜1981)、②第4次教育課程期(1982〜1987)、③第5次教育課程期(1988〜1995)の三つの時期[5]に分け、韓国の高等学校の教育課程の教育政策と教科書政策や大学の日本語教育などの日本語教育全般について考察し、各教育課程別に見られる高等学校教科書内容の特徴と問題点を分析する。

　教科書の分析方法は「上巻」と「下巻」に分け、①教科書の構成、②写真と絵、③会話場面、④人名、⑤地名、⑥内容、という六つの側面からその特徴と問題点を考察する。分析の基準は①日本語教育課程の教育目標が反映されているのか、②教科書の写真や絵が異文化理解に役立つ内容として構成されているか、③会話場面の量的側面や、会話の登場人物の設定と内容に表れる特徴、④国籍別の登場人名数と登場頻度数に表れる特徴、⑤登場する国名と地名の頻度と特徴、⑥日本に関する内容を素材にしているのか、あるいは

韓国に関する内容を素材にしているのかなどである。特に、③④⑤⑥は異文化化間コミュニケーションという教育的配慮が工夫されているのかという点を中心に分析・検討する。

注
1 第1次日本大衆文化開放 (1998. 10.20)、第2次日本大衆文化開放 (1999. 9.10)、第3次日本大衆文化開放 (2000. 6.27)、第4次日本大衆文化全面開放 (2004. 1.1)
2 ソウル特別市 (2002)『ソウル統計年報』の統計資料
3 法務省入国管理局 (2002) の平成13年における外国人及び日本人出入国者統計結果報告
4 Dell Hymes (1972) *On Communicative Competence*, England: Penguin.
5 この時期的分類は施行年を基準にした韓国の国家レベルでの教育課程の時代区分である。教育課程が変わると教育目標・時間編成・教科書などが改正されるので、教育政策的な側面で教科書の内容変遷などを考察するためにはこの時期区分に分けて分析する必要がある。第5次教育課程期までは中央集権的教育課程であったが、第6次教育課程期からは教育課程決定の分権が求められ、市・都と学校の自律権と裁量権が拡大され、中央集権的教育課程から地方分権的教育課程へと転換しようとする動きが現れる。

第 2 章
理論的背景

1. 文化の定義

効果的な文化教育のための教育枠の設定は文化概念の定義によって違ってくるだろう。今日、「文化」ということばは非常に多様な領域で幅広く使われている用語である。KroeberとKluckhohn (1954) の調査[1]では、約300の文化定義がある。文化の定義は領域や目的によって様々な定義が可能である。社会学的な観点でGoodenough (1964) は文化を個人の特別な面より社会に属する人々の間で協議された共有の知識として定義している[2]。社会言語学的観点から、Brown (1994) は文化をある特定の時期において特定の集団の人々を特徴付ける考え方、慣習、技術、芸術、道具など人間の思考と感情を含む存在方式、また生活様式として定義している[3]。つまり、文化が時代と集団によって変わる可能性を特定の時代と特定の集団という表現で表しているとも言える。文化はある特定の時代の特定集団が社会生活を通じて習得、伝承、共有される行動様式、信念、習慣、価値観、言語などの可変的な人間生活の総体である。

歴史的な観点から文化の定義を試みているStern (1992) の理論を要約すると次のようである。第一次世界大戦前には一つの国家の歴史、地理、芸術、科学的な発見など人々が誇りに思っている業績が文化だと思われていた。しかし、世界大戦中に社会人類学の発達に影響を受け、第二次世界大戦後には文化の概念が一つの社会の生活様式を意味するようになった。つまり、文化

の概念を人間関係、家庭生活などの日常的な状況で行われる典型的行動を意味するものとして見ていた[4]。従って、1950年代以後から言語指導の構成要素には生活様式を中心とした文化が強調された。しかし、韓国の日本語教育においては生活様式を中心とした文化が強調されたのは80年代後半からであり、以前には韓国人が誇りに思っている韓国の固有文字であるハングルや英雄の業績などの韓国文化の理解が重視されていた。

1960年代以後には、Chastainなどによって文化認識が拡大され、二つの文化、つまり人間の業績を中心とする文化と人間の日常的生活様式との両方を含むようになった。Chastain(1976)はある共同体の生活様式を「Small c Culture」に、その社会の政治、経済、偉大な政治家、芸術家などの業績を「Large C Culture」に区分し、文化内容を①典型的な学校生活、②貨幣、③食べ物、④余暇活動、⑤職業、⑥幸福、⑦成功、⑧両親に対する考え、⑨男・女の社会的役割、⑩家族などの文化項目に細かく区分している[5]。

特に、Small c Cultureは主に現代生活の思考方式や日常生活と密接に関係する文化であるので、外国語学習の初期段階には過去の業績や芸術などのLarge C Cultureを代表する文化内容よりSmall c Cultureと関係がある文化内容を扱った方が学習者のコミュニケーション能力の向上効果がより期待されるであろう。

人間関係、家庭生活、学校生活などの日常的な状況で行われる典型的行動まで文化の概念として注目され、文化の定義は芸術、歴史、地理などの狭い意味から個人の日常生活のパターンなど人間が学習してきたすべての面が含まれる広範囲で包括的な意味へと変わった。さらに、文化領域を様々な見地から分類して細分化し、具体化されるようになってきた。また、外国語教育における文化は、コミュニケーション能力養成と関係しているので、その人間生活と結び付いている気候、地理などの自然を含む地域事情も含む場合が多い。

以上紹介した様々な文化の定義を参考にしながら、本書では次のように定義する。

文化は、ある特定時代の特定集団に社会生活を通じ習得、伝承され共有する行動様式、信念、習慣、価値観、言語などの可変的な人間生活の総体であ

る。また、外国語教育での文化はコミュニケーション能力学習と関係があるので、その人間生活と結び付いている気候、地理などの自然を含む地域事情も広く文化として捉える。

　文化はすべての人間社会で共有する普遍性を持っているが、一方ではある社会での文化類型とその特性及び内容が他のある社会の文化と区別される特殊性をも持っている。外国語教育では前者より後者の文化理解教育に力を入れるべきである。しかし、文化の特殊性や自文化との違いだけを強調した情報の提供としての文化理解教育に留まるとステレオタイプを招く可能性や目標言語の母語話者と心理的距離を置いてしまう可能性があるので、この点は注意する必要がある。特に、日韓両国民は互いにステレオタイプを持っている場合が多いので、相手の国のことばを習う際、事前に持っているステレオタイプや偏見を見直す作業が外国語教育に必要である。そのためには文化理解教育においては、文化の普遍性だけではなく、特に時代や地域や世代などによって変わりうる文化の可変性や多様性にも注目すべきである。

2. 外国語教育と文化

1960年代の外国語指導で文化の領域を定義する試みが行われ、1960年代の後半には Brooks(1964)[6]・Jay(1968)・Lander(1966)・Lewald(1968)のような社会言語学者たちが言語教育と文化との関係を取り扱うようになった。つまり、文化は言語学習を補充するという面で強調されたのである。特にBrooks は語学教育と関係がある文化は社会構成員としての個人が営む生活のパターン(Patterns for living)に注目する重要性を強調した[7]。しかし、1960年代の外国語教育の教授法に大きな影響を与えたオーディオリンガル方式[8](Audio-Lingual Method)では言語の構造や形の習得に重点が置かれていたので、実際の語学教育現場では文化は語学教育全般から分離され、せいぜい伝統的な文化の紹介に留まった。あるいは、文化は語学の授業にあまり持ち込むべきではないとさえ思われてもいた。1970年代以降、Hymes[9]の影響を受け、言語能力とは文法的能力以外にその言語が話されている社会と文化に関する知識とその場面にふさわしい適切な言語を使う能力であるという認識

が深まり、言語教育においても文法・文型中心の教育から社会・文化的要因の重要性が注目されるようになった。1980年代に入ってからは言語教育における文化教育の関心が高まるようになった。今は目標言語の文化理解は外国語教育のコミュニケーション能力と不可分の関係であると見なされている。

近年の外国語教育の文化の取り上げ方は、①目標文化の中で適切に機能できる言語能力の養成、②できるだけ文化の内容を教材に盛り込み、教材を通して教える、③文化の概念自体も広く解釈し、伝統文化のみならず現在の社会的特徴なども含む、等である。しかし、この際の文化とは目標言語の文化を意味している点である。そのため文化を教えるということは、目標言語の文化について学習者に情報を与えることとされている場合が多い。前述のように、目標言語の文化を画一的、不変的なものとして取り扱い、教師から一方的に学習者に単に情報として与えてしまうと、ステレオタイプや偏見を作り出してしまう恐れがあるので、どのような文化をどのように扱うかを考察する必要がある。また、異文化だけではなく自文化に対する客観的理解も追求すべきである。

Chastain (1976) は文化教育の目標を三つ上げている。

① 相互文化の交流 (Intercultural Communication)
② 相互文化の理解 (Intercultural Understanding)
③ 学習者の自文化に対する基本的な側面を認識 (Realization of the basic aspects of the student's own culture)[10]

Chastainが主張する相互文化の理解を目指した外国語教育の文化理解教育は益々国際化と世界化が進んでいる現代社会において人的交流と接触の際には最も重視すべき目標の一つである。しかし、この際に注意しなければならないことは文化内容の間違った提示のやり方や偏った内容で自文化中心主義と偏見に陥る危険性を認識することであろう。

Seelye (1976) も文化教育を意図的に取り扱うべきであると強調しながら文化教育の目的をより細かく分けて七つの項目として提示している。

① 文化的に条件化されている行動の機能と感覚を理解(Understanding the sense or functionality of culturally conditioned behavior.)
② 言語と社会的変数の相互作用を理解(Understanding the interaction of language and social variables.)
③ 一般的状況での慣習的行動を理解(Understanding the conventional behavior in common situations.)
④ 単語と句の文化的含意を理解(Understanding of the cultural connotations of words and phrases.)
⑤ 社会に対する陳述を評価(Evaluating statements about society.)
⑥ 外国文化の研究(Researching another culture)
⑦ 外国文化に対する態度発達(Developing attitude toward other cultures)[11]

　文化教育の目標を達成するためには、文化内容の知識をただ学習者に与えて学習させることに留まらず、学習者が目標文化の文化要素を正しく解釈し使える解釈的使用能力を開発させてくれる文化理解能力を養う必要がある。無論、目標文化の理解には自国文化に対する正しい理解が前提にあるのは言うまでもない。外国語教育において文化的内容を体系的に扱うことの主旨は学習者が持っている目標言語に対する不正確ないし偏った見方を最小化し、より円滑な相互接触と交流を可能にすることにあり、目標言語の文化に同化させることではない。特に韓国においては、日本語教育を開始する際に、日本文化の影響を生徒たちが受けると、韓国人としての主体意識や愛国心が薄くなるのではないかと恐れる意見が多かった。しかし、Rivers(1981)は、学習者を異文化に慣れさせることは、自文化にある価値と思考方式を放棄させることではなく、学習者の自文化にある既存の価値観と新しい価値観との間での類似点と差異点を認識させ、自分の思考及び価値基準をより意識するようになる。さらに、他の文化と関連している思考と価値基準をよりよく理解し解釈することが出来、違う見解や行動様式に対してもより寛容な態度を取らせることにその目的があると主張した[12]。90年代に入ってから韓国の日本語教育においても日本文化理解能力は重要な日本語教育の目標になっている。

以上、文化教育の目標を考察してみたが、本書では外国語教育の様々な目標の中でもコミュニケーション能力と異文化理解能力の養成という目標に重点を置きたい。

3. 異文化間コミュニケーション

Lado (1964)、Brooks (1964)、Seelye (1976) などの言語教育学者たちは60年〜70年代には「言語」と「文化」との関連性を強調したが、言語は単純に孤立している記号体系ではなくある状況の中で行われるコミュニケーションの道具であるため、最近はより直接的で具体的な「コミュニケーション」と「文化」との相関関係に大きな関心が寄せられている。

　コミュニケーション状況では、言語的な要素だけではなく話し手が属している社会文化的領域、状況的脈絡、話し手と聞き手間の相互作用（社会的身分、意図、解釈など）、非言語的な要素（顔の表情、身体接触、視線など）もその構成要素であるため、文化と密接な関係を持っているのである。Hymes (1972) は文法的に正確な表現を作る言語能力だけではなく社会的状況と言語的な脈絡に相応しい表現を使えるコミュニケーション能力 (Communicative Competence) が存在すると主張した。彼は敬意を払ったり、不満を表明したり、情報を伝達したりするなどの場合、言語がいかにして実際に用いられているのかを社会や文化のもつ価値観との関連で見ている。また伝達能力に関して、文法能力、容認可能性、適切さなどといた社会的・文化的要素を重視している。

　Canale と Swain (1980) はコミュニケーション能力を四つの次元に分類した[13]。

① 文法的能力 (Grammatical Competence)：Chomsky の言語能力に当たる。
② 社会言語学的能力 (Sociolinguistic Competence)：コミュニケーションが発生する社会的脈絡を理解する能力である。
③ 談話的能力 (Discoursive Competence)：結合力と論理的一貫性に関

する知識であり、個々人のメッセージの相互連結性問題と全体的談話関係の意味表出の問題を理解する能力である。
④　方略的能力(Strategic Competence)：外国語学習者がその言語の使用が不完全であっても意味を理解させるために使おうとする方略(例えば、単純化など)である。

　以上からコミュニケーション能力は言語的側面以外に文化的側面をも考慮に入れた非常に総合的な概念であることが分かる。今日外国語教育の重要な学習目標であるコミュニケーション能力を養うためには、言語教育的な観点だけではなく文化教育的な側面も重視した異文化間コミュニケーション教育に力を入れなければならない。
　異文化間コミュニケーションとは何であるか。R.E. Porter と L. Samovar は、「メッセージの送り手と受け手が異なった文化背景を持っている場合に起こるコミュニケーション」[14]として定義している。異文化間コミュニケーションの際には、学習者側に自文化と目標言語文化に対する正しい理解が求められるのと同じく、学習者の目標言語の母語話者側にも自文化と学習者の文化に対する理解が求められる相互の文化理解という側面は非常に重要である。文化教育は目標文化を知識の情報として与えるのではなく、相互文化理解能力が必要である。歴史的認識の差がまだ解決されていない日韓両国が相手国の言語教育を行う際に、特にこのような側面を常に認識することは重要である。
　異文化間コミュニケーション上に必要な異文化理解能力を養うために必要な目標を Seelye (1997) は六つに分け、教室とワークショップで発達させることが可能な技能(skill)として扱った。この六つの文化教育の目標は、目標文化のだれ(who)が、どこ(where)で、いつ(when)、なぜ(why)、なに(what)をしたのか、について学習者に興味(interest)を持たせ、さらにその文化について探求(exploration)させることであり、Seelye はこの六つの中でも、学習者が他文化、あるいは自文化内のサブカルチャーに興味を持ち、その構成員に対しての共感を示すようになることを第一の教育目標として取り上げている[15]。異文化間コミュニケーションの際、言語形式の違いのみではなく、

相手の文化背景の違いに大きな関わりがあるような誤解に対して不快感を互いに感じる可能性が非常に高いと思われる。ある会話の場面で生じた誤解が直ぐ解ける場合もあり得るが、お互いの意図と解釈における微妙なずれが会話が進むにつれどんどん大きくなり、二人間の誤解のギャップを埋められず、すれ違ったままで終わったり、また相手に対する不快感、違和感が残り続けてその人との摩擦が起こったり、相手に対して偏見を持ってしまう危険性もある。

　従って、外国語を習う際にはその言語の4技能と文法だけではなく、その言語を使う相手と相手の文化に対する正しい理解と態度が必要である。つまり、異なる文化・社会背景を持つ言語について、その表面的な言語表現だけでなく、その言語表現の文化的意味を、自分の母語の体系とは異なる目標言語の体系に基づいて解釈・運用する能力を養うことが外国語教育には必要である。外国語教育は、言葉という一つの言語体系を教えることであるが、それと同時にその言語の背景にある社会構造、規範、社会構成員の人間関係、価値観などの異文化教育にも繋がっているのである。これからの外国語学習の究極的な目的は外国文化に対する理解と交流だけに留まらず、外国文化の体験を通した学習者自身の国際化にあるとも言える。

4. 日本語教育と文化

言語の構造や形の習得に重点を置くオーディオリンガル方式の欠点や弱点[16]を改善し、言語学習が本来目指しているコミュニケーション能力を養成するために1970年代の初頭に誕生したコミュニカティブ・アプローチは外国語教授法の一つとして英語教育のみならず日本語教育にも大きな影響を与えた。

　言語形式や文法のレベルをこえて、実際の伝達場面での話し手の社会的な地位、聞き手との関係、発話の意図、発話の場所などの文脈を明確にする文脈化(contextualization)が特に重視されているコミュニカティブ・アプローチの影響で、日本でも1970年代から、外国語教育において「言語と文化」の関係が論ぜられる機会が多くなった。

日本語教育での文化の問題に関する研究を概観してみると次のようである。

池田(1973, 1975)は、日本語の初級、中級、上級の段階で、「ことばと文化」をいかに扱うべきかという観点から一つの教科書の例をあげて、日本語教育における教科書のあり方について考察した。今田・中村(1975)は考え方、生活、文化的背景の差の説明が必要な語を「文化語」と定義し、名詞だけに限って初級日本語教科書10冊から「文化語」を調べ、分類、体系化を試みた。長谷川(1975)は、日本語教育の対象を外国人に限らず、帰国子女や日本で生活している外国人の子弟も入れて文化の問題を考察している。佐藤(1977)は、歴史の流れとともに変容した文化の解釈をたどり、そこから、異質の文化に接触した場合のさまざまな問題点を取り上げている。また、佐藤(1979)は文化教育の内容がバランスを欠き、伝統文化からのアプローチが目立つことを指摘しながら、現代日本を支えている日本人を、もっと幅広く考察の範囲に入れる必要があると主張していた。

1980年代に入っては、日本語教育において異文化接触の視点が注目され始めた。70年代から日本語教育と文化の問題を扱ってきた佐藤(1985)は日本語教育における異文化接触の問題を考察した。また、ネウストプニー(1982)の社会文化行動能力育成のための日本語教育に対する提言で文化という側面が重視されるようになった。しかし、1980年代までの日本語教育では、言語と文化を切り離して捉えていたため、異文化教育という側面があまり検討されていなかった。「日本文化」を知識として教えることが目的とされていたため、当然コミュニケーション能力の育成を目指す場合でも、言語能力以外に学習者が異文化で暮らすことにまつわる様々な問題には目が向けられていなかった[17]。

近年、文化研究を専門とする文化人類学において長年研究対象としてきた「伝統社会」や「未開社会」という従来の捉え方、つまり、「閉じられた社会」「均質性」「一体性」として当該社会の文化の前提になっているという考え方が根本から問い直されるようになった。日本語教育においても、一方的な講義形式で知識として「日本文化」を教授することが必要だと思われていた従来の文化観に対する批判的研究が増えている。近年には細川(1999)、川上

(1999)、河野(2000)の主張のように、どのような文化も、流動的で絶えず変化するものとして捉える傾向へと変わりつつある。特に、「文化」を社会集団の産物という枠組みの中でだけ人とそのことばの文化を捉えることに対して批判的である細川(2002a, 2002b)は、「文化認識」の主体を学習者自身とする立場をとり、社会を支える個々人が持っている可変的な認識、あるいは言語活動を通した思考と表現のありかたである「個の文化」へ視点を置くことを主張した。細川の「個の文化」は他者との一対一の関係性の中に置かれている学習者が、一対一のコミュニケーションの中で、その時々の状況に合わせて問題を解決するための能力を養うことこそが、異文化で生きる能力育成のための日本語教育だという考え方である。

それでは文化理解教育に関する韓国の教科書研究を概観する。

5. 韓国の高等学校の日本語教科書に関する先行研究

韓国の高等学校の日本語教科書に関する研究は、第5次教育課程期までは形容詞・形容動詞の文型研究や語彙研究などの語学教育に関するものが殆どである。第3次教育課程期の教科書研究は、早川(1977)によって教科書の構成と教授法・表現・発音などの問題点について簡略に考察された。他には稲葉(1979)の日本語読本に関する教科書内容の紹介と人名・地名の特徴に関する考察がなされている。しかし、内容の深層的な分析までには至らず、教科書の内容の紹介と簡単な分析だけで終わっている。第6次教育課程期から高等学校日本語学習者のニーズと日本語教科書の比較分析、意志疎通機能の反映実態分析、依頼表現の分析、教授法などの日本語教育の研究も増えている。조(2001)による教育課程の変遷と教科書出版状況を中心とした日本語教科書の研究もある。

特に、日本語教育における文化教育に関する研究は、文化理解を強調する第6次教育課程期から注目されるようになった。第6次と第7次教育課程期の教科書研究の多くは Finocchiaro and Bonomo と Chastain の文化類型別分類、今田・中村(1975)の文化語分類、日本国立国語研究所の日本語教育センターで提示した佐々木(2000)の日本事情カリキュラムの分類を基準に

した教科書分析研究が多い。

　Finocchiaro and Bonomo (1973) と Chastain (1976) の三つの文化カテゴリーによる分類をみると以下の通りである。

> ① 物質文化―「文物及び風景」、「食べ物及び飲み物」、「住宅」、「衣服」、「交通及び通信」、「地形及び気候」、
> ② 行動文化―「礼節」、「挨拶及び紹介法」、「家族の生活」、「法、道徳、犯罪」、「教育及び学生たちの生活」、
> ③ 精神文化―「国民性」、「歴史及び宗教」、「言語」、「人物」、「文学」、「芸術」、「祭り、祝日、年中行事」

　この分類を基準にし、張(2000)、강(2001)は第6次教育課程期の日本語Ⅰを分析している。강성순は三つの中心項目で主題別に分類し、教科書内の文化的内容が含まれている頻度数と種類を分析している。張英愛は日本語教科書から表紙と内部写真の分析、「日本的背景」「韓国的背景」「韓国・日本的背景」「普遍的背景」に分けた文化背景の分析も行っている。文(1999)も第6次教育課程期の11種類の高等学校の日本語教科書の絵・写真・素材を分析し、更に「日本的」・「韓国的」・「普遍的」の三つの分類でその文化内容を量的に考察している。しかし、文究煕と張英愛は挨拶、紹介、日常生活などの一般的内容と特定文化と関係がない内容を「普遍的」文化内容として定義し、分析結果で「普遍」的な内容が最も多いと指摘し、量的な面だけを問題点として注目している。しかしながら、挨拶、紹介などの文化内容を「普遍的」であるという見方には問題がある。文化によって挨拶、紹介の仕方が異なるからである。どこでも挨拶や紹介の仕方が同じであるという考え方で、自文化のルールをそのまま異文化コミュニケーションの場面に当てはめると相手に誤解や違和感を与えてしまう危険性があるので、そのような問題点を考察すべきである。

　第7次教育課程期に入ると、文化内容分析に関する研究が増えている。例えば、기(2003)は文化類型別の分析以外に国籍別分類を比率で示し、文化コーナーで扱われている文化内容を図表で示した。문(2004)は教科書の素

材別文化要素の内容と本文素材との関連を分析した。全(2005)は教科書の表紙、韓国文化の要素、インターネット情報検索の内容を分析した。

「物質文化」「行動文化」「精神文化」に分けて量的考察を行っている研究が多いが、文化を三つに分ける分け方には問題がある。なぜならば、物質文化と思われるものには精神文化的な側面も同時に存在する場合もあるので、そのような分け方で明確に区分出来ないからである。

今田・中村(1975)の分類基準は文化関連語彙を五項目に分けている。

① 自然、地理関係(季節、気候、自然現象、花、地名、名所など)
② 人間関係(家族、親族、社会的上下関係、職業、地位、身分など)
③ 生活様式(衣、食、住)
④ 諸活動(宗教、冠婚葬祭、年中行事、学習、芸術関係、学校関係、娯楽、スポーツ、旅行、歴史)
⑤ 日本語、日本文学(日本語関係、日本文学関係、伝説、昔話)

李(1998)の第6次教育課程期の12種類の高等学校日本語Ⅰ・Ⅱの分析と하(2003)の第7次教育課程の高等学校日本語Ⅰの分析は今田滋子と中村妙子の文化語の分類項目を基準にしている。しかし、日本語教科書の文化語に対する社会言語学的、語用論的充分な考察がなされておらず、量的な考察に止まっている。조(2005)の場合は、第6次期あるいは第7次期だけの考察に留まらず、第3次期から第7時期の教科書に見られる文化語の変遷内容について研究した。しかし、日本文化語と韓国文化語の変遷を計量的に概観しているだけで終わっている。

佐々木(2000)は四つのカテゴリーで分類している。

① 日常生活重視(衣、食、住、一般常識、生活習慣など)
② 大衆文化重視(漫画、歌、ドラマ、アニメなど)
③ 伝統文化重視(茶道、生け花、歌舞伎など)
④ 精神文化重視(宗教、思想、昔話など)

이(2002)は佐々木倫子の分類方式に従って第 7 次教育課程期の 4 種類の教科書の分析し、さらに現職高等学校の教師たちを対象にアンケート調査を実施し日本文化教育の問題点を考察した。윤(2003)は今田滋子と中村妙子の分類基準と、佐々木倫子の分類基準の中でも頻繁に教科書に出る共通の文化要素である年中行事、伝統文化、衣食住の文化を中心に分析している。

第 7 次教育課程が提示した文化項目との関連から教科書の文化内容を考察した전(2004)と박(2006)の研究もある。전태중は教科書の本文の内容の中で「読む」部分だけの文化素材の分析に留まったが、박진숙は「聴く」「話す」「読む」「書く」部分と日本文化紹介コーナーを全体的に分析した。特に、박진숙は李(2003)が考案した「言語文化行動(LCB; Language-Cultural Behavior)」教育内容のモデルを使い、その下位分類である①文化体系、②社会体系、③ personality、④本能、⑤風土環境の 5 項目の文化項目を基準に分析している。日本との相互交流を前提に言語行動の理解を強調している第 7 次の日本語科教育課程の特性との関連性から日本語教科書の文化内容を分析考察している。

最近は김(2006)、朴(2006)のように文化教育の指導法案の提示を試みる研究も少なくない。実際日本語教育が行われている学校の教育現場で効率よく活用できる文化教育の指導方案を模索しているという面では評価される。しかし、姜(2006)の日本と韓国の「お正月文化」の比較を使った学習指導案に提示されているお正月に関する一部の表現は画一的な日本人像を作り上げる可能性がみられる。例えば、現実ではお正月に着物を着ない日本人が多く、年齢や人によってお年玉に関する習慣が様々であるにも関わらず「お正月には着物を着ます」「お年玉をもらいます」(P.51)のような表現からは文化の多様性と可変性が見落とされる危険性もあるので、このような側面に関する考察がなされるべきである。他には채(2002)、서(2003)、노(2004)、방(2006)による第 7 次教育課程の日本語教科書Ⅰにみられる挿絵の問題点を分析した教科書研究もある。教科書の内容だけではなく、文化教育の効率性を高めるために求められる挿絵や写真の役割も注目されつつある。

教科書分析以外の文化研究も行われている。例えば、朴(1996)は高校の日本語学習者と文化理解テストの相関関係を調べ、文化教育の問題点を指摘

した。南 (2005) は高校の日本語学習者と日本語教師を対象としたアンケート調査で日本文化教育の現況と問題点を考察した。この調査結果から高校の日本語学習者は日本文化、特に日本の高校生の学校生活と大衆文化に高い関心を持っていることが分かる。その反面、日本語教師らは68%が日本文化教育の必要性を感じているものの、54%の教師が一番能力の不足を感じている分野は「日本文化」だと答えている。さらに、日本文化教育が実現され難い理由としては「授業履修単位の不足」の答えが33.5%で一番多く、「資料及び情報が不足している (16.6%)」、「入試制度など現行教育制度では非現実的だ (16.6%)」、「資料準備に非常に時間がかかる (12.5%)」、「教科書及び授業内容に関連付けにくい (12.5%)」、「効果的な教授法をよく知らない (8.3%)」などの順である。実際教育現場で効率よく文化教育を実施するためには様々な問題を解決しないといけないことを示唆している。

　吳 (2006) の日本文化が日本語学習者に与える影響に関する研究、신 (2006) の韓国高校生の日本イメージに関する研究もアンケートの調査結果から文化教育について論じられている。신행숙の2005年に行われた「日本語を学ぶ目的」に関する調査結果では、就職をするために日本語を勉強している高校の日本語学習者は一人もいなかった。この結果は後述のように就職や昇進などの社会生活に利するという理由で第二外国語として日本語を選ぶ

〈表2-1〉　2005年高校の日本語学習者の日本語学習目的[18]

目的	頻度 (%)
1. 教育課程にあるので	168 (68.1)
2. 日本について知りたいので (理解したいので)	42 (16.9)
3. 就職するため	0 (0)
4. 両親に勧められて	3 (1.2)
5. 日本の技術や文化を学ぶために	9 (3.6)
6. 何でも日本を追い抜くために	3 (1.2)
7. その他	22 (8.9)
TOTAL	248 (82.7/100.0)
無応答	52 (17.3)
全体 (無応答を含む)	300 (100.0)

大学生と高校生が一番多かった1976年の調査結果とは非常に対照的である。逆に、教育課程にあるので日本語を選択して勉強しているという消極的な学習動機を持っている生徒が一番多い。このような学習者グループはどのような学習経験を経るかによってより積極的な学習動機を持つグループへと変わる可能性を示唆しているため、教師や教材の役割は大きいと言える。

노(2006)は4回にわたる日本大衆文化に対する段階別開放政策後に韓国の青少年たちが日本と日本人に対する認識にどのような変化が現れているのかを調査した。2002年度と2005年度に行われた調査結果からみられる変化は日本と日本人に対して警戒心を持ち否定的だった韓国の青少年たちが友好的な傾向へと変わり、国際化時代のパートナーとしての関係を希望しており、日本大衆文化に接する時期も「中学校と高等学校の時期」から「小学校と中学校の時期」へと早くなっている。

日本語教育において日本文化教育の重要性と関心は高まり、教科書の文化内容に関する研究も増えつつある。しかし、韓国の文化内容や異文化間コミュニケーションに関する教科書研究はまだ量的にも質的にも充分な研究がなされているとは言い難い。しかも、最近の教育課程期の日本語教科書の文化内容を量的に扱っている研究に止まっている。深層的アプローチによる日本語教育の文化に関する質的な横断研究が必要である。本書は韓国の社会的動向を背景としながら、韓国での日本語教育の歴史を総合的にとりあげ、その問題点を探り出した。韓国の高等学校における日本語教育の変遷を、政治社会状況の変化、教育制度、教授法、教科書の内容に渡って幅広く論じている。第3次教育課程期から第5次教育課程期までの高等学校の日本語教育で用いられた全ての教科書を網羅しており、それぞれの教育課程期における教科書の傾向を分析している。

本書は異文化間コミュニケーションの観点から韓国の外国語教育のありかたを分析し、日韓両国間の国際理解と国際交流に役立つ研究になることを心がけている。外国語教育においては異文化理解にもとづくコミュニケーション能力の育成が重視されねばならないという立場から、韓国の日本語教育の問題点を分析している。第3次教育課程期の日本語教科書から内容と人名に関する考察がなされている稲葉継雄の研究を参考にしながら本論の研究を進

めていく。

注

1 Alfred L. Kroeber and Clyde Kluckhohn, eds.(1954), *Culture: A Critical Review of Concept and Definitions*, New York: Random House
2 W.H. Goodenough (1964), Culture Anthropology and Linguistics, Report of the Seventh Annual Round Table Meeting on *Linguistics and Language Study*, in P. Galvin, ed., Washington, D.C.: Georgetown University Press, p.36.
3 H.D. Brown (1994), *Principles of Language Learning and Teaching*, 3rd ed. Englewood Cliffs, New Jersey: Prentice-Hall, p.177.
4 H.H.Stern(1992), *Teaching Foreign Language Skills*, Chicago: The University of Chicago Press
5 K. Chastain (1976), *Developping Second Language Skills: Theory to Practice, 2nd. ed.*, Chicago: Rand McNally Collage Publishing Co., p388.
6 Nelson D. Brooks (1964), *Language and Language Learning: Theory and Practice*, New York: Harcourt Brace and World Inc.
7 Brooks (1964), p.85.
8 第2次世界大戦中にアメリカ軍の情報将校を養成するための外国語の教育方法から生まれた教授法である。この軍教授法（Army Method）の特徴は選抜された少人数の学習者に一定期間の集中的な外国語教育を与えることであり、大きな成果を上げた。オーディオリンガル方式はこの軍教授法を一般の学習者に適用した方法である。しかし、文型の機械的な反復練習は学習者の学習意欲を低下させるだけではなく、実際のコミュニケーションには役に立たないという批判が多かった。しかし、このような批判にも関わらず、この文型練習などの教授法は現在も外国語教育の場で基本的教授法として使われている。
9 D. Hymes (1972) はコミュニカティブ・コンピデンス（Communicative Competence）の概念を提案し、コミュニケーションをするためには文法（grammaticality）、受容可能性（acceptability）、適切性（appropriateness）、実行可能性（probabilities of occurrence）の能力が必要であると主張した。
10 K. Chastain (1976), pp.383–384.
11 H.N. Seelye(1976), *Teaching Culture: Strategies for Foreign Language Educators*, Skokie, IL:

National Textbook Co., p.39.
12 W. Rivers (1981), *Teaching Foreign Language Skills*, 2nd ed., Chicago: University of Chicago Press, p.318.
13 M. Canale and M. Swain (1980), Theoretical Bases of Communicative Approaches to Second Language Teaching and Testing, *Applied Linguistics*, vol. 1, pp.1–47.
14 L.A. Samovar, and R.E. Porter, N.C. Jain、西田司他訳(1983)『異文化間コミュニケーション入門』聖文社、p.35.
15 H.N. Seelye (1997) *Teaching Culture: Strategies for Intercultural Communication*. 3rd ed., Illinois: NTC Publishing Co., pp.29–33.
16 正確な発音訓練と聴覚訓練、文型練習のような機械的練習だけでは実際のコミュニケーション能力を伸張させることが出来ないという批判や、学習活動の多様性が不足しているため学習者の学習意欲の喪失を招く可能性や創意的言語活動の性格を持つ練習の不足などの問題点が指摘されてきた。
17 牲川波都季(2002)「学習者主体とは何か」『ことばと文化を結ぶ日本語教育』凡人社、p.17.
18 신행숙(2006)「한국 고등학생의 일본 이미지에 대한 연구―전북지역 고등학생을 중심으로―」전주대학교 교육대학원 석사논문、p.14.

第3章
韓国の第3次教育課程期（1974～1981年）における高等学校の日本語教育

1. 戦後の日本語教育開始と社会政治的背景

1.1 時代背景
1.1.1 韓国が置かれていた社会政治的状況

1961年4月1日、朴政権の誕生とほぼ時を同じくして韓国外国語大学に日本語学科が開設された。植民地からの解放16年後に韓国において日本語教育が再登場したのであった。

　この背景には韓国政府の対日政策の変化がある。日本の植民地支配によって混乱麻痺状態に置かれた朝鮮経済の再建のためには、日本に対する賠償・補償要求が必要だという認識が植民地解放後の米軍政期の南朝鮮に存在していた。米軍政庁も1946年に特別経済委員会（Special Economic Committee）を創設し、日本の植民地支配は不当であり、従って日本は植民地支配による朝鮮人の損失をも補償しなければならないという立場を取っていたが、1947年に対日賠償政策を大きく変えた。このような政策の激変は対日賠償政策の実施は日本経済に重大な悪影響を与えるだけではなく、結局はアメリカの財政負担を増大させ、アメリカの納税者の負担が重くなると主張した「対日賠償特別調査団」の報告書[1]によるものであった。

　太田（2003）[2]によると、冷戦が本格化すると、アメリカは日本の「東アジアの工場化」路線を打ち出し、日本への賠償要求を中止し放棄する方向へと向かっていた。さらに、1951年5月に開かれた対日講和条約に関する米英

協議において、植民地統治の「合法性」を否定する議論が噴出する可能性を恐れたイギリスの反対により、韓国政府は「日本と戦争状態にあり、1942年1月の連合国宣言に署名した国だけが講和条約に署名するから、日本と交戦状態になかった韓国は条約の署名国となれない」という通告をアメリカから受けた。この決定によって、サンフランシスコ平和条約で日本の植民地支配・戦争に対する賠償問題を提起する道が閉ざされた韓国政府は、賠償問題や国交樹立などの諸懸案を解決するためには日韓交渉を通して解決する道を選択しなければならない状況に置かれた。

　一方、日本政府は在日韓国人の国籍と待遇問題について協議を望んでいたため、韓国政府の日韓交渉の要請を受け入れた。遂に、1951年10月20日の予備会談を経て1952年2月15日に東京で第1次日韓会談[3]が開かれた。しかし、李承晩政権下の1950年代の第1次から第4次までの日韓交渉は、決裂と再開を繰り返し、対立が解消されなかった[4]。

　1960年代に入ってからは日本政府の請求権問題へのアプローチはアジアへの経済進出を狙った「経済協力」方式へと表面化された[5]。韓国側も、国内外の政治・経済政策の変化によって日本政府との妥協の道を選んだ。対日強硬論者である李承晩大統領の政権が崩壊した後、許政過渡政権を経て1960年8月23日に誕生した張勉政権は、「日本との国交正常化にともない日本の投資または借款の可能性を検討する」ことを1961年度の重点的施策として取り上げた[6]。この頃の韓国経済は1958年に全般的な不況に陥ってしまい、国民所得の成長率は1957年の8.1%から1958年には6.5%に減り、59年4.8%、60年2.5%と毎年減少していった。さらに、韓国経済を支えていたアメリカからの援助も1957年に減少し始め、1959年からはそれまでの無償援助から経済開発のための公共借款へと変わった[7]。こうした国内の深刻な経済的問題を解決するためには、日本からの経済協力が必要であったため、日韓会談を進めていたのである。一方、日本は1955年に入ってから輸出が増大し高度成長期に突入した。渡辺（1985）[8]によると、1956年には日ソ国交正常化及び国際連合への加盟を果した日本政府は、対外政策の基本方針を明らかにするために『わが外交の近況』（外交青書）の公刊を決定し、最初の外交青書（1957）で「アジア諸国との善隣友好」及び「経済外交」を外交

の重要課題として取り上げ、積極的なアジア外交に乗り出そうとしていた。

　まだ国交正常化が結ばれてない状態にも拘わらず、両国の政府は1960年の6月24日には、日本が韓国から3万トンの米を買い付け、その代わりに韓国は日本から同額の物資を輸入する協定が両国の間で調印された。また、韓国政府は83種類の日本製品に対する輸入解禁を6月29日に発表した。9月16日に日本の経済使節団が韓国を訪問し、12月27日に日韓経済協会設立総会を開催し経済協力関係の樹立を図った[9]。

　このように1961年に韓国外国語大学での日本語学科設置の背景には、1960年の日韓経済協力を中心とした両国の政策変化があった。また、1960年に日本が4年後の夏季東京オリンピックの開催国として決定されたこともあり、オリンピックを契機に選手と関係者や観光客などの両国間の交流が促進されると期待されたい。

　1965年12月に結ばれた日韓国交正常化[10]によって日韓両国の経済的交流が増加した。それに伴って日本語の必要性も高まりつつあった。稲葉(1986)[11]によると、年々私設日本語講習所が増え1972年にはその数が200以上に達した。しかし、1972年まで大学で日本語学科がほとんど増設出来なかったので、日本語を教える資格を持ってはいないが日本の植民地期に日本語を習った講師たちによって、学習者の経済的なニーズに応じるという形で実用日本語を中心に無認可私設学校で日本語教育が行われていた。このような原因の一つは、朴政権が1965年12月「大学の学生定員令」を公布し、理工系学科を増やし、人文社会学科を減らす方案を採択し、4年制大学の拡充を抑制したことにあると考えられる[12]。このような政策は理工系学科の増設を通して経済発展計画に対応しようとする目的だけではなく、日韓協定調印・三選改憲・維新体制宣布などに反対する学生運動が激しかった時期であったので、学生運動の主導勢力になっていた4年制人文・社会系学生の人口を抑制し反政府勢力を減らそうとする意図もあったのである[13]。それでは、日本との経済交流を必要としていた朴政権がなぜ60年代には日本語教育に対して、大学の日本語学科の増設や高校での日本語教育実施などの積極的な政策を行わなかったのか。

　1961年5月の5.16軍事クーデターによって誕生した朴政権は革命公約6

項目のなかに「民生苦を至急解決し、自立経済基盤の確立を期することに主眼点をおいて総力を注ぐ」ことを公約として提示し、同年7月に第1次経済開発5ヶ年計画案(1962～1966)を発表した。同計画の目標は7億ドルの外資導入と年平均成長率7.1％、5年間の総生産増加率40.8％であった[14]。その当時、韓国は技術と資本が絶対的に不足していたため、朴政権の計画通りの経済開発を推進するのは非常に困難な状況であった。経済開発の目標を達成するために、朴政権は日韓会談に対して最初から積極的にならざるを得なかった。しかし、請求権問題、漁業問題、在日韓国・朝鮮人の問題などに関する両国の認識の差が克服出来ず、交渉が続いた。その中で韓国の野党政治家と学生による日韓会談反対デモが激しくなり[15]、1964年6月3日、ソウル市に非常戒厳令が宣布され、学校も6月4日から休校措置が出された。こうした状況の中で、朴政権は国民の反対を押し切って1965年6月22日に日韓会談を妥結し、ついに両国間の協定が結ばれるに至った。この条約には植民地統治下において韓国民が受けた物質的・精神的被害についての言及がなかったことや請求権などの問題も曖昧なままに残されたので、韓国民のこの協定に対する不満は大きかった。

こうした日韓会談の交渉の過程で過去の清算が解決されなかったので、両国の歴史認識の差を克服しようとする対話や積極的な努力が忌避され、両国の国交正常化後も両国民の心理的な距離はそれほど縮まらなかった。임(1995)[16]によると、対日請求権との相殺という形で日本側から提供されたのは戦勝国及び日本の他の占領地に対する場合と同じく日本の生産物及び役務による経済協力[17]であったために、日本にとっては輸出の増大をもたらした。さらに、このような結果は韓国にとっては日本への経済的依存度を高める契機になったのである。つまり、日韓協力は独裁政権であった朴政権の政治的・経済的危機を乗り切る上での力にはなったが、請求権資金を足がかりにして進出した日本の資本は韓国の全産業に及び、その結果韓国経済は日本経済に従属することとなり、巨額の対日貿易赤字を抱えるという結果になってしまった。日韓両国間の深刻な貿易不均等の状況は韓国政府による資料をみると、〈表3-1〉と〈表3-2〉の通りである。

〈表 3-1〉 韓国の総輸出入の対日本依存度[18]

(単位：百万ドル)

年度	韓国の総輸入	対日輸入	比率	韓国の総輸出	対日輸出	比率
1967	754.2	329.5	43.7%	358.6	95.4	26.6%
1968	1,134.4	623.1	55.0%	500.4	99.7	19.9%
1969	1,424.5	753.8	52.9%	702.8	133.3	19.0%
1970	1,984.0	809.3	40.8%	1,003.8	234.3	23.3%
1971	2,394.3	953.8	39.8%	1,352.0	263.3	19.5%

〈表 3-2〉 日本の総輸出入の対韓国依存度[19]

(単位：百万ドル)

年度	日本総輸出	対韓輸出	比率	日本総輸入	対韓輸入	比率
1967	10,441.6	407.0	4.0%	11,663.1	92.4	0.79%
1968	12,992.0	522.4	4.0%	12,987.0	99.2	0.76%
1969	16,044.3	547.3	3.4%	15,024.1	146.8	0.97%
1970	19,363.0	809.3	4.1%	18,874.0	234.3	1.2%
1971	24,084.8	856.5	3.6%	19,695.3	272.9	1.4%

　貿易不均等による韓国民の日本に対する怒りと不信感は強かった。日韓国交正常化を契機に、日本の商社や銀行が韓国に進出し、日本人観光客も増え、日本語の需要も高まったが、学校教育における日本語は度外視された。それは韓国民の反日感情[20]と日本に対する警戒心を国民に呼びかけるマスコミの世論によって、学校教育に日本語を積極的に取り入れるのは難しい状況であったからである。

　日本と国交を正常化した後、韓国は国家主導の産業化政策を強力に進めながら急速な経済成長を成し遂げたが、それと共に、1970年代に入って日本に対する経済依存度はますます高まっていった。一方、日本は1971年から1972年にかけて目まぐるしく変わる国際情勢の中でこの転換期を生き抜くための新しい国際感覚が求められていたため、日中国交正常化の必要性と共に朝鮮民主主義人民共和国（以下、北朝鮮と略す）との交流を進めるべきだという国内世論も高まってきた[21]。日本政府は韓国への政治的配慮から一貫して北朝鮮との接触には消極的な態度をとり、1961年以前には北朝鮮との貿易は中国や香港などを経由して間接的に行っていた[22]。1972年に世界的な

不景気ムードの中で日朝国交正常化を促進しようとする動きがあり、「日朝両国の貿易促進に関する合意書」が1月23日に調印され、両国の貿易量の飛躍的な拡大が期待された。さらに25日には日朝友好促進議員連盟体表団（久野忠治団長）と朝鮮対外文化連絡協会代表団（姜良煜団長）との間に日朝共同声明が発表された。①相互主義の原則に基づく人事の往来、経済、文化の交流を行う、②日本政府は朝鮮の平和統一を妨げず、内政に干渉せず、共和国への非友好的な政策を改めるべきだ、③在日朝鮮人の差別待遇をやめ、民主主義的民族権利と朝鮮への自由往来を促進すべきだ、という内容の声明を通して日朝間の友好関係の発展と国交正常化を目指した。

このような日本と北朝鮮の接近に対して韓国は強い反発を示した。日朝共同声明が発表される前日である24日に日本の経済調査団が来韓し、韓国の第3次経済開発5ヶ年計画への協力の話し合いを開始したので、韓国は対日報復措置もとれず、抗議の声明を発表した[23]。これに対して日本政府側からは①今回の合意は卓上の議論と数字の羅列にすぎない、②日本側は通商代表部の設置を考えていない、③延払い輸出を認める意思はない、④与党の自民党としても事態を慎重に検討、処理するとの正式回答を韓国に伝えた[24]。しかし、韓国は日本の訪朝議員団に与党の自民党議員も加わっていることや、自民党が6月にも議員団を訪朝させる意向であることから、日本全体が北朝鮮との関係緊密化へと動き出しているとみていたので[25]、不安と焦りは大きかった。

一方、対中国経済接近を望んでいた日本の経済界は、中国と朝鮮は一体不可分の関係にあるため、当面企業レベルでの北朝鮮との取引拡大や、在日北朝鮮筋との接触など、地道なやり方で北朝鮮との接近を続ける一方、3月2日からスタートする第4回日韓民間経済共同委員会に日本側の出席者を半減させ、韓国との関係を徐々に薄め、情勢の変化に対応できる幅を広げようとする戦略をとっていた[26]。日朝貿易会が1972年6月3日明らかにした同年1月〜4月の日本と北朝鮮との貿易額集計によれば、輸出は前年の2.6倍余の急増となった[27]。鉄鋼の輸出は22億6百万円と前年同期の63.7倍にも急増していた[28]。反面当時の韓国の国内情勢は、第1、2次5ヶ年計画での過渡投資が副作用になって重荷になってきており、アメリカの繊維類輸入規制や

ドル切り下げと円切り上げの国際通貨調整の影響で不況とインフレが進んでいるという厳しい状況に置かれていた[29]。

　韓国が追い込まれていたのは経済的な問題だけではなかった。中ソとの平和共存に踏み切ったアメリカが中ソにつながる北朝鮮との関係改善に努める姿勢を示した。ロジャース米国務長官はニクソン訪中後の3月7日の記者会見で「米国としては、あらゆる国との関係を改善したいとの全面的意欲を明らかにしている。そしてその中には実際に北朝鮮も含まれる」と答えており、3月15日に開かれた下院外交委員会でムーラー統合参謀本部長は「今後2、3年内に中国及び北朝鮮との関係を著しく好転させることは、われわれの確固とした望みである」と言明した[30]。そして、アジアでのアメリカの軍事力を減らし、アジアの安全維持をアジア諸国にゆだねようとする1969年7月25日のニクソン・ドクトリンの宣言後、アメリカが韓国から軍事的撤退を行っている状況に置かれていたのである。

　70年に入ると、アメリカは韓国に対して、北朝鮮との対話を実現するよう働きかけていた[31]。目まぐるしく動く国際情勢の変化の中で孤立を避けたい韓国政府は北朝鮮との関係改善に迫られていた。結局、韓国は朴大統領の申し入れで南北朝鮮首脳級会談を実現させ、1972年7月4日には「南北7・4共同声明」[32]を発表した。この声明で朝鮮半島での緊張緩和の雰囲気が高まったので、これを契機に韓国との摩擦を考慮し北朝鮮とは消極的姿勢を取っていた日本政府は北朝鮮との経済・人的交流をより積極的に推進しようとしていた[33]。このような日朝接近によって北朝鮮の軍事力が強化される可能性を恐れた韓国側は、日朝交流を牽制しながら日韓経済協力の強化[34]を図ろうとした。これに対し韓国政府は駐日大使館の外交活動を強化するための特別財政支援を行い、日本各界の有力者との接触と交流を拡大・深化する計画を立て、日韓協力関係の緊密化を強化し、日朝間の接触拡大を防ごうとした[35]。1972年7月4～5日間の第9回日韓貿易会談と1972年9月5～6日間の第6回日韓定期閣僚会議を通して両国は経済協力の問題を協議した。

　特に、韓国側は第3次経済開発5ヶ年計画を成功させ、この計画が終わる76年には経済的自立を達成し、同年に経済開発6ヶ年計画が終わる北朝鮮より経済的優位に立つためには、田中内閣になって初めての会議である日韓

閣僚会議において日本の経済協力を得ることが緊要であった。韓国は北朝鮮より多少遅れている農業分野を発展させるために始めた「セマウル運動」[36]に対する日本の支援も要請した。北朝鮮も1971年から始まった経済第6ヶ年計画の目標達成のためには西側との経済的繋がりを開き、経済計画を円満に進める必要があった。従って1971年11月に英国と貿易協定を結んだのをはじめ、フランス、ドイツ、オランダなど西欧諸国とのプラント輸入を含む活発な取引を行い、日朝貿易の拡大へ向けても大きな期待を寄せていた[37]。さらに、北朝鮮はアメリカとの関係改善を図ろうとしており、そのことは韓国に大きなショックを与えた[38]。

　韓国社会全体において北朝鮮との競争が強く意識され始めたのである。その当時、ソウル大学の韓沁錫学長は1972年7月6日の『東亜日報』の社説で、南北間の平和共存を維持するためには競争的状況の中で政府や社会などの全国民が参与する国家総力の発展競争計画を樹立しなければならないと述べた。つまり、南北間の問題を解決するためには政府だけの努力では不可能であり、すべての民間領域が北朝鮮との発展競争で勝つことが出来る潜在力を養うための緻密な競争計画を樹立しなければならないということである。この時期、北朝鮮に対する世論は反共から勝共へと論調が変わった。対日政策も、南北間の勢力均衡において韓国の優位を維持する緊要性が強調され、「韓国優位」を堅持するための日本の積極的な協力姿勢を要請し、日韓協力の継続と積極化は日韓両国の相互利益になるという認識を日本側に強調する方向へと進めていた[39]。北朝鮮との経済競争で勝つためには技術集約的輸出商品の開発、農業部分の開発、人力開発が70年代の当面課題であると強調し[40]、勝共教育と経済優先政策を強化した。

　北朝鮮を強く意識していた韓国政府は「南北7・4共同声明」と同じ日に開かれた第9回日韓貿易会談と9月に開かれる第6回日韓閣僚会議を通じて日本との経済的結束を強める必要があった。従って、これらの会談の前に日本政府から強く要望された日本映画輸入問題に対して、韓国政府はその解決策を迫られていた[41]。しかし、商業用日本映画の輸入に対する韓国民の強い反対世論を憂慮した韓国政府にとって日本側の要求を全部受け入れることは困難であった。従って、韓国政府は三段階による段階的解決方案[42]を取り

上げ、さらにこの問題は韓国側の立場としては貿易上の問題である以前に、文化交流に関する国民の世論及び感情を考慮しなければならないことを強調するという交渉方案を立て、通商商業ベースでの日本映画輸入を要求している日本との交渉に挑んだ。8月に韓国政府が9月に開かれる日韓閣僚会議[43]の交渉指針として作った日本映画輸入問題に対する方案には、新たに日本語教育の開始に関する内容が付け加えられた。つまり、日本との交渉において日本語が最近第二外国語として指定されたので今後の日本映画の輸入に関する件も改善されていくという話で日本を納得させようしたのである[44]。

一方、日本は1972年8月3日に第3次対外経済協力審議会の第3回全体会議で、日本の発展途上国に対する経済援助のあり方などについて審議した。席上で「言語問題に関する小委員会」の岩村忍小委員長（京大名誉教授）は「発展途上国に対する経済、技術援助を効果あるものにするには発展途上国との間のコミュニケーションを密接にしなければならない」という同小委員会がまとめた中間報告書を提出、非援助国に日本語教育を普及する方法を研究するための機関として「日本語教育センター」を設立する構想などを報告した[45]。

このような政治経済的状況の必要性から朴政権は1972年7月、文化的対日門戸開放政策の一環として、選択必修科目であった高校の第二外国語の一つとして日本語を1973年から追加し、中等教育における日本語の正規科目化という画期的な措置を取った[46]。70年代の韓国経済の課題の一つとして工業部分に労働力を継続的に供給するためには農業開発を促進させる必要があったため、朴大統領は「外国との技術協力のためには外国語の理解が重要である。特に農業分野など似ている点が多い日本の関係書籍などを読むためにも日本語教育が必要である」[47]と述べ、日本による文化植民地化を恐れる反対世論に対して「過去の韓日関係から日本語を第二外国語として取り入れることを忌避する傾向があるが、気をつければ、日本語を習っても民族的主体性が確立されていれば問題はない。偏狭な考え方では国家発展を成し遂げることが出来ず、国際社会では生きていけない」[48]と国民を説得した。したがって、高等学校の第二外国語として日本語を採択する際に民族主体性が最も強調された。もともと「民族主体性論理」は、朴大統領が1969年与党単

独の変則的な方法で3選改憲案を通過させ、独裁政権の長期執権を実現し、政権の維持と合理化をするための国家主義イデオロギーとして国民に強調した思想であった。

1.1.2　日本の日本語普及政策[49]

第2次世界大戦後、欧米諸国は、国際紛争に武力を用いることに反対する国際世論の高まりによって、文化外交を通した外交政策を重視するようになった。米国の国際広報庁(United States Information Agency-USIA)の設立とフルブライト計画、英国のブリティッシュ・カウンシル(British Council)に対する財政援助の強化、フランスの文化交流局の設置とアリアンス・フランセーズ(Alliance Française)に対する財政援助、ドイツのゲーテ・インスティテュート(Goethe Institut)など、それぞれの国は独自の方法で国際文化交流事業に力を入れていた。日本も国際交流基金(以下、基金と略す)を設立し、日本に対する諸外国の理解を深め、国際相互理解を増進するとともに、国際友好親善を促進しようとした。特に、相互理解の最大の手段として日本語普及の重要性と緊急性が強調され、海外における日本語の普及及びこれに関連する事業が基金の重要な業務の一つとして推進されるようになったのである。文部省顧問である天城勲を委員長とする総合研究開発機構による報告書には日本が諸外国に日本語を普及するために力を尽くす理由が次のように述べられている[50]。

> 第一は対日理解促進のためである。日本が工業立国として、今後とも国の安泰を維持するためには、諸外国の対日理解をより強固なものとしなければならない。日本語普及はその有効な手段の一つである。
> 第二は対外理解促進のためである。わが国と緊密な関係にある相手国を理解するためには、その国の言語を学ぶことが第一であるが、その国の人々から日本語を通して知識を得ることも、有効な手段である。
> 第三は、諸外国の科学・技術の発展に寄与するためである。多くの発展途上国では、日本の科学・技術を導入する目的で、その手段として日本語が学ばれている。そうした国々において日本語の普及を行うことは、

それらの国々の国家建設に寄与することにつながり、ひいては日本が国際社会で期待されている責任を果たすことになる。

以上の三つの理由から日本は日本語を諸外国に普及しようとしたのである。政治経済的状況の必要性から日韓経済協力の強化を図ろうとしていた朴大統領が 1972 年 7 月に急遽高校での日本語教育の実施を指示した背景には、1972 年から始まった日本政府による積極的な日本語普及政策の影響が疑われる。

基金の設立に至るまでの当時の時代状況をみる。1950 年代後半から 1960 年代にかけて、日本の経済は急速に成長し、1968 年の日本の国民総生産は米国に次ぐ世界第 2 位となった。1960 年代の輸出の増加によって、日本の経済成長率は年率 10％ を上回る高度成長を成し遂げた。日本企業と日本製品の海外市場への進出と経済的影響力の増大は、諸外国の日本に対する知的関心の高まりと日本研究の活発化をもたらした。しかし、日本の対外活動が経済的利益の追求に偏るとの批判や、エコノミック・アニマル、日本軍国主義の復活などの対日批判[51]もあった。日本政府は平和国家、文化国家を志向する日本の姿を海外に伝え、誤った認識の是正するための外交が急務であり、このために諸国との文化交流事業を強化する必要性を認識するようになる。また、米国をはじめ先進諸国からは、日本はその経済力に見合った国際的貢献を文化交流面において果たすべきであるとの指摘がなされ、日本国内の新聞紙上に、文化交流の強化を望む論説が目立つようになった。

外国人に対する日本語普及や日本語教育の振興の必要性に対する認識も高まる中で、1971 年 9 月 9 日の対外経済協力審議会（総理府）答申「開発途上国に対する技術協力の拡充強化のための施策について」では、日本への留学、研修、日本研究等のために国内・国外の日本語習得機関の拡充強化、日本語教師の養成、日本語教育研究及び教科書や教材作成等のための関連施設の設置の必要性などが述べられている[52]。またこの答申の趣旨を実現するための具体的方策を模索するために 1972 年 11 月 21 日に同審議会（総理府）が示した「開発協力のための言語教育の改善について」では、開発協力には外国人に対する日本語教育は必須であり、日本語教育の普及、充実を図るため

には、大学の日本語学に関する講座又は学科の拡充整備、日本語教育のセンター的機関の設置を急ぐ必要があると述べられている[53]。

このような背景の中で、当時の福田外相は1972年1月、第68国会における外交演説で基金の必要性を訴え、日本政府は同年2月19日国会に基金法案を提出した。同年5月26日国会を通過し、6月1日法律第48号として公布され、10月2日に基金が設立された。さらに、1974年2月19日には日本語教育推進対策調査会の報告「外国人に対する日本語教育の推進の具体策について」[54]で、日本語教育に関する各種の充実振興策の総合的かつ効率的推進の中核となる「日本語教育センター」の設置について具体的な検討がなされた。日本政府の積極的な日本語普及政策もあり、基金の調査[55]によると、1971年に100機関だった日本国内の日本語教育機関は1979年になると2倍も増加し229機関になった。

基金は発足当初から米国に対し最重点を置いた事業活動を行った。これは繊維問題などを契機とする日米間のコミュニケーション・ギャップが、基金設立のきっかけの一つになっており、また戦後、文化交流において、アメリカからの援助を一方的に受けていた日本が、今度はアメリカとの文化交流を相互的に行うことになったからである。予算上で対アメリカの比重が、全体の約27.8%にもなっていた[56]。

しかし、1974年1月に田中首相が東南アジア諸国を訪問した際、ジャカルタ、バンコクなどで激しい反日デモが起こったため、東南アジア諸国との相互理解のための文化交流事業が強化されるようになった。例えば、1976年3月下旬より4月初旬の約2週間、インドネシア・マレイシア・フィリピン・タイからの伝統音楽家22名を招き、公演とセミナーを通し東南アジア文化に対する理解と交流を進めていた。また基金は、日本人の美意識と生活感情から生み出される日本の芸術及び芸能を積極的に海外に紹介することにより、海外諸国の日本理解を深めることに力を入れようとした。そのため、文楽・能・狂言および民俗舞踊などの伝統芸能だけではなく、現代芸術などを世界各国で紹介する活動を積極的に行っていた。

しかし、韓国の場合を見ると、他の海外諸国とは対照的に、1972年度から1975年度の間に行われた韓国での日本公演事業は、バレエ団韓国公演援

助と民族舞踊団韓国公演だけという非常に限られた活動しか行われていなかった。韓国政府の日本文化流入に対する禁止政策もあり、日韓両国は芸術などの文化交流を通した相互理解に向けての努力は積極的に行われなかった。韓国民の日本に対するネガティブな国民感情が強く残っている時期だったので、日本文化を通した交流に対しては慎重にならざるを得なかったであろう。文化交流について歴史家・萩原延寿は1974年に行った国際交流の雑誌での巻頭インタビューで次のように述べている[57]。

　日本文化の輸出、日本語の輸出という形にならないための、こまかな注意は必要ですね。（中略）とくにセンシティブな場所の場合には、日本文化の輸出という印象を与えないような工夫が大切だと思いますね。

　初期基金を通した韓国との文化交流は主に少数の研究者や教育者を中心とした人物交流と日本語普及支援活動であった。1973年に受講者数59人の中で韓国からは6人が基金の「海外日本語講座成績優秀者研究会」に参加し、2週間の日本語および日本事情、日本文化の一般講義と奈良、京都、箱根研修旅行を受けた[58]。同年同じく基金で実施された7週間の「海外日本語講師研修会」[59]に参加した54人の中で22人が韓国からの教師であった。海外からの日本語教師を対象にしたこの研修会では日本語及び日本語教授法、日本事情などの講義を集中的に行うとともに、研修旅行を通じて日本語の文化的背景の理解を深めさせ、日本語教育者としての資質を向上させることを目指していた。この研修会には18カ国からの教師が参加していた。それぞれの国からの参加者は1～4人程度であったのとは対照的に韓国からは22人も参加できたということは、高校での日本語教育が開始されたばかりの韓国からの教員研修の実施が重視されたと考えられる[60]。

　在韓日本大使館が韓国の日本語教育に本格的に関与したのは1974年からである。在韓日本大使館から外務省を経て基金に送られた日本語教育援助に関する企画と予算により、1975年度後半期から日本語教育専門家が基金から韓国の大学などに派遣された。例えば、基金は最初梅田博之教授を6か月間、森田芳夫教授を2年間（のち1年余延長）韓国の大学へ派遣し、彼らに

大学での講義以外にも韓国の日本語学科設置の大学を訪問し、その実情と要望を調べさせた。また、基金は韓国文教部主催の高校日本語学科教師特別研修会と在外公館主催の大学講師を主な対象者とする日本語教育セミナーあてに日本語教師の派遣を行った。例えば、1982年ソウルの東国大で行われた日本語教育セミナーでは50歳代以上の教師25名と、20～30歳代の韓国の大学日本語科出身の教師25名の2クラスが編成された。他にも、韓国日本学会主催のソウルで開かれたセミナー、韓国日語日文学会主催のセミナーにも諸教授が派遣された。

一方、夏季に東京で開かれる基金主催の海外日本語講師研修会に、1975年から韓国内の大学の日本語教師が参加した。最初は7名、1976～1980年各年10名、1981年15名、1982～1983年各年22名(高校日本語教師各11名を含む)であった。

また、1972～1982年間には基金の長期招聘で日本を訪れた韓国の学者や文化人は93名に達する。その中で21名が日本語・日本文学に関する研究のための日本滞在であった。東京で行われた海外日本語成績優秀者講習会にも1973～1983年の間に41名の韓国の日本語を専攻する学生が選ばれ、参加した。

基金は人物交流のための支援だけではなく、1976～1978年にはソウル大学校語学研究所の「韓日語対照分析による教科書編纂」に対する出版助成、1979年度には韓国外国語大学校の「韓日語の同時通訳技術の研究調査」に対する研究助成、韓国日本学会で訳出した『日本文化叢書』10冊に対する出版助成も行った。また、1975～1983年間に日本語教材援助207件、図書寄贈77件などの物質的な支援も行った[61]。韓国政府の要請で基金は韓国の高校教師に対して、韓国内での研修への日本人専門家の派遣や、日本への招聘による集中研修を行っている[62]。

70年代の韓国における日本語学習者数の急増は果たして基金の事業目標である日本人と真の心と心が触れ合う相互理解に繋がっていたのか。その当時の韓国高校の日本語教育の状況から考察してみよう。

1.2　日本語教育をめぐる世論

朴大統領は、1972年7月5日の経済企画院で開かれた月間経済統合会議で今後は日本語も第二外国語として高等学校から正式な教科に取り入れるよう指示した[63]。文教部[64]も日韓両国間の文化交流や技術・資本などの相互経済協力を増進させるためには日本語教育が必要だと痛感していたので、積極的な政策の変換を図った[65]。まず、朴大統領の指示の後に文教部は15箇所の私設日本語講習所を正式認可した。さらに、規定の施設と教員を揃えていれば、すべて認可する方針も発表したのである。日本植民地解放後、この日初めて設立認可を得た私設日本語講習所はソウル12箇所[66]、忠南2ヵ所、全南1ヵ所で、日本語の需要度が高く日本語学習者が一番多いソウル地域に主に認可講習所が集中していた。また、文教部は7月中に教育課程審議会を構成、教科編成と教科書編纂作業を着手させる一方で、大学の日本語科新設の漸次拡大、大学と大学院入試に日本語を試験科目として追加し、教職科目に日本語科を新設、大学で日本語を選択科目として履修させるなどの一連の日本語教育拡大方案の検討を発表した[67]。

しかし、このような文教部の施策は高校で日本語教育をスタートさせるために長期間に渡る計画と充分な準備作業を行った上で発表したものとは言い難い。教科編成と教科書の編纂作業期間も非常に短く、73年度から高校で日本語を教える教師を確保するためにはまず何年も前から大学の日本語学科に教職課程を作り教員を養成しなければならないはずだった。それにも拘わらず、文教部は朴大統領の日本語教育指示後に急いで日本語科目の中等教員資格検定試験を実施し、すぐ必要な教師を確保する計画と大学の日本語学科に教職科目を追加させる方針を発表した[68]。そのため高校での日本語教育実施の際、日本語教員の不足や教科書発行の遅れなどの問題が生じたのである。

日本人観光客急増[69]や日韓経済交流の増加などによる日本語の需要も急増してきたので、日本語教育の必要性はすでに以前から韓国社会に強く認識されていた。そのため韓国世論は日本語教育自体を全面的に反対しているのではなく、日本語教育の準備不足などを問題にする時期尚早論的論調が多かった[70]。つまり、第二外国語の選択を学校が決めるため教育対象者の数が多い

高校で日本語を教える教育政策を実施する前に、まず大学での日本語科増員、日本語の選択科目化、新設大学の認可などによる資格教師の養成対策などを、先に実行するべきであるという批判があった。当時日本語関連学科の開設されている大学は2か所だけだったので、大学での日本語関連学科の増設を急ぐべきだったと思われる。

　1972年の時点で高校の第二外国語の選択傾向はドイツ語が70%で断然一位を占めており、フランス語27%、残りの中国語とスペイン語が2～3%であった[71]。日本語が1973年から追加されると、①日本語が他の外国語より学習し易い、②国内における学術書は日本語で書かれた日本のものが少なくない、③実用性が高い、などといった理由で日本語に集中する可能性があり、高校で行われる日本語教育が生徒たちの意識に与える影響は大きいと考えられた。具体的には、年齢が低いと同化され易いので、日本語を習う高校生の国家観の混乱が生じることもあり得るという憂慮が多かった。

　なぜ、このような世論が激しく起こったのか。植民地解放後は日本が抹殺しようとした「韓国文化」の再建の時期であったが、6.25の朝鮮戦争で再び大きな被害を受けた韓国はまだ「韓国文化」の中心的基盤を構築出来ていない状態であった。その時点で経済・科学・文化が韓国より優位にあった日本と接触する際には経済的・文化的再植民地化に陥る恐れがあると憂慮されたからである[72]。日韓修好から1年後の世論も日本による経済的隷属化・文化的侵食の憂慮と、日本との歴史的・地理的・文化的に特殊な関係を認識した上で日本人との接触が文化的隷属にならないように警戒すべきであると韓国民に呼びかけていた[73]。

　従って、知識人たちは日本語教育の実施の際に文教部が他の外国語とは違う慎重な対策を図るべきであり、韓国民としての主体性を強調する教育の必要性を主張したのである。後述するように、このような側面が最初の高校の日本語教科書に強く反映されるようになった。

　それでは日本語を選択する学生はどのような反応を見せていたかを考察する。金鍾學[74]が大学生500人、高校生380人を対象に調べた日本語を第二外国語に選んだ目的に関するアンケート調査結果をみると、〈表3-3〉の通りである。

〈表3-3〉 アンケート質問要旨（対象人員：大学500人、高校380人）

1. 日本語を第二外国語にえらんだ目的		
	高　校	大　学
ア．社会生活に利する	53%	61.5%
イ．学問研究の為になる	18.2%	27%
ウ．他人の勧誘による	20%	8%
エ．その他	7.8%	3.5%
2. 日本人に対する感情		
	高　校	大　学
ア．良い	2.5%	12%
イ．悪い	73.6%	55.2%
ウ．あまりよくない	16%	18%
エ．普通である	7.9%	14.8%

　1976年発表されたこの調査結果から分かるように、日本人に対する感情は悪いが、就職や昇進などの社会生活に利するという理由で第二外国語として日本語を選ぶ大学生と高校生が非常に多い。このような傾向は大学生や高校生だけではなく、日本語を習う一般人に対しても言えることであろう。実際、日韓国交正常化と共に進出した日本企業の数だけではなく、韓国に来る日本人観光客も年々増えていたので、デパートの店員、ホテルの従業員などの様々な職業の人々が生活のために日本語を習うケースも増えていた。
　しかし、日本語学習者の多くは日本語が持つ経済的価値は認めつつも、感情的には日本人を受け入れ難いという二面性を持っていた。日本語が実用語としてだけではなく、隣邦民族に対する真の理解へと繋がる学問研究対象として認識されるまでは時間が必要であった。つまり、この時期の韓国での日本語教育は他の外国語教育とは違う扱いをすることで日本語に対する複雑な韓国民の感情と憂慮を乗り切ろうとした。日本語教育は民族の愛国主義と国家のイデオロギーから自由になることができず、対日政策と日韓両国の関係の明暗に影響され易かったのである[75]。

2. 第3次教育課程期の日本語教育の状況

高校で教えられていた既存の第二外国語であるドイツ語、フランス語、中国語、スペイン語に日本語を追加することが1972年に決められた。第2次教育課程期の最後の年である1973年2月から文教部令第310号によって高等学校の教科課程に第二外国語として日本語が採択された。1973年1学期に日本語を第二外国語として採択した高等学校は全体の14%に当たる130校であった[76]。稲葉(1973)[77]よると、1972年7月、「日本語を高校の第二外国語に」という朴大統領の指示が発表された際、日本語採択を希望する高校は約400校であり、全高校の43%までに達していた。なぜ、最初の希望学校数400校から130校にまで日本語採択校が大幅に減ってしまったのか。稲葉(1973)は三つの原因があると分析している。つまり、①一旦実施を計画してみたものの適当な日本語担当教師が見当たらなかったこと、②教師・生徒・父兄などの意見が日本語教育の実施に批判的であったこと、③日本語選択希望学校を予備調査した結果、意外と多くの学校が日本語を採択しようとしたため、ソウル市教委などが内部的に日本語選択を抑制したこと。③は日本語に偏重してしまうと、既存のドイツ語やフランス語の教師が職を失うという問題が生じるのではという憂慮が一つの原因として考えられる。

　実際の実施学校が希望数より減少していたものの、反日感情が強い当時の韓国社会の状況を考えると、第二外国語として日本語教育を実施した学校数が130校もあったということは日本語教育に寄せる関心と実用的期待が強かったことを裏付ける。

　文教部は高校の日本語教師養成のために、1972年10月から1973年1月までの4か月間、韓国外国語大学に中等教員臨時養成所を設けて、約140名の希望者(主として従来高等学校教師で他の科目を担当していたもの)に、毎週土・日曜日を除き6時間ずつ日本語講習(講読・会話・文法・視聴覚)を行い、その中から検定試験に合格したものを高校の日本語教師に任命した。このように日本語教師が不足していたので、他教科目の教員免許を持つ教員が日本語を教える場合も多かった。つまり、高等学校の日本語教師は、日本語を「国語」として教育を受けた40代後半から50代の世代が多く、「国

語教育」として日本語を習得しただけで、外国語としての日本語教育は受けていない非専門教員によって支えられたのである[78]。それゆえ、文教部は大学に日本語教育関係の学科を増設を急ぎ、日本語教師確保を図った。また、大学教員不足問題を解決するため、1973年には韓国外国語大学の大学院に日本語科を設置した。1984年には、日本語関連学科の開設されている大学は41校にまで増えた。

　第3次教育課程期は生徒の希望による選択ではなく、学校側が第二外国語を決定したので、第二外国語に対する生徒の学習動機は弱かった。しかも、反日感情が社会全体に高まった時代であったため、生徒側の日本語教育に対する熱意は低かった。日韓両国が持つ特殊な歴史関係から生まれた日本に対する国民的感情は日本語教育に携わる教員さえも自分の日本語教師としての仕事に誇りと使命感を持ちにくい状況であった[79]。第二外国語の中で日本語を選択できる体制になっていたものの、まだ韓国民は日本語を完全な外国語として受け入れる準備が出来ていたとは言えない。

　このような状況の中でも、1975年に第二外国語を教える高校1015校（人文系452校、実業系563校）中、日本語を第二外国語に取り入れた高校は約350校に達した[80]。『東亜日報』(1975年8月25日付)によると、高校の第二外国語学習者はドイツ語が177,000名(49.3%)、日本語114,000名(31.8%)、フランス語63,000名(17.6%)、中国語4,700名(1.3%)となっている。このように日本語が量的に増大した原因は、日本語は他の言語より学びやすくて将来的にも有利だという学習者側の動機と、各地方に散在している高校で日本語以外の有能な第二外国語の教師を採用するためには新たに人件費がかかるが、他教科目を教える教員に日本語を任せることで学校経営に有利になるという学校の経営者側の理由がうまく相互作用していたからであると思われる[81]。

　第3次教育課程期の第二外国語科目の教員数の推移をみると、〈表3-4〉の通りである。

〈表3-4〉第二外国語科目の教員数推移(教員免許証を持っている教員数)[82]

年	一般高校				実業高校			
	日本語	ドイツ語	フランス語	中国語	日本語	ドイツ語	フランス語	中国語
75		375	165	8		18	12	8
76	51	423	168	4	23	19	5	5
77	56	429	173	3	27	33	8	5
78	67	469	167	3	35	21	6	3
79	87	519	189	4	50	30	9	5
80	118	553	216	8	69	30	25	8
81	192	694	244	6	107	43	22	6

　70年代をみると、日本語教師の数は毎年少しずつ増えてはいるものの、教師一人が担当する学生の数が非常に多い。例えば、1976年には全国で日本語を教えている高校はおよそ、300余校に達しており、その学生の数は約15万人を超えたと予測されていた[83]。しかし、その当時日本語を教える資格がある教員は74名だけであったので、教師が担当する学生の数だけではなく週当たりの教育時間数も多かった。

　第3次教育課程期の総単位数は204〜222単位、そのうち第二外国語の単位数は人文系高校の10〜12単位と実業系高校の6〜10単位で、週当たりの第二外国語の授業の時間は1〜2時間程度になる。その上、1クラスの生徒の数が非常に多い。しかも、教科書以外の参考書や授業の場に活用できる視聴覚教材が殆どなく、教師用の参考書でさえも十分ではない時期であった[84]。このような教育現場の状況では、政府による日本語の「聴く」・「話す」・「読む」・「書く」という4技能の養成や日本文化の理解などの日本語教育の目標が達成されるのは、実際非常に難しかったであろう。

　高等学校の日本語教育は外部の影響、特に韓国の大学入試の影響も強く受けている。第3次教育課程期での大学入試の教育政策は次のように変わっていった。

　1976年—「大学入学予備試験」[85]の外国語科目に日本語が追加される。
　　　英語を含む5個の外国語の中、一つを選択する。本試験で英語が

必修であったので、ほとんどの受験生が英語を選択した。ソウル大学を始め多くの大学は本試験科目に日本語を採択することを拒否したが結局日本語が含まれた。しかし、1976年の大学入試に日本語を選択した受講生は147名だけで、その数はドイツ語選択者の60分の1にすぎなかった[86]

1977年—大部分の大学が第二外国語自体を本試験から除外してしまう。

1980年—7.30教育改革で大学入試の本試験を廃止する。

1981年—「大学入学学歴試験」を実施する。外国語試験は英語を含む5個の外国語の中、一つを選択する。

　以上のように、70年代の入試制度は日本語教育にとっては大きなマイナスになっていた。特に、1975年に生じたソウル大学を始めとする各大学の大学入試科目の日本語採択拒否問題は教育界に大きな波紋を投じた。73年以来日本語を学んできた高校生が3年生になった時点であり、大学進学を準備していた人文系の高校にとっては大学入試科目に日本語が入らないということは深刻な問題であった。1975年5月に文教部は76年度大学新入生募集要綱を発表し、各大学の学長に「必修英語以外の外国語を採択する際には課程別選択機会を均等に与えるように」と指示したにも拘らず、国立大学であるソウル大学がこの指示を守らないことは、高校教育の正常化と受験生の機会均等という文教政策に反することであった。教育的な側面以外にも日韓協力関係などの政治的・外交的な要因も考慮せざるを得ない文教部がこの問題に介入し、結局ソウル大学は入試要綱を一部修正し、スペイン語[87]と日本語を追加することにした。なぜソウル大学は日本語を第二外国語として入試科目に入れようとしなかったのか。『東亜日報』[88]によるとその主な理由は次の通りである。

① 日本語は学問的第二外国語とは見なし難い[89]。
② 日本に対する国民的感情が良くない。
③ ソウル大学に日本語科、または日本語講座がないので、適切な試験

問題の出題者がいない。

　また、ソウル大学の一部の教授はソウル大学が日本語を第二外国語として採択するようになると、全国の高校に日本語ブームが起こり、従ってまだ日帝の残影が残っている韓国が再び日本の文化植民地になる恐れがあると指摘した[90]。あるいは、日本の東京大学に韓国語講座が一つもないのに、韓国の大学入試科目にまで日本語を入れてはいけないという声も出た。

　このように日本との歴史的関係から来る要因で反対する理由以外にも、日本語が韓国語と似ているところが多いため、ドイツ・フランス語と比べ相対的に日本語が学びやすいので、高校での第二外国語が日本語に偏重してしまい、ドイツ・フランス語教育に大きな打撃を与える可能性を恐れるという理由もある。その当時韓国ではドイツ語を第二外国語として選択する学校が圧倒的多かった。ドイツ語を選択する学校が多い理由は、日独同盟による両国間の政治関係のために日本がドイツ語教育を強化した教育体系が日本の植民地期以後にも韓国の高校教育に影響を与えていたからである。また、ドイツとの間には「韓独間の文化協定（1970年5月署名、1972年8月発効）」と「ドイツ・ゲーテ学院に関する協定（1969年9月署名、1969年12月発効）」、フランスとの間には「韓佛間の文化技術協定（1965年12月署名、1968年7月発効）が結ばれ、ドイツ人・フランス人講師の派遣援助や語学教材・文学書籍などの寄贈、優秀な韓国人講師や学生の留学、語学研修会などの支援[91]が両国語の教育の進展の原動力になっていた。今まで多数を占めていた独・佛語を専攻した多くの教師と教授らは日本語によって自分の領域が侵食されるという不安と被害意識のため、日本語の入試科目採択を強く反対するという主張も出た。

　一方では日本語を3年前から高校で習ってきた高校生たちとその父母、及び日本語教育に携わってきた教育関係者からは、文教部施策を信じて日本語を勉強してきた生徒が被害を受けないように救済策を取るべきであり、実用的な面と日本をより良く知るためには、日本語教育を意識的に避ける必要はないのではないかという意見があった。

　韓国民の反日感情だけではなく、植民地期の日本の影響がまだ強く残って

いる韓国の社会に浸透してくる日本語による日本の文化的植民地に対する憂慮や他の外国語とのバランス関係の問題などによって日本語教育は警戒の対象になっていたと言える[92]。

3. 第3次教育課程期の日本語教育課程

3.1 韓国の教育課程

韓国ではほとんどの教育行政が中央集権的体制によって行われるため、教育の理念や目的が国家的次元で決定される。国家水準で一定の学生に何をどのように教えるのかを計画した教育課程を開発する機関は教育部であるが、多くの人的・物的資源を必要とするため、最近は「韓国教育開発院」で教育課程を開発し、教科書を作る仕事を代行している。しかし、教育部が重要な教育政策を決め、最終責任をもっている。教育部は教育課程開発のため全体計画を樹立し、それに従った試案を作成し教育課程審議委員会に回付する。また、この試案は色々な専門家の検討結果による修正案が作成された後、第2次・第3次審議を経て最終試案が作成されるのである。

韓国の教育課程は国家・社会的要求や国内の政治・社会的変革が起こる度に改正されてきた。日本語教育が高等学校で始まった第3次教育課程期までの変遷背景を考察してみる。

1948年に樹立した大韓民国の政府による教育法制定(1949)に続く教育課程制定の作業は朝鮮戦争(1950〜1953)で中断され、第1次教育課程案は休戦直後の1954年に制定された。このような国内の不安定な状況の下で作られた第1次教育課程案は実生活とは離れた断片的知識に偏りすぎたとの欠点が指摘された。第1次から第2次教育課程への改正背景をみると、米・ソ間の宇宙競争で科学の重要性が新しく認識され始めた時期である。また、国内では4.19学生義挙[93]、5.16軍事クーデター[94]で韓国の社会・政治情勢が変化した。このような国内の社会情勢の変化で教育課程の改正が行われた。

1961年の5・16以後に出現した軍事政権は、国家の近代化と国民の「人間改造運動」を推進し、1963年の第2次教育課程案には責任・協同・献身的奉仕・規則と秩序・順法・共益・愛国愛族などを初等教育と中等教育両方

に強調していた。その反面、軍事政権は個人の自由や人権などの個人的権利に関する内容は教育目標には扱わず、民主主義教育には多少消極的な態度を取っていた。1968年には「国民教育憲章」を制定し、アメリカの民主市民教育から影響を受け推進されてきた従来の民主主義教育は最小化され、民族主義を中心とした国家主義教育が強化された。第2次教育課程期には伝統思想・伝統倫理意識と反共意識を育成するため、高等学校の国民倫理と国史教育をより強化し、大学教育においてもこのような点を強化した時期であった[95]。

　第2次期から第3次教育課程期への改正の背景を見ると、1968年12月に公布された「国民教育憲章」は、教育の指標だけではなく国民すべての生活指標であった。これを国民の生活指標とするためには、教育を通して国民教育憲章理念を生活化させる教育課程の改正が必要であった。従来の民主主義教育はアメリカ式民主主義をそのまま取り入れたので「主体性ない教育」「国籍ない教育」として批判され、「主体性ある教育」と「国籍ある教育」の強化と「国民教育憲章」理念の具現のために第3次教育課程改正が1973年に行われた。第3次教育課程改正は全面的改正の前、1969年に1回の部分修正を経て、1971年から年次的に教育課程を改正し、1973年2月に初等学校、8月に中学校の教育課程を公布し、1974年には高等学校の教育課程を公布した[96]。

　この改正の基本方向は、民族主体意識の高揚、伝統文化の継承と民族文化の創造、民族文化の理解、個人と国家発展の調和などの国民的資質の涵養及び価値観教育を中心とした人間教育の強化であった。そのため、中学校で社会生活の一部であった反共・道徳生活が道徳科として独立し、また高等学校で社会科の一部であった国民倫理が独立教科目になり（1974）、その教科目の授業時間も2倍以上増やされたのである。

　この時期の民族主義教育の強化によって民主主義教育が完全に排除されることはなかった。むしろ、文教部は1972年『韓国民主主義』という指導指針書を開発し、学校教育で扱う民主主義教育の分量を増やした。ただし、個人の自由・平等・権利を重視する従来の民主主義に対する反省を促し、反共国家の国民としての義務と責任、順法などの民主的価値の強調と民族が主体

になって韓国の民主的伝統を継承・発展させることを目指している韓国的民主主義の教育を強化したのである。つまり、朴政権は民主主義の普遍的理念と実際民主主義が実行出来ていない韓国の政治的現実との間における乖離を埋めるために、国土分断という特殊性を強調しながら「韓国的」[97]という表現を民主主義に付加して対処しようとした。民族主義教育と民主主義教育を平行して強化したので、民族伝統文化と民族・民族史に対して誇りを持ち、韓国的民主主義を肯定的に受け入れる韓国民を作り上げることが出来た[98]。このように民族主義的価値観が教育課程の一般教育の目標として強調された時期に韓国の高校で日本語教育が開始されたのである。この時期の民族主義的価値観の強化教育は、日本を意識し、愛国心の強い国民を作り上げた。したがって、このような傾向が強く求められていた日本語教育においても、日本語を通した韓国文化の理解は重視したが、日本や日本文化の理解などに対しては消極的な態度を取っていた。

3.2 第3次教育課程期の高等学校教育課程

文教部令第350号(1974.12.31)告示は「国民的資質の涵養・人間教育の強化・知識技術教育の刷新」を人文系高等学校教育課程の基本方針として設定している。国民的資質の涵養に求められていることは「民族主体意識の高揚」、「伝統を基にした韓国民族文化の創造」、「個人の発展と国家の繁栄との調和」である。

　一般目標は韓国の憲法と教育法、そして国民教育憲法を基本にしており、第3次教育課程期で具体化された学校教育の一般目標は「自我実現」、「国家発展」、「民主的価値の強調」である。つまり、自我意識を確立し自己成長を継続させ、国家発展のために積極的に参与・奉仕できる責任感の強い国民として教育し、韓国民主主義の優秀性を認識し、反共民主信念を徹底させるなどの目標を設定し、国家主義イデオロギーを強調していた。

3.3 文教部令告示第350号(1974.12.31)による日本語教育課程

1972年7月から、日本語教育の実施計画が決定された後、文教部の実務側では急遽日本語教育課程審議委員を委託し、会議と作業を繰り返した。日本

語の教育課程試案は何回かの審議会と運営委員会による修正を経て日本語の指導目標を設定した。日本語の目標は、①標準的現代日本語の基本語法を学習させ、聴く、読む、話す、書く基礎的技能を養う、②日本語を通じてわが国の文化と現況に対する概略的な紹介が出来る基礎的能力を養う、③日本人の生活とその国の文化、経済などに対する理解を増進させ、国際的協調心と眼目を養い、我ら自らの発展に役立たせるようにする、と記された[99]。しかし、1974年に発表された文教部令告示第350号による日本語の目標は①―③―②の順番に変わっている。つまり、政府の名目上の教育目標としては日本人の生活と文化などの理解を自国の文化である韓国文化の紹介能力より重要な目標として扱っている。後述するように、実際の教科書では文教部令告示第350号に示されている②の項目、つまり日本人の生活とその国の文化、経済などに対する理解を増進させるような内容は非常に少なく、③の項目である日本語を通じた韓国の文化理解に関する内容がより多く扱われている。

　語彙の面では、ドイツ語、フランス語、スペイン語の規定基本語彙数は1500語内外である反面、日本語の場合は基本語彙3000語内外であり、その以外にも専門的、技術的用語などを含んで200語以内を追加することができると規定されている。同じ漢字圏でありながらも漢字教育を十分受けてないハングル世代である生徒たちには日本語初級の基本語彙数は大きな負担となったに違いない。

　素材に関しては「素材はなるべくわが国の生活内容から多く選定する」と明示されていたが、日本語の素材に関する規定は、文教部告示第424号(1979. 3.1)の日本語の教育課程内容にも同じく示されている。具体的内容をみると次の通りである。

（１）　簡単な挨拶交換ができる内容
（２）　具体的実物と絵を使って簡単な問答ができる内容
（３）　授業を中心にした学校生活に関する内容
（４）　家族及び家庭生活に関する内容
（５）　近所の生活周辺に関する内容
（６）　自分または第三者を簡単に紹介できる内容

（7）　身体、季節、日記、行事またはその他の生活周辺のことについて問答できる内容
（8）　わが国の文化と伝統及び社会、歴史、人物などに関する内容
（9）　日本人の生活及び日本の文化、社会、経済などに関する内容とその他の国際理解に役立つ内容
（10）　現代人の趣味、娯楽及び科学技術の発展など現代生活に関する内容
（11）　実業生活に関する簡単な内容
（12）　易しい文芸作品
（13）　簡単な手紙を読み書きできる内容
（14）　国内外旅行、及び観光に関する内容
（15）　わが国の経済発展に関する内容及び「セマウル運動」の姿
（16）　その他社会生活でよく言及される素材

　以上のように韓国の生活内容を主に扱う16に及ぶ細かい項目は他の外国語の教育課程の規定にはない内容である。例えば、ドイツ語・フランス語・スペイン語の場合「読む」能力が一番重視され、「読む材料」として求められているのは「生徒の興味を誘発するもの」であり、該当外国語を常用する国民とその文化を理解するのに役に立つ一方、生徒らの望ましい価値観の形成に役立つものを読解の内容にすることも明示されている。一方、日本語と同じく「読む」能力より「聴くと話す」能力が一番重視されていた中国語は他の外国語には無い題材選定基準が立てられ、その四つの項目の中でも「中国語を常用している人々の生活様式、風俗、感情、思考方式、文化などを理解し、我ら自らの自覚を深めるために役立つもの」[100]を第一の題材として重視している。中国文化理解の重要性は第1次教育課程期（1954～1963）にも、中国語教育の意義として一番強調されていたので、これは日本語教育に対する扱いとは対照的である。韓国は1992年に中国と国交を結んだのにも拘らず1945年の教授要目期から高校の第二外国語として中国語を取り入れ、中国文化の理解を主な指導目標にしたのはなぜなのか。
　文教部はこの教育課程期の中国語教育の意義を「中国及び中国文化の理

解」「韓国文化の再認識」「韓中文化交流」「実用的要求の充足」の四つに分けて細かく説明している。中国語教育の実施は中国文化の正確な理解に役立つ。それは韓国文化の再検討を促し、真の韓国文化を再認識すると同時に韓国文化の純化と発展へと寄与できることを目指しているのである。さらにその当時の他の外国語教育にはない「教材及び教師の説明を通して語学教育に並行すべき知識内容」という項目を設定し、①現代中国を理解、②歴史上に現れる中国の特異性に関する内容を規定している。韓国では文献を通して中国文化が輸入され、中国の話し言葉は無視されてきた傾向が強かったので、中国の文化、特に古代文化に盲従しながらも中国自体は十分理解されていないという矛盾を克服するために、現代中国人の生きている中国語教育の必要性と項目①が強調されている。従って、学校と家庭生活などの内容は中国人生徒の文化に関するものである。しかし、第3次教育課程期の日本語教科書は学校生活や家族生活などの一般素材を扱う際にも、韓国人日本語学習者の生活文化が素材背景の前提になっている場合が多かった。これはこの時期に韓国民の反日感情が強く残されていたため、初期の日本語教科書では日常生活の中で日本人と深い付き合いをするなどのような場面は避けられていたと考えられる。

　参考までに韓国の高等学校の教育課程の編制と単位配当について見てみると、それらは学生の進路選択によって2年生から人文・自然・職業課程に区分して編成されるが、この時期の外国語の単位配当基準をみると〈表3–5〉の通りである。

　全体の構成は教科活動と特別活動に二分されており、教科活動は必修及び必修選択と課程別選択がある。さらに、人文・自然・職業課程に分けている。3年間履修する総単位数は特別活動を含め204～222単位であり、卒業に必要な最低単位は180にした。1単位は、50分を1単位の時間とし毎週1単位時間ずつ1学期(18週基準)の間に履修する授業量を言う。ただし、夜間に授業をする学校においては40分を1単位の時間にすることが出来る。高校1年には必修及び必修選択教科目を、高校2・3年には必修及び必修選択教科目と課程別選択教科目を履修させる。人文課程では人文課程選択科目を、自然課程では自然課程選択科目を、職業課程では職業課程選択科目をそ

〈表 3-5〉 人文系高等学校の単位配当基準表[101]

教科	科目	単位数	必修及び必修選択教科目単位数	課程別選択教科目単位数 人文	自然	職業
外国語	英語Ⅰ	10 - 12	10 - 12			
	英語Ⅱ	10 - 12		10 - 12	10 - 12	
	ドイツ語	10 - 12				
	フランス語	10 - 12		選択1	選択1	
	中国語	10 - 12				
	スペイン語	10 - 12				
	日本語	10 - 12				

れぞれ課程別に履修しなければならない。〈表 3-5〉をみると、英語Ⅰは 10-12 単位数が必修及び必修選択であり、英語Ⅱも人文と自然課程では選択教科目として 10-12 単位数が配当されていることから、英語が一番重要な外国語として位置づけられていることが分かる。1954 年 4 月 20 日に公布された文教部令第 35 号による第 1 次教育課程期の高等学校教育課程時間配当では、英語・ドイツ語・フランス語・中国語の中で一つ、あるいは二つを選択し、0-5 単位まで履修することが可能であった。つまり、英語は他の外国語と同じ扱いを受けていた。しかし、第 2 次教育課程期からは英語Ⅰと英語Ⅱに二分され、英語Ⅰは 18 単位、英語Ⅱや第二外国語の中、一つあるいは二つを 30 単位履修可能にした。英語Ⅱは他の外国語と同じ扱いを受けていた。第 3 次教育課程期から人文系高等学校の英語は必修及び必修選択教科目になり、第一外国語としての地位を得たのである。韓国政府が英語を外国語政策の主要言語として積極的に学校教育で取り扱おうとする政策意志の現れであろう。

職業課程の場合には専門教科目に重点が置かれていたため、英語Ⅰ以外には、英語Ⅱや第二外国語の選択履修は出来なかった。また、自然系にも人文系と同じ外国語履修配当時間を与えている。韓国の経済発展に寄与出来る人材を育成するためには、自然系の生徒に対しても先進技術や情報の分析などに役立つ外国語能力が求められていたからであろう。

五つの第二外国語は名目上では 10-12 単位という同じ時間配当が設定さ

れ、平等に扱われている。しかし、実際第二外国語は生徒が選択することが出来ず学校側が決めるので、教員確保などの問題でドイツ語が第二外国語として選択される場合が一番多く、資格を持つ教員が非常に少なかった中国語[102]やスペイン語[103]を選択する学校は殆どなかった。従って、この時期に第二外国語として設けられていた五つの外国語は均等に育成されることが出来なかった。

4. 第3次教育課程期における教科書政策

韓国政府は国策イデオロギーの伝達道具として教科書を重視し、「政府主導型教科書」の政策を貫いてきた。教科書が韓国の学校教育に与える影響は非常に大きいので、教科書政策を検討することは韓国の日本語教育理解のためにも重要である。

韓国の中央集権的教育体制下で教育課程の一般指針基準と教育目標、教科目、時間配当、教授資料と教科書が政府当局によって決定されているので、教育内容が全国化と画一化している。また、学校の授業時間に何を教えるかを決定する要素は教育課程、教師、教科書であるが、教師が授業内容と授業方法に一番大きな影響力を持っている場合が多い欧米とは違って、韓国の教師の授業内容選択に対する影響力の程度は欧米の学校教師より非常に少ない。特に国定教科書[104]を使っている国民学校[105]と中等学校の国語・社会・国史・倫理などの一部の科目は単一教科書であるため、授業内容は全国的に統一されている。その他の検認定教科書は幾つかの種類の中一つを学校が選択して使っている。しかし、教科書の種類が違っても内容や構成が類似している場合が多く、大学入試を準備している人文系高校では学校が選択してない他の検認定教科書の内容も検討し少しでも違う部分があればその内容を選択教科書と一緒に教えている[106]ので、生徒に与えられている授業内容は全国的に似ている。このように教科書が韓国の学校教育に与える影響は非常に大きいので、韓国政府当局は教育政策の効率的施行のために、教科書政策に重要な関心を置いている。

4.1 第3次教育課程期以前の教科書政策

韓国の教科書政策は開化期（1894年以後）以後国定制と検認定制を根幹にして、時代によってこの両者の占める割合の程度が変化してきた。このような変化をもたらした一番重要な背景要因は韓国の政治的変動である。韓国では政治的変動が政治構造だけではなく教育課程、教科書、教科書の編纂・発行政策にも変化をもたらした。また、政治的要因以外にも教科書採択過程で発生する問題[107]や入学試験制度などが教科書政策に影響を与えたと思われる。

開化期には政府主導の教科用図書編纂と民間主導の教科用図書編纂という二つの経路が存在していた。特に1905年以後の日本による「保護国」政治期には、日本の朝鮮に対する内政干渉の度合いが強まっていたこともあり、政府主導の教科用図書編纂業務には日本側の直接的な関与があった。このように、政府主導の教科用の図書編纂が漸次親日的になりつつあり、これに対抗し民間が主導する教科用の図書編纂が始まった。自主独立、反日思想の高揚が強調された民間主導の教科用図書の内容に対して親日政府が反感を持ち、また日本側の反発をもたらしたため政府は民間主導の教科用図書使用禁止を法的根拠として教科書図書の検定を法制化した。それにより、1908年朝鮮で初めて「教科用図書検定規定」が公布された。検定基準は政治的方面・社会的方面・教育的方面に構成されており、民間主導の教科書は特に政治的方面での検定で弾圧されるようになった。特に、1908年から1910年までの状況をみると、民族教育と関連が深い国語、漢文、歴史、地理教科書は77冊が申請したが、治安維持の理由でその中22冊だけが検定されたにすぎない[108]。

日本の植民地期には「教科用図書検定規定」による民間主導の教科用図書の内容に対する統制、干渉がより強化された。この時期の教科の単元名や内容も朝鮮的なものか、あるいは世界的なものから日本的なものに変わった。つまり、歴史・人物・制度・産業・文化・芸術などあらゆる面で日本の優秀性を教育内容としていた[109]。

独立後、米軍政期（1945～1948）の政府は「朝鮮教育審議会」（1945.9）を設置し、「새朝鮮의 朝鮮人을 위한 教育方針」を発表した。教科書行政がアメリカ軍事政府の支配に置かれていたものの、実質的編纂業務は朝鮮人官吏

たちによって執行された。従って、当局は日本的用語の除去と日本式名称を朝鮮化するなどの全国民を対象にした国語補給を主な目的とした国語科教科書編纂業務を最優先的に行った。民族主義教育のため政府は急いで幾つかの教科書を編纂補給した。教科書には民族の優秀性と民主主義の基礎原理に対する理解、そして「事大主義」「家門主義」「派閥」などの伝統的思考方式の欠点を批判する内容が含まれていた[110]。

　民主主義教育と民族主義教育を通して伝統的民族主体性と民族自主意識を継承しながら民主主義の理想を実現していく方向で国民意識を育成しようと努力した教科書政策であった。しかし、解放後の民族指導者の思想的分裂によって知識人や大学生だけではなく中等学校の学生間にも思想的対立と葛藤が続いて学校教育の正常化が難しくなった時期でもあった。このような政治的、思想的分裂による社会的混乱の状況で行われた民族主義教育と民主主義教育の成果は多くなかった。この時期には国定、検認定教科書の発行より民間人の自由な教科構成の割合が圧倒的に多かったが、1948年8月に建国した大韓民国の政府は教科書発行の窓口を一元化し政府主導にした。1949年に教科用図書の著作、検定、認定、発行、供給及び価格査定に関する母法になった「教育法（1949.12.30 法律第86号）」を、次の年には「教科用図書検認定規定（1950.4.49, 대통령령 제 336 호）」を公布した。

　米軍政期及び教授要目期（1945～1954）の教科書政策の特徴は国語科と国史関連教科書の編纂・発行を重視した。独立直後は13歳以上の韓国語の非識字率が約78％にも達していたため、全国民を対象とした国語教育は急務だった。そのため『ハングルの初一歩』（1945.11.6.）、『初等国語読本（上）』（1945.12.30.）、『初等国語読本（中）』（1946.4.15.）、『初等国語読本（下）』（1946.5.5.）、『中等国語教本（上）・（下）』（1949.9.1.）また同じ本の中巻（1947.1.10.）が続々編纂・発行されていた。国語教育に注力した結果非識字率は1946年56.0％、1947年44.5％、1948年40.0％、1949年35.9％と年々低くなっていった[111]。一方、国語と国史中心の教科書政策は実業教育の重要性が台頭されたにも拘わらず、実業系用の専門教科書開発のための努力が弱かった。また、戦争を経験したこの時期には戦時克服や勝共理念が教科書に反映されたのも特徴である。朝鮮戦争期（1950～1953）[112] に使われた戦時教材に

〈表3-6〉 初・中等学校用の戦時教材[113]

区分		1集	2集	3集	印刷処	初版発行
初等学校用	戦時生活1	飛行機	タンク	軍艦	合同図書株式会社	1951.3.25.
	戦時生活2	戦う我が国	我々は必ず勝つ	勇猛な我が民族	合同図書株式会社	1951.3.25.
	戦時生活3	我が国と国際連盟	国軍とUN軍はどんな風に戦っているのか？	我々も戦う	朝鮮教学図書株式会社	1951.3.6.
中等学校用	戦時読本	侵略者はだれだ？	自由と闘争	民族を救出する精神	朝鮮教学図書株式会社	1951.3.6.

は戦争克服のイデオロギーが強く反映されている。その当時の戦時教材のタイトルをみると次の通りである。

　第1次教育課程期(1954.4～1963.1)は、教科課程が正式に成立し、教科教育を中心とした教科書の内容体制が組織された。1955年8月1日には政府によって国民学校、中学校、高等学校、及び師範学校の教育課程が公布(文教部令44、45、46号)され、この教育課程の趣旨と内容を具体化した教科書が国定及び検認定教科書として編纂・発行され、反共教育、道義教育、実業教育が強調された。1955年から4年計画で国民学校の全教科書と中・高等学校の道義、国語、実科教科書を国定教科書として発行した。また、検認定教科書に関しても教科用検認定規定による細部指針を1955年11月に作成公布した。当時、教科書の質的向上のために、随時査閲を許可したため検認定教科書の数は1954年の267種類、469冊が1958年には527種類、1,066冊に急増した。このような増加結果は激しい販売競争をもたらし、教科書採択の際に問題が生じる場合もあった。

　第2次教育課程期(1963.2～1973.1)からはこのような問題を除去するために、許可の種数に対する無制限認可方針を修正し、1科目当たり7種に制限した。1964年の認可状況では、82社の324種742冊が申請しその中43

社の91種203冊が合格した[114]。第2次教育課程期は、経済発展、祖国の近代化、民族中興の国家目標達成のために教育の役割を最大限発揮できるような教育目標の再検討を模索する時期であった。1968年には国民精神教育の再検討の必要性に対する認識が広まり、各界各層の代表たちの参与と何回かの公開討議と検討過程を経て定期国会の本会議で議決し、「国民教育憲章」を作り教育目標の再成立を図った。

4.2 第3次教育課程期の教科書政策

第3次教育課程が告示された1973年以降から1981年までの8年間には教育全般と教科書政策に大きな変化があった。

「国籍ある教育」「主体性教育」などの国民精神教育を徹底的に推進させるために、検定教科書であった国史教科書を国定化 (1973) し、社会化教科書を単一本として編纂した。国家の指導理念を教育に強く反映できること、出版社と著者の教科書採択の際生じ得る問題の解消、紙の節約、受験準備教育のために便利であるという理由で評価教授団は教科書の国定化と単一化を支持した。しかし、検定教科書の単一化政策は、既存の検定教科書著作者や発行者に継続的な特権を与える不合理的な制度であったため、学界や単一化の恩恵を受けてない出版社らから非難が出た。

1977年9月に検認定図書の不正事件が起こり、新しい制度成立の模索に迫られた文教部は国定と検認定制度を無くし1種及び2種図書に区分して教科用図書を編纂発行する制度を始めた。従って、大統領令第5252号により1970年8月に制定・公布された「教科用図書著作検認定令」を廃止し、新しく「教科用図書に関する規定」を制定した。従来の編纂業務過程は執筆→審議→出版→供給の4段階であったが、1種図書の編纂機能を企画・監督機能と研究・編集機能に二分化し、前者は文教部が後者は研究機関または1種図書開発委員会が担当した。このような措置は研究・執筆・審議・矯正・現場実験・修正などの多段階の過程を経て、該当分野の専門家たちと共同開発していくことによって、教科書体制の合理性と質的向上を図るためであった。

2種図書の場合は、検定実施要領の条件が過去には「3年間毎年2種類以

上の図書を編纂した出版社や著作者」であったが「3年間毎年5種類以上の実績」に強化された。また、人文系高校の教科書は必要不可決な教科目を除いて単一本から複数本を原則にするとした。従って、単一本だった英語・漢文・日本語は5種以内の複数本に発行出来るようになったが、日本語の教科書は査閲基準に満たないという理由で1979年に1種図書として編纂・発行された。

　この時期の教科書政策は1種図書（従前の国定教科書）の範囲を大幅拡大し、2種図書（徒前の検定教科書）の範囲を縮小する改革を行った。「教科用図書に関する規定」第4条に規定された一種図書の対象は次のようである[115]。

① 国民学校の教科書及び教師用指導書
② 中学校の教科書及び指導書
③ 実業系高等学校の教科書及び指導書
④ 人文系高等学校の教科目の中、国語（読本）、国民倫理、国史と文教部長官が特に必要だと認定する教科書及び指導書
⑤ 人文系高等学校の教科目の中、第4号に該当していない教科目の教科書及び指導書として検定申請がないもの
⑥ 第1号乃至4号に該当していない教科目の中、文教部長官が特に必要だと認定する教科目の教科書及び指導書

　植民地からの独立後、韓国の政府は国民教育の直接的な手段として教科書を重視し、教科書政策を一番重要な文教政策の一つとして推進してきた。韓国は教育課程と教科書の開発を管理する権限が文教部に集中した。中央集権的体制を維持しているため、文教部は教育課程と1種図書に関する政策決定は勿論、2種図書及び認定図書の使用に対する認可に至るまで中央集権的権限を持っていた。特に第3次教育課程期には1種図書が増やされ、支配勢力の維持のために支配理念を宣伝する支配イデオロギーの道具としての教科書政策が一番強化された時期であった。

5. 第3次教育課程期の教科書にみられるイデオロギー

5.1 「国籍ある教育」を求めて

韓国の教科書は国策のイデオロギー伝達の道具として重要視されてきた。統治者の政治的目的に合う対国民教化手段としての役割を持っていたので、時代と統治勢力の政治的目的の変化によって教科書の内的体制が変わってきた。例えば、開化期(1895～1910)は、①新知識、新文物、実用理論紹介、②自主・自強精神、③国史認識、④国文(ハングル)崇敬精神、⑤尊皇・愛国精神などの啓蒙的民族主義が強調された。日本植民地期(1910～1945)は、①日本式思考方式反映、②植民地皇国理念反映などが教科書に強調され、日本の植民地建設のために必要な植民教育の手段になっていた。教授要目期(1945～1954)は、①国語・国史[116]学習重視、②実業教育の重要性反映、③6・25戦争期の戦時克服、勝共理念などが重視された。また、第1次教育課程期(1954～1963)は、反共・道義・実業教育が、第2次教育課程期(1963～1973)は生活及び経験を中心とした内容が教科書に反映されてきた[117]。

今日の韓国教育制度の根本的な性格規定に独立後の米軍政府が果たした役割は大きいと言われているが、大韓民国樹立後にもアメリカは韓国教育に対して様々な援助活動を通して直接的に、または間接的に影響を与えてきた。従って、韓国の国家的教育目標は民族の伝統的・文化的価値だけではなく、欧米、特にアメリカの民主主義教育的価値を結合したものとされた。ここではその特徴的概念である「弘益人間」[118]を扱いたい。

韓国の建国理念である「弘益人間」の理念は国家的教育目標であり、教育によって形成していくべき理想的人間像である。この実現のための具体的な目標はアメリカの民主主義的教育哲学の影響を受けた。つまり、「弘益人間」は民主国家の発展に奉仕し、さらに人類共栄の理想実現に貢献できる民主的人間を求める理念である。李承晩政権下では、民族精神を強調した民族主義教育が表面的に強調されていたが、その裏にはアメリカ式市民形成を求める民主主義教育の指標が常に求められていた。しかし、朴政権に変わると、無批判的に受け入れていた外国、特にアメリカの教育文化的影響が抑制された。その代わりに韓国人としての民族的主体意識を高揚する「国籍ある教

育」が強調され始めた[119]。「国籍ある教育」の伸張するためには、教育の役割を最大限発揮し、経済発展、近代化、民族中興の国家目標を達成するために求められる人間改造を推進する必要があった。そのため、朴軍事政権は1968年12月に「国民教育憲章」を公布した。1970年代には「弘益人間」の教育理念から「国民教育憲章」の教育理念が韓国教育の目標になった。さらに「国民教育憲章」の理念具現は第3次教育課程期の教育政策と教科用図書編纂の基本方向になっていた。

5.2 「国民教育憲章」と「セマウル運動」による国民統合政策

「国民教育憲章」は393字で構成されている短い文章で表されている。朴政権下には各学校だけではなく社会団体の公式行事の際、この「国民教育憲章」が朗読され、憲章の理解と実践が全国民に求められていた。全教科用図書に対する「国民教育憲章」収録指針は1994年まで続いていた。韓国の全社会に大きな影響を与えた「国民教育憲章」の内容は民族中興の歴史的使命が基底になり、個人倫理の目標は創造の力と開拓の精神を、社会倫理の目標としては協同精神を、国家倫理目標としては国民精神を強調し、新しい国民像による新しい歴史の創造を目指している。従来の個人の成長発達、個人の自我実現と幸福追求、個性の尊重など個人を重視したアメリカ式民主主義教育観から国家と民族を重視する国家中心主義教育観へと変わったのである。

経済第一主義であった朴政権が政府主導の経済開発計画を強力に推進するためには、国家の目標達成に役立つ国民を育成する教育政策が必要であった。そのような教育目標の再定立の必要性によって生まれたのが「国民教育憲章」である。この制定作業は1968年6月15日の朴大統領の指示によってスタートされたが、教育目標の再検討の必要性は社会的に広く認識されていたので、各界各層の代表らの参与や数回にわたる公開論議と検討過程を経て、定期国会の本会議で議決された。民主的な国民合意過程によって教育目標が再定立された[120]。

「国民教育憲章」による国民統合政策は学校と地域社会間の建設的な関係構築と地域開発の促進などの成果を上げたので、政府は「国民教育憲章」の理念具現の実践として「セマウル(新しい村)運動」を全国民運動として展

開した。最初は農漁村開発運動としてスタートしたが、政府の支援による奨励策によって全国的に拡散された。

　自助・勤勉・協同の国民精神育成、生活環境の改善、所得増大を達成し、韓国の急進的近代化と産業化を成功させるために政府の主導下で行われたこの運動は、全国民をより豊かな国を作りたいという一つの希望へと団結させたのである。

　国民統合政策を推進したこの時期に形成された国民意識の中でも、特に国家の存在価値認識、民族的自負心、伝統的価値の継承、「セマウル運動」による町の発展寄与と自発的参与意志などの国民共通意識が生まれたという評価がある[121]。しかし、この時期このような政策による国家中心主義教育の強化は、朴政権の長期独裁化に対する国民の不満を抑えるための役割や民主化の促進が低下される結果を招いたという否定的な側面が多かった。朴政権下には「朴政権の対日隷属反対」「維新体制反対」「学園査察の中止」「言論・報道の自由」などを求める反政府民主化運動[122]が頻繁に起こっていたので、国民の支持基盤が不安定であった朴政権は国民統合政策を通してより一層国民を統制しようとしていたとも言える。

　韓国の高校で日本語教育がスタートされた1973年頃、朴政権はどのような状況に置かれていたかを秦明夫（1977）[123]は次のように述べている。

　　12月29日、朴大統領は「北の脅威」の存在下で「維新体制[124]」を転覆し、社会を混乱させようとする「不純」な動きと非難して、改憲請願署名運動の即刻中止を警告する強硬な談話を発表した。しかし署名運動が1974年1月7日までに約40万人の署名を集め注目すべき盛り上がりをみせた結果、朴政権は、自己の指導による「維新体制」の確立を果たしえぬまま、1974年1月の大統領緊急措置体制というよりいっそうの緊張体制である新しい枠組に依存せざるをえなくなったのであり、その国民的支持基盤の脆弱さ・不安定さを内外に強く印象づけることになった。

　国民統合政策が強化された時期であった第3次教育課程期は学校教育だけ

ではなく教科書の内容においても国家中心主義が影響を与えた。

5.3 小・中・高校の教科書内容

文教部は10月維新・セマウル精神・南北対話・輸出振興など政府施策を学校教育に反映させるために、1973年に国民学校、中学校・高校の教科書の内容を大きく変えた。国民学校1年1学期の国語教科書で最初に出る文章は、従前の「お母さん お母さん　私たちのお母さん」から「私 あなた 私たち 私たちの国 大韓民国」に変わった。同じ1年生の音楽教科書には「お父さんが磨いた新しい町で私たちは学校へ行きます」という「セマウルの子ども」の歌が追加された。美術教科書にも「セマウル運動」の成果や輸出増大などを主題にした絵が増えた。さらに、中・高校の反共教科書が改編され、中学校「勝共統一の道」と高等学校「自由守護の道」が各学年別に区分され3巻に増やされた。文教部による第3次教育課程期教科書の改編基本精神と各級学校の教科別内容[125]を具体的に見ると次の通りである。

基本精神

国民教育憲章理念の具現を基盤にし、①個人より国民的資質を涵養し、②知識より人間教育を強化し、③知識技術教育を改善することなどである。

各級学校の教科別内容

〈国民学校〉

- ◆ 道徳：国民教育憲章に出る徳目を「挨拶」「言行」「姿勢」などの49項目に分類、韓国的価値観の確立に努め、生活改善・農漁村開発などの素材を通してセマウル運動、輸出増大、国民所得増大のような国家基本施策を教育させる。また、民族文化財愛護、海外へ進出している国民の知恵、大韓民国の正統性、反共統一などの素材をたくさん扱った。
- ◆ 国語：国語使用の技能伸張と韓国的価値観教育の調和に力を入れ、太極旗（韓国の国旗）、韓国の国花、祖先たちの伝記、セマウル運動を扱った。主体意識を植え付けるため「私」「あなた」「我が国」

等と前進姿勢を象徴する語彙「行こう」等を第1学年1学期の最初に紹介した。第2学年1学期に出る「絵日記」の中、主体意識を強調するために「私は太極旗を描きました。描いた太極旗を壁に貼っておきました…。ヨンイと一緒に敬礼をしました」のような例文を作った。

◆ 社会：国家観確立のため第1学年1学期に「太極旗」「愛国歌」などを収録し、第2学年1学期に「3.1独立運動」を添加し、第6学年1学期には「世界の中の大韓民国」「我が国の民主主義」を大きく扱った。1年から体系的に国史教育を強化し5、6年では独立した国史教科書を刊行した。

◆ その他：体育は子どもの基礎体力の向上と、団体訓練に必要な秩序運動や韓国固有の民俗舞踊、シルム、テコンド等を新しく挿入した。音楽では韓国の楽器と民謡鑑賞力を高めるための韓国民俗の歌を追加収録した。また、セマウル建設・貯蓄などの内容の歌曲を多く載せた。美術も伝統美術の理解とセマウル貯蓄増産など国家要請に合う内容の絵を多く紹介した。

〈中学校・高等学校〉

◆ 反共：本数を増やし、内容も変えた。南北共同声明精神に従って北朝鮮に対する呼称の中、「北傀」、「傀儡」等は「共産主義者」や「共産集団」等に変えた。内容上では従来の情意的反共教育から共産主義がなぜ悪いのかを理論的に追求し批判するように心掛け、反共教育をより一層強化した。

◆ 道徳：維新精神、新しい歴史創造、セマウル事業、国土の改革などの内容を多く紹介し、「南北対話に対する私たちの姿勢」などの内容が新しく入った。

◆ 国史：1973年から独立教科になる国史は主体意識と正しい国家観を確立させることに重点を置いた。特に歪曲された日本植民地史観を直し、歴史概念を正確に植えつけることが出来るような教科内容に取り組んだ。

◆ 国語：ハングル専用準備[126]を進めるため、漢字・漢文教育が国語教育から分離され、大学にも漢文教育科を設置した。つまり、漢字・漢文は究極的には国語から排除され、専攻化・専門化学習の対象として扱われるようになった。国語と併用する際に、漢字は漢文教育用基礎漢字(1800字)の範囲内で括弧の中に入れて使うことにした。国語は民族文化と国民性形成を担当する中心科目であるため、国語と国語で表現された文化を愛し、これに対する理解を深めさせ国家観の確立、民族文化と国家発展に寄与できる心の育成が可能な内容を取り組んだ。

この時期の道徳・国語・社会などのような政策科目は国家政策の立場が教科内容に反映され、個人の行為や社会倫理と集団の中での個人の調和より国家の繁栄と福祉に対する個人の寄与が強調され、反共・国家主義・愛国心を扱う内容が増えていた。

5.4 日本語教科書の内容

国民の反対を押し切りながらも経済優先政策の一環としてスタートさせた高校日本語教育で使われた教科書の内容にその当時の国家中心主義がどのように表れているのかを追求する。また、この時期の日本語教科書に表れる文化はどのようなイデオロギー性を持っていたのかをも考察する。

この時期に使われた教科書は多数の著者が共同で執筆した『고등학교일본어독본(上)』(1973)『高等学校日本語読本(下)』(1977)と『고등학교일본어(上)(下)』(1979)の四冊である。

基本語彙数は3000語で、音声言語より文字言語に重点が置かれている。教科書に基づいて行われる教授法は伝統的訳読方式である。また長沼式[127]の問答法を導入して、日本語の基本訓練を施し、日常生活の具体的素材から外部世界へ、具体から抽象へと徐々に変わっていくという展開になっている。韓国の地名・韓国人の名前などの表記は韓国式発音や呼び方を使っている。例えば、「日本海」ではなく韓国で呼ばれている「東海」を地名として

使っている。朴大統領の場合は朴を「ぼく」と呼ばないように「バク」とルビが付いている。

それでは具体的に各教科書の内容を分析[128]・考察してみる。

(1) 『고등학교日本語読本(上)』(일본어연구회편(1973)、고등교과서 주식회사)
著者は이윤경、이봉복、박성원、전기정、정재인、민성홍の6人[129]の日本語研究会のメンバーである。全体構成をみると、第39課までの本文(133頁)があり、各課末の「練習」には基本語法が理解できるように類型練習を提示している。また、動詞・形容詞・形容動詞・助動詞活用表(6頁)、39課分の単語集と教育漢字索引(51頁)が付録として添加されている。全文横書きではなく縦書きで、初学者のため、第30課までは韓国語のように単語ごとに分かち書きをしている[130]。

写真と絵について分析して見ると、133頁の本文と練習問題のうち、写真11枚と絵22枚[131]が視覚効果を高めるために使われている。それぞれの写真と絵は本文の内容と関連性を持っている。しかし、写真や絵から学習者の新しい情報から得られる教育的効果はそれほど期待できない。なぜならば、日本と日本の文化などの理解に役立つものは表紙の写真も含め2枚しかないからである。しかも、この日本的事象を表す写真2枚とも韓国の古代文化の影響を受けた日本文化に関する写真である。表紙には奈良県の明日香村で1972年発掘された高松塚古墳内部の高句麗の影響を受けた壁画の婦人像と法隆寺金堂の壁画を原色通りに印刷した写真が用いられている。また、第35課「韓国の古代文化と日本」のもう一枚の日本に関する写真も明日香村の高松塚である。このように韓国古代文化の影響を受けた日本文化を紹介することによって韓国文化の優越性を表そうとした。また、韓国的事象を表す7枚の写真は「韓国の国旗」が2回、「国会議事堂」、「韓国の国花」、「慶州」、「秋夕」「韓国の高速道路」であり、国家を象徴するものが多い。絵は22枚のうち、7枚は韓国的事象を表すもの、日本的事象を表すものは1枚だけであり、14枚が「その他」[132]のものである。つまり、既に知っているものが写真や絵として使われている場合がほとんどである。

会話場面を分析して見ると、39課の本文中、問答法による会話のやり取

りは 11 箇所で見られる。問答法は生徒が教師の日本語の質問を良く聞いて教師のモデルに従って答える訓練を反復することによって発音や文型パターンを学習していく方法である。問答法による反復練習だけでは、実際の会話状況に対処出来るコミュニケーション能力を養うのは難しい。それにも拘らず、談話レベルのコミュニケーションが行われている本文は 2 箇所だけである。問答法の会話は登場人物が不明確で、しかも文脈がないので、「これは～ですか」の質問に対し「はい、～です」や「いいえ、～ではありません」の答えのように一定のルールに従った会話のやりとりで日本語の文型練習が反復されている。また、コミュニケーション場面がある 2 箇所の本文には登場人物が明示されておらず、会話内容から「具合が悪くて会社を休んだ吉田さん―吉田さんの会社の課長」「かぜぎみの武夫さん―下宿のおばさん」という人物が登場していることが分かる。韓国国民の反日感情が高まっている時期であったためか、この教科書には韓国人日本語学習者と日本人が会話を交わす場面や韓国人が日本で日本語を使って日本人とコミュニケーションを行う場面は見当たらない。また、元気ではない二人の日本人が名前を持つ具体的な登場人物として存在するだけである。第 4 課「わたしたちの先生」(28 頁)においても、日本語ではなく英語を教えている金先生がわたしたちの先生として描かれている。第 11 課「かわいい子ども」(45 頁)ではハングルを習っている外国人を登場させることによって、日本語学習者に自分の国のことばと文字に対する誇りを持たせようとする意図が見られる。

人名からはどのような特徴が見られるのかを考察する。この教科書に登場する人名は〈表 3-7〉の通りである。

〈表 3-7〉 国籍別の登場人物名と登場頻度数

日　　　本	韓　　　国
吉田さん(2)、武夫さん(1)[133]	李舜臣将軍(忠武公)(5)、朴大統領(4) 世宗大王(2)、王仁(1)、聖王(1)、柳寛順(1) 尹奉吉(1)、李さん(1)、金さん(1)、金先生(1)
合計：2(頻度 3)	合計：10(頻度 19)

人名に関する特徴は、2人の一般人だけが日本の人名として登場している反面、韓国の人名は韓国で良く知られている有名人が15回の頻度で7人も登場している。しかも、この教科書の場面では元気ではない人として描かれている二人の日本人とは違って韓国人10人中、5人は日本文化に影響を与えた人物であるか、あるいは日本の侵略から国を守るために戦った人物である。日本語を習っても韓国人としての誇りと民族的主体性を日本語学習者に認識させようとする意図が見られる。さらに、第32課「緑の山造り」、第36課「李舜臣将軍」、第38課「セマウル運動」では「朴」大統領が4回も登場している。

第32課「緑の山造り」(105〜107頁)
（前略）祖国の復興は、まず植林からだと言われ、緑の樹の茂っている国は、必ず栄えるとのことです。

とくに、近ごろでは、朴(パク)大統領のご指示によって、韓国の名産である、かき・くり・くるみなど、その実が所得となる苗木をどしどし野山に植えつけるようになりました。

やがて、山々の緑が濃くなるにつれて、しだいにわたしたちの国が豊かになることを思うと、たいへん心づよく感じられます。

第32課のように、「朴」大統領の指導力による韓国の発展や将来のビジョンを強調することで朴政権の支持を得ようとする意図が見られる。

内容的な面ではどのような特徴が表れているのか。最初に日本語学習者が目にするものは韓国語で書かれた「国民教育憲章」である。第1課「わが国」で日本語学習者が最初に学ぶ日本語の表現は自分が大韓民国の国民であることを確認する内容である。

第1課　わが国 (19〜20頁)
わたくし　わが国(くに)　国民(こくみん)　大韓民国(たいかんみんこく)　民主共和国(みんしゅきょうわこく)

わが国は　大韓民国です。　大韓民国は民主共和国です。

わたくしは　大韓民国の　国民です。

これは「国籍ある教育」の方針が日本語教育の明確な座標であることを明示しようとする文教部の意図である[134]。つまり、日本の文化や日本人について理解していくという側面より、学習者自身の自国と自文化についての理解を深めるという側面が教科書全体を通してより重要視されている。

39課までの本文全体の内容を分析してみると、韓国に関する内容(18箇所[135])が一番多く、その次が「その他」の内容(18箇所)で、日本に関する内容(1箇所)と日韓両国に関する内容(2箇所)は非常に少ない。

唯一、現代日本に関する内容を扱う第34課「日本」では、日本の地理・人口などの客観的説明からスタートし、韓国と同じく人口の割に国土がせまく原料になる資源に恵まれてない日本が、農産物の増収をかさねる一方、外国から原料を輸入して、それを加工し、工業製品として輸出することにより、国民生活を豊かにし、世界で指おりの工業国になったこと、日本の在日韓国人の存在、日韓正常化よる両国の緊密度の増加、日本からの観光客の増加、若い日本人韓国語学習者の増加、日韓両国の相互理解増進と平等互恵の原則にもとづいたアジアの自由と繁栄のための両国の努力が必要であるという現在と未来に向けての建設的な両国関係を求める内容である。

日韓両国に関する内容は、日本文化の基礎作りに大きな役割を果たした韓国の古代文化(第35課「韓国の古代文化と日本」)、日本水軍の侵略から国を守った韓国の英雄「李舜臣」将軍に関する「国難克服史」(第36課「李舜臣将軍」)が扱われている。つまり、日韓両国が登場する場面では韓国人としての民族主体性が強調されている。

韓国に関する内容は、「韓国事情(韓国の季節、観光名所、ことば、伝統文化など)」(9箇所)、「国家の経済発展(成果、将来のビジョン、国民の協力)」(6箇所)、「国家主義や愛国心」(3箇所)である[135]。国家の経済発展に関する例をみると、次のようである。

第16課 新しい町(60〜61頁)
(前略)新しい 道路も、 たくさん できました。
それで、 交通が、 とても 便利に なりました。
国民学校の 児童までも、 朝 早くから 家の まわりや道路の 掃

除を します。
わたしたちの 町は、たいへん 住みよく なりました。

　上記の例のように、その当時朴政権が取り組んだ「セマウル運動」の成果を取り上げている。第24課「母の言葉」では韓国の伝統衣装であるチマチョゴリ姿の母が自分の息子に話しかける言葉を通して、第36課「セマウル運動」では「朴」大統領の訓示を通して国の発展のための協力を呼びかけている。

第24課　母の言葉（81～82頁）
（前略）「どんなに つらい ことでも、しんぼうするんだよ。
そして、お国の 役に立つ、立派な 人に なって くださいね。」（後略）

第38課　セマウル運動（127～129頁）
（前略）朴大統領の訓示の中で、「セマウル運動は、生産の能率を高めて、所得の増大を図ると同時に、昔から伝わっている、農村の非生産的な因習を打ち破る運動も、合わせて行っていかなければならない。」と言われたが、この言葉どおりに、ぼくたちは、新しい村造りに精いっぱい力をつくしていこう。

　上記のように、「朴」政権の政策成果や国民の協力の呼びかけだけに留まらず、国民が力を合わせて協力していくとどのような韓国の将来が展望できるのかについても提示している。

第39課　1980年代のビジョン（131～133頁）
（前略）1980年代にはいりますと、韓国の経済は自立の段階を
こえて、経済と社会が平衡して発展し、中進国の上位
のクラスに属することになるでしょう。
このビジョンをかかげて、現在韓国民は、近代化事業に拍車

をかけています。80年代には、韓国は1年間の輸出が百億ドルに伸び、国民ひとり当たりの所得は、千ドルに達することでしょう。これこそ、韓国経済の大きな飛躍といえましょう。(後略)

国家主義や愛国心を表す内容の例をみると、次のようである。

第37課　太極旗(テグッギ)(123〜125頁)

ぼくは祖国のつわもの、銃をにない
青空にひるがえる太極旗を見上げる。
五千年の歴史を貫く伝統の象徴、
自由と平和を愛する民族の誇り。
柳寛順(ユグァンスン)の血にまみれたその旗、
尹奉吉が死を前に従容(しょうよう)と仰ぎ見たその旗、
倒れゆく学徒兵のまぶたに浮かんだ校庭のあの旗……
ぼくは祖国のつわもの、銃をにない
青空にひるがえる太極旗を見上げる。
わが同胞(はらから)が胸に誓ってうち立てた民族中興の旗じるし。
その旗を手に振る幼子(おさなご)の明るい顔、
その旗をおし立てて進む若人(わこうど)のたくましい姿、
その旗をなびかせて五大洋をかける船と船。
希望にみちた前進の波に太極旗ははためいている。

ぼくは祖国のつわもの、
太極旗に向かい
うやうやしく銃をささげる。

第37課の太極旗は韓国の国旗である。この課では国家の象徴である国旗と国家のために死んでいた愛国者たちを取り上げ、国家への愛国心を呼びかけている。

太極旗の掲揚（『日本語読本』（上）の 123 頁から）

　以上のように、本文の内容だけではなく、単語レベルでも韓国中心的な傾向が見られる。具体的には、39 課全体の 39 箇所の本文のうち、2 箇所の本文で日本の地名は 21 回出ているが、朝鮮半島の地名は 8 箇所の本文で 40 回も出ている[137]。また、日本という単語は 33 回出ている反面、わが国、大韓民国、祖国などの韓国を表す表現は 59 回も強調されている。

（２）『高等学校日本語読本（下）』（日本語教育研究会編（1977）、高等教科書株式会社）
　この本の著者は「金宇烈」、「崔昌植」、「文丞娟」の 3 人[138] の日本語教育研究会のメンバーである。全体構成をみると、31 課までの本文と各課の練習部分（200 頁）があり、助詞類の文法説明（8 頁）、単語集（53 頁）が付録としてある。全文横書きではなく縦書きで、『日本語読本（上）』のような分かち書きを取っていない。『日本語読本（上）』と比べてみると、本文の数は少ないが各本文の内容の量は増えている。
　写真と絵を分析して見ると、200 頁の本文と練習部分のうち、写真 28 枚と絵 9 枚が視覚効果と本文の理解を高めるために使われている。この教科書では写真の量が増えており、韓国的事象を表すものが 19 枚、日本的事象を表すものが 4 枚、「その他」のものが 5 枚である。韓国的事象を表すものは「韓国の偉人」1 枚、「名所」5 枚、「韓国の切手」1 枚、「釜関フェリー」1 枚、「韓国の近代化と発展に関するもの」11 枚である。「遠洋漁船の操業」

や「電子製品工場の内部」など、韓国の民族中興のために、決然として立ち上がった韓国民が新しい国造りのために汗を流しながら近代化作業を進めている風景が多い。

　日本的事象を表すものは、韓国の高麗時代に日本に伝わった「生け花に関するもの」2枚と「東京に関するもの」2枚である。韓国文化の影響を受けた日本文化を紹介する写真を取り入れることで、民族的自負心を高めようとしている。また、アメリカ空軍の爆撃で破壊された当時の東京市内の写真1枚と戦後めざましく復興した東京の中心地の写真1枚は近代化を進めている韓国民の教訓として使われている。「その他」の写真も主に科学の進歩と関係がある写真である。

　絵は『日本語読本（上）』より全体的に数が減ったが、韓国的事象を表すものが5枚で一番多く、その次が一般的なものが3枚、日本的事象を表すものが1枚である。全体として絵より写真を、また韓国の近代化の背景を表すものを視覚資料として一番多く使っている。

　会話場面を見ると、『日本語読本（下）』は『日本語読本（上）』より高い水準の日本語の文を読んで理解する能力に重点が置かれているため、31課の本文中、談話レベルのコミュニケーションが行われている本文は2箇所だけである。その一つである第8課「水産の話」の一部の会話内容をみると、次の通りである。

第8課　水産の話（44〜48頁）
（前略）
先生「（中略）韓国の水産業の水準は外国に比べてどうでしょうか。C君。」

C君「日本・ソ連・中共・ノルウェーなどにはまだ追いつけませんが、世界の水産国の中では、上位圏に属しています。今までの沿近海漁業をさらに発展させていくばかりでなく、南太平洋・北太平洋・大西洋にまで、遠洋漁業にどしどし乗り出しているので、わが国の漁業の将来はたいへん明るいものと言えます。」

先生「はい、そうですね。もっと具体的につけ加えて言えば、1981年度には漁獲高が世界で四、五位を占め、水産物の輸出額は世界第一位になるんですよ。1973年度にすでに第九位の漁獲高と第六位の輸出額をあげていますからね。(後略)」
(後略)

　先生が質問をし、生徒たちが答える会話場面を通して、世界の水産国の中では上位圏に属している韓国の水産事情と韓国漁業の将来の明るさを展望している。もう一つの第21課「本屋で」では、ふたりの日本人「山田」と「野村」が東京の日本橋のある書店に一緒に行って、本を買おうとする会話場面である。このふたりの日本人の会話で話題として登場する本は全部洋書である。日本人著者による本ではなく、故ケネディ大統領の『勇気ある人びと』、ドーデーの『風車小屋だより』といった韓国でよく知られている著者とその作品である。日本の武士小説である『大望』などの日本小説の翻訳書がブームになっていた1972年には、民族情緒を不安定にするような韓国社会の精神風土に対する反省と韓国作家の責任が問われる批判が強かった[139]こともあり、日本の著書に対する話題を避けていたと考えられる。この教科書にも『日本語読本(上)』と同じく、韓国人と日本人とのコミュニケーション場面は見当たらない。
　人名からはどのような特徴が見られるのかを考察する。この教科書に登場する人名は、〈表3-8〉の通りである。
　人名に関する特徴は、韓国人以外の人名の登場が増えている。日本人も一般人より作家・詩人・美術評論家・建築学者・考古学者など各分野の権威者を登場させ、韓国文化の優秀性の客観性と権威を高めようとする試みや彼らの哲学的教訓を伝えようとした。その例をみると、次のようである。

第27課　慶州のアルバム (162～169頁)
(前略) 有名な考古学者浜田耕作博士は、石窟庵の荘厳さにうたれて「こんな慈悲にあふれた如来の仏力によって、もし日本が調伏されたとしても、むしろ日本人は幸福であろう。」との賛辞を惜しまなかったそうである。

第3章　韓国の第3次教育課程期(1974～1981年)における高等学校の日本語教育　75

〈表3-8〉　国籍別の登場人物名と登場頻度数

日本	韓国	その他
遠山啓(1)、神武天皇(1)	朴正煕(1)、フンブ(15)、	グ(2)、ウインター(4)
村野四郎(1)	ノルブ(11)、大院君(1)	アダム・スミス(1)、メー
柳宗悦(1)	李退溪(4)、李偶(1)	テルリンク(1)、ミレー(1)
和辻哲郎(1)	四溟大師(惟政)(13)	キエル兄弟(4)
関野貞博士(1)	景德王(1)、	カロザーズ(1)
浜田耕作博士(1)	聖德王(1)	ケネディ大統領(1)
山田(10)野村(9)	李御寧(1)	ヘッセ(2)、ドーデー(1)
	惠恭王(1)	エジソン(1)
合計：9(頻度26回)	合計：11(頻度50回)	合計：12(頻度19回)

　また、オーストラリア人、イギリス人、アメリカ人、ドイツ人、フランス人、スウェーデン人などの違う国籍の人物の登場が増えている。彼らを通して科学の重要性や生徒たちに追求したい道徳的価値観などが扱われている。韓国人は韓国文化に貢献した偉人や特に日本人と日本文化に影響を与えた人物が強調されている。全体的に『日本語読本(上)』より有名な日本人を使い、韓国の経済・科学・文化やなどの客観的評価や説得力を高めようとする試みが見られる。
　内容的な面ではどのような特徴が見られるのか。第1課「統一への願い」から教科書が始まる。

第1課　統一への願い(5～9頁)

(前略)朴正煕大統領は、6.23の《平和統一外交宣言》のなかで、「知恵と勇気のある民族には、失望や挫折(ざせつ)は決してありえない」と指摘されました。
これは、わたしたちみずからが、知恵と勇気をふるい起こして、祖国の統一をなしとげていこうという決意を示したことばだと思われます。
(中略)統一は、きっと成し遂げられるはずです。いや、ぜひとも実現させねばなりません。そのために、わたしたちは現在、国力を養いなが

ら、祖国の平和的統一をめざして突き進んでいるのです。(後略)

　祖国の平和的統一を成し遂げるためには、国民の努力で国力を養う必要があることを国民に認識させようとしている朴政権の政策意図が見られる。北朝鮮との競争で韓国が経済的に優位に立てることを強く意識していた朴政権は経済優先政策を国家主導で進めてきたので、この教科書の内容においても、全般的に韓国の近代化に関する内容が重要視されている。
　31課までの本文全体の内容を分析してみると、韓国に関する内容（12箇所）が一番多く、その次が一般的内容（7箇所）、日韓両国に関する内容（7箇所）、日本に関する内容（5箇所）の順である。
　日本に関する内容は『日本語読本（上）』の1箇所より数が少し増えた。ことわざ・かな文字・いくつといくらの意味用法という日本語の学習に直接役立つ内容と東京で古本を扱う神田や日本橋の書店についてという日本の地理的情報が扱われている。また、第23課「他山の石」では太平洋戦争で負けた日本が置かれた悲惨な状況と日本国民の努力でそれを乗り越え経済大国になった日本を教訓的に扱っている。

第23課　他山の石（133～140頁）
　かつて、日本がアジアをわがものにしようとして始めたのが、太平洋戦争であります。しかし、その戦争は、日本のみじめな降伏に終わったのでした。(中略)
目も当てられない悲惨な状態が日本全国をおおっていました。
（中略）日本民族は、この試練に負けてはなるまいと、勇気をふるい起こして立ち上がりました。戦いに敗れた国を立てなおすためには、財政上たくさんの金が必要であります。その金は、国民の税金によってあてがわれます。それで、日本の国民は、苦しい生活の中でも不平をいわずに高い税金をおさめました。
（中略）第二次世界大戦がおわった時、日本の国勢は、四等国にひとしいと言われましたが、今の日本は、広く国際問題に関与する立場にまで発展してきました。

(中略)とにかく戦争に敗れてみじめになった日本が、今日の繁栄を築きあげたのは、決して偶然なことではありません。そのかげには、国民のなみなみならぬ努力があったことを、見のがしてはなりません。

 日韓両国に関する内容も『日本語読本(上)』の2箇所より数が増えている。その内容をみると、第6課「わが祖国」では日本で生まれ日本で生活している東京韓国学校の生徒の韓国人としての愛国心が描かれている。

第6課　わが祖国 (33〜36頁)
わたしたち韓国人は同じ民族でありながら、南と北に分かれている。同じことばを話す民族なんだから、早く統一してますますりっぱな国に発展させていかなくてはならないと思う。わたしたちが力を合わせれば、きっと祖国の統一は実現するだろう。
はやく祖国に帰ってくらしてみたい。日本で育ったから、はじめのうちは慣れないこともあるだろうが、韓国人はやはり韓国で暮らしていくのがほんとうの姿ではないだろうか。どこまでも、まともな韓国人になりたいとつよく願うわたしである。(東京韓国学校生徒作)

 これ以外にも、日韓両国の相互理解の増進と技術提携や経済協力に役立つ役割(第12課「釜関フェリー」)、日本などの外敵による受難の歴史を経た光化門と韓国民の民族的自主性(第16課「光化門」)、日本に影響を与えた人物と文化(第18課「李退渓先生」、第19課「生け花」、第25課「四溟大師の英知」)がある。また、韓国の有名な作家「李御寧」のエッセーでは、日本植民地期に彼は正午のサイレンが鳴ると、道を歩いていてもはたとその場に立ち止まって頭を下げ、日本の戦没将兵の冥福と戦勝を祈るための黙禱をしなければならなかったという彼の幼い頃の経験と「ミレーの晩鐘」の絵の解釈を通して平和の大切さを伝えようとしている(第31課「ミレーの晩鐘」)。韓国人としての民族的主体性を強調するだけにとどまらず、平和に向けてのより建設的な日韓関係を求めていると考えられる。
 韓国に関する内容は、「韓国事情(観光名所、伝統文化)」(2箇所)、「国家

の経済発展（祖国の平和的統一、成果、将来のビジョン、国民の協力）」（10箇所）である。特に、同じ民族である北との平和的祖国統一という国家的目標を達成するためには、国民の協力による国力増強が必要であり、実際セマウル運動などの朴政権が推進してきた経済優先政策の成果によって韓国の経済が発展し、近代化が進んでいるという側面が全体的に強調されている。このような論理展開の中で、朴政権の独裁化のために実施した十月維新が正当化されている。

第29課　わが国の民主政治（180〜186頁）

（前略）最近強大国はいずれも自国の利益を図る実利的政策に変わり、われわれとは全く異質的な体制を持つ北韓の共産主義者たちは武力による赤化統一の野望に燃えている。

われわれがこの激動する現実に前向きに対応していくために、十月維新を断行してわが国に適応した民主体制に切りかえた、理由も、まさにこの点にあるのだ。

（中略）やがてこの十月維新が実を結んだとき、わが国の民主政治は花と咲き、輝かしいわが伝統的文化はますますその光を放つことになろう。

地名の特徴を見ると、日本の地名が15回、「その他」の地名が8回出ているが、朝鮮半島の地名は134回も出ている。さらに、日本という単語は42回出ている反面、韓国を表す単語、例えば、わが国、大韓民国、祖国などの表現は67回も強調されている。日本の国民を表す単語、例えば、日本人、日本民族などの表現は9回出ている反面、韓国の国民を表す単語、例えば、わが国民、わが民族、韓国人、わが同胞などの表現は26回も強調されている。

（3）『고등학교 **日本語（上）**』（한국일어일문학회편 (1979) 국정교과서주식회사）
この教科書は研究グループの박희태（韓国外国語大学）、원영호（清州大学）、최영숙（大成高等学校）と執筆グループ허초（国際大学）、민성홍（韓国外国語大学）전기정（韓国外国語大学）の6人の韓国日語日文学会の中心メンバーに

よって作られた。전기정は1978年に創設された韓国日語日文学会の第1〜6代(1978〜1990)の会長を、박희태は第7〜8代(1991〜1994)の会長を、민성홍は第9代(1995〜1996)の会長を歴任した研究者たちである。特に学者だけではなく、高等学校の教師が研究グループのメンバーとして参加出来たことは教科書制作に日本語教育現場の実情を反映しようとする試みの一つであったと言えるであろう。

　全体構成をみると、第37課までの本文(131頁)があり各課末の「練習」は『日本語読本』「上巻」と「下巻」より量が多く、文型練習・作文・翻訳などの項目以外に第2課の「練習」からは「会話の練習」という項目が追加されている。「練習」では「本文」と関係がある文型練習に留まらず、話す能力と書く能力も身に付ける練習項目も設けられている。付録は1.家族の呼称(136頁)、2.数字(137頁)、3.助数詞(138頁)、4.時刻と時間(141頁)、5.月日(142頁)、6.期日(143頁)、7.時(144頁)、8.曜日(144頁)、9.ローマ字の表(145頁)、10.教育漢字音訓表(146頁)、11.重要語句と単語(153頁)の構成になっており、より実用的な面が考慮されている。全文は『日本語読本』「上巻」・「下巻」とは違って、縦書きではなく韓国語のように横書きを

変わっている韓国の農村(『高等学校日本語(上)』の裏表紙から)

使っている。また、初学者のために韓国語のように単語ごとに分かち書きをしている。

写真と絵を分析して見ると、131頁の本文と練習問題のうち、写真は日本的事象のものは一枚もなく、韓国的事象を表すものが6枚だけである。写真の数は『日本語読本(上)』の11枚と『日本語読本(下)』の28枚より少なくなっている。韓国的事象を表す写真は[140]、「変わっている私たちの農村」というタイトルの韓国農村の写真がこの教科書の表紙を飾っている。これ以外には「ソウルの鐘路通り」、セマウル運動の風景を表す「村造りの協同作業」、韓国の果物の名産地を表す「みかんのさいばい」、「りんごの取りいれ」、「バナナの花」である。絵も日本的事象を表すものは一枚もなく、韓国的事象を表すものが5枚で、「その他」のものが40枚である。韓国的な事象は「韓国の伝統家屋」、韓服姿の「お祖父さん」、「お祖母さん」、「お母さん」、「韓国の国旗」である。この教科書は絵や写真に韓国の経済発展と近代化や国家主義などを強調する韓国的事象が多く見られる『日本語読本(上)』と『日本語読本(下)』とは違って、韓国的事象を表すものが非常に少なくなり主に一般的な事象を表す絵をたくさん取り入れている。韓国の民族的主体性の高揚という側面より初級日本語教科書としての視覚効果を高めるという側面がより反映されていると考えられる。しかしながら、日本に関する情報や理解に役立つような絵や写真が一枚もなかったので、日本語学習に必要な日本文化の理解という側面での視覚的教育効果は期待出来ない。

会話場面を分析して見ると、37課の本文中、問答法による会話のやりとりは22箇所の本文で見られる。また、「会話の練習」の項目でも26箇所が問答法による文型練習が本文の復習のために取り込まれている。教科書全体が読解能力より会話能力に重点が置かれているので、会話のやりとりが多く見られる。登場人物による談話レベルのコミュニケーションが行われている本文は1箇所だけである。

第36課「訪問」の会話場面は韓国人である「金哲洙」が留学相談のために日本の松本先生のお宅を訪問し「松本先生」と「松本先生の奥さん」の二人の日本人と話す会話場面である。日本で韓国人と日本人が日本語でコミュニケーションを行うという場面が高校の日本語教科書に初めて登場したとい

う面で意義がある場面だと言えるであろう。当時日本へ留学を行く韓国人が増加して来たことが現実として反映されたとも考えられる。しかし、第36課の場面をみると、韓国と日本の文化差が認識できるような考慮がなされていないため誤解が生じる可能性がある。「金哲洙」が日本に到着した次の日に「松本先生」の家を訪問した際、事前連絡を取っていないということが全体の場面状況から考えられる。日本では訪問する前に連絡をするのが常識であるが、韓国では連絡なしに親戚や知り合いの家を訪問する場合もある。従って、この本文の会話内容のように人の家を訪問する前に連絡を取るという状況設定や状況説明がない場合、このような日本との文化差が認識できない生徒たちが将来日本へ行った時にこのような状況では韓国式に行動してしまう恐れがある。

日韓両国人の会話場面は第36課の本文以外にも、本文の一部分だけではあるが、第22課「お休みの日」(79〜80頁)では金－田中が、第28課「食べもの」(100頁)では李－田中－金－鈴木が、また「会話練習」項目においても129頁の金哲洙－田中が、会話を交わす場面がこの教科書にはある。これは韓国人と日本人が日本語で互い挨拶を交わす場面さえなかった前の二つの教科書とは大きな違いである。

他にも以前の教科書とは違う変化が見られる。例えば、「会話練習」の項目で見られるもう一つの会話場面は第16課の「客」と「店員」との会話場面であるが、買い物のやり取りの際に使われているお金が日本円である。第16課「買い物」の本文にも登場人物は明らかではないが、「魚屋の店員さん」と「お客さん」が登場人物であるということが予測可能であるこの課の会話内容においても、円が使われ、会話場面の場所が日本であるということが前提になっている[141]。『日本語読本(上)』では、第18課の本文中の「みんなで千二百ウォンをしはらう。」(66頁)、第23課の本文中の「これは純毛ですこし値段が高いのですが…千ウォンになっております。」(79頁)のように買い物が行われている場所が韓国になっていた。『日本語読本(下)』でも、第26課の本文中の「1972年度の農家の年間所得は42万ウォンであったが、(後略)」(159頁)や第28課の本文中の「これほどわたしが節約してきたお陰で、50万ドルの寄付ができたわけです。」などのように韓国の貨幣「ウォン」や

アメリカの貨幣「ドル」だけが出ており、以前の二つの教科書とは変わっている。

人名からはどのような特徴が見られるのかを考察する。この教科書に登場する人名は〈表3-9〉の通りである。

〈表3-9〉 国籍別の登場人物名と登場頻度数

日　　　　本	韓　　　　国
田中さん(8) 鈴木さん(7) 松本先生(1)	李さん(9) 金さん(21)、金先生(1) 金哲洙(5) 李哲(1) 朴正熙大統領(1)
合計：3(頻度16)	合計：6(頻度38)

以上のように韓国人が日本人より多く登場しているが、以前の教科書と違って国家のために業績がある偉人や愛国者ではなく一般人としての韓国人が殆どであるのが特徴的である。日本人の方も作家・美術評論家・建築学者・考古学者のような著名な日本人ではなく一般人である。つまり、一般の日韓両国人間のコミュニケーションが増えている。日本語を通して民族的主体性や国家中心主義を伝えようとする読解中心ではなく、初級者用の日本語学習という側面がより強くなっている。

地名の特徴を見ると、韓国以外の国としては日本が2回とアメリカが1回見られるだけである。つまり、韓国の国名と地名が中心になっている。韓国(祖国)を表す国名が15回で以前の教科書より国を強調する単語の出現頻度数は激減している。また鐘路(4)・ソウル(7)・ソウル駅(6)・安養(1)・釜山(2)・済州道(4)・大丘(3)が韓国の地名として紹介されている。日本語の教科書でありながら、日本の地名の紹介は一箇所も見当たらない。

内容的な面ではどのような特徴が表れているのか。第1課から国家が優先されている『日本語読本(上)』の「わが国」や『日本語読本(下)』の「統一への願い」とは違って、『고등학교日本語(上)』は「わたしのうち」から第1課が始まっている。つまり、国家の国民としての知覚より日本語を習う

学習者である「私」が主人公として強調されている。

37課までの本文全体の内容を分析してみると、韓国に関する内容（9箇所）、日本に関する内容（7箇所）、日韓両国に関する内容（0箇所）、「その他」の内容（21箇所）である。大きな特徴は韓国に関する内容より一般的内容が大きく増えている。韓国に関する内容においても、民族的主体性と愛国心などの国家主義が強調されていた以前の二つの教科書とは違って、韓国の客観的情報4箇所（韓国の果物の名産地、韓国の季節、ソウルの町）、韓国での個人の生活に関する内容が3箇所（家族、休みの日、ぼくの一日）、韓国の政策成果と目標が2箇所（セマウル運動、平和統一の大道）といった内容構成になっており、政治性が強い内容が激減した。特に第18課「セマウル運動」では個人と個人の間での対話形式でセマウル運動の目標・成果・精神が述べられている。

第18課　セマウル運動（63〜64頁）

（前略）セマウル運動は　どんな　運動ですか。
一言（ひとこと）で　いいますと、今の　生活（せいかつ）を　より　ゆたかに　する　ことも　大切（たいせつ）ですが、それよりも　あすの　生活を　もっと　よく　するための　運動と　言う　ことが　できます。
その　運動の　結果（けっか）は　どうですか。
その　運動の　おかげで　農村（のうそん）の　生活が　前より　みちがえる　ほど　豊（ゆた）かに　なりました。勤勉（きんべん）・自助（じじょ）・協同（きょうどう）が　セマウル精神です。それで、都市の　生活も　豊かに　なりました。

『日本語読本（上）』のようにセマウル運動が朴大統領と結び付けられ、朴政権の政策成果として強調されているのではなく、この教科書ではコミュニケーション活動の中でセマウル運動が紹介されており、内容の量も半分以下に減っている。

日本に関する内容をみると、日本の生活や伝統文化などの日本の国と国民に関する理解を深める内容ではなく、その殆どが「活用があることば」や「変則的に変わることば」など日本語そのものに関する理解を高めるための内容

である。

　この教科書の内容の中で一番多くの割合を占めている「その他」の内容は、主に学生個人の周りの物や生活が描写される場合が多い。その例を見ると次の通りである。

第1課. わたしの　うち (5頁)
わたしの　もの
わたしの　つくえ (後略)

第4課. これは　わたしの　ものです (14頁)
これは　私(わたし)の　つくえです。
それも　私の　いすです。
あれも　私の　ほんです。(後略)

第6課. ひろい　へや (20頁)
わたしの　へやは　ひろいです。
(後略)

第7課. 私は　がくせいです (23〜24頁)
わたしは　この　高校(こうこう)の　学生(がくせい)です。

　韓国の国民や民族としての意識が強調されている以前の教科書とは違って、この教科書では「私」という単語が頻繁に出ている。
　また、本文は内容より日本語初級者のための言語学習に重点が置かれているものが増えている。例えば「の」や「と」による名詞の学習からスタートし、「これ(それ/あれ)は〜です」や「これ(それ)は私(2人称/3人称)の〜です」のように第10課までは簡単な文型から複雑な文型へと基本文型を中心に本文が構成されており、練習問題にも文型練習が設けられている。そのため『日本語読本(上)』より使われている単語や文法も分かり易く、量も少なくなっており、生徒の学習負担が減っている。

しかし、文法や文型中心になっているため、現実ではあまり使わない内容の文型も見られる。例えば「これは机です」のような例文は普段は使わない表現である。小学生でも見れば目の前にある物が机や椅子であることが分かるのに「これは机です」と言う状況は殆どない。にもかかわらず、このような文型中心の不自然な文が当時の初級用の外国語教育に一般的に使われていた。例えば60年代や70年代の中学1年生用の初級英語教科書にも基本文型練習として「This is a pen」や「This is a boy」などの普段は使わない文が例として使われている場合が多かった。つまり、オーディオリンガル・アプローチの影響を受けていた。

(4)『고등학교 日本語 (下)』(한국일어일문학회편 (1979)、국정교과서주식회사)
この教科書の著者は『고등학교日本語(上)』と同じ6人のメンバーである。構成をみると第26課までの本文と練習部分(118頁)があり、敬語の種類(1頁)と当用漢字と教育漢字の一覧表(49頁)が付録としてある。全体の分量は169頁あるので、『고등학교日本語(上)』よりは文書の量が増えたために少し頁数は多いが、課数は減っている。

　写真と絵を分析してみると、この教科書には写真9枚と絵5枚が使われている。写真は韓国的事象を表すものが3枚、日本的事象を表すものが3枚、場所の説明が明確ではない「その他」のものが3枚である。韓国的事象を表すものを見ると、「韓国の重科学工業の中心である浦項総合製鉄」の表紙と「德寿宮から市庁前の広場を望むソウル風景」、「韓国の石油化学工業の発展を表す工場」である。日本的事象を表すものは「華厳の滝」、「百済から伝え

韓国の石油化学工業の発展を表す工場 (『高等学校日本語 (下)』の115頁から)

られた広隆寺（京都）のみろくぼうさつ像」、「「七五三」のお宮参り」である。絵は韓国的事象を表すものが3枚と「その他」の一般的な事象が2枚ある。韓国的事象は「世宗大王」の肖像画1枚と韓国民話の絵2枚である。日本的事象を表す写真と絵が一枚もなかった『고등학교일본어(上)』と比べ、この教科書には日本的事象を表す写真が3枚入り、韓国の先進文化であった古代文化の影響を受けた日本文化の紹介や日本の伝統的風習の理解を図ろうとしている。しかし、絵と写真は全体的に韓国の近代化などの韓国的事象を表すものが中心になっており、量が非常に少なくなっている。人名からはどのような特徴が見られるのかを考察する。この教科書に登場する人名は〈表3-10〉の通りである。

〈表3-10〉 国籍別の登場人物名と登場頻度数

日　　　本	韓　　　国
笹沢美明(1)	世宗大王(6)
太郎(1)、花子(1)	金(5)
次郎(1)、正雄(1)	フンブ(9)
田中(7)、良雄(2)	ノルブ(1)
宮沢賢治(1)	宇根(2)
浜田広介(1)	王仁(1)
合計：9(頻度16)	合計：6(頻度24)

　人名に関する特徴は、日本人の登場人物の数が韓国人より多くなっており、一般人3人だけだった『고등학교일본어(上)』とは対照的に日本作家3人を登場させ、彼らの作品を通して日本文化理解を図っているのが特徴である。韓国人の人名の方は、韓国民話の主人公や一般人の登場数の方が韓国文化に貢献した偉人の登場数より多い。韓国人の人名の登場頻度は日本人のものより多いものの、韓国の偉人が取り上げられ、民族的主体性が強調される度合いは弱くなり、日本文化と日本人への態度にも変化が表れているとも言える。しかし、『고등학교일본어(上)・(下)』の教科書に見られるこのような変化が70年代の高校の日本語教育現場に実際与えた影響は少なかったと考えられる。なぜならば、この二つの教科書は1979年3月1日に初版が発

行された。1982年からは第4次教育課程が始まったので、第3次教育課程期の高校の教科書として主に使われたのは『고등학교日本語読本(上)』であった。『日本語読本(上)・(下)』とも学習分量が多く、日本語の授業時間が週1〜2時間しかなかったので、『高等学校日本語読本』「下巻」は勉強出来ないまま「上巻」だけで終わったのである。

会話場面の特徴を見ると、教科書全体が読解能力より会話能力に重点が置かれている『고등학교日本語』「上巻」とは違って、『고등학교日本語』「下巻」は読解力に中心が置かれているため、27箇所の本文のうち、会話文は4箇所だけである。第8課「下相談」では日本人の友人間の常体による会話場面である。第9課「ゆうごはん」は家族間の会話場面になっている。特に、食べる前に家族みんなが一緒に「いただきます」と言い、食べ終わってから、皆一緒に「ごちそうさま」と言う会話場面は、韓国とは違う日本の食事文化の理解に役立つ内容になっている。残りの二つの会話場面は韓国人と日本人との会話場面であり、日本留学中の韓国人と日本人との交流場面になっている。

内容的な面ではどのような特徴が見られるのか。韓国の国民としての知覚や祖国統一という国家主義が強調される内容から始まっている『日本語読本(上)・(下)』とは対照的に、この教科書は春の自然を語っている一般的内容から第1課が始まる。全体的にも韓国の内容を中心とした民族主体性と国家主義の内容は減り、日本語の語学学習を中心とした一般的な内容が一番多くなっている。27課のうち、一般的内容が11箇所、韓国に関する内容が5箇所、日本に関する内容が8箇所、日韓比較的内容が3箇所である。

「その他」の内容は、第1課「春」や第21課「さけのさとがえり」などの動物と自然に関する内容、第6課「あいさつ」や第8課「下相談」などのどこにでもありそうな日常生活の一場面、第21課「時計」の「働けば、必ず豊かな生活が約束されるということ、すなわち「時は金なり」」のような道徳的価値観に関する内容があり、『고등학교日本語(上)』のような一人称「私」の強調は見られない。

韓国的内容は、「韓国文化(ハングル、韓国民話、生活文化)」(3)、「国家の経済発展や近代化」(2)である。特に、第5課「世宗大王」では韓国語の

文字である「ハングル」を制定し韓国の民族文化の発展に大きく貢献した世宗大王の業績をたたえる本文の内容だけではなく、練習部分の例文を通しても民族主体性を高めようとしている。その例を見ると次の通りである。

【言葉のきまり】(14 〜 15 頁)
二．　名詞・動詞・形容詞・形容動詞・助動詞・助詞＋という
1.　ハングルという　偉大な　文字。
3.　ハングルが　りっぱだという　ことは、科学的に　作られた　文字だからです。
四．　〜ので（順接）
2.　ハングルが　ならいやすいというので、このごろは　日本人の　中でも　ならう　人が　おおいです。

第27課「我が国の経済発展」では、具体的な数字を提示しながら政府の政策成果による国の経済発展を強調することによって、政権の指導力をアピールしようとしている。

第27課　我が国の経済発展（115 〜 116 頁）
（前略）このように我が国の経済が急速な成長を遂げることのできたのは、なんといっても政府の導きのもとに、国民のすべてが「なせばなる。」という意気ごみで精いっぱい働いたからなのです。
この勢いで近代化に拍車をかけるならば、我が国も1980年代には先進諸国に追いつけるにちがいありません。

以上のように、表紙の写真を韓国の製鉄工場にし、最後の本文の内容も韓国の経済発展に関する内容にするなど、その当時の政権の指導力による政策成果を強調しようとする意図が見られるのは以前の教科書と類似しているところであるが、日本に関する内容がより多くなってきている。日本語学習についての内容2箇所だけではなく、日本人作家の作品（笹沢美明「たき」、宮沢賢治「雨ニモマケズ」、浜田広介「泣いた赤おに」を紹介している内容

3箇所と日本の食事風景や電話場面の生活文化2箇所が主に紹介されている。つまり、この教科書は日本に関する内容が主に日本語の理解に向けられている『고등학교日本語(上)』より日本理解の内容が多様化している。

　日韓両国に関する内容は、「天気の比較」(1)、「日韓風習の比較」(1)、「韓国の古代文化と日本の関係」(1)であるが、日本と日本人に対する態度の変化が見られる。つまり、第18課「韓国の古代文化と日本」では、日本よりも早く大陸文化を受け入れた先進国であった古代の韓国が日本文化の形成に大きく寄与したことを強調することで民族主体性の高揚を図っているのは以前の教科書と変わりがないが、「日本は韓国にとって、一番近い隣の国である」という表現が本文と「言葉のきまり」の練習部分の例文にも繰り返されている。また、日本と韓国の梅雨が比較されている第17課「手紙」では、韓国人「宇根」が日本の友だち「良雄さん」に出した手紙である。その内容を見ると日韓両国人の交流に対してより積極的になっている。

第17課　手紙(72～73頁)
（前略）私は梅雨が明けたら、さっそく近くの海へ泳ぎに行くつもりです。もし、夏休みにこちらまでいらっしゃることができましたら、ぜひ遊びに来てください。私の家から海べまでは、歩いて30分ほどしかかかりません。家には空いた部屋もありますから、気軽に寄ってください。（後略）

　日韓風習の比較が内容の一部として出る第22課「日本の風習」にも、韓国の風習は日本の風習「お七夜」、「お宮参り」、「初誕生日お祝い」、「七五三」の理解を助けるための補助的な役割になっており、日本文化理解を中心的に扱っている。

　地名に関する特徴を見ると、日本の国名は25回であり、韓国の国名は31回で、その中で「わが国」が10回も出ている。韓国と日本の国名が『고등학교日本語(上)』より増えているのは、読解中心の文が多くなっており、特に韓国と日本の古代文化の関わりを紹介する内容の中で頻繁に出ているからである。地名を見ると、日本の地名は六本木(1)と奈良(2)の2箇所だけ

が紹介されている反面、韓国の地名はソウル(6)、徳寿宮(1)、漢江(1)、北岳山(1)、南山(1)、東海(2)が紹介されており、主に内容の話題がソウル地域の地名が中心になっている。

以上の第3次教育課程期の教科書四つの分析をまとめてみると次の通りである。

1. 人名・地名・歴史的事件名は韓国式発音を採択している。
2. 実際の会話状況に対応できるコミュニケーション能力より、読解力中心になっている。
3. 教科書に使われている写真と絵は、教科書の表紙を始め韓国的事象を表すものが多く、特に韓国の経済発展と近代化の側面が重視されている。
4. 内容的な面においても、韓国の経済発展と近代化や国家主義が強調されている。
5. 古代の韓国文化が日本文化に与えた影響を強調し、韓国文化に対する民族的自負心を高めようとする意図が見られる。
6. 『고등학교日本語(上)・(下)』からは徐々に増えているものの、全体的に韓国人と日本人がコミュニケーションをする場面が非常に少ない。
7. 『고등학교日本語(上)・(下)』では日本語の説明や日本作家の文学作品と日本風習の紹介などの日本文化に関する内容が少し増えているものの、全体的には日本語で書かれている韓国文化を中心とした自文化理解という側面が強調されている。

高校での日本語教育開始をめぐる国内世論は国家観がまだ確立されていない高校生に日本語を教えると日本文化に同化され易く、国家観に混乱が生じる可能性があるという憂慮が多かった。従って、政府は韓国民としての主体性を強調する教育を初期の高等学校の日本語教科書の内容に強く反映させることにより、他の高校学校の外国語教育とは違う差別化した戦略を取った。

例えば、同じ時期の英語を教科書の内容を分析してみると、次の通りである。

(5) 『인문계고등학교 HIGH SCHOOL ENGLISH』영어교과서편찬위원회(1974)、고등교과서주식회사

目 次			
1.Spring	3	10.Daffodils	105
2.Pioneers of the New Age	12	11.Automobile Factory	109
3.The Art of Conversation	23	12.Population Control	118
4.Robert Frost	36	13.The Summer of Beautiful White Horse(Ⅰ)	129
5.Machines that Think	47	14.The Summer of Beautiful White Horse(Ⅱ)	143
6.Uncle Hoskins	58	15.The "Potato-Eaters"	156
7.How Jenner Conquered Smallpox	72	16.The Golden Mean	167
8.The Kinds of Love	83	17.Winter	180
9.Wings for the Atom	94	18.The Economic Development of Korea	192

　この教科書は高等学校2・3年全学期用であり、1973年の『高等学校日本語読本(上)(下)』と同じ高等教科書株式会社によって出版され、同じ時期に高校の教科書として使われていた。全体的構成は各課ことに本文の理解に役立つ「PREVEIW」の単語と句、構文練習、本文、練習問題が第18課まで(204頁)あり、14頁の単語集が添加されている。この教科書も日本語の教科書と同じく韓国語で書かれた「国民教育憲章」が入っている。しかし、教科書全体に韓国の民族主体性や国家主義を表す内容は殆ど見られない。視覚効果を高めるために設けられている絵19枚と写真17枚のうち、韓国的事象を表すものは写真4枚だけである。「慶州のお寺」1枚、「韓国の牧場」2枚、「韓国の工場」1枚で日本語教科書のように韓国の近代化が強調されていない。西洋的事象を表す絵は19枚のうち7枚、写真は17枚のうち8枚である。　特に写真はアメリカとイギリスの文化的事象を表すものが多い。例えば、28頁には「Gyeongju has one of the old temples. It is Bulgugsa.」というタイトルの韓国のお寺の写真とその下に「Interior of Westminster Abbey」というタイトルのイギリスの教会の写真を同じ頁に掲載させ、英語学習者に異文化間の文化差を認識させようとする意図が見られるものもあ

る。また、「その他」の一般的事象を表す写真5枚は全部科学の発達を表すものであり、これらは韓国や特定国の近代化や科学の発展などの側面ではなく一般的視点から扱われている。

　このような傾向は英語教科書に使われている「we」と日本語教科書に使われている「私たち」の意味にも差が見られる。つまり、この英語教科書での「we」は人類全体の意味として使われている。例えば、「科学の進歩」や「人口の問題」などが人類全体を意味する「we」の立場から語られている。その反面、日本語教科書では「私たち」が韓国の国民だけに限定されて強調され使われている。

　本文の内容を見ると、韓国に関する内容は1箇所、英語圏を中心とした西洋に関する内容は7箇所、どこにでもありそうな一般的な内容は4箇所である。韓国に関する内容は18課「THE ECONOMIC DEVELOPMENT OF KOREA」だけである。この課では韓国の歴史と経済発展による近代化が主に扱われているが、韓国の国民に対する視点が日本語教科書とは違う。日本語の教科書では韓国の経済発展などの韓国に関する記述は「我が民族」、「我が国」、「私たち」などの言葉で主体化され、強調されている。しかし、この英語の教科書の韓国に関する記述は「Korea」と「They」になっており、このような3人称を使うことによって西洋の目から見られる韓国が記述されている。具体的な例を見ると次の通りである。

18課「THE ECONOMIC DEVELOPMENT OF KOREA」(196〜203頁)

　(前略) Korean economy expanded during the decade of the 1960s by about 2.4 times.

　(中略) They are now in the process of being reshaped according to the modernized plans of streets, housing and communal facilities. (後略)

第39課「1980年代のビジョン」『고등학교日本語読本(上)』(131〜133頁)

　(前略) この勢いで、わたしたちが精いっぱい働き、セマウル運動で農村を近代化し、工場をたてて、生産と輸出にはげめば、1980年のビジョ

ンは、必ず実現されるにちがいありません。

第27課「我が国の経済発展」『고등학교日本語(下)』(115～116頁)
(前略)このように我が国の経済が急速な成長を遂げることのできたのは、なんといっても政府の導きのもとに、国民のすべてが「なせばなる。」という意味ごみで精いっぱい働いたからなのです。(後略)

さらに、この英語の教科書に見られる他の特徴は韓国人の人名は第3課「THE ART OF CONVERSATION」の26頁の構文練習用の例として「Admiral Yi Sunshin」が1回だけ出ている反面、西洋人の人名は51名が248回の頻度で登場している。西洋人は様々な分野で活躍した政治家、科学者、詩人、画家、哲学者などの有名な偉人が多く、英語母語話者の文化理解という側面が重視されていることが特徴である。また、第3次教育課程期の英語を初めて習う中学生用英語教科書も「I am a boy」や「This is a pen」の簡単な構文から始まっている。文法中心の構文練習に重点が置かれていたため「A: What do you do with your leg? B:I walk and run」のような文脈がない不自然な文も少なくない。しかし、日本語教科書のように韓国の民族主体性を表す内容はなく、英語母語話者と英語学習者である韓国人との会話場面も設けられており、主に西洋社会の日常生活を背景にした西洋人同士によるコミュニケーションが多く見られる。

6. 結語

1972年のニクソン大統領の中国及びソ連の訪問、9月の日中国交正常化、日朝間の積極的な経済・人的交流など、「デタント」による世界情勢の急変の中で、韓国は北朝鮮との「南北7・4共同声明」発表や日韓経済協力の強化など、より現実的で実利的な外交で世界情勢の変化に能動的に対処せざるを得なかった。また、韓国政府は北朝鮮との「対話ある対決」[142]を表明し、北朝鮮との経済競争を強く意識しながら経済優先政策を政府主導下で強く推進していた。このような状況の中で、朴政権が国民の反対を押し切りながら

も日本との経済協力の強化を図るためにスタートさせた高校日本語教育は、実施のための十分な事前準備が殆どなかったので、第3次教育課程期は日本語教員不足や教材などの様々な問題が課題として残されていた不安定期であった。

　また、高校での日本語教育実施に対し、「文化的再植民地化の危険性」や「民族主体性と愛国心強化教育の必要性」を主張する世論が多かったので、韓国政府は日本語教科書には韓国民としての民族的自信感や愛国心が深められる韓国中心的内容を意識的に取り入れようとした。この背景には、朝鮮時代500年間続いた中華主義思想の影響、その後は民族的自尊心を意図的に抹殺しようした日本による植民地教育、さらに1948年8月15日以後はアメリカの強い影響力に置かれていた韓国の国民は民族価値観や民族主体性の混乱を経験しなければならなかったことがある。したがって、民族的自尊心の回復と民族価値観や民族主体性の確立が達成されておらず、植民地期に刻印された日本語と日本文化の残滓[143]がまだ残っていたその当時の韓国社会では日本語を通して浸透してくる日本文化から韓国文化を守るために戦略的な国家主導型の日本語教育という保護主義的な立場を取らざるを得なかった。

　反日時代であったにも拘わらず、日本語が高校の第二外国語として決定された1972年には対日観の変化が韓国社会に見られた。徹底した「日本きらい」からこの時期になると、とにかく「発展していく現在の日本を知ろう」という意欲が各界に高まっていたのである。この背景には対米不信の反作用として芽生えた意識の変化があった[144]。対中国政策を中心とした新アジア戦略を急激に進めていたアメリカは、韓国から駐韓米軍を大幅に撤退させ、経済援助も打ち切った。韓国の第一の友邦だと信じていたアメリカが取ったこのような対韓政策は韓国民に孤独感とアメリカに対する不信感を与えた。そして、アメリカの後退で弱くなった部分を日本の協力で埋めていく必要に迫られていた[145]韓国は対日傾斜政策を積極的に推進した。日本の存在が大きく見えてきた韓国国内でも日本に対する関心と柔軟性を見せる雰囲気が芽生えた。

　しかし、一方では日韓関係の親密化を対日隷属の関係としてとらえ、反発

と警戒心を強める国民感情もあった[146]。日本語の持つ実用性と経済的価値の高さで日本語を第二外国語として選択する人々が多かった。しかし、同時に日本語は学びたいけど、感情的に日本と日本人を受け入れ難いという矛盾した心理を持っている日本語学習者が多かった。政治的戦略で開始された高校の日本語教育は他の外国語とは違う扱いを受け、韓国の民族主義と愛国主義から自由になることはできなかった。

注

1 太田修（2003）『日韓交渉―請求権問題の研究』東京、クレイン、pp.38-39.
2 太田修（2003）、pp.37-63.
3 韓国では「韓日会談」と呼ばれているが、便宜上本論文では日本で呼ばれている「日韓会談」を使う。ただし、引用文の場合には原文どおりにする。
4 第1次会談（1951～52）では、在日韓国人の法的地位、船舶返還問題、国防と漁業資源の保全という理由で「大韓民国隣接海洋の主権に対する大統領の宣言」を李大統領が発表し、日本寄りの水域を韓国の領海とした「李ライン（韓国では平和線と呼ばれていた）」の設定に関する問題などで対立し、対韓請求権問題で決裂。第2次会談（1953、4）では李ラインをめぐる漁業問題で決裂。第3次会談（1953、10）では、「当時日本が〔朝鮮〕へ行かなかったら中国か、ロシアが入っていたかも知れない」、「日本の韓国統治にはプラスの面もある」などの久保田発言の波紋で決裂。第4次会談（1958～60）では北朝鮮帰還問題で決裂した。このように李承晩時代には日韓会談がうまく進まなかった。李庭植（1989）によると、「李承晩時代に対立が緩和することなく継続したのは、いずれの側も緊張した関係を緊急に改善しなければならないという必要を感じていないからであった。韓国の主要な関心事は北朝鮮の共産政権からの防衛と戦後の経済復興であり、これらの課題は、いずれも日本よりは米国の支援を必要としていた。日本自身も第二次大戦の荒廃からの復興途上にあり、韓国に提供するべきものをほとんどもたなかったのである。韓国の経済目標はインフレーションを克服し、安定を達成することであり、それは日本との多くの接触を必要としなかった。また、政治的な緊張にもかかわりなく、韓国は実際に日本との貿易関係を維持していた。日本も、漁業問題を解決したいという欲求を除いては、やはり緊急の必要を感じなかった。日本経済は米国の朝鮮戦争特需を契機に急速に復興し、米国政府はほとん

どすべての活動の分野において日本政府を支援し続けた。日本の指導者にとってもっとも重要であったのは、正にこのことであった。」(李庭植(1989)『戦後日韓史』小此木政夫他訳、中央公論社、p.62.)

5　輸出の促進と国内産業の海外投資による商業的、産業的な利益の増進などが日本の1960年代の海外経済協力と援助の主目的であった。(デニス・T・ヤストモ(1989)『戦略援助と日本外交』渡辺昭夫監訳、同文舘、p.44.)

6　大韓民国広報部(1965)『韓日会談의 어제와 오늘』p.21.

7　李大根(1987)『한국경제의 구조와 전개』創作社、pp.168–171. 1950年代後半までアメリカと軍事的・経済的に緊密な関係を維持していた韓国は1945～1960年の間、経済復旧と軍事力増強のために12億1,400ドルの無償援助をアメリカから受けていた。(동아일보사(1961)『동아연감』)しかし、アメリカは60年代に入ってベトナム戦争による海外軍事費の増大や宇宙開発費用による経済的負担やインフレ・失業などの様々な国内問題に直面していたので、日韓の早期正常化を強く望んでいた。西川は次のように述べている。「64年1月にラスク国務長官が日韓正常化を促進する目的で東京とソウルを訪問する等アメリカも日韓の早期正常化を強く望むようになっていた。反共の防波堤として韓国へ多額の援助を行っていたアメリカであるが、ベトナムへの介入を契機として60年代半ばからドル危機への懸念が強まり始めていた。そこで、アジアの同盟関係を安定させるとともに、経済成長めざましい日本に対韓援助の分担・肩代わりを期待したからである。」(西川吉光(2002)『日本政治外交史論(下)―敗戦～吉田ドクトリン神話の形成』晃洋書房、pp.105–106.)

8　渡辺昭夫編(1985)『戦後日本の対外政策』有斐閣選書、有斐閣、p.143.

9　高崎宗司(1996)『検証日韓会談』岩波新書、pp.100–105.

10　国交樹立のために結ばれた日韓基本条約によって、外交領事関係の開設、大使の交換、日韓併合以前の旧条約に関する無効確認、対日財産請求権と経済協力協定(無償供与3億ドル、有償(長期低利)2億ドル、民間信用供与3億ドル)、李ライン撤廃と共同規制水域設定、在日韓国人の法的地位に関する協定(敗戦以前から日本に在住の韓国人、その直系卑属で協定発効後5年以内に生まれた者及びその直系卑属に日本の永住権を許可)等が取り決められた。(西川吉光(2002) pp.106–107.)

11　稲葉継雄(1986)「韓国における日本語教育史」『日本語教育』60号、日本語教育学会、p.143。稲葉は1961～72年の期間を韓国日本語教育の「私設日本語講習所中心期」と名付けた。

12　장명준(1999)「일본어교육사2―그환경과요인―」『日語日文學』제11집、大韓日語

日文學會、p.292.

13 이규환(1993)『한국교육의 비판적 이해』한울아카데미、p.250.
14 全国経済人聯合会編・発行(1987)『韓国経済開発概観』、pp.7-8.
15 「対日低姿勢外交反対汎国民闘争委員会」を結成した野党だけではなく、社会・宗教・文化団体体表ら約200人も「対日屈辱外交反対汎国民闘争委員会」を組織し反対運動を展開した。より詳しい内容は전재호(2002)「자유민주주의와 민주화운동：제1공화국에서 제5공화국까지」『민주주의의 한국적 수용』책세상、pp.134-135.
16 임휘철(1995)「청구권 협정 II—협정이후의 한일경제관계—」민족문제 연구소『한일협정을 다시 본다-30주년을 맞이하여』아세아문화사、pp.186-212.
17 具体的には、無償経済協力は3億ドルを10年間にわたり日本国の生産物および日本人の役務により提供し、また、長期低利借款は2億ドルを10年間わたり海外経済協力基金より提供することであった。
18 「韓・日貿易会談、第9次. ソウル、1972.7.4-5」MF, N-0011 (5534)、外交通商部外交史料館、p.199.
19 「韓・日貿易会談、第9次. ソウル,1972.7.4-5」MF, N-0011 (5534)、外交通商部外交史料館、p.200.
20 反日感情は韓国だけではなく、他のアジア諸国にも強く残っていた。「国際社会へ参入しようとした段階でアジア・オセアニア諸国に残る反日感情の強さを味わった日本は、賠償や円借款を梃子にしてアジア諸国との関係修復を図ったが、関係改善交渉が円滑に進んだわけではなかったのである。アメリカとの関係の親密化とは対照的に、日本とアジア・オセアニア諸国との関係にはこの時期ではまだまだ戦争の外傷が見え隠れしていた。」(渡辺昭夫編(1985)、pp.142-143.)
21 『毎日新聞』、1972年1月26日
22 『毎日新聞』、1972年1月24日
23 『毎日新聞』、1972年1月25日
24 『毎日新聞』、1972年1月27日
25 『毎日新聞』、1972年1月25日
26 『朝日新聞』、1972年3月2日、3月3日
27 『朝日新聞』、1972年6月4日
28 『日本経済新聞』、1972年6月4日
29 『日本経済新聞』、1972年1月1日、2月1日
30 『朝日新聞』、7月2日

31 小牧輝夫（編）(1986)『朝鮮半島・開放化する東アジアと南北対話』アジア経済研究所、pp.29-30.

32 この声明では「相互中傷・誹謗の中止」「武装挑発の禁止」「突発的軍事事故の防止」「常設電話の設置」が合意された。(『東亜日報』、1972年7月5日）朴正熙大統領は1972年7月7日に「7.4声明は北側の戦争挑発を未然に防ぎ、韓半島での戦争再発を回避し過去4半世紀間重なってきた敵対・不信の障壁を乗り越え、南北間対話の通路を作ることによって平和統一の道を広げ、北側から武力と暴力行事を諦めるという言質を得ることが目的であった」と表明した。(『中央日報』、1972年7月8日）

33 '南北共同声明' 後、日本は北朝鮮との経済交流をより一層活発にするために、日本産業界の対北朝鮮貿易の斡旋、及び日本財界と北朝鮮との接触のパイプ役割として '協亜物産' という会社を設立し、百億円の商談を推進していた。(『東亜日報』、1972年7月7日）一方、60年代に始まった共産圏国家からの援助激減と、67年〜70年には31.2%まで増加した軍事費負担によって生じた経済沈滞を克服するために北朝鮮側は、日本だけではなくアメリカの経済支援を模索するためにアメリカ業界とも接触していた。(『東亜日報』、1972年7月19日と『朝鮮日報』、1972年7月26日）

34 1965年の日韓国交正常化以来、浦項総合製鉄所建設、ソウル地下鉄建設などにたいする援助を始め、1973年末までは無償協力3億300万ドル、有償協力6億ドル、民間協力6億4,500万ドルの援助が日本から約束された。また日本の民間による対韓投資も急増し、1973年末の韓国の外国人投資の総件数の81.9%は日本が占めていた。(「わが国海外投資の現状」日本貿易振興会編『海外市場白書』1974年版、第2分冊、pp.103-104.）70年代前半、高度成長期末期の日本国内の労賃上昇を嫌った繊維、電子機器などの労働集約型産業の多くの中小企業が安価で良質な労働力に富む韓国に直接投資を行った。1972年以降に日本の対韓直接投資が急増した。(坂橋洋（1988）「南朝鮮の経済」『日本と南朝鮮』朝鮮問題研究会編、十月社、p.67.)

35 「韓国の対日政策、1972」MF, C-0051(4847)、外交通商部外交史料館、P.27.

36 工業中心の経済開発が進められた結果、大きな農工間の格差が生じてしまった。67年の農家平均所得は、都市勤労者家計所得の60%程度まで低下した。こうした格差で農村の人口は都市へと流れていき、68年以降の農家人口は絶対的減っていた（小牧輝夫（編）(1986)、p.131)。第3次経済開発5カ年計画の達成のためには、農村生活の改善を目指したセマウル運動（新しい村運動）の成功は非常に重要であった。セマウル運動を一層盛り上げるために、朴大統領がセマウル運動の歌を作った。この歌は韓国のテレビなどで盛んに流れていた。(『朝日新聞』、1972年7月4日）

37 『日本経済新聞』、1972年2月22日
38 『日本経済新聞』、1972年3月18日
39 「韓国の対日政策、1972」MF, C-0051（4847）、外交通商部外交史料館、p.47.
40 この時期、韓国では北朝鮮に対し「対話ある対決」「経済競争」「共産体制より優越性実証する時期」という論調が新聞に頻繁に登場している。特に、韓国開発院で開かれた「70年代の韓国経済問題」シンポジウムに参加した国内経済学者らは北朝鮮との経済競争で勝つための課題を具体的に提示した。（『東亜日報』、1972年7月6日）
41 「韓日貿易会談、第9次．ソウル、1972.7.4–5」MF, N-0011（5534）、外交通商部資料館、p.9.
42 三段階に対する具体的な方案は、第一段階、日本と第3国が合作した映画の中に韓国民の対日感情を刺激しない内容は、できるだけその輸入を好意的に検討し、国産映画に日本俳優の出演は作品が健全なものに限って許容する。但し、その時期は国内の世論を検討した後に決める。第二段階、韓日合作映画の製作を許容するが、韓日間の衡平な条件の下で作品内容を審査し、その時期は第一段階で行った施策の施行に対する国内世論を検討した後に決める。第三段階、国産映画の対日輸出という条件下で日本映画の輸入を漸次的に許容し、その時期は第一段階及び第二段階の施行結果に対する国内世論を検討した後に決める。（「韓日貿易会談、第9次．ソウル、1972.7.4–5」MF, N-0011（5534）、外交通商部資料館、p.281.）
43 結局、韓国はこの会議で524億円（約1億7千万ドル）の経済協力と、240億円（約8千万ドル）の農村振興協力の約束を得ることができた。（『朝日新聞』1972年9月22日）
44 「韓・日定期閣僚会議、第6次．ソウル、1972.9.5–6. 全5巻」MF, C1-0026（4948–52）、外交通商部資料館、pp.146–147.
45 『日本経済新聞』、1972年8月4日
46 稲葉継雄（1986）、pp.143–144.
47 『朝鮮日報』、1972年7月6日
48 『東亜日報』、1972年7月6日
49 国際交流基金（1973）『国際交流基金のあらまし―国際文化交流の拡大を目指して―』と国際交流基金（1990）『国際交流基金15年のあゆみ』を参考。
50 総合研究開発機構（1985）『日本語教育および日本語普及活動の現状と課題』NRC-83-2委託研究、P.2. から引用。
51 『日本経済新聞』2月12日、『朝日新聞』6月30日
52 文化庁文化部国語課（1973年7月）『外国人に対する日本語教育の振興に関する報告

集』文化庁、p.279.
53 文化庁文化部国語課(1973 年 7 月)、pp.279–284.
54 文化庁文化部国語課(1973 年 7 月)、pp.1–10.
55 文化庁(1981)『国内の日本語教育の概要―日本語教育の手引―』(株)凡人社、pp.5–6.
56 「二年目に歩み出して―基金の活動の回顧と展望―〈座談会〉」『国際交流』1974 年春季号(第 1 号)、p.51.
57 松本重治・萩原延寿「文化交流は人に始まり人に終る」『国際交流』1974 年春季号(第 1 号)、p.11 から引用。
58 文化庁(1982)『国内の日本語教育機関の概要』(株)凡人社、pp.420–421.
59 文化庁(1982)、pp.430–431.
60 日本滞在費用は基金で負担するこの研修会に参加するためには所属長の推薦状が必要であり、選考方法は被招へい者は参加資格を有する者で、在外公館長または国際交流基金文化会館長、駐在員事務所長の推薦する者のうちから、基金および外務省が選考のうえ決定する。(文化庁(1982)、p.431.)
61 森田芳夫(1985)「韓国における日本語教育」『日本語教育および日本語普及活動の現状と課題』総合研究開発機構、NRC-83-2 委託研究、pp.539–542.
62 友沢昭江(1985)「海外における日本語普及・日本語教育」『日本語教育および日本語普及活動の現状と課題』総合研究開発機構、NRC-83-2 委託研究、p.233.
63 『日本経済新聞』、1972 年 7 月 6 日
64 文教部は 1991 年から教育部に、2001 年からは教育人的資源部に名称が変わった。
65 72 年には、政府の新方針によって大学生の日本への留学が正式に許可され、200 名以上が日本留学を申請した。入学希望者は殆どが 20 代で専攻は理工系が一番多く、経済と政治がそれに次いでいた。また 5 月にはソウル日本人学校の開校を認めた。(『朝日新聞』、1972 年 10 月 10 日)
66 今回一次認可を受けた 12 箇所の講習所の定員は 1,365 名であり、8000 名と推算されるソウル地域の無許可私設日本語講習所の受講生を受容するのは難しい状況であった。(『ソウル新聞』、1972 年 7 月 7 日)
67 『東亜日報』、1972 年 7 月 6 日
68 『ソウル新聞』、1972 年 7 月 6 日
69 1972 年の上半期にすでに 20 万名の日本人観光客が韓国を訪れた。同じ年の 7 月 11 日には単一単体として最多数である 474 名の単体日本人観光グループが韓国に到着するなど、韓国を訪れる日本人観光客は相次いでいた。(『朝鮮日報』、1972 年 7 月 12 日)

70 例えば、大学関係者たちは「日本語教育は大学→高校の順番に拡大するのが望ましい順序である」と指摘した。(『ソウル新聞』1972 年 7 月 7 日)
71 『朝鮮日報』、1972 年 7 月 7 日
72 金賢信 (2007)、「戦略としての『日本語』教育」『台湾・韓国・沖縄で日本語は何をしたのか』三元社、p.120.
73 『朝鮮日報』、1966 年 12 月 20 日
74 金鍾學 (1976a)「韓国の高校における日本語教育」『日本學報』第 4 輯、韓国日本学会、p.155
75 金賢信 (2007)、pp.128–129.
76 1998 年度の教育統計年報 (教育部) によると、1973 年度までの韓国高校の第二外国語科目の学習者推移は,1954 年には独―仏―中の順番であったが、1973 年になると順番が独―仏―日―中になり、中国語の学習者より日本語の学習者が多いという結果であった。
77 稲葉継雄 (1973)「高校における日本語教育の現況」『韓』第 2 巻第 9 号、韓国研究院、pp.45–46.
78 李云順 (1982)「韓国における日本語教育」『日本語教育』48 号、日本語教育学会、pp.27 ～ 28. 1982 年頃にも、高校で日本語を教えている教員の大半は戦前の時期に日本語を学んだ 50 代の教員であり、他の学科を教えて人が日本語を担当している場合が多かったことが報告されている。この教師たちは日本語が上手であるが、戦前の古い日本語であり、また戦前の日本観を持っている人が多かった。反面、大学の日本語学科系統の卒業生で戦後の若い世代も 70 年代の初期より勿論増えて来たものの、大学で戦後の変化した日本と日本語を習ったとはいえ、まだ日本語の会話などには旧世代には及ばないといった対照的な状況であった。(李栄九(1982)「韓国の日本研究」『国際交流 31』第 8 巻 3 号季刊 (通巻 31 号)、p.39.)
79 金鍾學によると、1973 年度から韓国の高校で日本語が教えられて既に 4 年が過ぎた 1976 年になっても、最初から日本語教育を志す教員は少なく、殆どの教員は専攻分野の教員資格を持っていながら勤務校の要請によって速成教育を受けた後、日本語教育に従事することを余儀なくされた。日本語教員の多数は「誰でもわかる過去被統治国の言語を教える教員」と、きめつける、目に見えぬ抵抗と、両国の政治関係の明暗に大きく影響を受ける日本語教育について意欲を失った。(金鍾學 (1976a)、p.157.)
80 韓国教育年鑑による統計資料参照。
81 金鍾學 (1976a)、p.155.

82　田泰重(1994)「고등학교 일본어 교육의 흐름」『日本學報』第 33 輯、韓國日本学会、p.39 参照。スペイン語も 1969 年 9 月 4 日（文教部令第 251 号）から高校の第二外国語として選択可能になったが、この時期にスペイン語を選択する学校も教員免許を持つスペイン語の教師もいなかったので、省略した。

83　金永佑(1977)「韓国における日本語教育の現状と問題点」『日本語教育』32 号、日本語教育学会、p.103.

84　この時期には日本文献の値段が日本での定価の 2 倍以上と高価なうえに、ソウルと釜山や二、三の都市以外の地方では日本書を扱う店がなく、日本の書物を手に入れるのは簡単ではなかった。（金鍾学(1976b)「韓国高校における日本語教育の展望」『日本語教育』30 号、日本語教育学会、p.71.）

85　1969 年度から開始された。日本の共通一次試験に相当するが、国・公・私立大学の全受験生が受ける。1982 年度入試以降は大学入学予備試験と本考査を二回受ける大学入試方法から本考査を廃止し「大学入学学力考査」に一本化した。

86　李云順(1982)、p.25. このような結果が出た理由はその当時一般的に大学進学準備校ではドイツ語を、実業系校では日本語を第二外国語として選択する場合が多かったからである。

87　韓国で高校の第二外国語としてスペイン語が開始された時期は日本語より早かったが、実際は 1984 年にソウルの九老高等学校でスペイン語を初めて第二外国語として取り入れた。71 年度の文教統計によれば、ドイツ語 70％、フランス語 28％、中国語 2％、スペイン語 0％である。従って、76 年度の大学入試科目に日本語と共にスペイン語が入るようにはなったが、注目されなかった。

88　『東亜日報』、1975 年 8 月 25 日

89　このような見解は日本語が韓国語と語順や文法が似ているので、韓国人にとっては非常に学び易い言葉であるという認識によるものからである。

90　『東亜日報』、1975 年 8 月 25 日

91　森田芳夫(1985)、p.539.

92　金賢信(2007)、p.121.

93　1960 年 3 月 15 日に生じた不正選挙に反対するデモが馬山から全国各地へと広がり、結局 4 月 19 日には腐敗した政権に対抗する学生義挙で李承晩大統領が下野した。

94　1961 年 5 月 16 日陸軍少将朴正煕が軍事クーデターで民主党政権の張勉内閣を引っくり返し戒厳令を宣布した後自分が大統領に就任した。社会的背景としては 4.19 学生義挙以後李政権の代替勢力として国民の絶大的支持を受けて誕生した民主党政権の無

能と不正腐敗で国民の信望を失い、韓国社会は再び混乱が続いていた。
95 大学の国民倫理教科開設に関する意見が'大学教育研究会'から提議され、その教科開設に関する賛否両論の激論が起こった。結局、賛成意見が優勢になり、その決意を文教部に建議し1970年2学期から国民倫理教科を国史と一緒に大学教養必修科目として扱うことになった。その教科の内容構成と運営方式は大学に委任されたので、大学の国民倫理科目担当の教授らは'国民倫理教育研究会'を1972年に創設し教科内容体系確立のための研究と多様な教材を開発した。しかし、国民倫理教育研究会が大学国民倫理教材開発を主導し、国民教育憲章の教育目標を一般的に受用していたので、教材の内容構成は多様ではなかった。(한국교육개발원(1997)『한국의 교육과 국가발전(1946～1995)』연구보고 RR 97-9、pp.461-462)
96 文教部編(1990)『編修資料』Ⅰ、大韓教科書株式会社
97 1960～70年代には産業化と国の成長を目指す「近代化」や「韓国的」という言葉が非常に頻繁に使われていた。임대식(2003)によると、より排他的成長主義へと向かった三選改憲と10月維新を無理やり実行していく過程で反民主と反民衆的側面が強化されるほど談論的次元では民族主義―韓国的価値が強調されるという傾向があった。(임대식(2003)「1960년대 초반 지식인들의 현실인식」『역사비평』겨울、통권65호、역사비평사、p.330.)
98 1979年に一万名が超える人を対象にした全国調査研究結果によると、「民主主義は国と時代によって異なり得る」という質問項目に対する答えは「はい」が67%、「いいえ」が23%であった。また、「韓国的民主主義は民族の生存のために必ず必要な制度である」という質問項目に対する答えは「はい」が77%、「いいえ」が9%であった。(연구보고 RR97-9(1997)、p.467.)
99 朴順萬(文教部編修官)(1973)「日語教育과 高校用日本語讀本」『出版文化』4月號、p.8.
100 문교부(1986)『초중고등학교교육과정(1946～1981) 총론』대한교과서주식회사、pp.134-143.
101 文教部令告示第350号(1974.12.31)
102 中国語は교수요목기(1945.9~1954.4)から高級中学校課程(当時中学校4、5、6学年の課程)にロシア語と共に外国語選択教科目の一つであったが、事実上その当時はドイツ語とフランス語だけが英語以外の外国語として教えられていた。(李鍾國(2001)『한국의 교과서 출판 변천 연구』일진사、pp.201-202.)
103 実際スペイン語は1984年にソウルの구로高等学校で始めて開設された。1996年現在もソウル地域には14箇所の学校が、全国では32箇所の学校がスペイン語を第二外国

語として採択しており教師数も50人しかいなかった。(박철(1996)「고등학교 제2 외국어 교육의 현황과 문제점」『外国語教育研究論集』第10号、韓国外国語大学校外国語教育研究所、p.70.)

104 国定教科書は文教部長官が編纂、発行すると大統領令第6281号に規定されており、文教部長官は文教部所属の公務員と当該教科目に関する知識を豊富に持つ20名以内の委員を任命、あるいは委嘱し、国定教科書審議会を作る。この審議会で国定教科書の編纂に関する事項を審議する。

105 日本の小学校に当る。1996年から初等学校に名称が変わった。

106 教科書の種類が多いと、教師と生徒が入試準備のための負担が重くなるという声もある。

107 その一例として、1977年には「検認定教科書派動」の問題が起こり従来の「教科用図書検認定令」を廃止し、1977年8月22日に新しい教科書政策として「教科用図書に関する規定」を制定・公布した。「検認定教科書派動」は検認定教科書の著作権者らの租税非理と既存の検定教科書の著者や発行者に継続的な特権を与えた検定教科書の単一化政策に対する批判によるものである。より詳しいことは(안귀덕(1982)「第三・四次教育課程期의 教科書」『韓国의 教科書変遷史』한국교육개발원)を参考。

108 강충호(1973)『開化期의 教科用圖書』教育出版社、pp.67–68を参考。

109 日本植民地期の初代総督であった寺内正毅によって、民族史抹殺政策の一つとして朝鮮の古代史に関するものや偉人伝、孝行録、大韓帝国政府が編纂発行した教科用図書など朝鮮の書籍20万冊を集め燃やす「焚書事件」が1911年12月に執行された。より詳しいことは(이종국(1992)『한국의 교과서―근대 교과용 도서의 성립과 발전―』大韓教科書株式會社、pp.272–273)を参考

110 이종국(1999)「한국의 교과서 변천에 대한 연구―근대 교과서 성립 이후의 출판과정을 중심으로―」『출판연구』제11호、pp.113–116.

111 李鍾國(2001)、pp.213–214.

112 韓国では6・25戦争期と呼んでいる。

113 表は李鍾國(2001)、p.266から引用。

114 곽병선외(1986)『교과서와 교과서 정책』연구보고 RR86-6、한국교육개발원、pp.80–81.

115 곽병선외(1986)、p.83.

116 韓国の国史教育では、南北と二つに分かれた国土分断と36年間の植民地経験といった特殊な状況から国難克服史、民族史観の確立などの国家意識と民族主義が強調され

てきた。特に、朴政権の維新体制が成立した直後の 1974 年からは、社会科から分離された『国史』教科書は中・高等学校では国定教科書として単一化され、さらに大学では国策科目として教養必修科目となった。

117 李鍾国(1999)、p117.
118 広く人間世界を利するという意味を持つ「弘益人間」は古代の古朝鮮の国祖とされる檀君の建国理念であり、大韓民国政府樹立以後の教育法の基本精神になっていた。教育法第 1 条では、教育は弘益人間の理念下で全国民に人格を完成させ、自主的生活能力と公民としての資質を具えさせ民主国家発展に奉仕し人類共栄の理想実現に寄与することを目的とすると規定されている。この言葉が初めて教育理念の公式的表現として使われたのは大韓民国臨時政府の「建国綱領」(1935)の中であり、その後朝鮮教育審議会で韓国の教育理念として提案された。より詳しくは (이남영 (1982)「사상사에서 본 단군 신화」『한국사상의 심층 연구』도서출판 우석、정영수외(1985)『한국교육정책의 이념』한국교육개발원) を参照。
119 「国籍ある教育」の強調によって外国の人物の価値観や教訓的内容が減り、人間的勇気と愛国心を持った韓国の英雄的人物を取り扱う内容がこの時期の社会・国語・道徳教科書に圧倒的に増えた。Cole (1975) によると、韓国の初等学校の社会・国語・道徳教科書で扱っている英雄的人物の構成はアメリカの教育の影響が強かった 1957 年には外国の人物が 45 人、韓国の人物が 33 人登場している。しかし、民族主義が強調された 1974 年には前者は 33 人に減少し、後者は 63 人に増えた。さらにこれらの教科書に求められている人物像は外国の人物は人類奉仕型が、韓国の人物は勇敢及び愛国者型が多くの比率を占めていた。(R.H. Cole (1975), The Koreanization of Elementary Citizenship Education in South Korea 1948-1974, Unpublished Ph.D. Dissertation, Arizona State University, P.283.)
120 연구보고 RR97-9 (1997)、p.422.
121 연구보고 RR97-9 (1997)、p.428.
122 1970 年 11 月労働者 (전태일) 焚身事件を契機に知識人や学生らが労働者に対して関心を持つようになったことや 1971 年 7 月の法官 153 人の辞表と司法権独立を決意する司法民主化運動など、1970 年代初期は民主化運動に参加する階層がより広がった。(전재호 (2002)、pp.136-137.)
123 秦明夫 (1977)「南北対話の停滞と両朝鮮」日本国際問題研究所編『国際年報 (1973 年版)』第 15 巻、p.195.
124 1972 年の 10 月 17 日、韓国全土に突然宣布した非常戒厳令下で憲法改正を決行し「維

新体制」という独裁体制を強化した。この際改正された憲法の主な内容は、(1) 祖国統一の歴史的使命に立脚して、自由民主的基本秩序を強固にすることを想定した憲法体制、(2) 大統領は国民による直接選挙から統一国民会議による選出に変更、(3) 大統領の権限を強化し、任期を4年から6年に、また継続在任制限を撤廃し、天変地異または重大な財政上・経済上の危機に置かれ、国家の安全保障または公共の安寧秩序が重大な脅威を受けるか、受けるおそれがあって、迅速な措置をとる必要があると判断するときは、内政・外交・国防・経済・財政・司法など国政全般にわたって必要な緊急措置をとることが可能、(4) 国会議員の3分の1は、大統領が一括推薦し、統一主体国民会議が候補者全体にたいする賛否を決定。また、国政監査の権限縮小と国会の機能を限定、(5) 司法権が大統領にたいして従属化、(6) 国民の権利にたいする制限などである。北朝鮮側も1972年の10月23日に朝鮮民主主義人民共和国社会主義憲法改正草案が承認され、12月27日実施された。金日成もこの憲法改正を通して北朝鮮主席としての権力を強化したのである。(佐藤勝巳・池田進 (1976)「1972年の朝鮮半島」『国際年報 (1972年版)』第14巻、pp.211–217.)

125 『東亜日報』、1973年1月27日
126 軍事革命最高会議は1962年2月5日に'ハングル専用特別審議会'を文教部に設置し、4月17日にはその規定を公布した。政府各関係府署は1968年を第1次年度にし、1972年までは漢字を完全廃止することを目標にした'ハングル専用5ヵ年計画案'を作り、1968年3月14日国務会議に提出した (朴鵬培 (1997a)『韓国国語教育全史 (中)』대한교과서주식회사、pp.169–170)。しかし、1968年10月25日に朴正熙大統領は「70年1月1日から行政・立法・司法の全ての文書だけではなく、国民の各種証明書類もハングル専用にし、国内で漢字が入っている書類を受け取らないこと、各学校の教科書から漢字を無くすこと」などの「ハングル専用促進7事項」を指示した。従って、国務総理訓令第68号 (1968.12.24.) により、1970学年度から1974学年度まで中学「漢文」と高等学校用「国語Ⅱ (古典、漢文など)」を除く各級学校 (初・中・高) の全ての教科書が全面「ハングル専用」に改編、普及された。教科書を「ハングル専用」に改編した結果、ハングルの同音異義語の問題や漢字文化圏の国としての長い連携性から漢字が韓国の民族文化に与えた影響は大きいので「ハングル専用」政策は見直すべきであるというハングル専用施策に対する反対世論も強かったので、1975年からは「国語」、「国史」、「国民倫理」などの重要教科目からハングルと漢字を部分的に併用する政策に急旋回した。(李鍾國 (2001)、pp.376–388.)
127 *The Oral Method of Teaching Languages* (1921) を著し、オーラル・メソード (Oral

Method)の教授法理論を打ち立てたイギリス人パーマー（Harold E. Palmer）の影響を強く受けた長沼直兄（1894～1973）は、オーラル・メソードを戦前から日本語教育に取り込み、標準日本語読本巻1～7巻（1931～1934）、日本語の初歩（*First Lessons in Nippongo*）（1944）、*Basic Japanese Course*（1950）、再訂標準日本語読本巻1～巻5（1964～1967）などの教科書を作成した。長沼の教科書は韓国の日本語教材にも影響を与えた。問答法は教師が質問をし、学習者はその質問に答えることで発音、イントネーション、文章構造、使われる場面を習得させる教授法である。この教授法は①耳で観察、②口で模倣、③反復練習、④音と意味の結合、⑤類推による表出、という五つの習性を重視している。問答法は言語学習の正しい習慣を付けてくれる入門期の教授法としてよく使われている。

128 本文のタイトルと練習項目の内容も分析対象の頻度数に含まれる。
129 著者の略歴が載せられてないので、この6人全員に関する情報は得られなかったが、이윤경、박성원、전기정、민성홍は韓国外国語大学の教員として日本語教育に携わっていた。박성원編著の『표준일본어교본』は長い間日本語学習者たちに愛用されて来た有名な日本語教材である。
130 韓国最初の日本語教科書として知られている『日語読本』の入門『巻一』も分かち書きをしている。8巻まであるこの『日語読本』の全体構成は1904年から日本で使われ始めた尋常小学校読本と巻数や体系が殆ど同じで、1907年2月に一・二・三・四巻が完成された。第1次韓日協約（1904.8.22）によって教科書出版権は日本側が持つようになり、教科書編纂の日本人の関与が非常に大きかった。この『日語読本』はその当時の教科書編纂責任者参与官であった三土忠造が編纂に大きく関与したと考えられる。彼は東京師範高等学校教授で『再訂中等国文典』（上・中・下）の著者でもある。この『日語読本』は音声言語より文字で表現された文字言語に重点が置かれている。（韓中瑄（1997））「開化期日語教育에 關한 考察―學部編纂『日語讀本』을 中心으로―」『日語學報』第38輯、pp.133-147）
131 鉛筆、帽子などの小さい絵が1頁にグループとして一緒に出る場合には別々に数えず、一つの絵として扱った。
132 教科書分析において、日本的事象や韓国的事象以外のものは「その他」とする。以下同。
133 稲葉は『高等学校日本語読本』（上）の人名分析で、日本語の教科書であるにもかかわらず日本人の名は全くみられないと指摘し、日本人の人名は0人として表を作った。しかし、第25課「電話」と第30課「かぜ」の主人公として日本人が登場する。苗字だけあって姓名を持つ固有名詞ではないが、どのような日本人が登場しているのかを

考察することは重要だと判断し、本論文ではこの二人を＜表4＞に含めた。(稲葉継雄(1979)「韓国の『高等学校日本語読本』について」『外国人と日本語』No.4、筑波大学文芸・言語学系、p.54.)

134 朴順萬(1973)、p.8.
135 一つの課の本文全体内容の属性であるため、一つの本文を1として数えた。例えば、日本に関する内容が3ということは三つの課の本文が日本に関する内容であるという意味である。
136 韓国に関する内容は18ヵ所あるが、その内容分類において一つの本文に複数の主題があるものは別々に数えたので括弧の数字の合計は18を超えている。
137 地名は1回の出現につき、1回と数えた。例えば、東京という地名が3回出たら、3回と数えるということにした。
138 金宇烈は文教部日本語審議委員を歴任し、国際大学の日語日文学科講師であった。彼は1995年の教科書の制作にもかかわった。
139 『ソウル新聞』、1972年7月5日
140 写真のタイトルはこの教科書に付けられているタイトル通りに引用した。
141 勿論、日本人観光客が多く利用する韓国のお店でも日本円を使う場合が多い。しかし、その場合には日本円でいくらだという言い方をするのが普通である。しかも、この会話場面のように、果物や魚などを売っている小さい店で円が使われるという状況は韓国では普通ないので、この会話場面の場所は日本が前提になっていると判断しても問題はないだろう。
142 『中央日報』、1972年7月5日
143 これに関する詳しい内容は安田敏朗(2007)「『日本語』という『配電システム』－その複製と継承と」『台湾・韓国・沖縄で日本語は何をしたのか』三元社を参照されたい。解放後の韓国社会では日本の大衆文化が禁止されてきたにも関わらず、1970年代にも日本文化の影響が残っていたため「倭色追放」という運動が起こり、演歌風の歌が放送禁止になっている。(佐野正人(2007)「日本語との抗争から和解へ－韓国での日本語をめぐる言語編成史・概説」『台湾・韓国・沖縄で日本語は何をしたのか』三元社、p.99.)
144 『日本経済新聞』、1972年3月29日
145 『朝日新聞』、1972年10月6日
146 『朝日新聞』、1972年10月10日

資料
【資料1】

『고등학교日本語読本(上)』(일본어연구회편(1973)、고등교과서 주식회사)

目　次

第 1 課	わが国	19	第 2 課	これは本です	21
第 3 課	あなたは学生です	25	第 4 課	わたしたちの先生	28
第 5 課	白い紙	31	第 6 課	寒い日	33
第 7 課	ぼうしとかばん	36	第 8 課	わたしのつくえ	39
第 9 課	むくげの花	41	第10課	絵はがき	43
第11課	かわいい子ども	45	第12課	日課	47
第13課	日曜日	50	第14課	家族	54
第15課	カレンダー	57	第16課	新しい町	60
第17課	韓国の季節	63	第18課	日記	66
第19課	南山の上から	68	第20課	早起き	71
第21課	冬の夜	74	第22課	お手伝い	76
第23課	買い物	78	第24課	母の言葉	81
第25課	電話	84	第26課	秋夕	87
第27課	スケート	90	第28課	あいさつ	93
第29課	月と雲	95	第30課	かぜ	99
第31課	ハングル	102	第32課	緑の山造り	105
第33課	建設の響き	108	第34課	日本	111
第35課	韓国の古代文化と日本	115	第36課	李舜臣将軍	119
第37課	太極旗	123	第38課	セマウル運動	127
第39課	1980年代のビジョン	131			

【資料 2】

『高等学校日本語読本(下)』(日本語教育研究会編(1977)、高等教科書株式会社)

目 次			
第 1 課　統一への願い……………	5	第 2 課　星の世界…………………	11
第 3 課　フンブとノルブ…………	15	第 4 課　金メダルに勝るもの……	21
第 5 課　科学と人間………………	27	第 6 課　わが祖国…………………	33
第 7 課　趣味について考える……	38	第 8 課　水産の話…………………	44
第 9 課　環境と公害………………	50	第 10 課　昭陽江ダムをたずねて……	56
第 11 課　いくつといくら…………	65	第 12 課　釜関フェリー……………	71
第 13 課　かな文字…………………	77	第 14 課　大洋を乗りこえて………	82
第 15 課　生産のしくみ……………	88	第 16 課　光化門……………………	95
第 17 課　樹(詩)……………………	101	第 18 課　李退溪先生………………	104
第 19 課　生け花……………………	109	第 20 課　本屋で……………………	116
第 21 課　ことわざ…………………	120	第 22 課　湖南・南海高速道路を走る…	126
第 23 課　他山の石…………………	133	第 24 課　わが国の造船工業………	142
第 25 課　四溟大師の英知…………	149	第 26 課　わが農業の近代化………	156
第 27 課　慶州のアルバム…………	162	第 28 課　質素な生活………………	172
第 29 課　わが国の民主政治………	180	第 30 課　木の根……………………	187
第 31 課　ミレーの晩鐘……………	194		

【資料 3】

71年度の観光客の国籍別分類

国家別	観光客数
日　　本	146,881
アメリカ	58,003
台　　湾	5,070
英　　国	3,029
ドイツ	2,400
オーストラリア	1,226
カナダ	1,268
タ　イ	1,220
マレーシア	995
フィリピン	883
フランス	1,186
その他	10,674
計	232,795

(中央日報、1972 年 7 月 8 日)

【資料4】
『고등학교日本語(上)』(한국일어일문학회편(1979) 국정교과서주식회사)

目 次			
발음연습‥‥‥‥‥‥‥‥‥‥‥‥	1	1．わたしのうち‥‥‥‥‥‥‥	5
2．おとうさんとおかあさん‥‥‥‥	7	3．これはつくえです‥‥‥‥‥	9
4．これはわたしのものです‥‥‥‥	14	5．いろがみ‥‥‥‥‥‥‥‥‥	17
6．ひろいへや‥‥‥‥‥‥‥‥‥	20	7．私はがくせいです‥‥‥‥‥	23
8．こは私の学校です‥‥‥‥‥‥	27	9．ここにしんぶんがあります‥‥	30
10．えきの前‥‥‥‥‥‥‥‥‥	34	11．先生と生徒‥‥‥‥‥‥‥	37
12．としょかん‥‥‥‥‥‥‥‥	40	13．りんごとなし‥‥‥‥‥‥	43
14．しょうてんがい‥‥‥‥‥‥‥	48	15．ふうとうときって‥‥‥‥‥	51
17．買い物‥‥‥‥‥‥‥‥‥‥	55	17．カレンダー‥‥‥‥‥‥‥	59
18．セマウル運動‥‥‥‥‥‥‥	63	19．一週間‥‥‥‥‥‥‥‥‥	67
20．人のからだ‥‥‥‥‥‥‥‥	71	21．時間‥‥‥‥‥‥‥‥‥‥	75
23．活用のあることば(Ⅰ)‥‥‥‥	84	22．休みの日‥‥‥‥‥‥‥‥	79
25．変則的に変わることば‥‥‥‥	91	24．ぼくの一日‥‥‥‥‥‥‥	87
27．動詞の音便‥‥‥‥‥‥‥‥	97	26．ぶたのえんそく‥‥‥‥‥	94
29．韓国の果物の各産地‥‥‥‥‥	103	28．食べもの‥‥‥‥‥‥‥‥	100
31．韓国のきせつ(Ⅰ)‥‥‥‥‥	111	30．活用のあることば(Ⅱ)‥‥‥‥	107
33．活用のあることば(Ⅲ)‥‥‥‥	116	32．韓国のきせつ(Ⅱ)‥‥‥‥	114
35．平和統一の大道‥‥‥‥‥‥	124	34．山ばと‥‥‥‥‥‥‥‥‥	120
37．かいこ‥‥‥‥‥‥‥‥‥‥	131	36．訪問‥‥‥‥‥‥‥‥‥‥	127
		付録‥‥‥‥‥‥‥‥‥‥‥‥	134

【資料5】
『고등학교日本語(下)』(한국일어일문학회편(1979) 국정교과서주식회사)

目	次
第 1 課　春……………………………… 1	第 2 課　たき……………………………… 4
第 3 課　日本語のべんきょう…… 6	第 4 課　おとなりのうち………… 9
第 5 課　世宗大王…………………… 12	第 6 課　あいさつ………………… 19
第 7 課　ぼくとシロ………………… 23	第 8 課　下相談…………………… 27
第 9 課　ゆうごはん………………… 32	第10課　自分を見つめる………… 36
第11課　つばめとフンブ…………… 42	第12課　栄養素…………………… 48
第13課　動物の冬どもり…………… 53	第14課　電話……………………… 58
第15課　雨ニモマケズ……………… 63	第16課　上達の道………………… 67
第17課　手紙………………………… 72	第18課　韓国の古代文化と日本… 77
第19課　つゆどき…………………… 82	第20課　時計……………………… 88
第21課　さけのさとがえり………… 90	第22課　日本の風習……………… 93
第23課　ソウル……………………… 97	第24課　泣いた赤おに…………… 101
第25課　かにの親子………………… 106	第26課　言い慣わされた言葉…… 109
第27課　我が国の経済発展………… 115	付録……………………………………… 119

【資料6】
年度別観光客数及び観光外貨獲得額

年度	観光客数	観光外貨獲得額（単位：千＄）
1965	33,864	20,798
1966	67,985	30,494
1967	83,216	33,817
1968	102,748	35,454
1969	126,686	32,809
1970	173,335	46,772
1971	232,795	52,383
1972	149,000（推定）	31,100（推定）

（中央日報、1972年7月8日）

【資料7】
次は国民教育憲章の原文である。

국민교육헌장

　우리는 민족 중흥의 역사적 사명을 띠고 이 땅에 태어났다. 조상의 빛난 얼을 오늘에 되살려, 안으로 자주 독립의 자세를 확립하고, 밖으로 인류 공영에 이바지할 때다. 이에, 우리의 나아갈 바를 밝혀 교육의 지표로 삼는다.

　성실한 마음과 튼튼한 몸으로, 학문과 기술을 배우고 익히며, 타고난 저마다의 소질을 계발하고, 우리의 처지를 약진의 발판으로 삼아, 창조의 힘과 개척의 정신을 기른다. 공익과 질서를 앞세우며 능률과 실질을 숭상하고, 경애와 신의에 뿌리박은 상부상조의 전통을 이어받아, 명랑하고 따뜻한 협동 정신을 북돋운다. 우리의 창의와 협력을 바탕으로 나라가 발전하며, 나라의 융성이 나의 발전의 근본임을 깨달아, 자유와 권리에 따르는 책임과 의무를 다하며, 스스로 국가 건설에 참여하고 봉사하는 국민 정신을 드높인다.

　반공 민주 정신에 투철한 애국 애족이 우리의 삶의 길이며, 자유 세계의 이상을 실현하는 기반이다. 길이 후손에 물려줄 영광된 통일 조국의 앞날을 내다보며, 신념과 긍지를 지닌 근면한 국민으로서, 민족의 슬기를 모아 줄기찬 노력으로, 새 역사를 창조하자.

1968년 12월 5일

第4章
第4次教育課程期（1982～1987年）における高等学校の日本語教育

1. 政治社会的背景

　1979年のイラン革命を発端とする第二次石油危機による世界不況は1982年まで続き、それにより世界経済は停滞し、韓国の経済も大きな打撃を受けた。国際収支が悪化し、輸出産業も生産が停滞し、インフレと不況で倒産する企業や実業者が急増した。その上、朴大統領は72年に始まった維新憲法による独裁体制を続けていた。1978年12・12総選挙で勝利した野党新民党は維新憲法改定要求をしたが金泳三総裁は国会議員職を剥奪された。

　この事件をきっかけにプサンとマサン地域の大学生による反維新デモが起こり、ソウルを始めとし、全国的な反政府デモへと広がった。その後、1979年の10月26日、朴大統領は殺害される。12.12軍事クーデターで全斗煥を中心とした新軍部勢力が政権を握ったが、新軍部による軍事クーデターは1980年5月の光州民主化運動を招いた。軍事力で光州民主化運動を鎮圧した新軍部勢力は「国家保衛非常対策委員会」を設置し、政治家の連行・政治活動禁止・学生運動指導部連行などの強力な措置を取って民主化運動を弾圧しようとした[1]。しかし、このような権威主義的統治に対抗する韓国の民主化運動は学生・知識人グループだけではなく民衆勢力にまでも拡散していた。これに対して全政権は、私服警察を大学内に潜入させ、デモ主導学生を常に監視し、事前にデモを防ぐ方策を取る一方、デモ主導学生を強制的に軍隊に入営させるか、あるいは拘束するかなどの強力な弾圧政策を行った。

しかし、1981年9月30日に開かれた第84次国際オリンピック委員会（IOC）総会においてオリンピック開催地としてソウルが選定され、対外的イメージを意識した全政権は1983年12月に「学園自律化措置」を行った。この措置で、1984年には多くの大学が「学園自律化推進委員会」を組織し、既存の学徒護国団を廃止し学生自らの直接選挙による総学生会を選出した。また、この措置後、学生運動はより組織化され、規模も大きくなっていた。学生だけではなく、教育界でも民主化運動が起こった。1985年8月「民衆教育誌」事件で解職された教師らと、その同僚教師らが学生たちと抗議運動を行い、1986年5月、YMCA中等教育者協議会議で「教育民主化宣言」をし、民主化運動に参加した。1987年5月には新民党・在野団体・労働者団体などの個別団体・大学生が連合組織団体である「民主憲法争奪国民運動本部」を結成し、「直選制改憲」を目標とした民主化運動を広げた。結局、全政権は6月29日に大統領直選制改憲案を受け入れた。

　民主化運動が激しかった80年代、光州民主化運動の鎮圧に使われた新軍部の過酷な弾圧とこれに対するアメリカの承認は、韓国民のアメリカに対する評価を変化させた。この事件は自由民主主義国家としてアメリカを良い国として見なしていた人々に大きな衝撃を与え、反米感情が芽生える契機となったのである[2]。

　一方、80年代の韓国の経済状況をみると、朴政権によって立てられた第4次経済開発5ヶ年計画（1977〜1981）の経済成長率の当初目標は9.2%であった。しかし、世界不況やインフレなどによる輸出減少や不安定な国内政治状況による投資低下もあり、1980年の経済成長率はマイナス6.2%を記録した。1981年の経済成長率は6.4%まで回復したが、第4次経済開発計画期は実際の計画目標より大きく下回る5.5%に留まった。全斗煥政権期の第5次経済開発5ヶ年計画（1982〜1986）では①物価抑制、②対外開放政策による貿易相手国の反発解消、③民間経済部分への政府の介入を減らし、財政緊縮や銀行民営化などの政策を通し市場の活力回復を図る、という目標が立てられた[3]。朴正熙につぐ軍事独裁政権を作り、光州民主化運動の残酷な鎮圧などで国民から批判を受けていた全斗煥は、国家的最大関心事であった韓国の経済回復を早く実現させなければならなかった。

その時期の日本では、国の平和と安全を確保するためには防衛力の整備のみでは困難であり、経済援助を総合安全保障政策の側面から積極的に進めていく必要性が強く認識されていた。特に、アジアを日本の経済援助政策の中心地域として積極的に取り組もうとした鈴木首相は次のように表明した。

- 中華人民共和国との間で協力関係をそれぞれ引き続き拡大していくこと。
- 日本を含む東アジアの平和と安全にとって重要であるものとして朝鮮半島における平和の維持を促進すること。
- ASEAN の連帯及びその加盟国がより大きな強靭性と発展を追求することを助けるため引き続き協力を行うこと[4]。

　日本がアジアとの経済協力を総合安全保障の一つとして取り扱おうとしていたこの時期、全斗煥政権は韓国が GNP の 6%、国家予算の三分の一以上を防衛費に充当しているので、日本の安保のためにも韓国の防衛費用の一部を負担すべきであると主張し、鈴木善幸政権に 60 億ドルの援助を要求した。この件をめぐる日本側との交渉は 1981 年夏から始まった。しかし、日韓両国では経済協力に対する認識が大きく違っていた。つまり、韓国は政治的側面を強調する立場を取っていたが、日本は安保問題や過去清算とは関係がない ODA (Official Development Aid) からの経済協力であるという立場にあった。結局、鈴木首相の在任期間中には妥結出来ず、後任者である中曽根康弘首相の訪韓（1983 年 1 月 11 日）で、40 億ドルの経済援助が決定された。日本は年平均利子率 6.1% で 1982 年から 7 年間の公共借款を韓国に提供することになった[5]。この決定に対して、『毎日新聞』[6]は次のように述べている。

　　安保がらみの協力が憲法の精神や政府開発援助（ODA）の趣旨に反することを忘れないでほしい。また、金額についても、中進国の韓国がなぜこれほど巨額の経済要請を行うかに、不審の念をとらわれているのが、いつわらざる国民感情である。

日本側の対韓経済援助に対する不審が高まっていた。一方、韓国側も日本の閉鎖的技術移転や対日貿易赤字などの問題が解決されていないことに対して不満を持っていた。このような状況にも関わらず、1984年には全斗煥大統領も日本を訪問し、戦後初めての日韓最高首脳の公式相互訪問が実現された。1983年から始まった日韓両国首脳会談は日韓経済交流を増加させ、日本語にも少なくない影響を与えた。日本語の外国語としての経済的価値を高めたのである。その上、1983年に中曽根内閣は留学生10万人計画[7]を打ち出し日本語の国際化政策を積極的に取り組んだので、韓国の日本語教育にも活気が与えられた[8]。

しかし、政治・経済分野を中心とした協力や交流が続けられていても、過去の歴史問題をめぐる認識の差はなかなか縮まらなかった。特に、1982年の日本の社会科教科書の記述問題が発端になり、再び日韓両国民の間に緊張関係が生じた。高崎(1993)[9]によると、高校社会科の教科書を中心に検定を強化し、「侵略」という表現を薄めたことが6月26日付けの『朝日新聞』と6月26日付けの『東亜日報』に報道された。7月20日には、中国共産党機関紙『人民日報』が日本の教科書を批判したことに対して、小川平二文相が「内政問題だ」発言し、続いて松野幸泰国土庁長官が「内政干渉だ」と発言したことから、教科書問題が大きな外交問題になった。韓国のマスコミも教科書問題を大きく取り扱い、「日本人立ち入りお断り」の提示を出した食堂や日本人の乗車を拒否するタクシーなど韓国民の反日感情が高まった。

しかし、反日感情一色だったわけではなく、『朝鮮日報』は1982年8月10日付けの社説と9月4日付けの記事で日本の政権層の史実歪曲を強く批判している良心的な日本の一般市民もいることを紹介している。また、1984年10月30日に韓国教育開発院主催の「韓・日両国の理解増進のための教科書関係者達の役割」という学術会議[10]が開かれ、日韓両国の教科書の相互交換や検討分析のための協力、両国教科書関係学者の共同研究などの様々な提案が出され、相互理解を深める道を模索しようとした。1984年の日韓共同世論調査結果[11]によると、一般市民のレベルにおいても日韓両国の交流拡大への要望が強くなっていた。反日感情一色だった韓国社会にこのような変化が見られることによって、以前には経済的動機で日本語を勉強するものが

多かったが、教養的動機で日本語に関心を持つ一般市民も増えてきた。

2. 第4次教育課程期の日本語教育の状況

2.1 高等学校
2.1.1 外国語教育の状況

　第二外国語の選択科目の一つであった日本語の教育がこの時期どのように行われていたのかを考察するためには、高校の外国語教育全般の状況を見る必要がある。

　韓国の外国語教育は学校教育において重要な割合を占めている。特に第2次教育課程期では、高等学校の人文科学課程は国語42単位と外国語48単位、自然科学課程は国語24単位、外国語30単位と規定されている(1963年、文教部令第120号)。国語より外国語の単位数が多く設定されている。このような外国語重視は国語教育が強化された第3次教育課程期においてもその傾向が見られる。人文科学系高校では必修及び必修選択科目であった国語Ⅰは20–24単位、国語Ⅱは人文科学系課程だけが課程別選択科目として8–10単位まで履修可能であった反面、外国語は人文科学系課程だけではなく自然科学系課程も34単位までが履修可能であったので、国語教育だけではなく外国語教育も重視されていたことが考えられる。

　それでは、第4次教育課程期の時間配当基準にはどのような特徴が見られるのかを考察する。文教部告示第442号によって規定された高等学校の外国語単位配当基準をみると〈表4–1〉の通りである。

　〈表4–1〉をみると、英語教育が第3次教育課程期より強化されている[12]。つまり、第3次教育課程期には英語Ⅰだけが必修科目であったが、第4次教育課程期からは英語Ⅱも必修科目になった。さらに、共通必修の単位は従来の10–12から6–8に減らされ、課程別必修の単位は以前の10–12から14–16に増やされた。つまり、専門課程別に必要な英語学習により力を入れている。人文・社会科学課程と自然科学課程は大学進学コースであるため、大学の入試で必要な専門課程別英語の準備と大学進学後の専門課程で必要な英語の基礎準備が強化されたとも言える。1981年の文教部告示第442号によ

〈表4-1〉 第4次教育課程期の高等学校の外国語単位配当基準

教科	科目	普通教科			一般系高校の職業課程、実業系及びその他の系列高校の選択
		共通必修	一般系高校の選択課程		
			人文・社会科学課程	自然科学課程	
外国語	英語（Ⅰ、Ⅱ）	6 - 8	14 - 16	14 - 16	6 - 16
	ドイツ語		一つを選択 (10 - 12)	一つを選択 (10 - 12)	一つを選択 (6 - 10)
	フランス語				
	スペイン語				
	中国語				
	日本語				

り、高等学校の教育課程は人文科学系と実業系が統合されたので、〈表4-1〉から分かるように一般系高校の職業課程と実業系及びその他の系列の高校が同じ時間配当基準表に含まれている。これは、今まで実業系高等学校が技能熟達だけを中心にした編制になっていたため、生徒自信の潜在能力発揮と発展の機会を減少させる結果を招いてしまったので、自己実現に寄与しながら学問的発展に基礎になる教科目は人文科学・実業共通に与え、教科間のバランスを維持させようとした意図があったからである。

　第3次教育課程期の実業系高等学校の場合は、同じ時期の人文科学系高校が英語を他の外国語とは違う扱いをしていたのとは対照的に、英語も他の外国語と同じ選択科目とした。また、この時期の外国語の単位数は6 - 24単位で、最小選択単位数と最大選択単位数の選択幅が広く柔軟性があった。第4次教育課程の場合は、英語Ⅱと第二外国語選択履修が出来なかった一般系高校の職業課程が、英語Ⅱと第二外国語を一つ選択可能になった。実業系とその他の系列の高校でも英語は必修になり、五つの第二外国語のうち、一つを履修することも可能になった。つまり、この時期には一つの外国語ではなく、英語と第二外国語を学ぶことが高等学校の教育全般に求められていた。しかし、実際には正規学校の外国語教育は英語を中心に行われている。英語は中学校から正規科目に入られ、高校と大学でも継続して教育させている

が、ドイツ語・フランス語・中国語・スペイン語・日本語などの第二外国語の授業時間は高校の段階で英語より少ない週1〜2時間程度である。しかも、大学進学の後には学生個人が高校で習った第二外国語を専攻科目にするか、あるいは選択して受講しない限り、第二外国語は一つの課程も履修しないで卒業できる[13]ので、正規学校教育の中での第二外国語の学習機会は非常に制限的であったと言える。

2.1.2　日本語教師

時間配当数以外にも教師が学校教育に与える影響は大きい。韓国の外国語教育においても、語学教師が中心になって授業が行われていた。従って、外国語教師が教師になるためにどのような教育を受けたかを考察することは、学校での外国語教育を理解するため非常に重要である。韓国で学校の外国語教師になるためには教師資格証が必要であるが、その資格発給制度は五つの経路がある[14]。

① 師範大学の卒業者
② 非師範系外国語科学生として一定単位以上の教職科目の履修者
③ 大学で外国語を専攻していない人が教育大学院で外国語を専攻した場合
④ 検定試験の合格者
⑤ 大学で副専攻として一定単位の外国語科目を履修した者

　上記のように、学校の外国語教師になるための様々な道は、制度的に揃っていた。第4次課程期にはすべての教科において教員資格証は一定課程を履修した人に検定試験無しで与えられた。師範大学の卒業者だけに限定されず、一般大学の出身者に対しても一定資格があれば機会が与えられている。このような制度下では大学の教育が教員の質に与える影響は大きい。つまり、どのような教育課程によって教育を受けたかによって教員の教授能力は違うと推測できる。では、80年代の日本語教員はどのような特性を持っていたのか。教員資格証を持つ出身別日本語教員数をみると、〈表4-2〉の通

〈表4-2〉 教員資格証を持つ出身別日本語教員数[15]

(単位：名)

年度	師範大学出身者	教職課程履修者	養成所終了者	資格検定試験合格者	その他
1982	115	110	6	24	1
1983	156	122	8	24	2
1984	196	139	10	22	2
1987	279	264	8	7	1

りである。

　日本語教員資格を持つ教員の数は82年には計256名(国立(1)、公立(101)、私立(154))、83年には計312名(国立(1)、公立(123)、私立(188))、84年には計369名(国立(1)、公立(144)、私立(224))、87年には566名(公立(192)、私立(374))と年々増えている。日本語教員の特徴とは国立大学や公立大学の出身者より、私立大学の師範大学出身の教員資格所持者が圧倒的に多いことである。これは日本語関連学科を持っている国立大学が少なかったこともあり、大学の日本語教育は私立大学が中心になって行ってきたからである。

　1979年に行われた中等学校の外国語担当教員を対象にした調査[16]報告をみると次の通りである。①話す指導で困難を感じる教師は調査対象教師全体の48％、②聴く指導で困難を感じる教師は調査対象教師全体の54％、という結果であった。また、この報告書では外国語教員を養成する機関の担当教授の中では、語学より文学を専攻した教授が多く、語学や専攻分野を担当している教授の中では、語学や教育学専攻者が少ないという問題点も指摘されている。つまり、韓国の外国語教員養成課程の教育内容が文学と基礎語学(文法)に偏っている理由の一つは、多様な専攻分野別の教授が十分確保されていないことにあると考えられる。このような状況は80年代に入っても変わっていない。

　韓国教育開発院は外国語教育の活性化のためには、ある規定による外国語教員の資格基準の設定と国家教員資格試験を実施する必要があるが、次のような問題点が生じる可能性があると述べた。

一つ、現在任用されている教員たちが自分の職務継続に対して大きな不安感を感じこの制度の施行を激しく反対する可能性がある。

二つ、他の教科では教員資格証授与制度を設けず、外国語教員候補者だけにこの制度を施行することになると、養成課程中の人々も反対する可能性がある。

教育の専門性を深めるために現職教員に対して実施する現職教育は、教師の資質を高めるため、重要な役割を果たす継続教育である。特に、専門化された研修プログラムは、現職外国語教師の言語能力と外国語教育効果を高めることも可能であろう。それでは、第4次教育課程期には教師の資質向上のために必要な研修がどのように認識されていたのか。外国語教員の資格研修、一般研修、専攻研修に関する現職研修の状況は〈表4-3〉の通りである。

〈表4-3〉 外国語教員現職研修現況[17]

(%)

学校級	教科目	計	0回	1回	2回	3回	4回以上
中学校	英語	7,740 (100.0)	3,942 (50.9)	2,172 (28.1)	928 (12.0)	377 (4.9)	321 (4.1)
人文系高等学校	英語	4,572 (100.0)	2,347 (51.3)	1,272 (27.8)	604 (13.2)	210 (4.6)	142 (3.1)
	第二外国語	1,838 (100.0)	1,314 (71.5)	352 (19.2)	118 (6.4)	29 (1.6)	25 (1.4)
実業系高等学校	英語	2,493 (100.0)	1,487 (59.6)	602 (24.1)	274 (11.0)	84 (3.4)	46 (1.8)
	第二外国語	510 (100.0)	451 (88.4)	42 (8.2)	11 (2.2)	5 (1.0)	1 (0.2)

〈表4-3〉から次のことが言える。
① 英語教員の方が第二外国語教員の方より研修をより多く受けている。
② 研修を一回も受けてない教員が多く、特に高等学校の第二外国語の教員が非常に多い。
③ 3回以上研修を受けた教員は非常に少なく、5%以下に留まってい

る。

　以上の結果から、この時期には外国語教員に対する教員研修は積極的に運営されていなかったということが伺われる。これは現職研修が外国語教員の言語能力と専門性向上という本来の目的が達成できるような教育機会を与えることが出来ず、形式的に運営されていたからである。研究報告[18]によると、研修には次のような問題点があった。

　　一つ、外国語教員の現職研修課程が、主に大学校の師範大学に付設されている中等教員研修院を中心に運営されており、従って教育課程と教育内容が師範大学の教授によって行われているため現職以前の教育と変わらない。
　　二つ、教授法が主に講義式になっている理由は、学級規模が100名以上に構成されており、1日の授業時間が7時間以上与えられているためである。
　　三つ、多人数学級運営によって研修当局学校の教育施設が不足してしまい、語学実習の機会が非常に制限される。
　　四つ、研修後の評価体制が不備であり、教師たちの現場活用の努力が期待され難い。

　この時期には現職研修のための専門化された独立機関がなく、専門化された研究プログラムの開発不足や語学実習室の施設設備の活用困難など教育現場の要求を反映することが出来なかったので、〈表4-4〉のように研修に対する現職教師らの評価は低かった。
　実際に行われる授業の現場で直面する問題解決には研修内容が役に立たな

〈表4-4〉　研修内容が現場問題解決に役に立つ程度[19]

(単位：％)

応答者		役に立つ	普通だ	役に立たない	計
教師	資格研修	17	32	51	100
	一般研修				

いと答えた教師は 51% もいた。活性化されていない現職研修教育は教師に満足した結果を与えられなかったのである。日本語教師の研修状況をみると、〈表 4-5〉の通りである。

〈表 4-5〉　日本語教員現職研修現況 [20]

(単位：名)

年度	計	0回	1回	2回	3回	4回	5回	7回
1983	312	261	33	13	4	0	0	1
1984	369	292	57	12	4	2	1	1

〈表 4-5〉から分かるように、日本語教員の現職研修状況も他の外国語教員と同じく、現職研修に一回も参加してない教員が多数を占めている。つまり、日本語教育においても現職日本語教員のための研修教育が活性化されていなかった。

　韓国では政府や大学などが中心になって、現職の教師を対象とする研修会を開き、教員の質と高校における日本語教育の水準を高めるために努めていたが、財政的な問題や教師陣の確保が難しいこともあり、基金からの派遣・援助・交流関係は継続して必要であった。例えば、1983 年度の国際交流基金の韓国に対する日本語普及事業をみると、日本語教育専門家長期派遣に 5 名、日本語教育専門家短期巡回に 5 名派遣されている。短期派遣は派遣教師の確保がしやすい夏期あるいは春期の休み中に、数名の日本語教育の専門家がチームを作って、平均 2 週間から 1 ヶ月にわたって数か所を巡回して研修会を行った。この研修会を通して、現場の教師たちは指導上の問題点や文法事項に関する疑問点などについて専門家からの指導を受けることも、教材に関する最新情報を得ることもできる。基金は韓国政府の要請の下に高校教師を対象とする韓国内での研修への専門家派遣や、日本への招聘による集中研修も行っていた。韓国の高校教師を対象とする夏期短期集中セミナーは毎年行われていた。また、韓国の学会主催セミナーへ講師を派遣するなどの支援も行っていた。1983 年度の基金の招聘事業をみると、韓国からは海外日本研究講座日本語講師育成招聘 2 名、海外日本語講師研修会 22 名、海外日本語講座成績優秀者研修 8 名が日本に招聘されている。他にも基金から 15 名

に対する現地日本語講師謝金助成、1件の日本語教材開発助成、1件の訪日研修グループ助成、60件の日本語教材寄贈なども行っていた。また、1975〜1981年各年33名、1982年37名、1983年40名、1984年に45名の韓国人学生が日本文部省の奨学金を受け国費留学生として渡日している[21]。

2.1.3　大学入試と日本語教育

大学入試は韓国の教育全般に大きな影響を与えているが、第4次教育課程期にはどのような状況に置かれており、日本語教育にはどのような影響を与えたのだろうか。

　前述したように、1977年度の大学入試からは殆どの大学が、第二外国語を本考査の入試科目から除外してしまい、第3次教育課程の第二外国語教育は沈滞期であった。一流大学への進学率が高校の水準を測定する基準になって来たので、大学入試の重要科目である国語・英語・数学に主に重点が置かれ、この三つの重点科目以外の科目に対する教育の正常化が困難であった。大学入試科目に入らなかった第二外国語教育は1980年までは沈滞期であったといえる。このような厳しい状況の中でも、1981年の実態調査報告[22]によると、日本語を教えている高校は、人文系が148校、実業系が122校、計270校で約20万人というように日本語学習者の増加が見られた。

　さらに、1980年に登場した全政権の「7・30教育改革」によって、本考査と予備考査に2回分けて行った大学入試を一本化した。つまり、本考査を廃止し、予備考査の代わりに「大学入学学力考査」を実施した。旧入試制度では本考査で英語が必修であったため、予備考査の外国語は英語を含めた六つの外国語から一つを選択することが可能であっても、殆どの受験生は英語を選択した。しかし、新入試制度では本考査の廃止で英語以外の外国語を選択する受験生が増えた。特に、日本語は他の外国語より学びやすく、点も取りやすいという理由で英語に次いで選択者数が多かった。「大学入学学力考査」の志願者数は〈表4-6〉の通りである。

　82〜85年度学力考査の日本語選択率はそれぞれ、5.65％、17.3％、11.96％、11.97％と、第二外国語グループの中では一番多い割合を占めている。高校第二外国語の学習者数と教師数はドイツ語がトップだったが、改定

〈表4-6〉 大学入試学力考査の志願者推移[23]

( )の中は％

年度 科目	1982	1983	1984	1985	1986	1987	1988
日本語	33445 (5.65)	116540 (17.3)	89474 (11.96)	86870 (11.97)	296795 (41.63)	5879 (0.82)	13143 (2.35)
ドイツ語	13817 (2.34)	30182 (4.4)	26592 (4.35)	31592 (4.35)	278514 (39.07)	20055 (2.7)	41213 (7.36)
フランス語	4764 (0.81)	7984 (1.2)	6845 (1.0)	6610 (0.91)	107721 (15.11)	5119 (0.7)	13763 (2.46)
中国語	1320 (0.22)	4110 (0.6)	5993 (0.9)	8334 (1.15)	15968 (2.24)	757 (0.11)	1914 (0.34)
スペイン語		55 (0.1)	6005 (0.9)	11457 (1.58)	13871 (1.95)	631 (0.09)	2530 (0.45)
英語	538381 (90.98)	515332 (76.4)	552524 (80.3)	580998 (80.04)			
実業						700846 (95.58)	487752 (87.05)

された大学入試は日本語に有利に作用していた。1986年度の大学入試では第一と第二外国語に区別され、第一外国語である英語は必修科目に、第二外国語のうち一つは選択科目として選ぶことになった。このような変化で1986年に第二外国語として日本語を選択した受験生は全体の41.63％にのぼり、これに対する社会世論は第二外国語が日本語に偏重してしまうことを憂慮したので、その年の日本語科目の試験問題は難易度を上げて出題された。さらに、1987年度の大学入試からは第二外国語と実業科目とが同じ選択グループに入られた。従って、1987年度からは第二外国語を選択する受験者は大幅減り、その代わりに殆どのものが実業科目を選択したので、日本語も大きな打撃を受けた。

　以上のように、第4次教育課程期の高等学校の日本語教育は、70年代の日本語教師不足の問題は改善されていたものの、文学や文法中心になっていた教員養成教育や形式的な現職教員研修の問題が解決すべき課題として残されていた。また、大学入試制度などの外的要因によって急増していた日本語学習者の数が再び大学の入試制度の影響で激減するなどの不安定期ではあっ

たものの、日本語を第二外国語として選択する実業系の高校が増え、1986年からは日本語が五つの第二外国語科目のうち一番学習者が多い第二外国語になった。

2.2 大学と専門学校
2.2.1 教材
初期に大学の教材として最も多く使われたのは韓国外国語大学の朴成援教授編著の『標準日本語教本Ⅰ、Ⅱ』であるが、日本語学習者の増加につれて日本語教材の種類も増えてきた。特に大学と専門大学での日本語教科書は各大学別に独自に教科書を執筆・編纂し使う場合が多い。金(1994)[24]によると、1985年の各大学の日本語関連専攻学科で使われている教材のうち、韓国人著者によって作られた日本語教材は、1965年以後出版された講読教材71冊、文法教材10冊、会話・作文など約100種類に達していた。種類は非常に多いが、内容と体系が類似している教科書が多く、その殆どが初級者用の入門期の教科書であったため、中級と上級用の教材は不足していた。また、視聴覚機器や日本文化・日本事情を本格的に紹介したビデオやスライドなどの視聴覚教材も不足していた。初級者用教材過多現象の理由の一つは実際大学や専門学校では日本語を教養科目として1年〜2年間勉強する初級レベルの学習者が最も多く、また80年代にその需要も急増していたからであると考えられる。この時期は、教材の種類の中で読解中心の教材が圧倒的に多いことから、会話より読解を中心とした日本語教育が主に行われていたことが分かる。これは60年代から80年代後半に至るまで韓国の大学での外国語教育が文学講座中心になっていたからであろう。例えば、師範大学の外国語科専攻科目の内容別構成の中で文学がどの位占めているのかをみると〈表4-7〉の通りである。

〈表4-7〉で見られるように、外国語教育科の専攻課程が文学と基礎語学(文法)を中心に行われており、会話や聞き取りに関する課程は8%にすぎない。コミュニケーション能力向上に関わる教育を十分に受けてない教師が実際の教育現場で学生に「話す、聴く」指導をするのは非常に困難であることは言うまでもない。

〈表 4-7〉 師範大学外国語科の専攻科目の内容別構成比率[25]

領域（あるいは内容）	%
文学	32
言語学	25
基礎語学（文法）	30
会話と聞き取り	8
その他	5
計	100

2.2.2 師範大学の外国語教育科の教育課程

実際に教師を養成する役割を持っている韓国の師範大学では、どのような教育課程の構成によって運営されているのか。師範学校での外国語教師養成のための教育課程は専攻・教職・教養の三つの分野により構成されている。専攻課程は専門家としての教師を養成するために必要な専攻科目に対する知識と教授活動のための技術を提供する課程である。教職課程は教師に必要な教育一般に関する知識と効率的な教授・学習活動の技術を練磨させる課程である。教養課程は幅広い教養を身につけさせる課程であり、①国策教科、②語文系列の教科、③人文科学系列の教科、④社会科学系列の教科、⑤自然科学系列の教科などの科目で構成されている。韓国師範大学の教育課程の科目比率をみると〈表 4-8〉の通りである[26]。

〈表 4-8〉 韓国師範大学の外国語教育科教育課程の科目間の比率

(単位：%)

専攻学科	専攻：教職：教養	専攻科目	
		専攻 文学：語学：教授法	専攻の語学 技能：理論
英語教育科	46：15：39	37：51：12	58：42
ドイツ語教育科	48：15：37	43：50：7	65：35
フランス語教育科	48：15：37	44：49：7	63：37

師範大学の外国語教育科の教育課程で専攻科目が占める比率は 46 ～ 48% しかない。しかも、その専攻科目でも文学が占める比率が高い。また、教養

の比率は高い反面、実際に効果的な授業を行うために必要な教授法や教職の比率が非常に低いため、実際の語学教育の現場に適用出来るような教授法や効果的な授業に必要な技術が学習されないまま学生が卒業する可能性が高い。このように、学生たちの専攻外国語のコミュニケーション能力を養える教科設定が不十分であるため、師範大学出身の教師のコミュニケーション能力が不足していた。また、教育課程の科目には外国文化理解や評価に必要な教科が設定されていなかった。つまり、このような教育課程の運営では、教師が第4次教育課程期の教育課程に示されている「言語の4技能開発」と「外国の文化理解」の教育目標を達成させることが実際には困難であったことが伺える。

　師範学校や非師範系外国語科以外の方法で外国語教師資格を持つ教師らはどのような外国語教育を受け、教員資格を取得したのか。この時期には一定単位を履修すれば自動的に教員資格が得られた。具体的にみると、大学で外国語を専攻していない人が教育大学院で外国語を専攻した場合や、過去に大学で外国語を専攻していない現職の教師が教育大学院で外国語教育を専攻した場合にも外国語教師資格をもらえた。教育大学院の教育課程は専攻と教職科目の履修比率が半々程度であり、文学と語学の比率もほぼ同じである。語学科目の構成も知識、情報のための理論が中心であり、外国語専攻科目の12～14単位だけである。副専攻の場合は、他教科専攻者が外国語教科の単位を22単位履修すれば外国語教員免許が得られる。検定試験の合格者の場合は外国語のコミュニケーション能力に対する評価がなく、筆記試験だけで外国語教師の資格を得られる[27]。師範学校出身教師だけではなく、他の方法で教員免許を得た教師も教員になる前に担当外国語のコミュニケーション能力やその国に対する異文化理解教育を教育現場で実践出来るような教育を大学で十分受けたとは言い難い。つまり、政府が定めた外国語教育の目標とその目標が実践され難い教員教育では、ずれが生じていたともいえる。

2.2.3　大学の日本語教育機関の状況[28]

1984年現在韓国の41校の大学で日本語関係学科が開設されていた。その当時の日本語関係学科名は日語日文学科30校、日本語教育科5校、日本語科

3校、日本語学科1校、外国語教育科日本語専攻5校、日本学科1校である。大学院は、1973年に開設した韓国外国語大学校の日語日文学科が最初であり、碩士（修士）課程が8校、博士課程1校（韓国外国語大学校）、教育大学院に日語教育専攻のある大学は6校、その他韓国外国語大学校に韓日科の通訳大学院が置かれている。1983年度には大学院の日語日文学科の総学生数は151名であり、日本語科の学科数39、大学の日本語専攻学生数は7000名を超えると推測されていた。また、第二外国語として日本語を大学で教えている学校も多く、普通数百名の学生が第二外国語として日本語を選択していた。朝鮮大1981年4,000名,1982年3,500名や東国大1981年4,000名のように数千名の学生が第二外国語として日本語を選択する学校もあった。日本の短期大学に当たる専門大学は16校の日語科と1校の日語通訳科がおかれていた。他にも観光関連学科は、大学9、専門大学20、図書館学科は大学23、専門大学7で日本語が必須科目として教えられていた。大学の日本研究機関は、釜山大に韓日問題研究所、啓明大に日本文化研究所、嶺南大に韓日関係研究所、東国大に日本学研究所、中央大に日本研究所などがある。

3. 第4次教育課程期の日本語教育課程

3.1 第4次教育課程の改定背景

第3次教育課程は学問中心教育課程であったが、学問の内容と構造は地域や個人によって変わる性質のものではなく、教育課程の内容の設定もその教科の専門家の仕事であると考えられたので、教育課程内容に関する教師の関与や教育課程展開における教師の自律性は非常に弱かった。しかし、専門家たちによる各教科の内容の研究は不十分で、学習資料や実験機材などを開発し現場の教師らに提供することが十分出来なかった。概念が難しい学問中心教育課程の理論に対する教師の知識や指導方法の不足や、教室現場で適応できる施設や教具の不備などの問題で適切な教育を実行することも困難であった。他にも授業時間と学習内容の過多、教育内容が難しく難易度が学習者の水準に合わないこと、学問の専門性の強調によって一般教養課程の教育が弱化されたことなどの問題点が指摘された[29]。社会・政治的にも維新憲法の廃

止や政権交代などの大きな変化があったので、時代に合う新しい教育課程が必要であると考えられた。従って、理論を重視した教育の偏向によって弱くなっていた基礎教育、一般教育、人間教育を強化する教育課程への改定が始まった。

　第4次教育課程は文教部の委嘱を受けた「韓国教育開発院」が1980年末まで旧教育課程に対する分析、各国教育課程の比較分析、教育現場の意見調査など、改定のために必要な基礎研究を行った最初の研究開発型の教育課程である。この基礎研究を土台にし、1981年初に各学校級別教育目標と編制及び時間配当の基準、運営指針を含む教育総論に対する試案が作成された。1981年4月からの1か月間は教育課程審議会の各学校別小委員会と運営委員会が開かれ、この試案が審議された。続いて各教科別各論に対する試案は1981年7月末に完成され、各教科別審議会での審議が8月の1か月間行われた。また、この審議結果に従って必要な修正・補完作業が行われた後、10月から11月までの2か月間は修正案に対する最終審議が実施された。11月20日には教育課程改訂案に対する総合セミナーが開かれた。この最終審議と総合セミナーの意見を総合し、12月の最後の1ヶ月の間に最終調整と整理作業が行われ、1981年12月31日に新しい教育課程が告示されたのである[30]。国民学校の1、2、3年生では1982年度から、4、5、6年生では1983年度からスタートされた。中・高校は1982年に教科書開発が始められ1984年度から適用された。第4次教育課程期の教育課程の制定過程は、文教部と委託研究機関の専門家だけではなく、学校やセミナーなどからの多様な意見も取り入れようとした試みが見られる。

　全斗煥政権が教育正常化及び解消のための方案として1980年に実施した「7.30教育改革」[31]はこの教育課程に影響を与えた。この改革によって、全国の殆どの高校が平準化され、大学入試の本考査制度が廃止された。また、大学入試には高等学校の成績が反映される内申参考制が導入された。当時、新軍部政権に対する大学生の民主化運動が激しかったため、大学生の関心を勉強へ向けさせようという意図から大学卒業定員制も実施された。国民学校教科書開発と教科運営においては、国民学校1、2年では教科の統合政策によって道徳・国語・社会は「私たちは一年生」と「바른 생활」に、算数・自然

は「슬기로운 생활」に、体育・音楽・美術は「즐거운 생활」にそれぞれの
大きな領域として統合させた。つまり、この時期には国民学校1、2年では
国語教科書が排除され、国語科授業はなくなり、3年から国語教科書が作成
され国語学習が運営された。その反面「바른 생활」という道徳科と社会科
の学習は強化され、国家の未来社会のために必要とされる人間を育成しよう
とした。実業高校の教育課程編制においては、必修教科の履修単位総数を第
3次期の140～160単位から88～102単位に減らした。第3次期では必修
であった音楽、美術科目は、この中の一つの教科だけが必修になった。しか
し、第3次期では科学教科目のうち、二つの教科目だけが共通必修であった
が、第4次期では四つの科学科目全てを必修にし、科学教育の強化を図っ
た。さらに、第4次期では多様な教科書を学校現場に供給しようとする文教
政策の変化により、1種教科書の範囲が縮小され、2種教科書の対象が拡大
された。第3次期では単一準国定教科書であったため選択の余地がなかった
日本語教科書もこの時期には2種教科書になり、1種類から5種類の教科書
に増え、量的に多様化されてきた。

それでは、第4次教育課程はどのような基本方針によって作られたのかを
考察し、その特徴を探ってみる。

3.2 教育課程の基本方針

1981年12月の文教部告示442号によると、第4次教育課程の基本方針は次
の通りである。

1. 国民精神教育の体系化：今までの教育課程の改定史上初めて幼稚園
から高等学校までの教育課程を一つの全体構造の中で一貫性ある構
成で体系化した点が大きな特徴である。その中でも国民精神教育の
内容を体系化した。
2. 科学技術教育の強化：高度産業社会の志向においては、その基盤に
なる科学・技術分野の発展のための基礎科学教育を強化する教育課
程を構成し、技術教育の生活化の要求を反映した。
3. 全人教育の深化：智・徳・体・技の調和ある成長と発達が促せられ

る教育内容を構成し、バランスが取れた時間配分、特別活動の強化などの全人的人間教育が実現出来るような方案を施した。
4. 教育内容の量と水準の適正化：教育内容の量と水準を学生の発達と合うように調整した。教科目を統合運営と年間授業基準時間を縮小し学校と教師に裁量権を与えようとした。一方、学生の学習負担を減らし余裕ある教育が達成出来るようにした。

文教部は幼児教育から国民精神教育を体系的に取り組んで、有能な韓国人育成教育を強化しようとした。そのためには、当時少数の家庭に限った幼児教育を拡大させる施策が必要であった。従って、政府は1983年に幼児教育振興法を制定・公布し、幼稚園就園率を1982年度の19.4%から1983年度の23.5%へと引き上げた[32]。幼稚園の数も〈表4-9〉の通りに、1983年以降から急増した。

〈表4-9〉 韓国の幼稚園数[33]

1965	1970	1975	1979	1980	1983	1984	1985
423	484	611	794	901	4,276	5,183	6,242

また、全国民に社会教育の機会を与えるための社会教育法も制定・公布し、社会人に対する再教育機会の基盤を作り、教育機会の拡大を図ったのである。

第4次教育課程の科学技術教育の強化は第3次教育課程期でも強調されていた重要な教育目標であった[34]。しかし、実際の教育現場では多人数学級による実験学習の実施困難、科学授業に必要な教具の不足、教師の過重な負担などの問題があったので、朴政権の全国民を科学化させるという政策目標は実現できなかった。従って、第4次教育課程では人文系204～222単位、実業系216～234単位から204～216単位まで全ての高校の履修単位を縮小し、生徒と教師の負担を減らした。また、科学科目の比重を増やし、実際に学校で実施されている科学教育の実態調査や教師からの意見を取り入れ、より学生の発達水準に合う教育目標と教育課程を設定しようと試みた。つま

り、基本能力と関連した技術教育を強化し、物理・化学・生物・地球科学の科学教科はⅠ・Ⅱに区分し、Ⅰは必修科目に、Ⅱは進路によって選択可能にした。さらに、政府は科学・技術教育の推進のために科学技術大学と科学技術高等学校を設立し、未来の先端科学技術をリードする人材の育成にも力を入れたのである。

　朴政権下の60～70年代には先進国から注文を受けた製品を熟練工によって大量生産することで韓国経済の量的な成長が可能であったが、80年代には韓国の固有モデルや独創的アイデアと販売戦力を開発し、世界市場で競争しなければならない状況に置かれていたので、国家競争力を高めるためには教育課程も創意力ある人材を育成する方向へと転換しなければならなかったのである。

3.3　第4次教育課程期の日本語教育課程

第4次教育課程は、1981年12月31日に韓国教育開発院で研究開発した最初の研究開発型の教育課程で、変化や未来に対する認識を強調した未来志向型の教育課程である。今まで変わってきた第1次教育課程期(1954～1963)の「教科中心教育課程」、第2次教育課程期(1963～1974)の「経験中心教育課程」、第3次教育課程期(1974～1981)[35]「学問中心教育課程」に人間中心の教育理念が加わって統合された複合的教育課程による外国語教育の時期といえる。社会が急速に発展し、複雑さや多様化が増しているため、今までの各教育課程の原理が持つ良い点を取り入れた教育環境に合う学習指導を実施し、より効果的な外国語教育を求めようとした時期である。また、第二外国語を一般系高等学校と実業系高等学校に区分し、一般系は10～12単位、実業系は6～10単位を履修するようにした。一般系は第3次教育課程期との履修単位の変化は無いが、実業系は履修単位の選択幅を以前より広げ、学校の状況によって外国語履修単位を最小6単位まで減らすことも可能になった。実業系の高校で第二外国語の中で日本語を選択する生徒数が一番多かったので、場合によっては日本語の履修単位が第3次教育課程期より減らされた学校もいたであろう。

　この複合的教育課程による外国語教育の目標は、言語の四技能をバラン

よく学習させ日常生活に活用できるような実用性を重視しており、その言語能力を媒介として外国文化を理解させ、韓国文化の発展に寄与させることである。それでは、第3次教育課程期では他の外国語とは違う扱いを受けていた高校の日本語教育は第4次教育課程期にはどのような目標を目指していたのかをみると、次の通りである。

(目標)[36]
日本語使用能力を養い、日本人の文化を理解させ私たちの文化発展に寄与させることである。
1. 日常生活、及び周りの一般的話題に関する易しい話を聴く、話す、読む、書く能力を養う。
2. 日本人の生活様式と考え方を幅広く理解させる。

第4次期からすべての外国語科目が初めて形式と内容において同じ体制に統一された[37]。従って、日本語教育でも他の外国語教育と同じ目標が立てられている。第3次教育課程の日本語教育の目標として明示されていた「日本語で学習者が自文化である韓国文化と現況を紹介する能力」に関する項目は第4次教育課程には入ってない。つまり、日本語能力の四技能と日本人・日本文化理解が主な目標になっている。第3次教育課程期は「聴く」「読む」能力に重点が置かれた理解中心の教育課程であった。一方、第4次教育課程期では言語の四技能のうち、「話す」「聴く」能力に重点が置かれ、音声言語中心の教育課程に変わった。しかし、この時期においても高校の教育現場では相変わらず文法翻訳教授法(Grammar Translation Method)[38]中心の教育が主に行われていた。李(1994)[39]は、①大学入試の試験問題の出題傾向に合わせた分析的授業になっていたこと、②言語の正確性を強調する教師中心の授業、③国家中心教育課程による大学入試の画一化とその評価の画一化、などがその理由であると指摘している。それ以外にも、文法翻訳教授法で教育を受けてきたため、教師が会話能力を中心とした授業を行い難い、という教室内環境の問題もその原因の一つとして考えられる。

この時期の韓国の学校教育における学習状況は一般的に多人数学級で編成

されていた。韓国の年度別学級数の実態は次の通りである。

〈表 4-10〉　年度別学級当たり学生数[40]

(単位：名)

区分	幼稚園	小学校	中学校	一般系高等学校	実業系高等学校
1970	34.1	62.1	62.1	60.1	56.1
1975	36.5	56.7	64.5	59.8	57.0
1980	38.4	51.5	62.1	59.9	59.6
1985	34.5	44.7	61.7	58.0	55.5
1990	28.6	41.4	50.2	53.6	51.5
1995	28.5	36.4	48.2	48.0	47.9
2000	26.3	35.8	38.0	44.1	40.3
2001	25.8	35.6	37.3	41.6	36.4
2002	25.5	34.9	36.7	34.7	32.2
2003	25.0	33.9	34.8	34.1	31.0

(注：学級当たり学生数＝在籍学生数/学級数)

〈表 4-10〉から分かるように、1970 年当時には小学校・中学校・一般系高等学校全部が 60 人以上の過密学級であった。しかし、80 年代に入っても過密学級の問題は解決されていなかった。1985 年の文教部の『文教統計年報』報告によると、41 名以上で構成された学級は全体の学級の中、中学校は 98.9％、人文系高校は 99％、実業系高校は 96.2％である。しかも、人文系高校と実業系高校では 51-60 名の学級が最も多く、会話中心の外国語教育を実施することが困難な状況であったといえる。

4. 第 4 次教育課程期における教科書政策

韓国では国家レベルの教育課程が変わると、以前の教育課程に対する全面的改編になるので、全学年のすべての教科書も教科書政策に従った改編が行われる。それでは、第 4 次教育課程期にはどのような教科書政策によって教科書が作られていたのかを考察する。

　教育法第 157 条には教科用図書の編纂、及び発行に関して次のような規

定が明示されている。

① 大学、教育大学、師範大学、専門大学を除いた各学校の教科用図書は文教部が著作権を持っているものか、あるいは検定または認定されたものに限る。
② 教科用図書の著作、検定、認定、発行、供給及び価格に関する事項は大統領令で定める。

以上のように韓国の教科用図書は国家からの統制を強く受けている。教科書の採択に関する事項や手続き、図書の範囲、著作、検定、認定、発行、供給、選定、価格事情などに関する政策全般が大統領令の定めた「教科用図書に関する規定」[41]（1977年8月）によって決められる中央統制式になっている。韓国はイデオロギーが違う二つの国に分かれている分断国家であるという特殊な状況に置かれているため、国民のイデオロギー形成に影響を与える教科書に関する制度は第4次教育課程期においても政府の厳しい統制下に置かれていた。第4次教育課程期の教科書は国定である1種教科書、国家の検定を経た2種教科書、教育部長官の認定を受けた認定教科書などの三つの種類の教科書が使われていた。

1種教科書は、文教部が研究機関や大学に委託し編纂した国定教科書である。1種教科書の開発の委託を受けた研究開発機関は編纂細部計画[42]に従って研究グループと執筆グループを構成し、文教部の承認を得なければならない。研究グループの構成基準は該当教科の教育課程・教科教育・学界の専門家と現場教師などで、5名内外で構成される。その機能は、①編纂の基本方向を設定、②執筆計画を検討、③原稿の検討と修正協議、④その他の編纂業務の推進協議、である。執筆グループの構成基準は①大学の助教授以上の教育経歴をもつもの、②現場教師で教育経歴5年以上のもの、③研究機関で研究、あるいは実務経歴5年以上のもの、と規定されている。その機能は、①執筆計画の作成、②原稿執筆、である。3次教育課程期とは違う点は、教科書を作る作業に専門家だけではなく教育現場で実際教科書を使って教育を行っている現場教師も参加させ、現場からの意見と要望を反映させようとし

たことである。このような変化は 1 種教科書だけではなく 2 種教科書の制作にも教育現場で教えている教師が参加するようになったことにも見られる。

それでは、1 種教科書はどのような編纂発行過程を経て、各学校へ供給されるのかを具体的にみると、〈表 4–11〉の通りである。

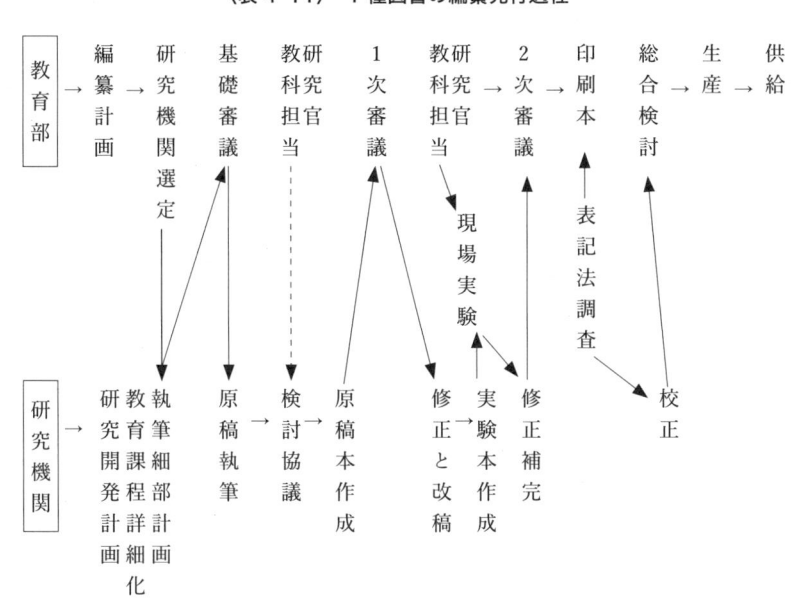

〈表 4–11〉　1 種図書の編纂発行過程[43]

教育部	→	編纂計画	→	研究機関選定	基礎審議	教科研究担当	1次審議	教科研究担当	2次審議	印刷本	総合検討	生産	→	供給

（現場実験、表記法調査、校正などの工程を含む）

| 研究機関 | → | 研究開発計画 | 教育課程詳細計画 | 執筆細部計画細化 | 原稿執筆 | → | 検討協議 | 原稿本作成 | 修正と改稿 | 実験本作成 | → | 修正補完 | | |

行政機関と研究機関が相互協力と連結を持ちながら 1 種教科書を作る。その開発には編纂計画の樹立から執筆、現場検証、修正、補完まで 2 〜 3 年の開発期間が設定されている。しかし、この期間のうち、教科書の執筆期間は 6 ヶ月程度という短期間であると言われている。検認定教科書の執筆期間も 4 〜 6 ヶ月程度である[44]。このような短期間ではレベルが高い教科書を作るのは非常に難しい。

2 種教科書の場合は、資格を持つ発行者の申請を受けた政府がこれを選定し、専門家集団に執筆を終えた審査本を検討、審議させ、最終合格・不合格を決める。合格本の種数も教科別に 5 種類以内に制限していた。1 種図書の

審議には3〜4ヶ月、2種図書の検定には合格が決定される1次審議に40日の期間が所要されるが、充実した審議のためには審議期間が充分ではないという意見が多く、教科目当たり5人の検定審査委員数も増やす必要があるという意見が執筆者と編集者から多かった[45]。大統領第8660号、第3条では、各級学校では1種図書がある場合にはこれを使わないといけないことが定められている。1種図書がない場合には2種図書を選定、使用するように規定されている。教育監、あるいは教育長は2種教科書選定に必要な図書の編纂方法や内容などの図書別特徴に関する資料を作成し、学校長に提供できる。学校長は検定に合格した色々な種類の2種図書から教科書を選定するために、教師、生徒の保護者、教育に関する見識がある専門家によって構成された学校運営協議会の審議を経て、その中から一つを採択しなければならない。新設学校の場合のように学校運営に関する協議会がない場合には教育監、あるいは教育長が2種教科書を選定できる（令第3条）。2種図書の著作権者と出版に関する約定をしたものは教育部長官の許可なしではその発行権を他人に譲渡したり、担保として提供したりすることが出来ない。2種図書の図書編纂発行過程は〈表4-12〉の通りである。

〈表4-12〉 2種図書の編纂発行過程[46]

教育部→　検定実施公告→　検定申しみ（著者）→　執筆→検定本提出→　1次審査→ 2次審査→　合格決定→　合格公告→　印刷・発行→　供給

2種図書は検定実施公告が発表されると、申請資格を持つ出願者が自由に申し込むことが可能であり、その体制や内容の面においても1種より個性的部分が許容される。しかし、2種図書も原則的には「執筆上の留意点」と編纂方法に関する統制範囲を超えてはいけない。従って、出願者が自由に出願できる反面、その編纂発行の統制範囲においては1種図書の場合と大きく変わらない。つまり、韓国の教科書の執筆は文教部で作成・告示した「1種図書編纂指針」と2種図書の執筆のための「執筆上の注意点」で提示されている基準に従って行われる。「執筆上の留意点」は「留意」以上の実質的な規制機能を持つ文書である。教科書執筆過程において執筆者が執筆作業に反映

しなければならない共通事項と教科目別執筆上の留意点に分けられ、留意点の提示は教科書の全般的な内容を規制し、教科書の開発過程に大きな影響を与えている[47]。

教科用図書に関する規定第13条によると、最初使用学年度の教科書使用開始1年前に文教部長官が発表しなければならない2種図書の検定実施公告に関する内容は次の通りである。

1．検定する2種図書の種類
2．審査本の提出部数
3．検定手数料及び、その支払い方法
4．申請者の資格
5．申請期間

検定される2種図書の種類は出版社間の過当競争による問題[48]を最小化させるために、政府によって合格本の種類が限定された。例えば、1979年度の使用本からは5種類以内に、また1989年度の使用本からは8種類以内に規定されていた。第4次教育課程期の日本語教科書の場合も合格本の種類は5種類であった。

認定図書は、教科書または指導書がないため使用困難な場合、あるいは教科書や指導書を補充する必要があると教育長（高等学校の場合には学校長）が判断した場合には認定図書の認定を教育長官に申請することが出来る。教育長は認定図書の採択に関しては採択上の決定権はなく、推薦する権利だけが与えられている。教科書や指導書がある場合の認定図書の使用は教科書や指導書を補充する目的に限定されており、教科書や指導書に代替してはいけないと規定されている（令第24条）。教科書や指導書がないため臨時で使用を申請した認定図書は該当教科書が出た場合には直ちにその認定を取り消さなければならない（令第24条3項）。このように認定図書の使用においては、学校には選択する権利がなく政府のより厳格な統制を受けていた。

この時期の「執筆上の留意点」に示されている教科用図書編纂の基底内容をみると次の通りである。

＜編纂の基底＞ [49]

教科用図書は現行教育課程の基本方向、基本方針、一般目標の基礎に基づいて編纂する。

  1．教科用図書編纂の前提
      ①自主国防
   維新 ②自立経済 国力培養→平和統一→民族中興（近代化作業）
      ③国民総和
      ④韓国の民主主義
  2．教科用図書編纂の基本方向
   国民教育憲章の理念具現（国籍ある教育の実施）

　上記の内容から分かるように、第4次教育課程期は第3次教育課程期の編纂の基底と変わりがない。つまり、国家に必要な政策イデオロギーを反映する道具として教科書は重視され、統制されていたのである。

　「執筆上の留意点」のうち、「一般的留意点」では教育法と同施行令が規定した韓国の教育目的との一致と韓国の国家政策との一致が義務付けられている。また、編集および編纂体裁に関しては次のような留意事項が規定されている[50]。

 ・創意性─本文、挿絵、問題などの展開において創意性を発揮し、学習効果を上げるようにしなければならない。
 ・編集及び編纂体裁
 （ア）版形、面数、製本などは文教部長官の指示に従い、活字、行間、余白などは学習効果を上げるように適切に配置しなければならない。
 （イ）教科書の編纂体裁に合うように執筆し、本文の構成及び配列は創意性があるようにしなければならない。

　上記のように教科書の執筆には創意性が求められている。しかし、実際には教科用図書は著作・編纂権、審査権を持つ政府が定めた国家レベルの教育

課程の規定に従わなければならなかったので、教科書全般の体裁は画一化されていた。また、著者や出版社側も創意性がある教科書を作るという冒険をするより、検定審査に合格出来る教科書を作るという安全性を優先する場合が多かったのである。従って、何種類の教科書が存在しても、教科書間の差異が少なく、内容や体制などが似ている場合が多かった。

それでは、第4次教育課程期においても政府主導の教科書政策によって作られた日本語教科書の内容にはどのような特徴が見られるのかを考察する。

5. 第4次教育課程期の教科書にみられるイデオロギー

5.1 国民精神教育の強化

第3次教育課程では、国民教育憲章理念の生活化、国民としての義務、民族主体性、知識と技術教育が重視されていたが、第4次教育課程では国家が置かれている当面の課題を考慮に入れながら教育を通じて育成したい人間像が具体的に提示されている。文教部告示442号によると、この時期に教育で求められている人間像は次の通りである。

① 健全な精神と強健な身体、そして強い体力と意志を持つ人間を育成する。
② 人間と自然、そしてすべての生活環境の中で美しさを感じ、それを育てていくことが出来る人間を育成する。
③ 近年のような高度に分化され且つ専門化された時代において、社会と国家そして世界が必要とする多様な専門知識と技術を持つ有能な人を育成する。
④ 自分自身の良心に従って、行動し正直・勤勉・誠実・克己の生活態度を持つ人を育成する。また信義を守ることが出来、社会的規範としての道徳律を自ら内面化し共同生活で尊法精神と責任感、協同心、奉仕の精神が発揮出来るようにする。
⑤ 民族共同体意識と愛国愛族の精神、そして歴史的使命感を持つ人を育成し韓国人としての誇りを持って世界舞台に堂々と立てるように

する。

　第4次期では、国家的目標が重視された第3次期とは違って、民主・福祉・正義社会建設に積極的に寄与できる人間的適合性と社会的適合性の間でのバランスを維持させようとした。

　金（1985）[51]によると、韓国は北朝鮮との経済力対決は70年代末に終わったので、韓国の近代化作業をより進め、中進国隊列から先進国隊列へ参与することが全政権の統治理念であった。83年度の「新年国政演説」で全斗煥大統領は「進んでいる他の民族らに比べ少しも劣らない先進祖国を私たちは必ず作らなければならない」と強調し、「先進祖国の創造は私たちの国民的要望と時代的使命であり、本人は任期中身命を捧げ必ずこれを実現する」と韓国の先進国入りへの強い意志を表明した[52]。従って、全斗煥政権による第4次教育課程の教育目標は、新時代が求める自主的で創造的人間を育て、競争の激しい国際社会の中で国家が発展し民族が繁栄出来ることを目指した国民精神教育が強化された。つまり、国民精神教育を通して国民共同体意識、愛国心と忠誠心、秩序・尊法精神・反共精神・協同精神を高めようとした。国家中心主義であった70年代の朴政権と同じく、80年代の全政権も教育政策を通して国家が求めている人間を育成しようとした。特にこの時期には、高度産業社会への適応と未来社会への対応力開発が重視された。そのためには、第3次教育課程期で画一化された教育を脱皮し、自主的で創造的国民を作るための国民精神教育を強化しようとした。

　文教部は「先進祖国の国民姿勢」を国民に形成させるため、「主人精神」「名誉心」「道徳心」「協同精神」「使命感」「尊法精神」「愛国心」「反共精神」「統一意志」という九つの徳目を作った。さらに、この徳目の生活化のために、1984年には5万8000名の教員を対象にした国民精神教育研修と、学生教育院で3万700名の学生を対象にした理念思想教育を実施した[53]。学校教育を通し、正しい国家観と倫理観を確立させるための国民精神教育を強化した全政権の意図には、国民統合を達成し当時拡散していた全政権に対する国民の不満を減らそうとする狙いもあったであろう。

5.2 小・中・高校の教科書の内容
全人教育が強調された第4次教育課程期の国語教育には言語と文化が独立され、読む資料や文学作品などを通して次のような価値観を形成しようとした。
（1） 正直、責任、勤勉、進取、協同
（2） 価値的信念、理想目的の実現意志
（3） 人間尊重、人間愛
（4） 秩序、規範、法、社会的慣習の尊重
（5） 学校、社会、国家の公的利益をための奉仕精神
（6） 言語文化を持つ国民としての自我認識と民族的自負心
（7） 望ましい国家観・世界観

　前述のように、第3次教育課程期には国家的課題と歴史的状況の認識、国民の基本姿勢と国民的資質の向上、国家発展の寄与などの国家的側面が重視され、教科書の内容にも反映されていた。しかし、第4次教育課程期には全人的人間開発乃至国民情緒の純化が主な教育目標になり、国語教育においても、文学教育を重視し望ましい人間像を作ろうとしていた。これは国家主義がこの時期の教科書には反映されなくなったことを意味することではない。この時期には国家観だけではなく、望ましい世界観も育成し、韓国人としての誇りを持って国際人として世界で活躍出来る人材を作ろうとした教育政策が試みられたのである。

　韓国人として誇りを持たせるためには、民族文化教育は欠かせない要素として韓国の教科書に扱われていた。例えば、1984年に作られた三つの高等学校国語の教科書[54]には「国を愛する心」「祖国」「世界へ進出する韓国」「祖国巡礼大行進」「民族的理想を樹立せよ」などの愛国心を向上させる内容、また「3月1日の空」「己未独立宣言文」などの民族の独立運動を強調する内容、「先人の工芸」「民族文化の伝統と継承」「韓国の美」「韓国文学の思想的背景」「韓国文学の連続性」などの韓国文化に対する理解と誇りを向上させる内容を扱うことによって民族文化教育にも力を入れていた。

　国史教科書にはどのような変化があったのか。国定教科書である「国史」

は民族を主体とする史観をよりいっそう明確にさせるために、1982年に改定された。第4次教育課程期から国史教科書は「上」「下」の二冊に分けられ、近代史部分が拡大された。例えば、高校の国史教科書の近代史部分の目次をみると、第3次教育課程期の教科書(1981年版)[55]では「近代社会」の部分は「民族的覚醒と近代文化の受容」と「民族の独立運動と民族文化の守護」の二つに分けられている。しかし、第4次教育課程期の教科書(1982年版)[56]には「近代社会」の目次が「近代社会の成長」へと変わり、その部分は「民族の覚醒と近代文化の受容」「近代国家の成立と試練」「3・1運動と大韓民国臨時政府」「独立運動の新しい段階と民族文化の擁護」の四つに分けられ、独立運動史に関する項目が増加されている。

君島(1996)[57]はこのような韓国の国史教科書の変化について、次のように述べている。

> (前略)日本の支配の過酷さを強調する「虐げられる韓国史」を脱却し、独立闘争を強調する「闘い発展する韓国史」を認識させ、自民族の誇りを獲得し植民地史観を克服するためのものである

それでは、この時期の日本語教科書の内容では教育政策イデオロギーがどのように反映されているのかを分析し、その特徴と問題点を考察する。

5.3　日本語教科書

日本語教育の成長期であった第4次教育課程期には、全人教育を中心とした国家観と世界観が日本語教科書の内容にどのように反映されていたのかを追求する。また、この時期の日本語教科書に現れる文化はどのようなイデオロギー性をもっていたのかをも考察する。

この時期に使われた教科書は5種類「上巻」・「下巻」の検定教科書である。具体的にみると次の通りである。

　　A『고등학교　일본어上』(박희태・유제도(1984)、금성출판사)
　　B『고등학교　일본어(上)』(김우열・박양근・김봉택(1984)、시사영어

사)
C 『고등학교　日本語(上)』(김학곤・田中節子(1984)、한림출판사)
D 『高等學校　日本語上』(이봉희・이영구(1984)、교학사)
E 『고등학교　日本語(上)』(김효자(1984)、지학사)
A' 『고등학교　日本語下』(박희태・유제도(1985)、금성출판사(주))
B' 『고등학교　日本語(下)』(김우열・박양근・김봉택(1985)、시사영어사)
C' 『고등학교　日本語(下)』(김학곤・田中節子(1985)、한림출판사)
D' 『高等學校　日本語下』(이봉희・이영구(1985)、교학사)
E' 『고등학교　日本語(下)』(김효자(1985)、지학사)

　AからEまでの「上巻」5種類とA'からE'までの「下巻」5種類である。それぞれ教科書の「上巻」と「下巻」は同じ出版社と著者によるものである。著者は殆ど大学の研究者が中心になっているが、CとC'の場合は日本の大学を卒業し、韓国の高校で日本語を教えた教師出身者と日本人日本語講師の共著によるものである。EとE'だけが一人の著者によって作られ、その以外は二人か、あるいは三人の共同作業によって作られた教科書である。
　それでは、「上巻」と「下巻」に分けて、それぞれの特徴を考察する。分析の際には構成、写真と絵、会話場面、人名、地名、内容の項目に分けて、第3次教育課程期には見られない変化や特徴などを明らかにしたい。

5.3.1　5種類の「上巻」の分析内容
(1)　構成
「上巻」の各課の構成をみると、表〈4-13〉の通りである。
　「上巻」は文字言語より音声言語に重点が置かれている。本文全体の文は以前より説明文による訳読方式は少なく、その代わりに各課別の会話文が急増している。また、基本文型の練習を中心にした練習問題も増えている。第3次期の教科書の練習部分は韓国語を日本語にする作文や日本語を韓国語にする翻訳の問題が多かった。第4次期の教科書の練習問題は質問に答える問題や言い換えの会話練習が多くなっている。つまり、文法訳読中心の練習か

〈表4-13〉 5種類の「上巻」の全体構成

教科書	構　　　成	総課数	全体頁数
A	本文―ことばのきまり―練習―問題	32課	136
B	本文―文型―会話―練習問題	25課	115
C	本文―会話―文型―練習問題	28課	126
D	基本文型―本文―練習問題	20課	123
E	本文―基本文型練習―ことばの広場―練習問題	23課	122

　ら文型指導による会話練習に重点が置かれている。全文は第3次期の教科書と同じく横書きであり、日本語の初学者が日本語の文を読みやすくするために、全文を韓国語のように分かち書きにしている。韓国の地名や花の名前などは韓国式発音になっている。

　この時期から基本語彙数の選定が始まり、基本語彙数は754語になり、使用語彙数を第3次期の3,000語から2,200語に減らし、学習者と教師の負担を少なくした。従来の文法翻訳式教授法では語彙は単語レベルで暗記する場合が多かった。そのような暗記学習の場合、語彙に対する理解語彙数は増加しても実際の場面で使う使用語彙数はそれ程増えないので、コミュニケーション能力の向上には役に立たないという問題があった。従って、日本語の語彙に関する学習量を減らし学習者の負担を少なくすることによって、コミュニケーションに必要な最小限の語彙を最大に活用しようとする教育的意図が見られる。学習者と教師の負担を少なくするために課数と全体頁数も第3次教育課程期より減っている。抽象的内容より日常生活でよく使う会話表現を中心とした具体的内容が殆どを占めるようになった。訳読方式の説明文が多かった以前より単語と文が易しくなっている。

（2）写真と絵

　第3次教育課程期の教科書では、韓国の古代文化の影響や韓国民として教訓になる日本的事象の写真が一部だけ紹介されているものの、主に韓国の近代化や韓国の偉人などの韓国的事象を表す写真や絵が使われていた。つまり、民族的自負心と民族的主体性を高めようとする傾向が強かったが、第4次教

育課程期には写真と絵にはどのような傾向が見られるのかを考察する。第4次教育課程期の五つの教科書に使われた写真と絵の枚数は、〈表4-14〉の通りである。

〈表4-14〉 5種類の「上巻」の写真と絵の枚数[58]

教科書	写真				絵				総計
	日本的	韓国的	その他	合計	日本的	韓国的	その他	合計	
A	9	2	1	12	0	6	123	129	141
B	6	4	0	10	0	11	63	74	84
C	11	3	12	26	3	5	33	41	67
D	5	3	0	8	0	1	14	15	23
E	10	0	3	13	6	5	77	88	101

〈表4-14〉から分かるように、5種類の教科書では日本的事象を表す写真が一番多く使われている反面、絵は日本的事象を表すものは一番少なく、「その他」のものが一番多い。それでは、この五つの教科書のそれぞれの写真と絵の内容を詳しく見てみよう。

教科書A
写真の内容をみると、裏表紙には「日本の首都東京」「古賀人形(長崎市)」「京扇子」「フグの刺身(山口県下関市)」「八幡起きあがり(石川県)」の日本文化に関する写真が使われており、また国民教育憲章の次の頁には「富士山と本栖湖」「浅間山(群馬県・長野県)」「神庭の滝(岡山県)」の日本の自然に関する写真がある。さらに、本文には「日本の農家」の写真が紹介されている。その反面、韓国的事象を表す写真はソウル南山公園にある「パルガクジョン(八角亭)」と慶州の「多宝塔」の二つの写真である。また、「その他」の写真としては、第19課の「将来、科学者になりたいです」においてアインシュタインの写真1枚が使われ、有能な科学者育成が重視されている。絵の場合は日本的事象を表すものは一枚もなく、韓国的事象を表すものが6枚、どこにでもありそうな一般的事象を表す「その他」が123枚も使われている。これは79年の教科書の40枚より大幅に増えている。韓国的な事

象を表すものは韓国の「お祖父さん」「お祖母さん」「韓国の本」「ハングルで自分の名前を書いている場面」「ラジオを聴いている韓服姿のお祖父さん」である。

教科書B

5種類の「上巻」の中で最も量が少ない教科書Bの写真の内容をみると、表裏の表紙には「銀座通り」「日本の雪国の風景」「鎌倉大仏」「富士山」「新幹線」が、付録には「京都の金閣寺」の写真が紹介されている。韓国的事象の表す写真は「ソウル駅のビル」「ソウルの博物館」「無窮花(ムグンファ)」「ソウルタワー」の写真である。絵の場合は韓国的事象を表すものが11枚、「その他」のものが63枚であり、一般的事象を表すものが最も多い。韓国的事象を表すものは「南大門」「韓国の国旗」「韓国の国花」「韓国の物」などである。教科書Bは日本的事象を表す写真を第3次期の教科書より多く取り入れているものの、韓国の国家を象徴するものが韓国的事象を表す写真や絵に使われている。

教科書C

5種類の「上巻」のうち、日本的事象を表す写真が一番多く使われている。韓国的事象を表す写真は3枚だけである。また、写真に対する説明が無いため、どこの場所かが不明な写真も2枚ある。写真の内容をみると、日本的事象を表すものは「門松」「七夕」「ひな祭り」「端午の節句」「東京の浅草観音堂五重の塔」「鎌倉大仏」「隅田川と東京市街」「法隆寺金堂しゃか浄土図」「新幹線」「東京タワー」「高松塚壁画玄武図」である。法隆寺金堂や高松塚壁画は第3次教育課程期の教科書にも日本に影響を与えた韓国の古代文化として登場した写真である。教科書Cにも、韓国人としての民族的自負心を高めるような写真が2枚あるものの、日本文化に関する写真が主に使われている。韓国的事象を表すものは「韓国の国花」「金庾信将軍の銅像」「南山タワー」である。第3次期では韓国的事象を表す写真は民族的主体性、愛国心、韓国の近代化などの国家的イデオロギーが強く反映されるものが多かったが、教科書Cの場合にはそのような側面が強調されていない。「韓国の国

花」では、「これはなんの花ですか。それはむくげの花です。韓国の花です」という客観的記述になっており、日本式発音を使っている。地名や人名などが韓国式発音になっていた第3次期の教科書や「むくげ」の替わりに「ムグンファ」を使う教科書Bとは対照的である。また、古代三国を統一した金庾信将軍に対する内容も「南山公園」の風景が中心になっており、将軍に対する記述は彼の功績を称えて愛国心を高めるというような内容ではなく、その場所の一部の銅像としてだけに扱われている。一般的事象を表す写真は「学校」「図書館」「文房具屋」「野球場」などの学校生活や「海水浴場」「登山」などの日常生活と関係があるものである。教科書Cの絵の内容を見ると、日常生活を中心とした物や場面描写などの一般的事象を表す絵が33枚で一番多く使われている。それ以外には、「韓国の国旗」「韓服姿の母」「韓国の学校の時間表」「韓国の観光バス」「韓国の国花」の韓国的事象を表す絵5枚と「新幹線」「日本語で書かれている原稿用紙のタイトル」「日本語で書かれているはがき」の日本的事象を表す絵3枚が使われている。また、「アメリカの国旗」「アメリカ人ジュディ」もアメリカ的事象を表す絵として登場しているが、第2課「わたしのうち」（10頁）にある「かんこくの　こっきやアメリカの　こっき」の例文と一緒に韓国の国旗の下にアメリカの国旗が描かれている。日本語の教科書に日本の国旗を使わずにアメリカ国旗を使ったのは、日本の国旗に対する抵抗感が韓国にまだ強く残っていたからであろう。

教科書D

教科書Dで使われた絵や写真の数は非常に少ない。写真と絵の内容を見ると、日本的事象を表す写真は「大仙院の庭」「日本の陶磁器」「東大寺大仏」「日本の庭園」「姫路城」の5枚であり、日本の芸術や美を紹介するものである。韓国的事象を表す写真は「道峰山仙人奉」「韓国の美術館」「内藏山」の3枚であり、韓国の自然や美術に関するものである。教科書Dでは写真の数は少ないものの、韓国より日本の文化理解に役立つ写真の方が多く使われている。絵の内容を見ると、韓国的事象を表す絵「鉄道の乗車券」1枚以外は、学校や物などの「その他」の絵14枚だけである。

教科書 E

日本的事象を表す写真が一番多い10枚であり、説明がないため場所などが不明な写真が3枚である。しかし、韓国的事象を表す写真は一枚もないというのがこの教科書の特徴である。写真の内容を見ると、「東京の都心にある公園新宿御苑」「日本式庭園でお茶を作っている野点」「日本の桜とお寺」「山村さんの池」「山村さんが住んでいる町の中心街」「お花見」「五島のぽん祭り」「雪祭りのかまくら」「上田さんの部屋」「竹林」である。特に、日本の国花である桜の写真は第1課に登場している。また、日本の芸術や伝統文化だけではなく日本人の生活文化の理解に役立つ写真も使われているのが特徴である。絵は単語や場面を説明するための一般的事象が77枚で一番多く、その次は日本的事象6枚と韓国的事象5枚の順である。日本的事象を表す絵は「げた」「お茶」「さくらの花」「中村さんの家族（きもの姿のお母さんとお祖母さん）」「お箸とご飯」「さくらの花」である。韓国的事象を表す絵は「韓国の国旗」「韓国の切手」「韓国のおばあさん」「むくげの花」「済州道の特産物」である。韓国の国家を象徴するものが絵として使われているものの、「げた」や「きもの」などの日本の伝統文化を表すものが絵に使われたのはこの教科書が始めてである。

　以上の考察から5種類の「上巻」の写真と絵には、次のような特徴が見られる。

　まず韓国的事象の写真が中心になっていた第3次期の教科書の編成とは大きな変化が見られる。79年度の教科書の裏表紙は「달라지는 농촌（変化する農村）」という韓国農村の写真であるが、5種類の教科書の全てが第1課に入る前に日本の伝統文化や自然などの写真を紹介しているのが特徴である。また、韓国事象を表す写真には、以前の教科書のように韓国の近代化を表す写真は無くなっており、韓国的事象より日本的事象が主に写真資料として使われている。日本的事象を表す写真は一枚もなかった79年度の教科書とは異なっている。本文との関連性や写真に関する文化的説明が欠けているため、説明無しでは分かりにくい部分はあるものの、日本語学習に必要な日本文化の理解という側面での視覚的教育効果は以前より改善されている。

絵の場合には、教科書 A、B、D では日本的事象を表す絵は一つもない。日本に関する情報や理解に役立つ役割ではなく、単語や本文の飾り的役割として一般的事象が多く使われている。特に教科書の絵は日常生活と関連がある事象や学校生活を表す事象が一番多い。以前の教科書より日本的事象を表す写真と絵が増加され、日本語学習に必要な日本文化の理解という側面での視覚的教育効果が改善されている。

（3） 会話場面

「聴く」「読む」能力に重点が置かれた理解中心の教育課程であった第 3 次教育課程期とは違い、第 4 次教育課程期では言語の四技能のうち、「話す」「聴く」能力に重点が置かれ、音声言語中心の教育課程に変わっていた。また、日常生活に活用できるような実用性も重視されている。

それでは、実際日本語教科書では教育課程のこのような目標がどのように反映されているのか、さらに、1973 年の日本語教科書には日韓両国人の会話場面が一つもなかったが、第 4 次教育課程期では会話文と会話場面にはどのような特徴が見られるのかを考察する。次のような分析の枠組みに従って考察していく。①本文が会話文になっているものはどの位あるのか。②会話文には会話場面の情報に役立つ登場人物や文脈に関する情報が与えられているのか。③会話文にはどのような文体で話されているのか。④日本人と韓国人との交流場面にはどのような特徴が見られるのか。

教科書 A

32 課まである本文中、29 課の本文が会話文中心になっている。同じ著者によって作成された 79 年度の教科書より会話文が増えており、談話レベルのコミュニケーションも増えている。しかし、登場人物の説明や情報が与えられている会話文は学習者に臨場感と現実感を与え、登場人物間の社会的関係や距離に影響され易い日本語の言葉使いに関する学習にも役立つが、登場人物に関する説明がある本文は第 22 課の一箇所しかない。会話中心になっている 29 箇所の本文のうち、11 箇所の本文の会話場面で対話者として登場する人物は「わたし―あなた」だけであるため、登場人物に関する情報が殆ど

ない。会話の文体においては、敬体が中心になっているのは以前の教科書と変わりがないが、常体を使った会話の場合には以前とは若干違う変化が見られる。つまり、1973年の『日本語読本（上）』では息子に対する母の言葉（第24課）と、観察者の目から子供同士の話を伝える際（第29課）に常体が使われている。また、1979年の『高等学校日本語（上）』では豚と豚が会話をする場面（第26課）と人間が蚕に話しかける場面（第37課）で砕けた言葉遣いになっている。このように親しい友達間の砕けた言葉による会話場面の設定されていなかった以前の教科書とは違って、教科書Aでは第23課の会話場面が親しい友達同士間の砕けた言葉遣いによる会話場面になっている。この会話場面では登場人物に関する情報がないため、韓国人と日本人同士の会話であるかどうかは明らかではない。しかし、日本語を使った親密な人間関係の構築と交流が想定されており、人間関係の距離や社会的関係によって変わる文体学習に対する教育的配慮が改善されている。

　本文の会話場面をみると、32課の本文中、3箇所の本文が韓国人と日本人による会話場面であり、さらにそのうちの一つは直接接触する場面ではないものの、日韓両国人が文通で交流をしている場面が一つある。79年の教科書で設定されている日韓両国人の接触場所は日本で、韓国人留学生と日本人教師という関係設定である。しかし、教科書Aでの日韓両国人の接触場所は二つとも韓国である。具体的に言うと、韓国で韓国の歴史を学んでいる日本人と韓国人の対話（第22課）、韓国に滞在する日本人教師と韓国人の対話（第32課）という場面設定である。以前の教科書のように、教科書Aの第25課にも韓国人同士が日本語で会話を交わすという不自然な場面が設定されているものの、韓国に来る日本人と韓国人との交流が設定されている場面が増えている。これは80年代まで海外旅行や留学に関する規制が多かった韓国では海外へ行く韓国人は少なかったが、日本から韓国に来る日本人は急増していたというその当時の状況が反映されていたとも言える。

教科書B

25課まである本文中、17課の本文が会話中心になっている。しかし、文法シラバスを中心とした会話文になっているものが多いため、長沼式の問答法

による文型練習中心の会話文が多い。談話レベルのコミュニケーションが増えているものの、登場人物が明確になっている本文は第22課と第23課だけである。会話が中心になっている17課の本文のうち、10箇所の本文の会話場面で対話者として登場する人物は「わたしーあなた」であるため、登場人物に関する情報が殆どない。会話の文体をみると、17課の本文は全部敬体になっており、25課の「会話練習」の項目でＡとＢの会話が友だち同士の言葉遣いになっている。

会話場面をみると、本文は25課のうち4箇所の本文に、「会話練習」のコーナーでは8箇所に韓国人と日本人の会話場面が出る。全体的に以前の教科書より日韓両国人の接触場面が増加している。教科書Ｂで設定されている日韓両国人の接触場所をみると、接触場面4つのうち、二つは場所が明らかではないが、残りの二つは韓国である。また、本文以外の会話場面の8箇所の接触場面では4箇所は韓国、4箇所は不明確である。つまり、日本にいる韓国人に日本文化を紹介するという場面より、韓国にいる日本人に韓国文化を紹介する場面が重視されている。異文化の理解より自文化理解と紹介を重視するというこのような傾向は第3次期と似ている。

教科書Ｃ

学習目標に示されている通りに、この教科書も28箇所のうち22箇所の本文が会話中心に構成されている。会話文の登場は第3課からである。第1課と第2課は名詞の単語だけが本文に使われている。第1節部分（第1課～第9課）の会話の例は文型練習を中心とした問答法が多く、「それはつくえです」（12頁）や「これはしろいはなです」（20頁）の例のように見ればだれでも分かるものが会話の例文として使われることが多い。九つの本文で「私ーあなた」が話し手と聞き手として登場しており、また登場人物が明らかではないものもある。会話の文体においては、22箇所の本文の会話全体が敬体になっている。しかし、本文の次に設けられている28箇所の「会話練習」コーナーでは1箇所だけに常体が使われている。韓国人の友達同士による日常会話の場面がそれである。つまり、日本人と韓国人が親しい友達関係になっている設定は見当たらない。実際韓国人同士だけの会話場面で韓国語で

はなく日本語を使うという状況は不自然である。また、親密な友人関係による日韓両国人の会話場面の設定と交流は日本語学習を通して日本人の友達を作りたいという日本語学習の動機付与に繋がる可能性もあるので、このような教育的配慮は必要である。本文の2箇所と「会話練習」コーナーの2箇所が韓国人と日本人同士による会話場面であり、韓国人と在日韓国人の交流を表している本文の場面も2箇所ある。特に在日韓国人「美愛さん」との交流を扱う場面では韓国語があまり話せない在日韓国人の存在や状況などが認識出来る。韓国では在日韓国人の言語生活の状況などに関する情報が少なかったので、日本で生まれ育てられた在日韓国人とのコミュニケーションと交流の際にはこのような教育的配慮は非常に重要である。日韓両国の交流場面が増えているものの、韓国人同士の会話場面や登場人物が不明確な場面が多い。

教科書 D

練習問題は文法より言い換えなどの会話練習が中心になっている。本文においても、20課のうち、18課が会話文であり、会話場面で話者として登場する人物が「わたし―あなた」だけになっている本文は4箇所、登場人物が不明確な本文は6箇所、話者に対する情報がある本文は8箇所である。教科書Dでは対話者の情報が得られる会話文が他の教科書より多いものの、韓国人同士が日本語で会話を交わすという不自然な場面設定が2箇所に見られる。つまり、第3課「わたしは韓国人です」の「林容浩」と「李東基」という名前を持つ韓国人二人の初対面の会話や、第15課「電話のベルがなっています」の事務室に電話を掛けた「李東基」が「金さん」に知り合いの林容浩先生の講演へ一緒に行くことを誘う場面である。この二つとも全体の内容から見て、会話の場所が韓国である可能性が高く、しかも同じ韓国人同士であるにもかかわらず日本語で互いに会話を交わしているという現実性に欠けている会話文である。会話の文体においては会話文がある18箇所の本文すべてが敬体になっている。

　本文の会話場面を見ると、3箇所の本文が韓国人と日本人同士による会話場面であり、他の2箇所の本文でも日本人が会話の話題で登場しており、日

韓両国人が接触する場面は増えている。しかし、日韓両国人の接触場所は三つとも韓国である。第16課に登場する「山田」という人物は語学研究所で韓国語の勉強をしてから、来年の3月に韓国の大学へ入学する予定の日本人留学生である。第12課に登場する「田中」と「山田」という二人の日本人も韓国への留学生である。「田中」は2年前に日本の大学を卒業し、韓国の大学に入学しているという人物設定になっている。さらに、この教科書の第20課に登場する中国人「陳」さんもソウルで勉強しているという人物設定である。

教科書 E
23課まである本文中、15課の本文が会話文中心になっている。残りの8課の本文は日本の詩や説明文になっている。この教科書の特徴は本文の会話文が始まる前に対話者の登場人物や会話の背景説明を説明文で表している本文が多いので、会話文がより理解しやすく構成されている。その例を見ると、次の通りである。

第7課　中村さんの家族 (38～39頁)
中村さんの　げしゅくは　学校の　となりに　あります。中村さんの　へやは　しずかな　二階にあります。　へやが　たいへん　きれいです。
中村さんの　つくえの　上には　家族の　しゃしんが　あります。家族は　いま　京都に　います。お父さんは　学校の　先生です。　お兄さんは　かいしゃいんです。
妹は　中学生で、弟さんは　小学生です。
中村さんの　ところへ　ともだちが　来ました。

　上記の例のように主人公の背景説明が細かく説明されているので、会話により臨場感をあたえることが可能である。登場人物や背景などの文脈情報が与えられていない会話場面より教育的に有効であろう。
　会話の文体においては、常体が使われている本文は2箇所であり、第20

課「数を足す話」では先生が学生に、第23課「小さなねじ」では町長さんが給仕さんに話をする時に使われている。

　本文の会話場面を見ると、10箇所の本文が韓国人と日本人同士による会話場面になっている。教科書Eでは日韓両国人の交流に重点が置かれている。接触場所は明らかではない本文が7箇所あるものの、3箇所は日本で生活している韓国人と日本人の友だちの交流場面になっている。

　以上の5種類の教科書の分析から、会話場面については次のようなことが言える。
　会話文が第3次期より増えているが、会話場面の理解に役立つ登場人物や文脈に関する情報が非常に少ない。会話の文体は敬体が中心になっており、常体による会話文は非常に限られている。特に常体は殆どが上下関係によるものであり、日本人と韓国人の常体による会話場面は見当たらない。全体的に日韓両国人の交流場面は増えており、日韓両国人の接触場所が韓国になっている会話場面が多い。韓国人と日本人が日本語で互い挨拶を交わす場面さえなかった73年度の初期の教科書とは大きな変化であり、日本語教科書に現れる日韓両国人の関係の変化を意味する。しかし、親しい友人間の常体による会話場面はなく、敬体を使う人間関係の設定から、日韓両国人はある一定の距離を置いた交流が徐々に増えており、日本文化の理解より韓国に来る日本人に韓国の名所や韓国文化を紹介するという側面が重視されている。つまり、相互交流と相互理解を求めた積極的な会話場面ではなく、内なる国際化という消極的な会話場面になっていたと言える。

（4） 人名
第3次期には韓国人の人名が多く、学生や会社員などの一般人より国のために貢献した人や政治化、芸術家、科学者などの偉人が多く登場していた。第4次期の人名にはどのような傾向が見られるのかを考察する。

教科書A
韓国人が日本人より多く、さらにより頻繁に登場している。偉人は科学者の

〈表 4-15〉 5種類の「上巻」の国籍別の登場人名数と登場頻度数

教科書	回数	日本人名	韓国人名	その他
A	人名数	5	9	2
	頻度数	36	92	2
B	人名数	11	5	2
	頻度数	54	76	4
C	人名数	4	10	3
	頻度数	15	47	11
D	人名数	5	6	1
	頻度数	32	78	10
E	人名数	11	1	3
	頻度数	145	73	28

「アインシュタイン」だけであり、日本人も韓国人も学生、先生、会社員、友たちといった普通の一般人が登場しているのが特徴である。また、韓国人ではなく世界的に有名な科学者である「アインシュタイン」が唯一の偉人として登場しており、第13課「アメリカへ何をしに行きますか」では主人公の兄が技術を学びにアメリカへ留学するという内容設定で、この時期に求められていた高度な科学技術を持つ人材育成を目標にしていた政府の意図が反映されている。

教科書B
韓国人が日本人より頻繁に登場しているものの、日本人の人名の種類は韓国人より多く、頻度も以前より増えている。偉人は音楽家である「ベートーベン」だけであり、この音楽家の名前が出る場面もコンサートの誘いという日常的会話の中で扱われている。上記の人名から分かるように、「ベートーベン」以外は韓国人も日本人も学生、先生、会社員といった普通の一般人である。アメリカ人である「スミス」は韓国で韓国語を勉強している学生として登場している。日本人の中には韓国語が話せる日本人、韓国語を勉強している日本人、韓国の文化や観光に関心がある日本人という人物の設定が少なくない。

教科書 C

韓国人が日本人より多くさらに頻繁に登場している。また、韓国人の場合には、具体的な名前を持っている4人の登場人物は高校生である。具体的な名前を持つ高校生による学校生活や経験が日本語で語られることによって、高校生である日本語学習者に親密感と現実感を与えようとした試みであろう。しかも、在日韓国人である「李美愛」を一番多く登場させ、在日韓国人を通した日本語と日本文化、また韓国語が上手に話せない在日韓国人の状況などを認識させようとしている。教科書Cにおいても、「金庾信」将軍以外には、会社員や学生などの普通の一般人を登場させている。しかも、前述したように偉人「金庾信」将軍は南山公園の空間を占めている銅像としてしか描写されていない。外国人としてはインドネシア人「アリ」、インド人「アンナ」、アメリカ人「ジュディ」があり、この3人も偉人ではなく一般人である。

教科書 D

韓国人が日本人より多くさらに頻繁に登場している。よく知られている偉人は登場しない。つまり、普通の人々の学校生活や日常生活などを紹介している。特に、日本語教師「林容浩」、高校生「李東基」、韓国の大学の留学生「田中道夫」という具体的な人物を作り上げることによって、学習者により現実感と親密感を与えようとしている。さらに、ソウルに留学し寮で生活している中国人「陳」や日本人留学生「田中」と「山田」を通して韓国の国力向上と国際化を表そうとしている。

教科書 E

偉人として登場する人物はドイツ人数学者「ガウス」だけであり、それ以外の登場人物は学生、先生、会社員、友だちといった一般人である。特に、韓国人は高校生である「リー・ミンホ」だけが登場する半面、日本人の場合は色々な人物が登場し、様々な場面で「リー・ミンホ」と交流している。日本語を勉強している高校生主人公が様々な場面で日本人と交流していくという全体構成によって、文脈的情報と理解が得られやすくしている。

　以上の5種類の「上巻」の分析からは次のような特徴が見られた。

第3次教育課程期の教科書より人名で登場する韓国人と日本人の数と頻度数が両方とも非常に増えている。これは、第4次教育課程期の「上巻」には会話文が急増しているからである。登場する人名の頻度数は韓国人が日本人より多いが、以前と比べより多様な日本人名が使われており、登場頻度も増えている。愛国者や芸術家などの有名な偉人は殆ど登場しなくなり、その代わりに日本人も韓国人も学生、先生、会社員、友人といった一般人が多く登場している。特に、韓国で韓国語や韓国の歴史などを勉強する日本人や韓国で観光や韓国人と交流している日本人が登場する場合が多くなっている。このような傾向はコミュニケーション能力が主な外国語教育の目標になってきたため、有名な偉人ではなく普通の一般人である登場人物を増やし学習者により親密感と現実感を与えようとする教育的意図として考えられる。また、韓国で韓国語や韓国の歴史などを勉強する日本人や韓国を観光する日本人の登場人物を多く取り扱い、韓国文化に対する韓国人としての自負心を保たせようという意図も見られる。その反面、増えてきた日本の韓国人留学生や日本での長期滞在者のための異文化理解や異文化間コミュニケーションに関する教育的配慮は少なすぎる。

(5) 地名

本文や練習問題の例文などで登場する地名にはどのような特徴が表れているのかを考察する。

〈表4-16〉を見ると、教科書E以外は韓国を表す国名と韓国の都市や、名所を表す地名の方が日本のものより多い。特に、韓国の地名の場合にはソウル市内を中心とした様々な名所が最も多く紹介されており、ソウル以外の全

〈表4-16〉 5種類の「上巻」に登場する国名と地名の頻度数

教科書	韓国	日本	その他
A	国名(6)、地名(57)	国名(15)、地名(9)	国名(7)、地名(0)
B	国名(14)、地名(54)	国名(3)、地名(0)	国名(1)、地名(0)
C	国名(21)、地名(43)	国名(8)、地名(61)	国名(7)、地名(0)
D	国名(6)、地名(39)	国名(4)、地名(6)	国名(7)、地名(0)
E	国名(7)、地名(5)	国名(9)、地名(19)	国名(1)、地名(1)

国各地の名所なども多様に扱っている。しかし、日本の地名の場合には数少ない地名しか扱われていない。教科書Bの場合は韓国の地名は54回も出ているが、日本の地名は一回も紹介されていない。教科書Cの場合は日本の地名が61回の頻度で登場しているが、日本の様々な場所の紹介ではなく東京と京都のものが多くの頻度数を占めている。「その他」の国としてはアメリカ、イギリス、中国、ドイツ、ブラジルが、地名はハワイが取り上げられている。この五つの国のうち、アメリカは5種類の全ての教科書に登場し、五つの国の中でも最も登場頻度が高い国である。国名と地名に見られる主な特徴は、殆どの教科書が日本に関する紹介より、韓国の様々な地域と名所の紹介により重点が置かれていることである。韓国人日本語学習者が既に知っている韓国の名所に関する紹介より、日本の様々な地域の紹介をバランスよく取り上げ、生徒に日本に関する情報と日本語学習の興味を与える教育的工夫が必要である。

(6) 内容

73年度の教科書は国家の国民としての自覚を中心とした内容が全体的に強調されている。例えば、第1課から大韓民国の国民であることを日本語学習者に認識させる内容が取り上げられている。ところが79年度の教科書では、第1課の「わたしのうち」に関する内容を始め、日本語を習う学習者である「私」を取り巻く物や場所などが主な関心の対象になっている。第7課からようやく新しい人間関係の交流が始まる内容になっている。つまり、関心の対象が「公」から「私」へと移動されていたが、異文化間交流と理解に関する内容は重視されていない。それでは、第4次教育課程期の教科書にはどのような内容的特徴が見られるのかを考察する。

教科書A

第2課から初対面の韓国人と日本人との交流に関する内容が扱われている。練習問題においても、日韓両国人の交流を表す例文が多く見られるようになった。例えば、第12課の練習(54頁)では「この手紙は田中さんに出します」や第28課の練習(118頁)では「わたしは田中さんに住所を教えてあ

げました」、「兄は鈴木さんに慶州を案内してあげました」「田中さんは私に絵はがきをくれました」などの例文が増えている。特に、本文の内容には日本から韓国に来る日本人との交流や接触を前提にした内容が増えている。

32課までの本文全体の内容を分析してみると、韓国に関する内容（6箇所）、日本に関する内容（4箇所）、日韓両国に関する内容（1箇所）、「その他」内容（21箇所）である。韓国に関する内容は、韓国の日常生活に関わる情報（買い物、ソウルのバス情報、ソウルの公園、誕生日の招待、兄弟、田舎町の紹介）が主な内容になっている。以前の教科書で強調された韓国の経済発展やセマウル運動のような政治性が強い内容は殆どない。教科書Aではセマウル運動の精神を第18課で間接的に伝えている。

第18課 「アンニョンハセヨ。」と言います（76〜77頁）
わたしの 住んで いる 町は 小さな 田舎町です。
（中略）
また、町の 人々は 勤勉で、熱心に 働きます。 自分の
ことは 自分で やります。そして、困って いる 時には
助け合います。
高校生の わたしたちも 「町を きれいに する 会」と
いう グループを つくりました。そして、わたしたちは 毎朝
早く 起きて、うちの まわりを はきます。それで、このごろは
町は 自然の 景色と 同じぐらいに きれいに なりました。

セマウル運動が朴大統領と結び付けられ、朴政権の政策成果として強調されている73年度の教科書、あるいは個人と個人の間での対話形式でセマウル運動の目標・成果・精神が述べられている79年度の教科書とは違って、教科書Aは田舎町の高校生たちが力を合わせて町を綺麗にした内容から勤勉・自助・協同のセマウル運動の精神と実践を間接的に伝えている。つまり、国家と個人との関係性からセマウル運動が扱われているのではなく、自分の町を自分たちの自発的協力によって変化させていくという能動的な運動として高校生の視点から描かれていることに以前とは変化が見られる。

日本に関する内容は日本の伝統家屋、日本に住む韓国人の生活関連情報、上野動物園に関する内容であり、韓国の古代文化との関係性から日本の文化を伝えようした以前の教科書に見られる姿勢とは違っている。日韓両国に関する内容も観光地としての日本と韓国の都市に関する内容である。

　「その他」の内容においては日常的生活に関する内容を主に扱っているが、その内容には健康・正直・善行・勤勉・自助・協同・環境問題などの教訓的メッセージが反映されており、「その他」の内容を通じて第4次教育課程の教育理念を伝えようとする政策意図が見られる。特に環境問題は第3次教育課程期の日本語教科書とは違う視点で扱われている。つまり、第3次期の『日本語読本(下)』(1977)の第9課「環境と公害」では環境と公害の問題を客観的に捉え、国内問題からは距離を置く書き方をしている。ところが、教科書Aの第11課「あなたは海が好きですか」では環境と公害に関する問題を身近な国内問題として扱っている。このような環境問題に関する内容変化の背景には環境政策の変化があると考えられる。つまり、70年代まで経済の量的成長が国策として重視されていたため、1977年に環境保存法[59]が制定されていたにも関わらず、公害防止や環境保存などを通した生活の質的向上に対する関心は少なかった。しかし、80年代に入ると急激な産業化と都市化によって環境問題が益々深刻になって来たので、政府は1980年の憲法に環境権条項を入れ、中央政府には環境庁と地方自治団体には環境衛生課を設置し、環境問題をより積極的に取り組んでいたのである。

教科書B

　教科書Aのように、教科書Bも第2課の本文と「会話練習」の部分で初対面の韓国人と日本人が自己紹介を交わす場面が出る。25課までの本文の内容を分析してみると、韓国に関する内容(9箇所)、日本に関する内容(2箇所)、日韓両国に関する内容は(1箇所)、一般的内容(13箇所)である。韓国に関する内容は、「ソウルの駅」「ソウルタワー」「金浦空港」「ソウルの場所を尋ねる」「韓国の季節」「韓国の国花」「済州島」である。国家を象徴するものは「韓国の国花」だけである。つまり、美しさと強さを持つ「ムグンファ」を国花として大事にし、韓国の国民も「ムグンファ」のように強く美

しく生きていくことが望まれている。これ以外には主に韓国の滞在や観光に役立つ韓国文化内容が中心になっている。日本に関する内容は「買い物」と「すもう」であるが、日本の文化の理解に役立つ内容にはなっていない。単語レベルで簡単に扱われているので、日本文化の知識を持つ日本語教師の説明が必要であろう。「その他」の内容は「自己紹介」「天気」「誘い」「訪問」「日課」などの日常生活に関わる話題が中心になっている。「会話練習」で扱われている内容をみると、韓国に関する内容は「セマウル号と大田」「鐘路」「白雲台」「金浦空港」「韓国の食べ物」「昌慶苑」「ソウル駅」の七つである。日本に関する内容は「買い物」「日本の食べ物」の二つである。日本と韓国に関する内容は「国の国花」「お盆と秋夕」の二つである。25箇所の「会話練習」においても、「自己紹介」「挨拶」「訪問」「家族」「買い物」「病院」などの日常生活を中心とした一般的内容のものが14個で一番多いが、韓国に関する内容はソウルとその周辺の情報を中心とした内容が重視されている。

教科書C

教科書Cでは第1課の「あいさつ」の会話練習場面から日本人と挨拶を交わす場面が出る。挨拶の内容も初対面ではなく知人同士の挨拶になっている。28課までの本文全体の内容を分析してみると、韓国に関する内容（7箇所）、日本に関する内容（4箇所）、日韓両国に関する内容（1箇所）、「その他」の内容（16箇所）である。28箇所の会話内容のうち、韓国に関する内容（5箇所）、日本に関する内容（3箇所）、日韓両国に関する内容（2箇所）、「その他」の内容（18箇所）である。本文と会話練習で一番多く扱われている内容は「その他」の内容である。「その他」の内容は学校や日常生活を扱う内容が多く、日本ではなく韓国での生活を日本語で紹介するという場面が前提になっている場合が多い。例えば、第11課では韓国の学校の時間表の絵が使われ、本文の学校生活に関する一般的内容は韓国の学校生活を日本語で説明しているかのような効果を出している。韓国に関する内容は、本文では「鐘路」「韓国の四季」「興国寺までのハイキング」「南山公園」「韓国の文化と誇り」「86年おアジア競技大会と88年のソウルオリンピック」「済州道」である。特に「韓国の文化と誇り」に関する内容では、京都に住んでいる高校の

2年生である「李美愛」を登場させ、はじめて祖国を訪問する同年代の在日韓国人の経験から韓国文化と歴史が再認識されていくという内容を通して韓国人としての誇りを持たせようとする意図が見られる。その具体的な内容を見ると、次の通りである。

19課　日本から　来た　友だち(84〜85頁)
(前略)美愛さん、夏季学校では　どんな　ことを　習いましたか。
国語や　韓国の　歴史、それから　礼儀作法など　いろいろな
ことを　習いました。
(中略)博物館と　古跡の　見学で、わが国が　昔から　文化の　高い
国だと　いう　ことを　知りました。
(中略)こんどの　故国訪問で、わたしたちは　自分の　祖国に　誇り
を　持つように　なりました。(後略)

22課では学校のテニス部の部員という韓国人の学生が登場し、学校生活の紹介と共に、1986年のアジア競技大会と1988年に韓国で開催されるオリンピック大会に出場して金メダルを勝ち取る決心を語っている。つまり、国民に愛国心を呼びかける記述が多かった第3次教育課程期の教科書とは違い、教科書Cの記述は学生である主人公の目線で国を思う気持ちが自然で自発的に描かれている。国家主義が前面に強調されることではなく、間接的に伝われている。

日本に関する内容は「日本の都市紹介」「日本の歌」「日本の盆踊り」「文房具屋での買い物」である。「日本の歌」と「日本の盆踊り」は韓国を訪問した在日韓国人「李美愛」と韓国人「金明喜」との交流場面で扱われている。

この二人の交流は一つの課だけに終わるのではなく三つの本文で続いている。「李美愛」と友だちになってから日本語がいっそうおもしろくなった「金明喜」は、「美愛」からもらった日本の歌「赤とんぼ」と「荒城の月」をカセットで聞いてとても美しいメロディーだと評価する。また、日本に帰った「美愛」も「明喜」に手紙で自分が住んでいる町の「盆踊り」の風景を説明している。この二人の交流を通じて日韓両国の言葉と文化に対する関心と理解が

深まるような内容構成になっている。また、「日本の都市紹介」では日本国内の都市を比較することによって、学習者に日本文化の多様性を認識させるという教育効果が見られる。

日韓両国に関する内容は「日本の行事」である。日本の様々な行事の紹介が中心になっているが、次のように韓国との関連性が述べられている。

28課　日本の行事（122～124頁）
日本の　行事は　たいてい　中国と　韓国から　伝わった　ものです。韓国の　行事と　比べて　みるのも　おもしろい　ことでしょう。（後略）

日本に伝わった韓国の文化が強調されていた第3次教育課程期の教科書とは違う変化が見られる。この本文の中心は日本の生活文化と関係がある日本の行事を紹介することが中心になっており、韓国だけではなく中国の影響も言及されている。このような記述の変化の背景には、経済建設を重視した鄧小平によって1978年から中国は実用主義路線で改革・開放政策を推進しており、80年代からの韓中間の国際政治関係においても変化をもたらしたことを反映していることが伺える。

会話練習部分の内容を見ると、韓国に関する内容は「むくげの花」「慶州と公州」「南山タワー」「ソウル運動場」「ソウル駅」であり、日本に関する内容は「日本のホテル」「東京のホテル」「桜田町」である。道を尋ねる場面は日本人が韓国に来る場合と韓国人が日本へ行く場合が想定され、韓国と日本の両方の場面にも扱われている。また、日韓両国に関する内容は「東京の家族とソウルの家族」「お盆と秋夕」がある。この以外にも練習問題の例の中で「韓国へ来る前に韓国語を習ったことがあるか」、「韓国へ来て、何が一番めずらしいと思うか」など韓国に来る外国人を意識している内容も見られる。

教科書D
20課までの本文全体の内容を分析して見ると、韓国に関する内容（8箇所）、

日本に関する内容(2箇所)、「その他」の内容(9箇所)、日韓両国に関する内容(1箇所)である。韓国に関する内容は、「南大門」「慶州」「韓国の休日」「韓国の映画、美術館、韓国の山」「内蔵山」「德壽宮」であり、日本に関する内容は「買い物」と「北原白秋の詩」である。日韓両国に関する内容は「食べ物」だけである。また、四つの日韓両国人の接触場面が出る本文の内容は韓国に滞在する日本人が韓国の文化や名所に触れ合った体験を話題にしたものである。「その他」の内容は学校やその周辺の物、人、生活などに関する内容である。

教科書 E

第2課で初対面の韓国人「リー・ミンホ」と日本人「山田」の出会いが始まり、第3課では「リー・ミンホ」の部屋に「山田」が遊びに行くという場面設定で二人の関係の変化が表れている。また、「リー・ミンホ」は「山田」以外にも「山村」の家に訪問する場面や「中村」の下宿に遊びに行って「中村」の家族について話をする場面、「小川」と銀座のデパートへ買い物に行く場面、「平田」とピクニックの相談をする場面、「田村」の誕生日パーティへ行く場面などを通して「リー」はいろいろな日本人と交流を深めているという内容になっている。このように韓国人が日本文化を理解していくという側面が5種類の教科書の中で最も重視されていることが教科書Eの特徴である。第1課の本文の「これは　はなです」では韓国ではなく日本の国花の紹介から始まっている。韓国国旗の絵と国家主義を強調する内容の「わが国」(第1課)から始められた第3次教育課程期の『日本語読本(上)』とは違う大きな変化である。

　　第1課　これは　はなです(14 〜 15頁)
　　これは　はなです。　さくらです。
　　さくらは　日本の　はなです。
　　それは　むくげです。　むくげの　はなです。
　　むくげは　韓国の　はなです。

「わが国」の花ではなく、教科書Eの第1課では「韓国」の花という記述になっており、客観的視線で両国の国花が取り上げられている。しかも、付録の前には日本の歌「さくら」が紹介されている。つまり、この教科書は日本の桜の花の話しで始まり、日本の桜の歌で終わっている。23課までの本文全体の内容を分析してみると、韓国に関する内容（0箇所）、日本に関する内容（12箇所）、「その他」の内容（10箇所）、日韓両国に関する内容（1箇所）、それ以外にも「ジャンコクトー」作「シャボン玉」の詩が第12課の詩三篇の一篇として紹介されており、ドイツの数学者「ガウス」の話が一つの本文で扱われている。特に教科書Eの本文では日本に関する内容が重視されており、韓国の文化や日常生活を扱う内容はない。日本に関する内容は「日本の池」「日本人の家族と京都」「日本の町」「銀座での買い物」「日光へのピクニック相談」「日本の詩」「日本の病院」「日本の四季」「日本の部屋」である。「三好達治」の「土」、「山村暮鳥」の「雲」、「高田敏子」の「忘れもの」、「大江満雄」の「わたしは海を飛んでゆく鳥だ」のように様々な日本人作家の詩が紹介されている。また、第9課「町の中で」の「くすりやでは　いろいろの　くすりや　けしょうひんを　売って　います」の内容や、第14課「かぜ」の「帰りに　薬局で　薬を　もらって　ください」の内容が韓国とは違う日本の生活文化を表している。薬局で化粧品や日常品を扱わないことや病院で薬をもらう韓国のシステムとは違う日本の生活文化を理解するのに役立つ内容になっている。他にもこの教科書では第16課「日本の四季」で韓国では「東海」と呼ばれている表記を日本式表記である「日本海」を使っているが、韓国人の名前や地名などを韓国式に表記している他の教科書には見られない特徴である。

　日韓両国に関する内容は「日韓両国の国花」だけである。一般的内容は「学校生活」や「日常生活」を中心とした内容であるが、会話の内容から一般的内容の背景になっていても、日本語を勉強している韓国人生徒の韓国での学校生活や日常生活であることが推測可能なものが多い。また、この時期の他の教科書で見られる韓国語を勉強している外国人に関する例文は、教科書Eにおいても練習問題の例文に表れている。

第17課 「練習問題」(91頁)
　１.（４）　山田さんは　韓国語を　きくことが　できます。
　２.（２）　山田さんは　韓国語を　習いました。
　（それで）韓国語が　たいへん　じょうずです。

　韓国語を習う日本人という内容で韓国語に対する自負心を持たせ、また、第9課の基本文型の例文（52頁）の「あなたは韓国をあいしています」という文で日本語学習者である「あなた」に愛国心を呼びかけている内容も見られる。

　以上の考察から、5種類の「上巻」の内容には次のような特徴が見られる。韓国の経済発展やセマウル運動のような政治性が強い内容は殆ど扱われていない。その代わりに、学校生活や日常生活に関する一般的内容が一番多くなっている。特に、一般的内容を通して勤勉、自助、協同などの教育理念が反映される場合が少なくない。また、韓国に来る日本人に韓国の文化を紹介するという内容設定や日本文化の紹介に関する内容が多くなっており、以前より日本人との異文化間交流を表す教育的配慮は改善されている。しかし、日韓両国の文化差が認識できるような内容が殆ど扱われておらず、しかも日本語学習者が韓国の社会的・文化的基準をそのまま当てはめると日本人との交流の際誤解を引き起こすような場面も「上巻」のＣ・Ｄ・Ｅの三つの教科書に見られる。また、日本文化の理解に役立つ内容の教育的工夫は不足している。

5.3.2　5種類の「下巻」の分析内容
「下巻」の教科書は「上巻」と同じ分析の枠組みに従って、構成、写真と絵、会話場面、人名、地名、内容の項目に分けて、その特徴を考察する。

（１）　構成
「下巻」の全体構成を見ると、〈表4-17〉の通りである。

〈表4-17〉 5種類の「下巻」の全体構成

教科書	構成	総課数	全体頁数
A'	本文―対話―ことばのきまり―問題	30課	120
B'	本文―文型―会話―練習問題	20課	106
C'	本文―会話―言葉の使い方―練習問題	23課	118
D'	基本文型―本文―練習問題	25課	124
E'	本文―言葉のきまり―言葉の使い方練習―練習問題―応用会話	19課	128

　「上巻」では全ての教科書が日本語の文を始めて接する韓国人日本語初級者のために韓国語式分かち書きをしているが、「下巻」では教科書Bは15課まで、教科書Cは13課までが学習上の便宜を考慮して分かち書きをしており、それ以外の教科書は分かち書きがなくなっている。

　教科書E'の課数は五つの「下巻」の教科書の中で本文の数が一番少ない19課である。全体的量は他の教科書とほぼ同じ位であるが、一つの課の本文の量が多い。A'・B'・C'は同時期の「上巻」より課数と全体頁数が減っている。また、第3次期の『高等学校日本語読本（下）』より大幅に分量が少なくなっている。これは第3次期より使用語彙数を減らし、学習者の負担を少なくしようとした教育課程の目標が反映されているからである。

　文字言語より音声言語に重点が置かれていた「上巻」とは違い、「下巻」では音声言語より文字言語に重点が置かれている。従って、「下巻」にはエッセイ、説明文、論説文、詩、小説、日記などの多様な文の形式が使われ、会話より読解が中心になっている。D'以外の四つの教科書には本文以外の会話コーナーが設けられており、第3次期の「下巻」より会話文が重視されている。しかし、登場人物や文脈が明らかではない会話文が多く、練習問題においても文型練習を中心とした会話文が多いなど、談話レベルのコミュニケーション能力の向上という教育的配慮は不足している。

（2）写真と絵
5種類の「下巻」にはどのような特徴が見られるのかを考察する。

〈表4-18〉 5種類の「下巻」の写真と絵の枚

教科書	写真				絵				総数
	日本的	韓国的	その他	合計	日本的	韓国的	その他	合計	
A'	3	3	0	6	3	2	12	17	23
B'	6	3	8	17	2	0	19	21	38
C'	7	5	2	14	1	3	4	8	22
D'	2	3	0	5	3	0	13	16	21
E'	9	4	7	20	3	0	3	6	26

〈表4-18〉から分かるように、「下巻」では写真と絵の数が「上巻」より全体的に減少している。これは、視覚的効果や会話による場面重視より読解中心になっているからである。

教科書A'

写真と絵を見ると、写真6枚と絵17枚が使われている。写真の内容は、「神戸ポートアイランド」「銀座の夜景」「七夕祭り（宮城県仙台市）」の日本的事象を表す写真3枚と「ソウル市庁前の広場」「ソウルタワー」「急速な成長を遂げた韓国の工業」の韓国的事象を表す写真3枚が使われている。「上巻」には無かった韓国の経済発展に関する写真が使われている。写真の数は「上巻」の12枚より半分減っている。絵の内容は、「日本の手紙」「日本語の文字」「伝統衣装の日本人姿」の日本的事象を表す絵3枚と、「道を聞いている韓国のお祖母さん」「韓国語の文字」の韓国的事象を表す絵2枚、本文の会話の場面の一部を説明する「その他」の絵12枚である。全体的に写真と絵が非常に少なくなり、その代わりに本文の内容が量的に増加している。

教科書B'

教科書B'には写真17枚と絵21枚が使われている。具体的内容を見ると、写真17枚のうち、日本的事象を表す写真は「こいのぼり」「七・五・三」「和風の家」「和室」「姫路城」「雪まつり」の6枚である。韓国的事象を表す写真は「仏国寺」「多宝塔」「古里原子力発電所の内部」の3枚であり、また写真の説明がないため場所などの情報が得られない写真が8枚もある。絵21

枚のうち、本文の場面を描写する「その他」の絵は 19 枚もある反面、韓国的事象を表す絵は一枚もない。日本的事象を表す絵は「日本の地図」と「日本の文字」の 2 枚が使われている。日本文化理解に役立つ絵や写真が韓国の絵や写真より多く使われているものの、全体的には会話場面の視覚的効果を上げる飾り的役割として「その他」の写真や絵が一番多く使われている。

教科書 C'

118 頁の本文と練習問題のうち、写真 14 枚と絵 8 枚である。他の教科書より絵と写真の数が少なく、写真の方が絵より教科書の視覚的資料としてより多く使われている。具体的内容を見ると、韓国的事象を表す写真は「金銅仏像」「ソウルの地下鉄」「オリンピック競技場」「国際空港」「中央博物館所蔵の仏像」で、合計 5 枚であり、日本的事象を表す写真は「京都市法隆寺の仏像」「日本の建物」「法隆寺五重塔」「法隆寺中門」「高松塚壁画」「広隆寺所蔵の仏像」「姫路城」で、合計 7 枚である。

百済から伝えられた広隆寺の弥勒菩薩半跏思惟像（教科書 C' の裏表紙から）

　また、不明確な場所と建物を表す「その他」の写真も 2 枚ある。韓国的事象を表す写真より日本的事象を表す写真の方がより多く使われている。特に韓国古代文化の影響を受けた日本文化に関する写真に重点が置かれている。また、韓国事象を表す写真の中でも日本に影響を与えた仏像の写真が 2 回も

扱われている。つまり、全体的に日本文化の理解という側面より、韓国人としての自負心が高められるような写真が多く使われている。絵の内容は「ハングルの文字」「韓国の還暦祝い風景」「韓国の民話」の韓国的事象を表すものが3枚、日本的事象を表す「かな文字」1枚である。「その他」は本文の場面を表す一般的事象が4枚使われている。

教科書D'

写真5枚と絵16枚が使われており、他の教科書より使われている写真や絵の数が少ない。写真の内容を見ると、日本的事象を表す写真は「興福寺の塔」2枚である。韓国的事象を表す写真は「韓国の国花」「江華島」「韓国の海水浴場」3枚である。絵の内容を見ると、「日本のそば屋」「日本のおそば」「七五三の風景」3枚で、残りの13枚は本文の背景や単語と関係がある一般的な絵である。異文化理解を助けるために使われている視覚的資料は非常に少ない。

教科書E'

写真20枚と絵6枚である。絵より写真の方がより多く扱われており、さらに写真の中でも日本文化理解に役立つ日本的事象を表す写真が一番多く使われていることは他の教科書には見られない特徴である。つまり、視覚的資料を異文化理解に有効に使っている教科書として評価出来る。写真の内容を見ると、日本的事象を表す写真は「日本の伝統的家屋」「600年の伝統を持つ日本の芸能「能」の舞台、高砂の場面」「高山のお祭りに参加して踊っている日本の子供」「東大寺」「日本の屋敷」「七五三と日本の家族」「日本で学ぶ東南アジアの若者たち」「農家の庭にはこばれたかかし」「牛おに祭り」の9枚である。韓国的事象を表す写真は「佛國寺」「南山タワー」「秋夕のお祝い」「南海の灯台」の4枚である。また、オリンピックの写真、彫刻や自然の写真などの「その他」の写真は7枚である。絵は全部6枚しか使われておらず、日本の昔話の場面を現す絵が3枚と「その他」の絵3枚である。

　以上の考察から5種類の「下巻」の写真と絵には、次のような特徴が見ら

れる。

　「上巻」と比べ写真と絵の数は減少されているものの、韓国的事象を表す写真より日本的事象を表す写真に比重が置かれている教科書の方が多い。しかし、教科書 B' と教科書 D' では「その他」の写真の数が一番多い。特に、「その他」の写真のうち、オリンピック関係の写真が数多く紹介されているのが「下巻」の特徴である。また、教科書 A' では「急速な成長を遂げたわが国の工業」という韓国的事象を表す写真が、経済発展の成功と先進国の仲間入りへの希望を表すために使われている。日本的事象を表す写真の場合には、日本の様々な文化を紹介するものが多い教科書 E' とは対照的に、教科書 C' のように韓国の文化に影響を受けた日本文化に関する写真に重点が置かれている場合もある。絵の場合は「上巻」よりは日本的事象を表す絵の数が増えているとはいえ、全体的には単語や本文の飾り的役割として一般的事象が一番多く使われている。日本文化に関する写真や絵をより多く使い、異文化理解に役立つ視覚資料として写真や絵を有効に使う教育的配慮が十分ではなかった。

（3）　会話場面

教科書 A'
会話文は5箇所だけである。それ以外には詩2箇所、説明文24箇所である。会話より読解に重点が置かれている。会話文を見ると、第2課の「成浩」と第3課の「東宇」が中心登場人物である。残り三つの会話文は日本と中国の昔の物語に登場する主人公同士の会話、またソウル郊外に住んでいる主人公と家族の会話が物語の中で部分的に出る。このように本文には非常に限られた場面にしか会話文が用いられていないが、各課には主に本文の内容と関係がある「対話」コーナーが設けられている。この対話の文体は常体が17箇所で一番多く、敬体が12箇所である。友だち同士の会話が非常に増えており、特に学生同士の学校や周辺生活を中心とした「その他」の内容が一番多い。また、韓国に関する会話内容も全体的に多く、「その他」の内容の中でも韓国人同士の会話になっており、話題の背景が韓国であることが予測されるものも数多く見られる。韓国人の名前などは韓国式発音になっている。

教科書 B'

20課の本文中、会話文は4箇所であり、その中で2箇所は部分的に会話文が出るだけである。会話より読解力向上に重点が置かれ、日記文・論説文・詩・手紙文・説明文などの様々な文章を使っている。本文の会話の文体を見ると、常体は第5課と第20課の上下関係と第12課の友人関係で使われている。読解中心の本文以外に設けられている「対話」コーナーでは敬体による会話文が16箇所、友だち同士や上下関係の常体による会話文が4箇所ある。本文の会話場面で見られる日韓交流の状況をみると、韓国に住んでいる朴哲洙と大阪に住んでいる金田幸一とのペンパルによる交流を扱っている第9課の場面以外には、20課の本文のうち、韓国人と日本人同士の会話場面は一箇所もない。また、20箇所の「対話」の部分においても韓国人と日本人の接触・交流は5箇所だけある。この5箇所のうち、1箇所しかない日本での会話場面は日本人ホテル従業員と韓国人という関係設定になっているが、韓国での会話場面はビジネス交流、日本人にソウルの案内、日本へ帰る日本人知人との別れというより踏み込んだ関係設定になっている。つまり、韓国人が日本へ行った場合を想定した場面設定より、韓国に来る日本人と日本語でどのように接するかという側面が重視されていると言える。その上、日本人以外の外国人に対してもソウルの明洞を韓国人が案内している場面も1箇所設定されており、国際化している韓国が描かれている。

教科書 C'

23課の本文中、12課の本文が会話文中心になっている。読解中心になっている他の「下巻」の教科書とは対照的に会話を多く取り入れているのが教科書C'の特徴である。しかし、会話文は話し手と聞き手という登場人物の存在が明確にされておらず、本文の内容から会話だということが理解できるものが多い。つまり、コミュニケーション能力向上を図るために会話文が多く使われていたというより、会話文を通じて新しい表現の学習や読解力を高めるという側面に重点が置かれているので、異文化間コミュニケーション能力の向上という教育的工夫は不足している。特に韓国の文化や歴史などの情報をより効果的に伝達するための手段として会話文が使われている場合が多

い。例えば、「こんどのソウルオリンピックは近代オリンピックで、何回目に当たりますか」「第24回目のオリンピックになります」(第6課、25頁)のように会話文のやり取りを通して韓国に関する情報を伝達している。会話で使われている文体は敬体が中心になっているが、第13課の林先生を見送りに空港に集まった韓国人の友だち同士間、第17課のお母さんと娘の間で常体が使われている。本文以外に23課のうち、16箇所の会話コーナーで14箇所は敬体、2箇所は常体による友だち同士の会話が設けられている。そのうちの1箇所は日本語を勉強している韓国人同士による会話になっている。会話の接触場面を見ると、本文の中で日本人と韓国人との接触がある場面は2箇所であり、二つとも韓国での会話場面である。つまり、一つは韓国で生活している日本人「太田」に韓国語能力について質問している場面、もう一つは「林」先生を見送りに集まった韓国人「金」君、「明喜」と日本人「林」先生との会話場面である。それ以外の本文の会話場面においても、会話の内容から韓国にいる日本人に韓国人が韓国の文化について説明や案内をする場面もいくつか見られる。本文以外の会話コーナーでも韓国に住んでいる「太田」先生の家に電話をする韓国人学生「孫」君の場面、「太田」先生と「孫」君の韓国の古宮観光の場面がある。

教科書D'
25課の本文中、韓国人と日本人同士による会話場面は1箇所だけであり、韓国人同士の会話場面も1箇所ある。また、直接的な接触場面ではないものの、会話の話題として日本人が登場する場合も多くなっている。つまり、日本人と韓国人との交流が進められていることが表れている。特に、第18課では日本のペンパルの友だちが韓国に来ることになり、彼等を迎えるために高校のクラス全体で準備している様子が描かれている。このように韓国の日本語を勉強しているクラスと日本のクラスとの交流も扱われている。実際、80年代から日本では韓国への修学旅行と姉妹校提携や、見学旅行・韓国の学校と交流・相互訪問などの交流を取り組んでいる学校が増えてきたので、日本語を勉強している学習者にとってはこのような交流を通して日本語で片言ながらも日本の生徒とコミュニケーションを交わすという経験から語学教

育の大切さと楽しさを認識できる場合が多いので[60]、高校で日本語を習う学習者にとってより現実的な動機付けの一つになる場面であろう。日韓交流の場面は韓国に来る日本人と韓国人との交流が設定されている場面が多い。

教科書 E'
19課の本文中、会話文は6箇所だけであり、しかも本文の物語の中で会話として扱われている場合が多い。つまり、この教科書の本文は会話ではなく内容中心の読解力に重点が置かれている。会話の登場人物に関する情報は物語の内容から得ることが可能である。会話の文体はサムライと百姓間、先生と弟子間の上下関係と兄弟間では常体を使っているが、それ以外は敬体による会話文であり、常体による日本人と韓国人間の会話場面はない。本文以外に「応用会話」のコーナーが10箇所設けられており、10箇所の会話場面においても兄弟間の会話で常体が1箇所使われているだけである。全体的に親しい関係による会話より、敬体を使った言葉づかいに気を付ける人間関係による会話が主である。本文の会話場面を見ると、6箇所の会話場面のうち、第9課「先生への電話」で日本にいる韓国人留学生と「山口」先生と奥さんの電話会話の場面が有一の日韓両国人の接触場面である。「山口」先生の家に招かれた「りー」という韓国人留学生と招待された日にソウルから日本に到着する予定のもう一人の韓国人留学生の存在から、日本へ留学する韓国人が増えているということが表われている場面である。「応用会話」のコーナーでは、殆どの登場人物が「A」と「B」になっているものの、韓国人が日本人に韓国の文化、自然、言葉、オリンピックなどについて説明する会話内容が10箇所のうち7箇所もある。特に韓国に来る日本人と韓国人との交流が設定されている場面が最も多い。韓国文化を日本人に紹介するという側面が重視されていることは他の教科書にも見られるが、日韓両国の交流という側面が他の教科書より重視されているのが教科書 E' の特徴である。

以上の5種類の「下巻」の分析から、会話場面については次のようなことが言える。全体的に本文は会話ではなく内容中心の読解力に重点が置かれている場合が多いため、会話場面は本文以外のコーナーにおいて中心になって

いる。会話の文体は敬体が常体より多いという面は「上巻」と変わらないが、常体の殆どが上下関係によるものであった「上巻」とは違い、「下巻」では友だち同士による常体が増えており、特に学生同士の学校や周辺生活を中心とした一般的内容も多く見られる。しかし、韓国人同士による常体が主であり、日本人と韓国人の常体による会話場面は見当たらない。全体的に親しい人間関係による会話より、敬語を使った距離がある人間関係の設定が多い。同様に日韓両国人の交流場面も多く扱われており、その中でも日韓両国人の接触場所が韓国になっている会話場面が多い。特に、韓国人が日本へ行った場合を想定した場面設定より、韓国に来る日本人に韓国の文化、自然、言葉、オリンピックなどについて説明や案内をする場面に重点が置かれている。「上巻」・「下巻」ともこのような側面が重視されていることは、ソウルオリンピックで実際韓国を訪れる日本人との交流の際、日本語でどのように対処するべきかが意識されているからであろう。

〈表4-19〉 5種類の「下巻」の国籍別の登場人名数と登場頻度数

教科書	回数	日本人名	韓国人名	その他
A'	人名数	3	13	3
	頻度数	4	31	18
B'	人名数	17	12	5
	頻度数	57	44	16
C'	人名数	9	23	2
	頻度数	29	50	2
D'	人名数	26	5	7
	頻度数	54	83	9
E'	人名数	14	4	7
	頻度数	71	23	97

(4) 人名

<u>教科書A'</u>

教科書A'に登場する人名数と頻度数は教科書Aより大幅減少されている。これは、会話文が少なくなっており、教訓的な内容の読解を中心とした文が

多いためである。日本人より多くの韓国人か頻繁に登場しているが、この中で日本に始めて「論語」を伝えた「王仁」やハングルを作った「世宗大王」という偉人を紹介することによって民族的自負心の高揚を図っている。さらに、日本の詩人「江口榛一」や韓国の詩人「朱耀翰」と「金素雲」の作品を通して人間と自然、そしてすべての生活環境の中で美しさを感じ、それを育てていくことが出来る人間を育成しようとするこの時期の教育目標が反映されていた。

教科書B'

韓国人より多くの日本人の人名が使われている。本文が主に読解中心になっているので、日本人の人名は日本人同士の「対話」部分に登場する場合が多い。登場する人物たちの特性を見ると、日本人詩人が1人、日本の文化に影響を与えた「王仁」、韓国の古代の王様が一人、ドイツの生物学者「ラドクリッフ」、オリンピックの復活に貢献した「クーベルタン」男爵、中国唐の人として伝説の中に登場する「阿斯達」、「阿斯女」などがあるが、それ以外には殆どが普通の日本人と韓国人の人名である。このように普通の人々をより多く登場させることによって学習者により現実性と親密感を与えようとしている。

教科書C'

韓国人が日本人より多く登場している。日本人も韓国人も学生や会社員などの普通の一般人が一番多く登場しているが、韓国人の中ではオリンピックで金メダルを取った有名な運動選手や詩人、王様、将軍などの偉人が10人もいる。日本人の中でも詩人や有名な小説家4人が話題の中で登場している。その他にはハングルは世界でもっとも科学的で合理的な文字であると激賞している文明批評家の「H.G. ウェルズ」と言語学者「ラード」を例として取り上げ、ハングルに対する世界的評価を強調している。

教科書 D'

韓国人より数多くの様々な日本人が登場している。しかし、韓国人の方が数は少ないものの、日本人より頻繁に登場し本文や練習問題の内容の中心になっている。日本人も韓国人も学生や先生などの普通の一般人が一番多く登場しているが、日本人の中には日本人作家が7人も紹介されている。つまり、日本の芸術の世界を通して日本的情緒の理解を高めようとしている。また、「佐藤秀雄」という韓国語と日韓の古代史に興味がある日本の高校生を作り上げ、韓国人日本語学習者に韓国文化に対する自負心を持たせようとする試みも見られる。その他の登場人物は「ヘレンケラー」と「サリヴァン」の教訓的人物やギリシャ神話の人物、また架空の人物である科学者「ブラウン」博士を通して科学と文明の意義を伝えようとしている。

教科書 E'

日本人の方が韓国人より多く登場している。日本人14人中5人は詩人、生物学者、伝説の人物や翻訳家であるが、残りの9人は普通の一般人である。韓国人は有名な詩人一人以外にもオリンピックで金メダルを取った有名な運動選手一人が登場している。この教科書では「メーテルリンク」の演劇作品の登場人物の人名が一番頻繁に登場している。

　以上の5種類の「下巻」の分析からは次のような特徴が見られた。
教科書B'と教科書E'では韓国人より多様な日本人の人名が登場しており、登場する人名の頻度も韓国人の人名より多い。しかし、全体的には韓国人が日本人より頻繁に登場し本文や練習問題の内容の中心になっている。日本人も韓国人も学生や先生などの普通の一般人が一番多く登場しているが、日本人の中には詩人や作家などの人物の登場が増えており、日本の芸術の世界を通して日本的情緒の理解を高めようとしている。「下巻」においても、韓国で韓国語や韓国の歴史などを勉強する日本人や韓国で観光や韓国人と交流している日本人が登場する場合が多い。特に、「下巻」ではオリンピックで金メダルを取った韓国の有名な選手たちの名前が取り上げられており、韓国人としての民族的自負心を高めようとする試みも見られる。

(5) 地名

5種類の「下巻」に登場する国名と地名にはどのような特徴が見られるのかを考察する。

〈表4-20〉 5種類の「下巻」の教科書に登場する国名と地名の頻度数

教科書	韓国	日本	その他の国
A'	国名 (39)、地名 (25)	国名 (26)、地名 (0)	国名 (9)
B'	国名 (18)、地名 (30)	国名 (17)、地名 (13)	国名 (13)、地名 (4)
C'	国名 (22)、地名 (40)	国名 (24)、地名 (13)	国名 (4)、地名 (3)
D'	国名 (11)、地名 (27)	国名 (12)、地名 (8)	国名 (8)、地名 (1)
E'	国名 (18)、地名 (20)	国名 (47)、地名 (7)	国名 (10)、地名 (9)

「下巻」では韓国を表す国名(韓国、わが国、朝鮮、高麗、高句麗、新羅)と日本を表す国名が「上巻」より全体的に増えている。これは日常生活や学校生活を中心とした内容を主に扱った日本語初級者向けの「上巻」とは違い、「下巻」では国家や古代文化などに関する読解を中心とした抽象的内容がより多くなっているからであろう。地名は東京が主に紹介されていた「上巻」よりは北海道、四国、東北、日本海、富士山など日本の多様な地方が言及されている。これは東京などの一部の地域に偏った紹介ではなく日本の全体的な紹介になっているので、異文化理解に対する教育的配慮が改善されていると評価出来る。特に教科書C'では韓国古代文化の影響を受けた日本の地域の紹介が中心になっているのが特徴的である。

韓国の都市や名所を表す地名は「上巻」と同じく日本の地名より多く紹介されている。その中でもソウル市内が一番多く紹介されているおり、韓国の全国各地の名所なども多様に扱われている。また、「下巻」では韓国と日本以外の国と地名の登場が増えており、アメリカは5種類の全ての教科書に登場している。しかし、全ての教科書には登場してはいないものの、中国古代の民話や韓国の古代文化の影響などの面で重視されていた中国がアメリカより登場頻度数が多い。また、オリンピック開催国やオリンピック関連都市が紹介され、ソウルオリンピックの開催と成功が強調されている。

(6) 内容

第3次期の1977年に作られた「下巻」では、朴政権の経済優先政策意図や韓国の近代化、韓国人としての愛国心などの韓国の内容を中心とした民族主体性と国家主義の内容が重視されていた。また、同時期の1979年に作られた「下巻」では、一般的内容が一番多くなっている。しかし、韓国の経済発展や韓国人としての民族主体性を高める内容などが重視されていることは以前の教科書とは類似しているところであるが、日本に関する内容がより多くなっている。それでは、第4次期の5種類の「下巻」には内容的な面でどのような変化と特徴が見られるのかを考察する。

教科書A'

30箇所の本文のうち、韓国に関する内容が9箇所、日本に関する内容が6箇所、韓国と日本に関する内容が2箇所、「その他」の内容が13箇所である。日本に関する内容が少々増えているものの、韓国に関する内容がより多く扱われている。具体的内容を見ると、韓国に関する内容においては韓国人の生活や観光のための地域情報などの内容が多かった「上巻」とは違う変化が見られる。つまり、「下巻」では韓国の詩の紹介が1箇所と韓国人の日常生活を表す内容が3箇所ある反面、「ソウルの歴史と発展」「ソウルや釜山などの大都市の道路の立体化」「韓国の経済発展」「韓国のテレビ放送の発達と生活」という韓国の発展を表す内容が多くなっている。特に、第10課「我が国の経済発展」の内容は以前の教科書とは違う面が見られる。どのように書き方が変化しているのかを見る。

第39課 1980年代のビジョン (『고등학교日本語読本(上)』、1973)

(前略)1980年代にはいりますと、韓国の経済は自立の段階をこえて、経済と社会が平衡して発展し、中進国の上位のクラスに属することになるでしょう。(132頁)

第27課 我が国の経済発展 (『고등학교日本語(下)』、1979)

(前略)この勢いで近代化に拍車をかけるならば、我が国も1980年代に

は先進諸国に追いつけるにちがいありません。(116頁)

第10課　わが国の経済発展　(『고등학교日本語(下)』、1985)
(前略)いま、進められている第五次経済社会発展五ヵ年計画が終わる1986年になると、自立の段階を超えて、被援助国から援助国のグループに属することになるでしょう。さらに、1980年代が終わるころには、我が国も先進国に仲間入りすることができるに違いありません。(38～39頁)

　第3次期から第4次期にかけてのこの三つの教科書に記述されている80年代の韓国のビジョンはそれぞれ違う。つまり、先進国へ向かっているという自信感が益々強くなっている。教科書A'では韓国の経済、社会の発展に関する内容を扱うだけではなく、日本と韓国に関する内容においても「ハングルの文字の優秀性」や「韓国の古代文化の日本文化の形成への寄与」が強調され、さらに第24課の「対話」の例文でも韓国で勉強している日本人の留学生は毎年増えていることを扱うことによって韓国人としての自負心を高めようとしている。しかし、日本に関する内容も以前より増え、「江口榛一の詩」、「日本の昔話」、「日本語の辞書の引き方」、「日本語の慣用句」、「日本の風習と習慣」、「手紙の書き方」を紹介している。日本文化の紹介は「日本の風習と習慣」のみで、それ以外には日本語の理解に重点が置かれている。また、心の窓を開けようと呼びかけている日本の詩を通しては健全な精神が、日本の昔話を通しては知恵が教訓的内容として扱われている。「その他」の内容においても、協同心、読書の大切さ、自然に対する知識、自分自身に対する反省、倹約、誠実、笑って住みよい社会建設、他人に迷惑かけない人間、字をきれいに書ける人間、真実の追究などの教訓的な内容を通して、教育で求められている人間像を作り上げようとした試みが見られる。

教科書B'
20課の本文全体では、日本に関する内容6箇所、韓国に関する内容3箇所、日韓両国に関する内容2箇所、「その他」の内容が9箇所である。日本に関

する内容が韓国に関する内容より多く扱われており、「日本の国土」「日本の年中行事」「敬語」「ことわざ」「日本の詩」「日本人同士間の誘いと約束」である。しかし、日本文化の理解は日本の言葉の理解を深める内容が一番多くなっている。韓国に関する内容は「韓国の自然と環境問題」「ソウルオリンピック」「多宝塔の歴史的由来」である。環境問題においては、その当時韓国が抱えていた環境問題の深刻さを認識させ、国民に祖先から受けついだ美しい国を綺麗に守る責任感を持たせようと試みている。さらに、「ソウルオリンピック」では開催の成功のために、韓国の国民として持つべき姿勢と責任について述べている。特に、「世界の韓国、韓国人としての国際的な責任」や「文化民族としての韓国国民の姿を世界に見せる、またとない機会」という表現が使われ、世界の中での韓国という認識が強くなっている。また、「留学生として韓国へ来ました」(32頁)や「山田さんはソウルに半年も住んでいます」(37頁)の例文のように、韓国社会の中での国際化に対する認識も高めようとしている。日韓両国に関する内容の本文は2箇所あり、一つは日本の文字と日本に漢字を伝えた百済の王仁に関する内容、もう一つはペンパルあての手紙の交流の中で日韓両国の地名などが紹介されている。この教科書では韓国古代文化の日本文化への影響がより強調されていた第3次期の教科書とは違い、韓国古代文化の影響よりも日本の文字の説明と理解に比重が置かれている。

「その他」の内容に見られる特徴を見ると、第2課「公園」では公園で守らなければならない社会的規範が強調されている。

第2課　公園
(前略)・公園を　よごさないように　しましょう。
・紙くずを　捨てないように　しましょう。
・しばふに　入らないように　しましょう。
・木の枝や　花を　折っては　なりません。
・人の　めいわくに　なる　ことは　やめましょう。(9頁)

また、その他の内容には「知恵」「節約」などの教育で求めている人間像

の育成を意識した内容が多く見られる。

教科書 C'
23課の本文の中、日本に関する内容8箇所、韓国に関する内容12箇所、日韓両国に関する内容は2箇所、「その他」の内容は1箇所である。韓国に関する内容を一番多く扱っている。特に、ソウルオリンピックを成功させたいという政府の目標が反映されている内容が多く見られる。例えば、美しい町作り、秩序と公衆道徳を守る親切な市民、自然と国土をきれいに守ることが韓国人としての愛国心であること、韓国の文化や韓国人の生活の紹介などが強調されている。つまり、ソウルオリンピックを開催する韓国を韓国民として外国の人にどのように見せるべきであるのかが問われている。また、日韓両国に関する内容が出る本文の内容においても、ハングルの独創性と優秀性や日本の古代文化に影響を与えた韓国の古代文化などを扱い、韓国人としての主体性と民族文化に対する自負心を高めようとしている。しかし、韓国文化に対する賞賛だけではない。

22課　韓国と日本
（前略）　今なお日本人の中には韓日両国間の歴史を曲げて、とかく韓国と韓国人をないがしろにしようとする人がいる。一方わたしたち自身には反省の余地はないだろうか。数百年前から日本人が珍重し所蔵したがった高麗の青磁や李朝の白磁の技術は今日まで伝えられず、かえって日本が陶磁器の世界市場を独店するほとになったのはなぜだろうか。第二次大戦後の焼け野原から立ちあがり、世界の経済大国として、アジアでの唯一の先進国として重きをなしているのはなぜだろうか。（中略）これからの韓国をになう若い人たちは、過去の悲劇から学び、誇らしい社会と国家の建設に力を尽し、再び他民族の侵略を受けることがないように心がけるべきである。（110～111頁）

　韓国文化に対する自負心だけではなく、自己反省と日本に対する競争心を促す内容でより説得力を強めている。

韓国に関する側面が強調されているものの、日本に関する内容も多く扱われている。日本人詩人による日本詩の紹介から第1課がスタートされており、日本の作家や小説の紹介、日本人の表現や情緒、ことわざなどを通した日本文化理解を深めようとしている。さらに、友だちの紹介でペンパルになったばかりの「山口和子」と「朴喜順」の手紙の内容を通して、日本人のペンパルの友達を作りたいという動機付けを学習者に与え、日本語の学習効果を上げようとする教育的意図も見られる。本文以外の対話コーナーでも日韓両国の交流を促す内容が見られる。23課の16箇所の対話コーナーのうち、一般的内容が8箇所、日本と韓国に関する内容が7箇所、日本に関する内容が1箇所である。特に、日本と韓国に関する内容には日韓両国の交流史、文化的類似性、民話の類似性と韓国民話の特徴などが扱われており、また両国の不幸な歴史的関係を乗り越え交流を深めていこうとする意志が表れている内容もある。韓国にいる日本人に韓国の遺跡を案内する内容や韓国の民話を説明する場面から日本文化の理解より韓国文化の理解という側面もより重視されていることが伺われる。

教科書 D'

25課の本文のうち、韓国に関する内容9箇所、日本に関する内容8箇所、日本と韓国に関する内容1箇所、「その他」の内容7箇所である。韓国に関する内容が一番多い。その内容を見ると、韓国に関する内容は「韓国の国花」「韓国の料理」「韓国人日本語学習者の日本語学習」「西大門」「東大門」「江華島」「日本のペンパルの友たちの歓迎会の準備」「韓国の夏と海辺」「韓国の季節」である。日本に関する内容は「日本の食べ物」「源氏物語」「七五三」「お誕生日の招待の手紙」「日本の詩」「尊敬語」「謙譲語」「日本の短歌と俳句」である。日本と韓国に関する内容は「李さんの家族と鈴木さんの家族」に関する会話内容であり、練習問題の中でも「李さんたちは梅田先生のおくさんに花たばをあげました」「田中さんのおくさんは李さんたちにかわいい人形をあげました」「梅田先生は金さんに紹介状を書きました」などの日韓両国人の交流を表す例文が見られる。「その他」の内容は学校生活や日常生活を中心とした家族の構成員としての責任感や学校の友たちとの協同心、知

恵、科学文明と人間の幸福などの教訓的内容が多い。

教科書 E'
著者は第1課から異文化理解の重要性を強調している。つまり、韓国の影響を受けた日本の古代文化の紹介だけに止まらず、近代になってから逆に日本にとり入れられた西洋の文化の多くが韓半島へ流れこむようになった事実も紹介している。また、日本と韓国の類似性より、生活や習慣やものの考え方の差などの認識に重点が置かれ、隣の国を理解のためには、たがいにこの違いをみとめて、その習慣や文化を大切にし、人々の考え方やその国々の歴史についてもよく理解する必要があると第1課で述べられている。著者のこのような意図が本文全体の内容に反映されているため、19課の本文中、日本に関する内容が14箇所、韓国に関する内容2箇所、日本と韓国に関する内容2箇所、「その他」の内容が1箇所である。つまり、本文全体の内容は韓国文化の紹介より日本文化や日本人の理解に役立つ内容が中心になっている。日本文化は日本の詩や手紙の書き方、日本の昔話を通した日本人の倹約精神、本音と建前、敬語の使い方や送り仮名などの日本語の理解、日本人のくらしの変遷、年中行事、日本の秋祭りなどである。日本文化関連の内容だけではなく、第12課では日本の大学で留学している東南アジアや西洋の留学生に関する内容、留学生たちが学校の休みの間に日本を旅行しながら日本の生活や文化に広く接していく内容など、その当時の日本の事情も肯定的に紹介している。本文の中で韓国に関する内容は韓国の民話とソウルオリンピックを中心とした話だけである。韓国人としての自負心を高める内容は1箇所の本文だけに止まっている。また、日本と韓国に関する内容2箇所では両国人の交流と日本文化の理解を求める内容になっている。このように本文の内容全体は日本が中心になっている反面、本文以外の「応用会話」のコーナーでは韓国中心になっている。10箇所の「応用会話」のうち、「その他」の会話内容3箇所以外の7箇所は韓国に関する内容が中心になっている。つまり、韓国にいる外国人に韓国を案内する場面や韓国の文化紹介やオリンピック、日本に輸出している韓国の海苔や日本でのキムチなどの内容である。また、日本の留学生に関する内容である第12課の「留学生」の「応用

会話」のコーナーではソウルの大学で韓国関係の歴史を勉強するために、大学の外国語研究院で韓国語を習っている外国人Ｂと韓国人Ａとの会話内容になっている。本文は日本文化の理解が中心になっているものの、「応用会話」の内容を通して韓国文化の理解と韓国人としての自負心を保たせようとしている。

　以上の考察から、5種類の日本語教科書（下）の内容には次のような特徴が見られる。
　学校生活や日常生活に関する一般的内容が一番多くなっていた「上巻」とは違い、「下巻」では韓国の経済発展と先進国入りへの希望や日本文化に影響を与えた韓国の古代文化などの韓国人としての自負心を高める韓国的内容を一番多く扱っている教科書が三つもある。特に、オリンピックに関する内容は殆どの教科書で扱われている。88年にソウルで開かれるオリンピックを成功させるために韓国人としての愛国心が促されている。日本人と日本文化の理解に役立つ内容もより多様に紹介されている。教科書A'、B'、E'ではけちん坊の日本の笑い話を通して倹約精神を高めようとしている教育的意図も見られる。
　日本では失礼になる可能性があると思われる連絡無しに知り合いの家を訪問するという内容が「上巻」では三つの教科書にあったが、「下巻」にも食事の際に求められる礼節の差などの日韓両国の文化差や交流の際に誤解が生じる可能性がある内容があった。韓国に来る日本人に韓国の文化を紹介するという内容設定や韓国で勉強する日本人留学生の話などを通して韓国の国際化を伝えようとする意図も見られる。

6. 結語

1983年から始まった日韓両国首脳会談や中曽根内閣が打ち出した留学生10万人計画による日本語の国際化政策などで、韓国の日本語教育は活気を受けていた。しかし、政治・経済分野を中心とした協力や交流が続けられていても、1982年に始まった日本の社会科教科書の記述問題や慢性的対日貿易赤

字に対する韓国民の不満など、日韓両国の関係には解決すべき課題が残されていた。

第4次教育課程期には、第3次教育課程期とは違う変化が韓国社会と教育政策に見られる。反日感情一色だった韓国社会が80年代に入り、日本がなぜ経済大国になれたのかをよく理解し、日本を克服しないといけないという雰囲気に変わって来た。つまり、80年代からは日本を経済的競争相手国として強く認識し始めたのである。北朝鮮との経済力対決は70年代末に終わり、経済的な自信を得た韓国は近代化作業をより進め、中進国隊列から先進国隊列へ入ることを要望した。朴正煕につぐ軍事独裁政権を作り、光州民主化運動の残酷な鎮圧などで国民から批判を強く受けていた全斗煥政権は、先進国入りの目標で国民を統合し、当時拡散していた全政権に対する国民の不満を減らそうとした。そのため、第4次教育課程期では、第3次教育課程期で画一化された教育を脱皮し、新時代が求める自主的で創造的人間を育ち、競争激しい国際社会の中で国家が発展し民族が繁栄出来ることを目ざした国民精神教育が強化された。

80年代初期にオリンピック開催国に選ばれた韓国は、オリンピックを成功させることが非常に重要な懸案になっていた。従って、世界の中での韓国という認識が強くなっており、オリンピック開催国に相応しい先進国民としての姿勢と責任が国民に求められていた。そのため、この時期には国家観だけではなく、全人的人間開発や望ましい世界観も育成し、韓国人としての誇りを持って世界で活躍出来る人材を育成する教育政策が試みられていた。国際化へ向けてより能動的に対応するために日本語教育においても、「話す」「聴く」能力及び、日本人と日本文化理解が主な目標として立てられていた。しかし、この時期においても高校の教育現場では文法翻訳教授法中心の教育が行われており、多人数学級による会話を中心とした外国語教育の実施困難や、現職教員研修と教員養成教育の問題などが解決すべき課題として残されていた。つまり、政府が定めた日本語教育の目標とその目標が実践され難い教育現場では、ずれが生じていたとも言える。

一方、日本語教科書には第3次教育課程期とは違う変化が見られた。第3次教育課程期より日本人との交流や日本文化を理解しようとする内容が増え

ている。また、「上巻」では、正直・善行・勤勉・自助・協同・環境問題などの教訓的メッセージが日常的生活や学校生活などの一般的内容に反映されている場合が多い。「下巻」には韓国の経済発展と先進国入りへの希望や日本文化に影響を与えた韓国の古代文化などの韓国人としての自負心や愛国心を高める内容が多く見られる。特に、韓国人が日本に行って日本人との交流と日本文化の理解を図るという側面より、韓国に来る日本人に韓国文化を紹介し、韓国と韓国文化の理解を深めさせようとする側面の方が強調されている。日本語教科書は第3次教育課程期の保護主義的姿勢による韓国文化中心の内容から、オリンピック開催や国際化を意識した部分的な開放主義が第4次教育課程期の日本語教科書に影響を与えていた。

注

1 吳淇坪(1994)『한국외교론―新國際秩序와 不確實性의 論理』、도서출판오름、pp.217-220.
2 전재호(2002)「자유민주주의와 민주화운동 : 제1공화국에서 제5공화국까지」강정인 외『민주주의의 한국적수용』책세상、pp.153-155.
3 朝鮮問題研究会『日本と南朝鮮』十月社、pp.68-72.
4 鈴木佑司(1983)「軍拡と不況の中での経済協力」『世界』、pp.53-54.
5 吳淇坪(1994)、pp.241-242.
6 『毎日新聞』、1983年1月6日
7 21世紀初頭には欧米諸国並みの10万人の留学生を受け入れるという留学生政策は、諸国と円滑な関係を維持・発展させるためには各分野における国際交流等を通じて諸外国との間に相互理解を増進し、相互信頼に基づいて友好関係を築いていくことは、重要な政策の一つとして見なされていた。従って、文部省は国費留学生の受け入れの拡充やそのための受け入れ体制の整備等に関する長期的・総合的計画について検討に着手するとともに、当面、国費留学生制度の拡充、外国政府派遣留学生の受け入れへの積極的協力、大学等の教育指導体制の充実等の諸施策を積極的に取り組もうとした。文部省学術国際局留学生課(1983)「21世紀への留学生政策に関する提言について」『学術月報』10、36巻7号、日本学術振興会、pp.514-516.
8 日本側は国際交流基金、文部省、外務省などの機関で、韓国の日本語教育に対する支

援を行っていた。例えば、国際交流基金は日本語普及事業として、韓国大学の日本語科に専門家を派遣、または東京で開かれる国際交流基金主催の海外日本語講師研修会に、韓国の大学の日本語教師や高校の日本語教師を招聘するなどの支援を行っていた。1975〜1990年間に400名の韓国の日本語教師らがこの研修会に参加した。また、東京で開かれる海外日本語成績優秀者研修会には、1975〜1988年間に計104名の韓国の日本語専攻学生が招聘された。このような人的支援だけではなく、日本政府からは1975〜1990年間に日本語・日本文学関係の教材587件、日本研究図書143件が韓国の日本語関係学科のある大学や研究機関に寄贈された。森田芳夫(1991)「戦後韓国の日本語教育」『講座日本語と日本語教育』第15巻、明治書院、pp.419–422.

9 　高崎宗司(1993)『「反日感情」韓国・朝鮮人と日本人』講談社、pp.56–70.
10 　この会議に発表された主題と発表者を具体的にみると、次の通りである。(一)国際理解増進のための歴史教育(李元淳、ソウル大学)、(二)歴史教科書問題と執筆者の責任(堀川哲男、京都大学)、(三)社会科教育の現状と将来構想―韓国理解の学習を中心に―(佐藤照雄、静岡大学)、(四)社会科教育改善を通した韓・日両国の理解増進方案―地理教育を中心に―(朴杉沃、ソウル大学)、(五)社会科教育を通じて韓国と日本の相互理解を高めるための手だて(大野連太郎、園田学園女子大学)、(六)国際理解教育においての日韓関係の特殊性(郭柄善、韓国教育開発院)
11 　『朝日新聞』1984年11月26日に発表されたこの日韓共同世論調査の結果では、日本の植民地時代に対する日韓両国民の認識のズレは大きかった。また、韓国からみた日本という国の印象を聞く質問に対する回答の中、「経済が発展」「技術水準が高い」という評価が5割を超えている半面、「経済的に他国を侵略」「過去の償いが足りない」などの批判的な回答も4割弱であった。日本人の韓国に対する印象においても、「貧富の差が大きい」「政治が不安定」「軍事優先」などの回答が一番多かった。このように両国とも国家を見る目に対しては否定的な評価が多かったが、日韓関係の現状と将来に対する見方は非常に楽観的であった。さらに、今後、「よい方向に進む」という見方も5割近く、両国間の人の往来や文化交流の拡大を望んでいるという回答は、両国とも過半数を占めていた。
12 　1982年度からは小学校でも特別活動時間を通して英語の勉強が公式化された。교육신문사(1999ｂ)『한국교육 100년사 - 자료편』제2권、(주)교육신문사、p.229を参考。
13 　『韓国日報』、1986年6月15日
14 　최진항외(1988)『외국어 교육방법 개선연구』연구보고 RR86-4、한국교육개발원、pp.44–45.

15 『文教統計年報』参考。
16 愼克範ら(1979)『外國語 教育方法 改善에 관한 研究報告書(IV) ―外國語 教員養成機關의 教育課程 分析―』韓國教育開發院、pp.59-60.
17 文教部(1985)『文教統計年報』参考。
18 韓國教育開発院(1986a)『韓國 外國語教育의 課題와 發展方案 ― 國民 海外進出의 活性化를 위하여 ―』研究報告 RR86-5、p.62.
19 최진항외(1988)、p.52.
20 文教部(1983)(1984)『文教統計年報』参考。
21 総合研究開発機構、NRC-83-2 委託研究(1985)、p.206, p.233, p.241, p.379, p.542.
22 韓国日語日文学会編(1981)『日本語教育実態調査』韓国日語日文学会
23 田泰重(1994)、「고등학교 일본어교육의 흐름」『日本學報』第 33 輯、p.41.
24 金淑子(1994)「日本語教育의 教材에 대하여」『日本學報』第 33 輯、p.85.
25 研究報告 RR86-5(1986a)、p.59.
26 최진항외(1988)、pp.32-35.
27 최진항외(1988)、pp.44-45.
28 森田芳夫(1985)「韓国における日本語教育」『日本語教育および日本語普及活動の現状と課題』ＮＲＣ－83－2 委託研究、総合研究開発機構、pp.531-535. を参照。
29 홍웅선(1986)「5 차에 걸친 교육과정 개정사업의 흐름 」『교육개발』제 8 권제 3 호、한국교육개발원、p39.
30 손인수(1999a)『한국교육 운동사 -1980 년대 교육의 역사인식』4、문음사、pp.574-575.
31 朴鵬培(1997b)はこの教育改革について次のように批判した。①家庭教師廃止装置によって不法私教育が生まれ、平準化とは程遠く、違和感助成・個人差深化・貧富差が家庭内の教育問題葛藤を招いた、②生徒のヘアスタイルの自由化と服装自由化によって、衣服の貧富差を可視化し国民間の家庭的違和感を助成し、青少年からは所属感の誇りと成長変化による達成感の意欲を奪い、社会的矛盾と葛藤から来るストレスで脱線が生じていた。朴鵬培(1997b)『韓國國語教育全史・下』대한교과서、p.318.
32 손인수(1999a)、p.115.
33 통계청(1999)『한국주요경제지표』、p.303 の学校現況統計を参考。
34 朴政権は 5・16 軍政期から経済開発 5 ヵ年計画を成功させるために、科学教育及び実業技術教育を重視した。박호근によると、この時期には全体 69 個の教育政策の中で経済的価値に根拠を置く政策が 12 個(17.4％：重複されたものを含む)であり、この

政策は主に科学教育及び実業技術教育と関連がある政策であった。박호근(2000)『한국교육정책과 그 유형에 관한 연구(1945〜1979)』高麗大學校大學院教育學科　博士論文、pp.362-363.

35　日本語教育は1973年の第2次教育課程期の部分改定によって始まった(조(2001)、p.602)。しかし、本格的に日本語教育が行われるのは第3次教育課程期であるので、本稿でこの部分改定については論じない。

36　문교부(1986)『초・중・고등학교　교육과정(1946〜1981)총론』문교부고시제442호、p.210.

37　교육부(2001)『고등학교 교육과정 해설―외국어―(독일어 , 프랑스어 , 스페인어、중국어、일본어、러시아어、아랍어)』교육부고시제1997-15호、p.15.

38　文法翻訳教授法はヨーロッパで数世紀に渡ってラテン語とギリシャ語を教える際に使われた歴史的に一番古い教授法である。この教授法の特徴は(1)文法知識の理解と記憶による知識能力の育成を目標とする、(2)単語の意味は学習者の母国語によって演繹的に与えられる、(3)読む練習は少なく、発音はあまり重要視されない。また、学習する外国語の正確な発音を実際聞く機会が少ない。(4)知的能力と暗記作業が要求される一方、実用性が少ない学問的学習だけに終わりやすく、文学作品が多い、(5)言語による表現面は考慮されない、(6)教師は文法知識と翻訳能力だけが必要とされる、などである。임영철(1994)「일본어 교수법의 변천」『日本學報』第33輯、pp.100-101.

39　李德奉(1994)「日本語教育課程의　變遷過程과 構成」『日本學報』第33輯、p.51.

40　教育人的資源部・韓国教育開発院(2003)『教育統計分析資料集』、p.40.

41　政府樹立後、最初の教科書関連法令は1950年4月29日に制定・公布された「教科用図書検定規定」である。この法令は数回の改定を経て1970年8月に廃棄され、同じ日に大統領令第5252号による「教科用図書著作検認定令」が制定・公布された。「教科用図書に関する規定」は「教科用図書著作検認定令」が廃棄された1977年8月に大統領令第8660号で制定・公布された法令である。李鍾国(2001)、p.309.

42　文教部(1990)『1種図書編纂細部計画』文教部、p.22.

43　李鍾国(1992)、p.225.

44　郭炳善외(1994)『현행 교과서 제도 개선 방안』한국교육개발원

45　곽병선외(1986)『교과서와 교과서　정책』연구보고RR86－6、한국교육개발원、pp.116-117.

46　李鍾国(1992)、p.227.

47　李鍾國 (2001)、pp.312–313.
48　このような出版社間の過多競争は教科書採択の際に、様々な不正を生み出した。このような問題は教科書の販売収入より副教材や参考書の販売から得る利益が膨大なため、その利権を手に入れようとした出版社によって犯される場合が多かった。
49　李鍾国 (2001)、p.320.
50　李鍾国 (2001)、pp.320–321.
51　金環東 (1985)「韓國의 工業化와 産業民主主義―政治的 選擇性의 原理에 의한 理解―」李克燦編『民主主義와 韓國政治』法文社、pp.421–422.
52　『東亜日報』、1983年1月18日
53　손인수 (1999a)、p.84.
54　朴鵬培 (1997b)、pp.369–371.
55　渡部学編訳 (1982)『世界の教科書・韓国2』ほるぷ出版
56　井上秀雄・鄭早苗訳 (1983)『全訳世界の歴史教科書シリーズ31 ―韓国―』帝国書院
57　君島和彦 (1996)『教科書の思想』すずさわ書店、p.136.
58　表では日本的事象を「日本的」と、韓国的事象を「韓国的」と略して使う。以下同。
59　1977年に制定された「環境保存法」は、従来の公害防止的性格の環境政策を環境保存的性格へとの転換させた環境法である。この法の制定によって、環境基準が設定され環境影響評価制度、環境汚染の常時測定制度、原因者負担金制度などが導入された。しかし、本格的な環境政策の実施は第5次経済・社会発展5ヵ年計画の時期になってからである。韓国では第1次経済開発計画 (1962～1966) から第3次経済開発計画 (1972～1976) までは経済の量的成長が優先された。第4次経済開発計画 (1977～1981) は産業構造の改編と国際競争力の再考、生活環境の改善などを重要な経済政策とした。しかし、第4次経済開発期までは国家の経済発展が重視されていた。第5次計画 (1982～1986) は経済・社会発展5ヶ年計画という名前で推進され、国土の均等な発展と環境保存に関する部分計画が入られ、経済成長と環境保存との調和を韓国の環境政策の基本目標とする本格的な環境政策が推進された。이정전 (1966)『녹색 경제학』한길사、pp.234–236.
60　金賢信 (2002)「日本の韓国・朝鮮語教育における異文化理解教育へ向けて (序説)」『一橋研究』第27巻第3号、p.92.

資料

(A) 『고등학교　日本語上』(박희태・유제도(1984)、금성출판사)

目 次			
ひらがな…カタカナ	1	発音	3
第1課　これは　本です	9	第2課　わたしは　高校生です	12
第3課　これは　あなたの　かばんですか	16	第4課　ここに　時計が　あります	20
第5課　庭に　子供たちが　います	24	第6課　白い　箱は　大きくは　ありません	28
第7課　ノートは　一冊　いくらですか	32	第8課　毎日、何時に　学校へ　来ますか	36
第9課　朝、何時ごろ　ご飯を　食べますか	40	第10課　きのうは　いい　天気でしたか	44
第11課　あなたは　海が　好きですか	48	第12課　どこから　来る　バスですか	52
第13課　アメリカは　何を　しに　行きますか	56	第14課　公園は　静かでしたか	60
第15課　番号と　名前を　書いて　ください	64	第16課　まだ　雨が　降って　いますか	68
第17課　地図が　張って　あります	72	第18課　「アンニョンハセヨ。」と　言います	76
第19課　将来、科学者に　なりたいです	80	第20課　日本には　木で　つくった　家が　多い	84
第21課　あなたは　日本語が　よく　できますか	88	第22課　慶州へ　旅行した　ことが　ありますか	92
第23課　成洙君が　帰国したそうだ	96	第24課　二人は　兄弟のようです	100
第25課　おなか　いっぱい　食べても　いいですか	104	第26課　熱が　出たので　学校を　休みました	108
第27課　申君が　こわかったかも　しれない	112	第28課　姉に　シャツを　もらいました	116
第29課　無理に　させようと　しても　しませんよ	120	第30課　母に　しかられました	124
第31課　雨に　降られました	128	第32課　あの　記事を　読まれましたか	133
単語と重要語句	137		

(A')　『고등학교　日本語下』(박희태・유제도(1985)、금성출판사(주))

	目	次	
第 1 課　窓……………………… 1	第 2 課　お使い…………………… 5
第 3 課　散髪……………………… 9	第 4 課　ソウル………………… 13
第 5 課　立体化する交通………… 17	第 6 課　群れをなす猿………… 21
第 7 課　手紙の書き方…………… 25	第 8 課　読書…………………… 29
第 9 課　合図としるし…………… 33	第10課　我が国の経済発展…… 37
第11課　日本の風習と習慣……… 41	第12課　文字の歴史…………… 45
第13課　故事物語………………… 49	第14課　木登りの名人………… 53
第15課　魚の感覚………………… 57	第16課　わたし………………… 61
第17課　新しい家………………… 65	第18課　友だち………………… 69
第19課　笑い話…………………… 73	第20課　辞書の引き方………… 77
第21課　テレビとわたしたち…… 81	第22課　さまざまの笑い……… 85
第23課　体と慣用句……………… 89	第24課　我が国と日本の古代文化… 94
第25課　字は心を表す…………… 98	第26課　事実と推定…………… 102
第27課　誤解と曲解……………… 106	第28課　生物は空間を占めている… 110
第29課　雨の音…………………… 114	第30課　言語の働き…………… 117
付録……………………………… 121	
＊教科書に用いられた漢字……… 121	＊主な当て字や熟字訓………… 129
単語と重要語句…………………… 130	

教科書AとA'の二人の著者の中、박희태は『고등학교(上)(下)』(1979)の教科書制作にも参加した。この二人の著者の略歴をみると、박희태の略歴は日本立命館大学卒、韓国外国語大学大学院卒、当時韓国外国語大学校日本語科の教授であった。유제도の略歴は日本東洋大学卒、日本中央大学卒、韓国外国語大学大学院卒、当時誠信女子大日語日文学科の教授であった。二人とも日本留学の経験を持つ日本語教育専門家である。

(B) 『고등학교　日本語(上)』(김우열・박양근・김봉택(1984)、시사영어사)

目	次
五十音図	「ひらがな」の筆順
발음연습 …………………………1	1. これは　ほんです………………6
2. わたしは　金(キム)です……………10	3. ここは　きょうしつです………14
4. ここに　しんぶんが　あります……18	5. これは　こどもの　くつです………22
수련문제 I …………………………26	
6. テーブルの　上に　花が　あります………28	7. この　みちは　広いです………32
8. りんごは　いくつ　ありますか………36	9. ひとつ　いくらですか…………40
10. きょうは　なん日ですか……………44	
수련문제 II …………………………48	
11. なん時に　起きますか……………50	12. いい　天気でしたか……………54
13. くだものが　好きです……………58	14. バスの　停留所…………………62
15. 韓国の　季節………………………66	
수련문제 III …………………………70	
16. 本を　読んで　います……………72	17. 待って　ください………………76
18. いっしょに　行きましょう…………80	19. 日本語が　できます……………84
20. 無窮花(ムグンファ)………………………………88	
수련문제 IV …………………………92	22. ソウルタワー……………………98
21. 木が　植えて　あります……………94	24. 雨が　降りそうです……………106
23. 済州道(ゼジュド)…………………………102	
25. 誕生日に　呼ばれました…………110	付録…………………………………117
수련문제 V …………………………114	

(B') 『고등학교 日本語(下)』(김우열・박양근・김봉택(1985)、시사영어사)

目	次
1. 雨上がりの 朝 …………………4	2. 公園 …………………………8
3. たんぽぽの 知恵 ……………12	4. 床屋 …………………………16
5. 笑い話 …………………………20	
수련문제 I ……………………24	
6. 日記をつける ………………26	7. 日本の 国土 …………………30
8. 物の名と 人の名 ……………34	9. ペンパルあての 手紙 ………38
10. 鐘の 音 ……………………42	
수련문제 II ……………………46	
11. 「ひらがな」と「かたかな」……48	12. 電話での 約束 ………………52
13. おもな 年中行事 ……………56	14. 敬語 …………………………62
15. ことわざ ……………………68	
수련문제 III ……………………74	
16. 自然と 環境 …………………76	17. ソウルオリンピック …………82
18. 原子力 ………………………88	19. がん …………………………94
20. 多宝塔の 影 …………………98	
수련문제 IV ……………………104	
附録 ……………………………107	

　教科書BとB'は三人の共著によって作られた。著者3人の略歴をみると、김우열は京城帝国大学法文学部卒、当時駐韓日本大使館の広報官室研究官であった。1977年度の『日本語読本(下)』製作にも参加した。また、彼は『現代日本語大講座』『基礎日文法教室』『基礎日本語散策』の一般用日本語教材も出版している。박양근は高麗大学史学科卒、韓国外国語大学大学院日本語科卒、当時檀國大学日語日文科教授であり『日韓辞典/韓日辞典』『日本語教本』を出版している。김봉택はソウル大学国語国文科卒、東京外国語大学大学院日本語学科卒、当時建国大学師範大学外国語教育科教授である。この教科書を作った著者たちは教材製作や大学の日本語教育の経験を持つ専門家たちである。

(C) 『고등학교　日本語（上）』（김학곤・田中節子（1984）、한림출판사）

目	次
기본　발음 ··1	
第一節	
1.　あなたと　わたし ························8	2.　わたしの　うち ·························10
3.　これは　なんですか ·····················12	4.　ぼくは　金昌浩です ····················16
5.　これは　しろい　はなです ···········20	6.　ここに　まんねんひつが　あります ···········24
7.　先生は　どこに　いますか ···········28	8.　図書室の　中 ·····························32
9.　ノートを　ください ·····················36	
第二節	
10.　きょうは　なん日ですか ············42	11.　五月十四日は　なん曜日ですか ·····46
12.　どこへ　行きますか ···················52	13.　韓国の　四季 ·····························56
14.　ぼくは　ハイキングに　行きました ········60	15.　わたしは　スポーツが　好きです ···········64
16.　東京は　京都より　大きいです ·······68	17.　南山公園 ···72
18.　わたしは　六時に　起きます ········78	
第三節	
19.　日本から　来た　友だち ·············84	20.　日本語を　もっと　勉強する　つもりで ···88
21.　紙に　書いて　ください ·············94	22.　ぼくは　テニス部の　部員です ······98
23.　美愛さんの　手紙 ·····················102	24.　家へ　帰った　ほうが　いいですよ ······106
25.　まだ　はじめては　いけません ········110	26.　済州道へ　行った　ことが　ありますか ···114
27.　つつじ　アパートと　書いて　あります ···118	28.　日本の　行事 ·····························122
附録 127	

(C') 『고등학교 日本語(下)』(김학곤・田中節子(1985)、한림출판사)

目	次
第一節	
1. 詩 二題 …………………………2	2. 韓国語が 話せますか……………6
3. 「いただきます」と 言います……12	4. カメラを 買いに 行く ところです…16
5. 日曜日なのに どこへも 行きませんか…20	6. ソウル…オリンピック………………24
7. いつごろ できたか 知っていますか………30	8. 愛国心と 国土……………………34
第二節	
9. 読めば 読むほど おもしろく なります…42	10. ハングルと かな…………………48
11. 父の かんれき祝い………………54	12. 何時ごろ お起きに なりますか……58
13. 君は 何に する………………64	14. 笑いばなし………………………68
15. ペンパルからの手紙………………72	16. ペンパルへの返事…………………76
第三節	
17. 母とまん画………………………82	18. 日本人……………………………88
19. 国立中央博物館……………………92	20. 食蔵山の いわれ─韓国の民話……96
21. ことわざ…………………………102	22. 韓国と日本………………………108
23. 韓国の時調………………………114	付録 …………………………………119

著者の略歴と構成は他の教科書には見られない特性を持っている。教科書Cは日本人と韓国人の共著であり、著者の略歴を見ると、김학곤は日本立命館大学文学部英米文学科卒、前馬山工業高等学校の教師であり、田中節子は神戸市松蔭女子学院大学英文科卒、当時延世大学外国語学堂日本語講師である。今までは韓国人大学教授によって教科書が作られるのが一般的であったが、この教科書は高校で日本語を教えた経験がある前職韓国人教師と日本人との共同作業である。二人とも日本の大学で英語を専攻にした。

(D) 『高等學校　日本語上』(이봉희・이영구(1984)、교학사)

차　례	
Ⅰ. 명사문과 형용사문	
1. これは　本です……………7	2. ここは　教室です……………12
3. わたしは　韓国人です…………17	4. 日本語の　本です……………24
5. 南大門は　有名です……………29	
Ⅱ. 동사문	
6. 部屋の　中に　何が　ありますか…37	7. 子供たちは　何人　いますか……43
8. あなたは　何を　食べますか………51	9. 七時に　起きます………………56
10. ノートは　一さつ　いくらですか…61	
Ⅲ. 문의 과거형	
11. あなたは　昨日　どこへ　行きましたか…69	12. 慶州ゆきの　きっぷを　買いました…74
13. 今日は　何日ですか………………78	14. 昨日は　映画を　見ました…………84
Ⅳ. 정리	
15. 電話の　ベルが　なって　います…93	16. 顔を　洗って　ごはんを　食べます…99
17. 日本語の　試験が　あります……105	18. 日記………………………………110
19. この道……………………………117	20. ソウルへは　いつ　来ましたか…118
<附錄>	
単語一覧表	活用表

(D') 『高等學校　日本語下』(이봉희・이영구(1985)、교학사)

차 례	
Ⅰ. 문의 변형	
1. 学校もはじまると言っています……7	2. いけ花の部屋……………………11
3. 絵が好きです…………………16	4. 漢字の読み方がむずかしいです………22
5. 兄弟があります………………26	
Ⅱ. 조동사를 사용한 문장 1	
6. この雑誌はよく読まれています………33	7. 数字を教えてもらいます……………38
8. 何をするつもりですか……………43	9. ドイツ語ができますか………………49
10. 楽譜が読めます…………………53	
Ⅲ. 조동사를 사용한 문장 2	
11. 開校記念日………………………59	12. 母のかわりに…………………63
13. 書道………………………………67	14. 旅行……………………………73
15. 七五三……………………………78	16. ペンパル………………………82
17. 手……………………………88	
Ⅳ. 조동사를 사용한 문장 3	
18. 夏休み日記………………………91	19. 招待の手紙……………………96
20. 敬意の表し方（Ⅰ）………………99	21. 敬意の表し方（Ⅱ）……………104
Ⅴ. 독해력을 위한 문장	
22. 風と太陽…………………………111	23. 韓国の季節……………………114
24. 科学文明と人間の幸福……………117	25. 短歌と俳句……………………122
〈附錄〉	
単語一覧表	常用漢字一覧表
活用表	

　教科書ＤとＤ'の二人の著者の略歴を見ると、이봉희は淑明女子大と韓国外国語大学卒、御茶ノ水大学大学院卒、当時檀國大学教授である。이영구はソウル大学大学院卒、東京大学大学院研修、当時中央大学教授であり、著書は哲学通論と日本語教本がある。二人とも大学で教えている日本語教育専門家である。

(E) 『고등학교　日本語(上)』(김효자(1984)、지학사)

차　례	
にほんごの　はつおん……………6　　Ⅰ	
1.　これは　はなです……………14	2.　わたしは　学生です……………18
3.　わたしの　へや………………22	4.　赤い　きんぎょ…………………26
5.　学校へ　行きます……………30	6.　かぞえて　みましょう…………34
7.　中村さんの家族………………38　　Ⅱ	
8.　図書館へ　行きました………44	9.　町の　中で……………………50
10.　買い物…………………………54	11.　ピクニックの　相談……………60
12.　詩三編………………………64	13.　忘れもの………………………68
14.　かぜ……………………………72　　Ⅲ	15.　招待……………………………76
16.　日本の　四季…………………82	17.　日本語が　できます…………88
18.　道具…………………………92	19.　訪問……………………………96
20.　数を　足す　話……………102	21.　たんじょうびの　おいわい……108
22.　わたしは　海を　飛んで　ゆく　鳥だ…112	23.　小さな　ねじ…………………116
附　錄………………………………123	

(E') 『고등학교 日本語(下)』(김효자(1985)、지학사)

目 次	
I	
1. 隣の国 …………………………8	2. 山からおりてきた人 ……………14
3. 手紙 ……………………………18	4. 日本のむかしばなし ……………24
5. 送りがな ………………………30	6. くもの話 …………………………36
7. 日本人のくらし ………………42	
II	
8. 道程 ……………………………50	9. 先生への電話 ……………………54
10. 敬語の使い方 …………………60	11. 年中行事 …………………………68
12. 留学生 …………………………74	13. ネギをうえた人 ………………80
14. 青い鳥 …………………………88	
III	
15. 夕ぐれの時は よい時 ………98	16. 慣用句 ……………………………102
17. 秋祭り ………………………108	18. 平和の象徴オリンピック ……114
19. 天の羽衣 ……………………120	
附録 ………………………………129	
1. 助詞一覧 ………………………130	2. 助動詞一覧 ………………………134
3. 語彙索引 ………………………136	4. 用言の活用表 ……………………159

　この教科書の著者김효자の略歴を見ると、ソウル大学国語国文学卒、韓国外国語大学大学院日本語科卒、当時京畿大学日語日文学課助教授であった。グループや2〜3人の共著で作られた他の高等学校日本語教科書とは違って一人の著者によって作られた教科書である。

第5章
第5次教育課程期（1988 ～ 1995 年）における高等学校の日本語教育

1. 政治社会的背景

1980 年代には改憲問題など民主化を要求する学生デモが絶えず続き、超強硬対応策で示威行動をしている学生らを弾圧しようとした全政権との対立は益々激化していた。1987 年1月に学生デモ関連で連行された学生が拷問で死亡した事件がきっかけになり、1987 年4月 13 日ソウル大学教授 122 名の時局宣言を始め、各界の時局宣言と署名運動が全国的に拡散していた。6月 10 日には激しい反政府デモが全国的に拡散し、結局 6月29日に直選制改憲、言論の自由及び基本権保障、地方自治及び教育自治の実施などの8個の項目の民主化措置が政府側から宣言されることになった[1]。この 6.29 宣言によって韓国の国民の手で直接大統領を選ぶ選挙が実施された。文民政府による政権交代を願っていた国民の期待とは裏腹に、金大中と金泳三の分裂で野党は与党の盧泰愚に負けてしまった。しかし、国民の政府選択権の回復が実現出来たという面では意味がある選挙であった。1988 年2月25日に第6共和国としてスタートした盧政権[2]は「光州民主化運動」[3]に対する政治的責任がある第5共和国との連続性を持っていたため、政権の正統性は弱かった。そのため、国民の反発が起こり得る強硬な国家主義体制という政策方法を取らず、比較的穏健な自由民主主義体制で国民の支持を得ようとした。

1987 年の 6.29 の宣言以後には政治的問題から学校内問題に関心が向けられ、私立学校の経営者の不正及び教権弾圧に反発した教師や学生のデモなど

が多発した。1987年9月27日に「民主教育推進全国教師協議会」(全教協)が創立され、国家権力の教育に関する強い干渉や入試中心の教育を排除し、教育の労働3権を保障、住民による教育委員の直選、教師に教育委員被選挙権を付与、校長の選出任期制、教務会議の議決権保障、私立教員の身分及び権利保障のための人事委員会構成、国定教科書制度の廃止、学生自治権保障などの教育法改正試案を作り、署名運動と全国大会などの活動を行い、積極的な教育民主化運動を展開した。全教協は1989年には「全国教員組合」(全教組)を結成したが、基本的には現行法上では教員の組合結成が禁じられていたため、政府は全協組を不法団体として規定し関係教員らを解職させるという強硬策を取った[4]。このような混乱と摩擦の中でも、この時期は政府の統制で失っていた大学の自律性を回復し、国際競争力を高めるための改革が進められた過渡期であったとも言える。

　経済的な面では80年代後半から韓国の通貨価値が上がり輸出競争力が低下し、後発開発途上国からの競争圧力も高まっていた。一方、先進国は知的財産権や技術保護主義が強まっており、アメリカの場合もこの時期に深刻な財政赤字を解消するために保護貿易主義を強化した。また、自国商品の対外販路を拡大するために対米貿易黒字国に対するアメリカの市場開放圧力が益々強くなっていた時期である。このような状況に置かれていた韓国は、国内の賃金上昇によって競争力が落ちていた労働集約的産業構造から知識・技術集約的産業構造へと変え、国際的市場開放圧力に対応するために国際競争力を高める必要にせまられていた[5]。それ故に1990年代には国際競争力の拡大が韓国の重要な国家的目標になり、多様化・特性化が教育改革の重要な方向であった。

　一方、1988年9月17日から10月2日までソウルで開催された第24回ソウルオリンピック大会が韓国に与えた影響は大きかった。160ヶ国が参加した大会を成功裏に開催することが出来た韓国は政治・外交的側面では国際的地位が上がり、北朝鮮との競争で韓国が圧倒的に優位にあることが立証されたという自信感を韓国民に与えた。経済的側面においてもオリンピック景気で韓国の経済も活発になり、観光産業や世界市場での韓国商品に対するイメージも上がった。1989年には東ヨーロッパの共産圏の崩壊とベルリンの壁

の崩壊という世界情勢の変化の中で、韓国は東ヨーロッパの共産圏国との経済的交易や文化的交流を始めるなど、より広い国際交流が進められていた。

　日本との関係を見ると、1990年5月24日の盧泰愚大統領の日本訪問と1991年1月9日の海部俊樹首相の韓国訪問の際に行われた頂上会談を通し、両国は在日韓国人の法的地位向上、在韓被爆者問題などの検討と協力に関する合意覚書を交換し、過去清算と未来志向的関係構築のための努力を図った。しかし、1992年の宮沢喜一首相の訪韓の際、韓国のマスコミで対日貿易赤字問題と従軍慰安婦の問題を大きく扱い、韓国内では再び反日感情が高まったことで日本との関係が悪くなった。一方で、1993年2月に、文民政府としてスタートした金泳三政権は日本との友好関係の回復を強く呼びかけ、1994年両国は頂上会談で関係回復と結束を強めた。第5次教育課程期にも日韓両国の関係には慰安部問題などの不安要素があったものの、両国は互いに協力と交流増進に向けての努力を続けていたのである。さらに、88年のオリンピックを契機に経済的レベルと民間レベルにおいても日本との交流は益々増えていた。実業系高校での日本語学習者の急増、大学評価認定制の導入によって日本語関連学科の日本人教員の増加、大学での日本語学習者の増加と必修外国語の一つとしての地位確立、大学の国際化政策による日本の大学との交流拡大など、90年代の日本語教育は量的成長の達成と質的成長への模索の時期であった。

2. 第5次教育課程期の日本語教育の状況

2.1 高等学校

2.1.1 外国語教育の状況

政府のイデオロギーを超えた多角的北方外交の推進により、多様な国々との国際関係樹立を求めていた時期であった。また、交通手段や通信手段の発達により、国際的相互交流も急増していた。このような時代へ向けて急変する世界情勢を理解し、国際交流により効率よく対処するためには外国語を通したコミュニケーション能力が要求されていた。そのため、第二外国語教育においてもコミュニケーション能力が強調された。第4次教育課程期では言語

の4技能において口頭訓練や文型練習などが強調されていたが、第5次教育課程期では言語の4技能の相互有機的指導による統合的伸張を強調している。従って、コミュニケーション能力を効果的に学習させるための教育課程開発の研究が行われた。特に、Dell Hymes、M.Canale と M.Swain、M.A.K.Halliday、H.G.Widdowson のコミュニケーション能力に関する理論が注目されていた。言語に関する知識、すなわち文法と構造に関する知識だけでは不充分であり、状況や文脈の変化に従ってそれに相応しい言語使用能力が必要だという彼らの言語認識は韓国の言語教育においても影響を与えた。従来の言語教育では孤立した文章だけに関心が置かれていたため、文法と構造としては正確であっても状況や文脈が無視された不自然な文章が多かった。しかし、効率的なコミュニケーション能力が要求されるこの時期の外国語教育においては文章の配合能力である談話能力へと関心が向けられた。

　談話重視の外国語教育の重要性を認識した文教部は外国語学習でより効率的コミュニケーション活動を展開するために H.G.Widdowson が提示している方案に注目している[6]。

① 教師は学習者が文法的に正確な文章を作ることよりコミュニケーションに適合した文章を作る能力の養成に重点を置くべきである。
② 教師は実際の言語運用の過程で文法規則の知識ではなく、状況に相応しい文章の使用がより重要であるということを認識すべきである。
③ 教師はすべての言語資料が文型練習を通して学習させるより、話し手のコミュニケーション状況(communicative situation)と聞き手の言語的文脈(linguistic context)がよく調和された訓練を教室内で提示しなければならない。
④ 外国語学習のための教材はコミュニケーションに必要な項目で構成され、実際の状況の中で表現できる実現的価値(realized value)が存在する方法論的提示が伴わなければならない。

　以上のような方案は第5次教育課程期の外国語教育課程の指導指針にも反

映された。外国語教育のこのような新しい傾向によって、文法的シラバス (Grammatical Syllabus) を中心とした言語形式より、意志伝達の状況の中での言語使用が教室の中でも反映できるような言語活動と練習が考慮された状況中心的シラバス (Situational Syllabus) と概念・機能中心的シラバス (Notional-Functional Syllabus) に対する重要性が注目された時期であった。しかしながら、韓国のように高等学校に入ってから初めて第二外国語を習い、教室授業以外には外国語を使用する機会が殆どなく、しかも母国語の基盤が既に完成されている学習者の場合には文法的シラバスの役割も重要であると考えられた。また、現実的に授業時間も少なく、1学級当たりの学生数も多いため、状況中心的シラバスや概念・機能中心的シラバスを取り入れた授業を進めるのは難しい面もあった。文教部も韓国の教室の現場状況を考慮し、文法的シラバスで指導をするが漸次的に状況シラバスや概念・機能シラバスの比重を高めていくことが望ましいという考えであった。従って、実際この時期の外国語教育はまだ文型練習を多用する Audio-lingual Method の影響が強かったと言える。新しい教授法に対する認識と関心は高まっていたものの、実際の高校の外国語教育の現場では文法翻訳式、構造分析、読解中心の授業が続いていた時期でもあった。その原因は学生数や授業の時間数、教師の外国語のコミュニケーション能力の問題、文法と語彙を中心とした入試問題などといった第4次教育課程期とはあまり変わらない状況によるものであると考えられる。

80年代から90年代初まで実施された大学入試の日本語出題の問題比率を見ると〈表5-1〉の通りである。評価領域の中、文法は34.2％、語彙が

〈表5-1〉 80年代大学入試における日本語の評価領域の分析表[7]

評価領域	比率(％)	評価領域	比率(％)
文法	34.2	話す	7.9
語彙	30.8	発音	1.8
読む	12.0	聴く	0
漢字	10.4	日本文化	0
書く	2.9	計	100

30.8%であり、全体の65%を占めている。この時期には大学入試だけではなく、高校の外国語の試験は文法と語彙、そして読解が評価領域の中心になっていた。

〈表5-1〉からも分かるように、「聴く」と「日本文化」の項目は0%である反面、「聴く・話す」能力、「読む・書く」能力、文化理解能力という三つの項目が目標として設定されている第5次教育課程期の日本語教育の方向とはかけ離れた領域により高い評価の比重が置かれていた。教育目標と教育の実態にはズレがあったとも言える。聴く評価を行うためには学校側の施設や機器などの準備体制の問題があるので、「聴く」評価の実施は第6次教育課程期まで待たなければならなかった。しかし、この時期でも実施可能であった「日本文化」の項目は評価領域に入れ、学習者の日本文化に関する関心と理解を高めるべきであったと思う。なぜならば、外国語を使うためにはその外国語の背景にある文化理解が必要であるからである。

2.1.2 外国語の時間配当と大学入試

第5次教育課程期の外国語の時間配当にはどのような特徴が見られるのかを考察する。文教部告示第88-7号によって規定された高校学校の外国語単位配当基準をみると（表5-2）の通りである。

〈表5-2〉文教部告示第88-7号による高等学校の外国語単位配当基準

教科	科目	普通教科			
		共通必修	一般系高校の選択課程		一般系高校の職業課程、実業系及びその他の系列高校の選択
			人文・社会科学課程	自然科学課程	
外国語	英語Ⅰ	8			
	英語Ⅱ		12	12	8
	ドイツ語		一つを選択(10)	一つを選択(10)	一つを選択(6)
	フランス語				
	スペイン語				
	中国語				
	日本語				

〈表5-2〉をみると、第4次教育課程期では共通必修科目と選択課程での英語ⅠとⅡの時間配分が曖昧になっていたが、英語Ⅰは共通必修8単位とし、英語Ⅱは課程別選択科目に分離し一般系高校は12単位、一般系の職業課程及び実業系やその他の系列高校は8単位と明示し、英語ⅠとⅡの必要単位数を区別している。また、従来のような最小履修単位と最大履修単位の幅を規定せず、科目別基準単位を置いて学校長の裁量で増減運営できるようにした。これは各学校の教育課程の弾力性を与え、地域社会や学校の実情などが考慮できるようにしている。しかし、文教部告示第88-7号によると、基準単位の増減運営の際には次のような点に従わなければならない。

① 教科目単位の増配運営は
   ・ 総履修単位204〜216単位の範囲内で行わなければならない。
   ・ 特定教科に偏った偏重、増配にならないようにする。
   ・ 増配によって一部教科の学習負担を学生に過剰に与えないようにする。

② 教科目単位の減縮運営は
   ・ 2〜4単位の教科目は減縮対象から除外する。（例：音楽4単位）
   ・ 6単位以上の教科目も2単位だけ減縮可能である。（例：6単位→4単位）
   ・ 共通必修及び課程別選択の両方に単位が配当されている科目は（例：体育）
     総単位から2単位だけ減縮可能である。
   ・ 減縮運営でも教科目標の達成には支障がないように留意しなければならない。
③ 特別活動は単位減縮運営から除外する。（12単位）

以上の増配・減縮運営の指針によって、地域別高等学校の教育課程研究委員会を構成し、各学校が適切な単位配当運営をすることが可能になった。時間配当に関するこのような変化は英語と第二外国語にはどのような影響を与

えたのだろうか。
　まず、教科書の分量が少なくなった。つまり、第4次教育課程期では最大単位数を基準にして教科書が作られたので、教科書の分量が多かった。特に、最小単位で外国語が運営される学校の学習者と教師は負担が大きかった。このような問題点は第5次の基準単位と単位減少により、外国語の教科書の分量が少なくなることで軽減された。また、単位運営も学校や地域の特性が反映できるようになった。しかし、実際の増配・減縮運営で学生の適性や希望などが反映されたということより進学学校が大学入試の重点科目により単位数を増やし易くなったとも言える。つまり、大学入試でよりよい成績を上げさせるために学校側は重点科目の授業時間数を増やし、その代わりに大学入試科目に入らない6単位以上の科目は2単位減らして運営する場合も多かった。特に、英語は大学入試の重点科目であったため実際の基準単位より増配させて運営されることが多かった。その反面、1987年からは第二外国語と実業科目は同一選択群に入ったため、殆どの受験生は第二外国語を選択せず点数が取りやすい実業科目を取るようになり、さらに1994年からは第二外国語科目全体が大学入試科目から除外されてしまったので、第二外国語は実際の授業時間数も減らされて運営されることもあった。李[8]によると、1988年からは大学入試の日本語選択者は2.35〜3.75％位を維持した。同年の大学入試のドイツ語選択者は7.36であり、第二外国語の入試選択科目の中で一番大きい比率を占めている。これは大学進学校ではドイツ語が一番多く選択され、実業系学校では日本語が一番多く選択されている第二外国語科目であるからである。このような傾向は90年代に入っても変わっていない。91年から95年までの第二外国語教科目の選択比率をみると、〈表5–3〉の通りである。
　以上の表からも分かるように、日本語が学び易く実用性があるという理由で実業系学校の第二外国語は日本語が圧倒的多い。一般系高校での第二外国語はドイツ語が一番多く、その次が日本語である。スペイン語と中国語の選択率は非常に低い。これは教師確保の問題やこの時期のこの二つの言語に対する社会的関心と実用性がそれ程高くなかったことなどの理由が考えられる。しかし、90年代後半から中国語の実用性と社会的関心が高まり、高校

〈表 5-3〉 第二外国語の教科目の選択比率[9]

(単位：%)

区分	ドイツ語 一般系高校	ドイツ語 実業系高校	フランス語 一般系高校	フランス語 実業系高校	スペイン語 一般系高校	スペイン語 実業系高校	中国語 一般系高校	中国語 実業系高校	日本語 一般系高校	日本語 実業系高校
1991	42.7	6.2	23.8	4.1	1.1	0.2	3.1	3.1	29.3	86.4
1992	42.9	6.5	23.6	4.2	0.9	0.2	3.5	3.5	29.2	85.5
1993	43.2	6.9	24.7	5.0	0.8	0.2	3.6	3.4	27.8	84.5
1994	42.8	7.3	25.1	4.9	0.7	0.2	4.3	3.7	27.1	83.9
1995	42.4	12.8	25.1	4.9	0.9	0.3	5.0	3.4	26.7	78.6

での第二外国語の学習者数も増えつつある。2000年まで第二外国語教科目の選択比率は〈表5-3〉の順位と同じであり、大きな変化は見られない。

しかし、1994年には大学別入試が復活され、ソウル大学は再び日本語を第二外国語の選択科目から除外した。「日本語は学問研究の道具科目としては不適切である」「語学として研究価値がない」という従来と変わらない理由であった。ソウル大学の動きは再び全国の大学に影響を与えた。日本語を選択した学生と父母らの抗議や韓国外大の教授らを中心とした学界では学問的分析資料を提示し、日本語が易しいから語学としての研究価値がないという主張にたいする反論を行ったが、結局日本語は大学別入試の受験科目から除外され、1994年からは大学進学校の日本語教育の沈滞現象は目立つようになる。しかし、1997年から従来の高校の成績と共に語学能力などの総合生活記録簿が入試に反映されるようになり、さらに2000年11月からは第二外国語が大学の修学能力試験(国公立、私立を問わず、いずれの大学に進学する場合も受験を受けなければならない、全国統一試験)の選択科目に再び入るようになったので、第6次教育課程期には再び第二外国語に対する関心が高まった。2003年度は、全国の大学で約30学科が日本語試験の成績を評価に反映させた[10]。

次は教師に関する制度や環境などが第5次教育課程期にはどのように変わっていたのかを考察する。

2.1.3　高等学校の教師

中等学校の外国語教師に対する国内の特別研修や現職教員に対する研修教育が強化された。1985年には小学校、中学校、高等学校などの各級学校の教員養成と教員の再教育、及び教育研究要請を担当する総合教員養成教育機関として韓国教員大学校が新設された。そのため、中等教員は師範大学、韓国教員大学、一般大学の教育科と実業教育科、工業教育大学、一般大学の教職科、教育大学院などで養成教育が実施されていた。80年代の師範大学が増設され、師範大学卒業者の過多輩出で社会問題になり始めたので、文教部は1986年度から国立師範大学の学生定員を大幅減縮し、学科も統廃合する措置を取った[11]。また、一般大学の教科教育科の増設も抑制し、教育科を大幅縮小した[12]。しかし、1990年代にも師範大学は増えていたので、根本的な問題解決までには至らなかった。また、80年代に継続的に増えた教育大学院を通しても教員資格がない人は教員資格証を得ることも可能であった。

　90年代には師範大学の入試制度が変わり、91年度から師範大学の新入生選抜において、大学入試成績、出身高等学校の成績だけではなく、教職適性・人性検査成績5％、面接成績5％が反映されるようになった。このような措置は教員の待遇より良い企業などの他職種への転職率も低くなかったので、教師としての資質と使命感がある新入生を選びたいという狙いもあったと考えられる。特に、外国語教員の退職率は全体教員の平均退職率より高かった。1980年度と1985年度の文教部の統計によると、すべての外国語教員の退職率が教師全体の退職率より高いという調査結果が出た。なぜ、外国語教員の退職率が高かったのか。これは高校での第二外国語は大学入試に左右され易い不安定な科目であり、外国語教育のための環境の不備などで教師が達成感と熱意を持ち難い、また、その当時は経済成長期であったため、外国語能力がある人材を必要としている企業に英語や日本語などの教師は他教科目の教師より転職し易いという理由が考えられる。1985年度には日本語教師の退職率が人文・社会科学系と実業系高校両方とも一番高かった。

　従って、第5次教育課程期には教員の現職教員に対する研修を強化するだけではなく、教員の退職率を減らすために教師の権限の確立などの政策的な工夫が必要であった。例えば、政府は師道憲章を制定し、「恩師の日」で教

育者を尊敬し待遇する社会雰囲気造成の運動を展開した。また、教員の待遇改善のために教職手当てを新設、支給した。そして小学校の教員と中等教員間の給料の格差も解消し、教員の厚生福祉事業を活性化する一方、正常的教育活動に支障が生じる要因になる業務の負担を減らそうとした[13]。

韓国教員大学の場合には市・都教育監の推薦をもらった人を対象に新入生を選抜した。80年代にも一般大学に設置されている教職課程を通して多数の教員が養成されていた。年度別教員の出身学校の構成比を見ると、次の通りである。

〈表5-4〉 年度別高等学校の教員の出身学校の構成比[14]
(単位：名、％)

区分	計	国立師範大学	私立師範大学	教職課程履修	養成所修了	教員資格検定試験	その他
1970	19,854	20.9	5.7	50.0	4.3	7.9	11.3
1980	50,948	17.4	3.8	53.6	3.6	10.4	7.2
1985	69,546	20.9	7.8	57.5	1.7	6.6	2.8
1990	92,683	27.7	10.4	51.6	1.1	4.8	1.4
1995	99,067	28.3	13.5	50.3	0.9	3.1	1.3

1970年代には全体の1.7％である338人が無資格教員であり、その当時には師範大学と一般大学の数が少なかったので、教員確保が難しい時期であったことが伺われる。無資格の教員は漸次減少し1980年には0.4％になった。上記の表からも分かるように、韓国の高等学校の教員の出身学校構成比は4年制大学の教職課程履修者が一番高い。このように4年制大学の教職課程が韓国の中等教育に与える影響は大きかったので、教員の質を上げるために文教部は大統領令第11654号で1985年1月に教員資格検定令施行規則を改正し、教職課程の受講資格を学年の学科別卒業定員の30％以内に入る者に制限することによって、教職教員課程の教育をより強化した。

1990年代に入ると大学の増加と共に高等教育が普遍化され、学歴競争は大学から大学院へと拡散されたので、大学院の急増を招いた。このような時代的変化の中で、教員の学歴も上がった。教育統計年報によると、1995年現在中学校の教員の10.4％が修士課程在学者あるいは修了者、0.3％が博士

課程在学者あるいは修了者であり、高等学校の教員の 17.0％が修士課程の在学者あるいは修了者、0.8％が博士課程在学者あるいは修了者である。大学院へ進学する教員の割合は 2003 年になると、高等学校の教員は 30％以上になる。

80 年代には学生数が非常に増えたので、80 年代後半から教員数も大幅に増やし、教師の負担を減らそうとした。一般系高校の教員数の推移を見ると〈表 5-5〉の通りである。

〈表 5-5〉 一般系高等学校の教員数の推移[15]

(単位：名、％)

区分	総計 計	総計 女	国立 計	国立 女	公立 計	公立 女	私立 計	私立 女
1970	9,845	1,196 (12.1)	117	12	3,965	471	5,763	713
1975	20,415	2,904 (14.2)	159	16	8,143	1,049	12,113	1,839
1980	27,480	4,734 (17.2)	252	26	10,695	1,522	16,533	3,186
1985	40,040	7,853 (19.6)	431	47	16,872	3,163	22,737	4,643
1990	58,074	12,828 (22.1)	536	65	25,158	3,696	32,380	6,367
1995	56,411	12,540 (22.2)	574	92	23,126	6,354	32,711	6,094

〈表 5-5〉から分かるように、人文系学校の教員数は 1970 から 1990 年までは継続して増加している。しかし、90 年代初から学生が減少し始めたので教員数も 1990〜1995 年の間には減少しているが、1995 年以降には再び増加する。90 年代の前半に減少した原因は高等学校の学齢人口の減少によって高等学校の全体の学生数が減少したことに一次的原因があると考えられる。また、1980 年代末に一般系と実業系の学生数の比率を 50：50 の水準に調整し、実業系高等学校の教育を育成しようとした政府の政策的な要因もある。結果的には教員数にも影響を与え、1990 年に一般系教員数と実業系教員数の比率が 62.7：37.3 から 1995 年には 56.9：43.1 の比率に調整された。

設立別の教員数を見ると、国・公立一般系高等学校の教員が全体の 49.9%、私立教員が 50.1% であり、私立教員数が少々多い[16]。性別ごとに教員の分布を見ると、1970 年には女性教員が 12.1% に過ぎなかったが、徐々に増え 1995 年には 22.2% まで上がっている。80 年代からは教員の量的確保の問題は解決されていたものの、教員の質を上げるための努力と対策が模索されていた時期であったとも言える。

1994 年現在の第二外国語の教員数の比率を見ると、人文系の場合、ドイツ語 42.1%、フランス語 26.2%、日本語 25.6%、中国語 4.9%、スペイン語 1.1% である。実業系の場合、日本語 81.5%、ドイツ語 8.1%、フランス語 6.4%、中国語 3.7%、スペイン語 0.3% である[17]。実業系の学校では日本語を選択する学校が圧倒的に多いため、実業系の第二外国語の教員は日本語教員に偏重されている。量的には日本語が急成長しているが、果たして高校での日本語教育は量的成長と共に質的成長も達成しているのか。日本語教育を担当している日本語教員らはその当時の日本語教育に対してどのような問題点を感じていたのか。1990 年夏に行われた高校の日本語教師の研修会に参加した 119 名(男 68 名、女 50 名)はアンケート調査[18]で〈表 5-6〉のように答えている。

〈表 5-6〉教える上での問題点(複数回答)

設問	人数	%
①日本についての資料が不足している	85	72.0
②視聴覚資料が不足している	85	72.0
③入試科目と関係がないので学生にやる気がない	63	53.4
④会話・聞き取りの時間が不足している	62	52.5
⑤生きた日本語が教えられない	50	42.4
⑥一クラスの人数が多すぎる	53	44.9
⑦教師自身が日本の文化を知らない	48	40.7
⑧教える時間が少ない	41	34.7
⑨教師の日本語が不十分である	25	21.2
⑩適当な副読本・練習帳がない	11	9.3
⑪日本について興味がないので学生がやる気がない	12	10.2

〈表5-6〉から分かるように、日本語のコミュニケーション能力と日本文化理解能力の学習を目指していた第5次教育課程の目標が教育現場で実際に実践されることがいかに困難であるかがよく表れている。授業を楽しくするためには豊富な教材の活用が必要であるが、視聴覚などの教材と授業時間が不足している上、50人以上のやる気のない学生を相手にコミュニケーションを中心にした授業を行うのは非常に難しい。しかも、教師自身も日本文化に対する知識と日本語会話能力が不十分だと思っている者が多いという結果だった。この時期にも教科書を使った文法や読解などの講義中心の授業であったことが伺われる。また、この研修会に参加した119名の教師の中、97名（82.2%）が日本語の会話力をつけたいという希望を持っており、大学の教員養成教育と教員研修などを通してコミュニケーションの能力を向上させる教育課程が充実化されない限りではその時期の高等学校の日本語教育課程の目標は実現し難い理想や理念だけに終わってしまう。勿論このような問題は日本語教育だけではなく、高校の外国語教育全般に置かれていた問題であったとも言える。

　政府側は教員の質を上げるために1988年から教員海外研修事業を始め、1989年には3000人の教員を海外研修に送っていた[19]。しかし、海外研修は教育経歴及び資格を持つ教員の中から一定基準によって選抜する形式であり、極めて少ない教員だけに限られているので、海外研修の予算を増やし研修期間と人数をより増やすための政策的方案の模索が必要であった。一方、国内の現職研修も義務化し強化した。外国語科の場合には2級正教員が1級正教員の資格を得るためには180時間以上の資格研修を受ける必要がある。しかし、研修が強化されても、研修の教育課程の内容や研修方法は第4次教育課程期からあまり改善されていない。つまり、講義中心の授業方式が多く、研修の教育内容も外国語教員が求めている実際的外国語技能養成科目や外国語教授法関連科目より、教授の専門との関連で外国語文学と言語学関連科目の比率が非常に高い。研修は以前より強化されても、特徴ある教育プログラムの開発や教育の現場で求められている教育プログラムの開発という課題がまだ残されていた時期でもあった。

2.2　大学と専門学校
2.2.1　実態と問題点
1970年代前半までは韓国の大学の進学率は低かったが、1970年代末から特に1980年代に入ると急激に増えて来た。これは「7・30教育改革」政策で1981年から施行された卒業定員制[20]と大学入学定員の拡大、単科大学の総合大学校化、新規大学設立の勧奨、専門大学の4年制大学への昇格、放送通信大学の拡充などにより大学教育の機会が大幅拡大されたことによる[21]。同時に師範大学系の在学生と卒業生や一般大学の教職履修者数も増えていた。しかし、この時期の景気沈滞による雇用悪化は大学の在学生や卒業生にも影響を与え、教員志望者間の競争も激しくなっていた。1985年11月現在の文教部の集計によると、全国11校の教育大学の1985年卒業者3,162名の中、任用者は52.6%の1,666名であり、任用優先権が与えられた国立師範大学卒業者8,502名中の46%だけが任用され、また私立師範大学の卒業生も63%が就職出来ていない状況であった。

　このような実態が発生した背景には、景気沈滞以外にも政策的問題もあった。1969年に施行された中学校無試験制、1974年の高校平準化政策の施行などで60年代と70年代には中等学校の就学率が急激に増えた。そして、1970年代には経済成長が本格化され、給料が少なかった教員の移職率も高くなったので、教員の供給が需要に間に合わず教員不足現象が生じ、この問題を解決するために、政府は教員養成機関を大幅増やした。しかし、1980年代後半と90年代には中等学校の学生数と教員の退職率の減少で教員の需要も減少したが、その間増えて来た教員養成機関の定員は減っていなかったので、教員資格者と教員志望者が大幅に余ってしまったのである。

　80年代までは国・公立小・中等学校への教員の任用の際、国・公立教員養成機関出身者の場合には無試験で優先任用され、私立教員養成機関出身者と教職課程出身者の場合は選定試験を経て任用される制度になっていたため、私立大学側の不満の声が高まった。結局、1991年からは公開採用試験によって国・公立学校の教師を新規採用することになった。1991年始めて実施された国・公立の中等教員の公開採用試験の結果、国立師範大学出身志願者の62.2%が不合格という結果が出た。1991年の公開採用試験は第1次

試験では教育学科目30％、専攻科目70％の筆記試験に大学在学中の成績を20％加算反映し、加算点（地域所在出身の師範系大学10％、その他の地域の師範系大学5％）を計算し、高得点者の順で2倍数以内を選抜した。第2次試験では論述試験（教職関連の教養）30％、面接試験（適性、素養など）20％にし、第1次と第2次試験の成績の合計で高得点者の順で募集人員を選抜した[22]。

　1990年代から始まった公開試験の平等な自由競争による教員選抜制は一層激しい競争を招いたが、より優秀な人材を多方面から教員として選抜可能になり、教職の多様化と開放化は教員の質を上げることに貢献したと考えられる。このような制度により国・公立中等学校の教員の中で国立師範系大学以外の学校出身者の割合が高くなってきたので、教員養成機関の教育課程の改編、教育実習と教育実習参加者に対する管理体系の強化、教員養成機関の評価認定制の実施などで教育の質を高めようとした。さらに、この制度は私立師範大学と一般大学の教職履修を通して日本語教員を目指している人が多かった日本語教育にも活力を与えた。

　韓国教育開発院の研究報告[23]によると、外国語教員の任用試験の場合、自由競争による教師任用方法という新しくなった選抜制度に対しては大部分の師範大学の教授らと学生は賛成していた。しかし、選抜試験に対しては、専攻科目と教育学の比率が70％：30％であったため、実際の現場授業の際、外国語のコミュニケーション能力と外国語教授法に対する専門的知識の不足に教員らは一番困難を感じていたので、このような問題点を改善する方向で任用試験の問題を調整する必要があるという意見が多かった。現場の教員らは教育学の比率を現行より低い11～12％にし、専攻科目の比率を現行より高くすることを提案した。

　教育課程が求めている会話能力の学習を教育現場で実現させるために必要な教員を選抜するためには、専攻科目間の比率も重要である。すなわち選抜試験に専攻科目の比率が増えても文法、語彙、読解などが中心になっていては任用試験を通して教員らの専攻外国語のコミュニケーション能力を向上させたいという目的達成は難しい。従って、専攻科目の試験に専攻外国語のコミュニケーション能力の反映率を高める必要がある。しかし、実施のために

は施設やコミュニケーション能力をテストできる面接官確保などの諸問題があり、より根本的な問題解決のためには教員養成機関である大学の外国語教育でコミュニケーション能力を向上させる教育課程の実施が必要である。それでは、この時期の大学の外国語教育の教育課程を考察し、教員養成の問題点を探りたい。

2.2.2 師範大学の外国語教育科の教育課程

中等教員養成の教育課程は教養課程、教職課程、専攻課程及び自由選択に分けられている。教員養成大学は一般大学の教職課程と殆ど似ている教育課程を運営している。教員養成大学の教育課程の編成と運営に関する規定はないが、高等教育法44条には教育大学・師範大学・総合教員養成大学及び教育科の教育はその設立の目的を実現するために、次のような教育目標が設定されている。

① 教育者としての明確な価値観と健全な教職倫理を持つようにする。
② 教育の理念とその具体的実践方法を体得させる。
③ 教育者としての資質と力量を生涯にかけて自ら進んで伸張させていくための基礎を確立する。

教師としての専門性と使命感を持つ人材を養成するための教育目標が設定されており、このような目標を達成するための教育課程を編成・運営する必要がある。さらに教員教育課程と中等学校の教育課程との関連性を高め、学校現場での教育課程の実施がより効率的に行われることが望まれる。しかし、韓国教育開発院の研究報告[24]によると、実際には教員養成の教育課程は中等学校の教育課程との関連性が不足しており、師範大学の教育課程は教職の専門性が不十分であり、教育実習も充実していないなどの問題を抱えていた。師範大学の外国語教育科の教育課程科目間の比率を見ると、次の通りである。

〈表5-7〉 5箇所師範大学の外国語教育科教育課程の科目間比率(%)[25]

科目 学科	専攻：教職：教養：一般選択	専攻 文学：語学：教授法	語学 技能：知識
英語	47：12：27：13	36：54：10	57：43
ドイツ語	46：14：28：12	46：43：11	49：51
フランス語	46：14：27：13	38：53：9	45：55

　上記の表から分かるように、専攻の比率が三つの学科とも50%以下で低く、しかも専攻においても言語技能の比率も高くない。教養科目の比率は高い反面、実際現場の教師に必要な教授法の比率が低すぎる。教授法の比率が英語10%、ドイツ語11%、フランス語9%であり、しかも教授法が教育課程の科目に入っていない師範大学もあるので、師範大学の外国語教育の特性を上手く生かしてないと言える。また、文学の比率と比べ、文化に関する教育課程は殆どないという問題点もある。このような教育課程の構成が多くの外国語教師が教育現場で言語技能の必要性を深刻に感じている問題に対応出来ているとは言い難い。師範大学で行われる外国語教育は人文系大学の外国語文学科の教育課程とそれ程差がないため、師範大学としての特性を生かした差別化が必要である。また、学生の実習期間も1ヶ月で、しかもこの期間中1～2時間程度の授業だけの教授経験に止まる場合が多く、実習期間を増やし教授法科目に対する実用的経験を積む機会をより与えることが教員の質を上げるためには必要である。

　この時期の教員養成機関の教育や教員任用試験の科目には教育現場で実際必要とする能力養成と評価が反映されておらず、改善しなければならない課題が残されていたため、教育現場と大学の教員養成教育との間にはズレがあった。

　それでは、この時期の大学の日本語教育はどのような状況に置かれていたのかを考察する。日本語教員も一般大学の教職履修者が多かったので、一般大学の日本語教育の教科課程が高校の日本語教育に与える影響は大きい。従って、90年代の韓国の大学ではどのような日本語教育がなされているのかを考察することは、高校での日本語教育と教育課程の目標と実践において

の問題点と改善策を探るために重要である。

2.2.3　高等教育機関での日本語教育

2.2.3.1　教材と教育用機材

日本語教育辞典の調査[26] によると、1982年の韓国の日本語教科書の種類は63種類あり、教科書の内容別で読解に関する教科書が一番多い32冊であり、その次が会話教科書16冊であった。しかし、1990年代に入ると日本語教材の種類は872冊まで急増する。80年代とは違って、大学教科書と各種教科書が一番多い約300冊であり、その次が約250冊の学習参考書である。80年代には非常に少なかった会話教材はこの時期には約200冊まで急増している。また、レベル別の教科書の種類を見ると、初級用が277冊、中級用が78冊、上級用が33冊である[27]。初級教科書が圧倒的に多いという状況は80年代と変わっておらず、中・上級用の教科書が不足していた。しかし、80代には非常に少なかった会話用の教材が急増するという変化が見られたのは、社会が要求している外国語教育の目標が読解中心から会話中心へと変わって来ており、また多くの日本語学習者も読むための日本語よりコミュニケーションをするための実用的日本語を中心とした学習を目指していることが考えられる。

視聴覚教育用の機材の有効な利用は外国語教育のコミュニケーション教育には重要な役割を果たす。金（1994）による1994年現在の韓国の日本語関連専攻学科62校の教育用機材の状況は次の通りである。

〈表5-8〉　大学の日本語専攻教育に使われる教育用機材状況（複数回答）[28]

機種	学校	%
Slide Projector	19	30.64
Cassette tape player	58	93.54
VTR	61	98.38
映写機	14	22.58
OHP	11	17.74
Computer	28	45.16
その他	2	3.22

〈表 5-8〉から分かるように、大学の日本語専攻学科の授業では VTR と Cassette tape player が一番多く活用されている。また、この時期になると、コンピューターなども視聴覚授業の機材として活用されており、その他の 2 校では衛星放送施設で NHK 放送を聴取し授業を行っていた。これに比べ、教養日本語教育での視聴覚授業用の機材の使用状況は非常に低調であった[29]。韓国では日本語専攻学科が設置されていないが、日本語を教養科目として教えている大学や専門学校が非常に多く日本語を選択する学生数も多いので、クラスの規模も大きい。このような状況では教科書と講師中心の読解や文法授業になりがちであるが、多人数の授業状況でも楽しくコミュニケーション能力を向上させることが工夫されている教材や副教材などの開発、また機材を使った授業が日本語のコミュニケーション能力の向上と結び付けられるような視聴覚授業用の教材や教授法の研究が求められる時期であった。

2.2.3.2 状況

1980 年に釜山女子専門大学や仁川専門大学などに日本語専攻学科が作られて以来、1994 年現在 142 の専門大学の中、29 大学 36 学科（定員 2,629）に日語科、あるいは日語通訳科が開設されている。また、56 大学の 123 学科に観光科、観光通訳科、貿易科、航空運行科などの日本語関連学科も開設されている。大学や専門学校以外にも会社の研修院、教育放送、私設学校などの多様な機関で日本語教育が行われていた。また、1973 年に韓国外国語大学校で日本語関連大学院修士課程が始めて作られて以来、1998 年に現在 21 の一般大学院と 20 の教育大学院、通訳・観光の 2 校の特殊大学院がある。日本語関連博士課程は 1981 年に韓国外国語大学校で始めて開設され、1998 年現在総 6 箇所の大学校で開設されている[30]。さらに、殆どの大学や専門大学には日本語関連学科がなくても、教養外国語科目には英語以外に日本語が設けられているため、高等教育機関で日本語を学習している学習者も非常に多いと考えられる。

　専門大学は日本語教育の目標が主に職業人を養成することであり、2 年間という短い教育期間であるため、実務的な能力などの技能教育に重点が置かれており、特に「話す」言語技能教育に一番多くの時間を配当している場合

が多い。この他にも観光日語、基礎総合、「聴く」「読む」「書く」「文法」などの言語技能科目が約90%に達している。その反面、日本学や日本文学などの科目に対する時間配当は非常に少ない。コミュニケーションの活動に必要な日本文化理解教育に対する時間配当は殆どなく、技能的日本語を中心とした会話能力の学習に重点が置かれていた。

日本語教育関連研究は1980年代の日本語学習者の急増により日本語教育関連研究が増えていたが、90年代に入っては教育課程やシラバスなどの教授理論に関する研究もなされるようになった。1991年12月に大学日本語系列関連学科の教育課程開発のために韓国大学教育協議会が「日語日文関連学科の教育プログラム開発研究」という研究報告を発表した。90年代の既存の教育課程の教科構成比率を見ると、〈表5-9〉の通りである。

〈表5-9〉 模型教育課程と既存教育課程科の教科構成比率(%)[31]

	日語日文学科	日本語科	模型教育課程
語学技能	43.73	55.81	39.58
語学理論	13.66	15.85	18.75
古典	9.47	3.52	10.42
近代文学	26.29	16.20	12.5
日本学	5.32	6.34	8.33
日語教育	1.05	1.23	10.42
その他	0.48	1.06	0

韓国大学教育協議会が提案している模型教育課程には既存の教科構成より日本語教育に関する教科構成比率が大幅に増加している。日本語教員養成機関としての大学教育の問題点を考慮した際には日語教育の構成比率の増加は望ましい提案であろう。しかし、語学技能と近代文学を減らし、語学理論と古典、日本学の構成比率を増やし、全体的には言語理論的な部分により重点が置かれているこの提案は日本語関連学科全体に適用するのは問題があると思う。大学での日本語教育は教員養成や研究者養成以外の目的もあるので、それぞれの学科の特性や学習者の要求が反映できるようより柔軟な教育課程の教科構成の研究が必要であろう。また、大学の日本語教育の目標では日

本文化の理解に対する内容が取り上げられているにも拘わらず、日本文化理解教育は主に日本文学の読解を通した教科構成になっている場合が多い。日本文化理解や異文化コミュニケーションなどの言語運用能力をより体系的に学習させるための教科目を大学や専門大学の教科構成に入れるなど、時代的変化と必要に応じた多様な教科構成の模索が課題として残されていたと言える。

　李(1998)によると、59個の日本語関連学科の専攻科目の開設総数は5,795時間であり、大学当たりの平均講座時間は98.2時間である。このうち、言語技能関連科目が2,611時間で、全体の45.1％を占めている。古典と近代文学を合わせた1,864時間は全体の32.2％を占めている。全体的に文法と「読む」技能と関連している科目が2,958時間で全体の51％に達している[32]。第3次期と第4次期よりは文法と読解を中心とした教科の時間数は減り、教科目も多様化して来ているものの、第5次教育課程期においても4年制大学の日本語関連学科では「読む」技能と関連している科目の比率が一番高い。第5次教育課程期から強化されたコミュニケーション重視の高等学校の日本語教育課程に対応出来るような教員養成教育が大学で充分に行われていたと言い難い。

　しかしながら、80年代後半から韓国の日本語教育は高校、大学、専門学校、大学院だけではなく、社会教育機関・私設学校・研修院・放送・大学語学付設機関・日本大使館の広報文化院などでも活発に行われるようになり、就職や実用的な目的以外にも教養や趣味として日本語を習う一般人日本語学習者も増えていた。さらに、韓国政府は「海外留学に関する規定」を改正し留学に必要な資格基準を引き下げたので、従来まで規制されていた海外留学が1980年代に入って簡単になったために増えていた日本の韓国人留学生が、90年代に入ると急増した。日本語教育の目的、学習者、教育の場などが多様化してきた時期である。

3. 第5次教育課程期の日本語教育課程

3.1 第5次教育課程の改正背景

1986年に文教部は韓国教育開発院に第5次教育課程改正試案に対する研究を委嘱した。文教部が示した第5次教育課程の改正の主な理由は①教育哲学・学問内容・教育方法の変化、②経済的発展と社会の変化、③現行教育課程の公布以後7年が経過している、④国際競争力強化の必要性、⑤教育の質的高度化である[33]。韓国は教育改革を通して、市場開放圧力と保護貿易主義がせめぎあう新しい世界情勢に対処しようとしていた。また、国内情勢においても、政権交代と1987年の6.29宣言以後民主化の動きが社会の各界各層に拡散するという社会状況の変化もあった。民主化に対する国民の要望が強くなり、憲法の改正、大統領選挙、地方自治制の実施などが進められていたので、このような社会的民主化、開放化、自律化への変化に適合するように教育を改善し、能動的に未来社会を準備する必要があったのである。

経済的な面においては、韓国の経済発展によって、1980年代後半からは産業の構造において農林水産の比重は減り、情報産業などのソフト産業への比重が増えることが予測され、高度専門人材の需要も増加し国際競争力を高めるための創意力と自主性を持つ人材育成が必要であった。情報化社会は教育面や文化面だけではなく、個人の日常生活の面においても幅広く影響を及ぼすと予測されていたので、情報化の発達によって生じ得る個別化、選択力、判断力などの問題や教育運営の方式の問題などに対する根本的検討、また国際競争と交流増大に対応できる教育内容と運営方法などの検討が必要であった。そのため、社会的適合性、学問的適合性、個人的適合性を高めることが教育課程の改正の必要性として求められていた。

文教部は1985年に第5次教育課程の業務推進計画を韓国教育開発院に通報し、1986年2月19日に正式委嘱した。文教部は第4次教育課程の基本枠は維持しながら、改善される必要がある部分だけを改正することを原則にし、①基礎教育の強化、②情報化社会に対応する教育強化、③教育課程の効率性の再考、を改正の基本方向[34]と決めた。このような改正計画によって韓国教育開発院が研究・開発した第5次教育課程は文教部の審議を経て、中学

校の教育課程は1987年3月31日文教部告示第87-7号、幼稚園と国民学校の教育課程は1987年6月30日文教部告示第87-9号、高等学校の教育課程は1988年3月31年文教部告示第88-7号によって公布された。第5次期の教科書の改正によって新たに編纂された教科書が1989年3月から使われるようになった。また、1990年12月27日の教育法改正により文教部から教育部に名称が変わった。

1980年代の韓国の民主化運動に影響を受けた教育界においても教育の自律化、地域化、多様化への要望が高まっていた。しかし、官主導型の韓国の教育状況ではこれらの要望が実現され難いと考えられた。韓国は1952年「教育法施行令」制定、及び地方自治制の実施によって市・郡単位の教育自治[35]が始まったが、朴軍事政権によって30年間中止されていた。従って、文教部は1988年の教育法改正で教育自治制の法的根拠を備え、教育自治企画団を設置し実務的な検討を行った。活発な論議を経て1991年3月8日に「地方教育自治に関する法律」が公布され教育自治制が復活された。1991年8月には各市・都議会が224名の教育委員を選出した。教育自治法はその後3回の修正を経て、1997年12月17日に改善補完された。

1997年の教育自治法の内容を見ると、教育委員は学校教育運営委員会で選ばれた選挙人と市・都の教員団体から推薦された教員である選挙人で構成された市・都教育委員選挙人団で選出される。この際、教育委員正数の2分の1以上は教育関連経歴が10年以上の者でなければならない。1988年の制度では教育監資格も政治家ではなく教育関連経歴は20年以上が必要であったが、1997年からは教育関連経歴が5年以上と規定されている。以前は1949年12月31日から1962年1月5日までは大統領令によって、1963年から1988年4月5日までは中央政府の任命によって教育監が選ばれていた。しかし、1988年4月6日の教育法第4009号により、教育学校運営委員会の選挙人と教員団体の選挙人で構成された教育監選挙人団の無記名投票で教育監が選出されるようになった。また、教育監は市・都教育機関を設置するためには、教育部長官の承認を得なければならなかったが、大統領令あるいは市・都の条例に従って教育機関を設置することが可能になるなど、教育監の権限が強くなった[36]。教育自治制の復活は教育の地域化、自律化、多様化の

実現のためには非常に意味がある変化であり、しかも教育現場の教員や教育関連経験を持つ人々の意見が反映できるようになったのは一歩進んだ教育の民主化が実現されたとも言える。

3.2 教育課程の基本方針

1988年3月の文教部告示第88-7号によると、第5次教育課程の基本方針[37]は次の通りである。

1. **基礎教育の強化**：基礎教育は全ての生徒が持つ必要がある基本的な能力あり、言語能力・数理能力・基礎体力・道徳性・思考力などの基礎的能力を向上させることは国家競争力を高めるためには必要であると考えられた。第4次教育課程期の小学校の統合政策により、1,2年では国語・道徳・社会が一つの科目に、また数学・自然が一つの科目に統合され、3年生から国語と算数の教科書が編纂されていた。しかし、言語能力や数理能力の基礎的能力の強化により、国民学校の低学年の国語科には言語領域別独立教科書が編纂された。数学も独立教科目になった。つまり、基礎学習技能科目として国語と算数は1、2年では45％を占められ、第4次教育課程期より強化された。中学校には数学・科学教科、英語教科の時間数が増加された。高校には、国語教科、社会教科、科学教科がより細分化され学校や地域の実情に合う選択が出来るようになり、時間数も増加された。また、自由選択科目であった教育学・哲学・論理学・心理学・生活経済・宗教科目が必修選択科目に変わり、このうち一つの科目を人文科学系、理科科学系、実業系の学生に学習させ、道徳性や思考力などの向上を試みた。
2. **情報化社会に対応する教育強化**：21世紀の情報化社会に対応するためには、主体性・創造性・思考力・判断力・情報処理能力・情報活用能力などの育成が教育課程の緊急な課題になっていたため、国民学校の実科にコンピューターの基礎、中学校の技術科目と家庭科目にコンピューターの原理と利用内容が新たに編成された。また、

教育の情報化のために、各学校当たりに教師用1台と学生用2人1台の基準で30台のコンピューターを小・中・高校に1989年から本格的に普及し始め、1995年には94・7%の普及率を達成させた[38]。

高校では実業・家庭教科の一つの領域として情報産業科目が新設され、選択科目として3年間8単位を履修できるようにした。さらに、多様な美的体験を通し創造性を伸張させる目的で、中学校の2年で音楽・美術教科が1時間ずつ増加された。高校では第4次期では音楽と美術の科目中の一つの科目だけが必修だったが、第5次期では二つとも必修科目になり、時間数も増えた。

3. **教育課程の効率性の再考**：教育課程が意図したものが実際の教育現場で効率よく実現できることが目指され、不合理的な点を改善し学校の教育課程の運営の自主性と融通性を与えようと試みられた。例えば、最小単位と最高単位の幅によって単位が配当された第4次教育課程期の際には、教科用図書は最大単位に合わせて執筆された。しかし教育現場では殆どの教科目が最小単位に合わせて運営しないといけない状況だったので、教科に配当された時間に比べ教科書の学習分量が多いという問題点があった。従って、第5次教育課程期ではすべての教科目に科目別基準単位を設定し、その基準単位に合わせて教科書を編纂し、学習量の適切化を図ることによって学習負担を減らした。また、高校3年間履修しなければならない総履修単位数は204〜216単位で第4次期と同じであるが、単位配当の硬直性の改善と合理的調整のために共通必修教科目数を第4次期の15個から12個に減らした。従って共通必修教科の履修単位数は第4次期の88から84に減少した。

全体科目の中で必修科目を40%、選択科目を60%に調整し、学校長と教師に教育課程運営に関する裁量権を以前より多く与え、教育課程の地域化と教育課程運営の弾力化を求めようとした。第5次教育課程の改正の際には教科内容の統合や履修科目が減らされたので、人文科学課程は13個教科の教科書32冊から27冊に、自然科学課程では13個教科の教科書31冊から26冊に縮小されたので、

学生と教師の授業負担が少なくなった。

　今までは韓国の教育課程は中央政府を中心とした官主導型であったが、第5次教育課程期から政府は学校現場や地域の実情を考慮し、学校長や教師に教育課程の運営のより多くの裁量権を与え、現場教育の効率を高めようとしていた。また、教科の選択の幅だけではなく、2種教科書と各教科目の教科書の種類も増え、教育の多様化と地域化を進めていた。特に、環境・人口問題などの人類共存のために他の国と一緒に協力し合う必要がある内容などを教科の統合的運営として教科書に反映しようとした。また、第4次教育課程期までは「技術」科目は男子生徒、「家庭」は女子生徒に限定されていたが、第5次教育課程期からは男女区別を無くし、女性の社会進出の時代的状況の変化を反映しようとした試みも見られる。従来の教科書では父は外で働いて、母は家で料理や子育てをする専業主婦であることが理想的な家族像であり、望ましい男女の役割分担として描かれていた。このような男女差別的内容は国語、社会などの科目だけではなく、第4次教育課程期の日本語教科書にも、母は台所で料理を作って、父は母の仕事を手伝っているのではなく新聞を読んでいる絵が見られたし、扱われている職業に対しても男女差別的内容が見られた。しかし、第5次教育課程期からは教育課程の運営指針の「指導」[39]では男女の役割に対する偏見を排除すると提示されており、性差別の改善に向けての意志が見られる。

　教育部は教育課程の目標が実際の教育現場で実践出来るように教育環境の改善を図った。政府予算対教育人的資源部の予算比率は1970年17.6％、1975年14.4％、1980年18.9％であったが、1990年には22.3％まで増加した[40]。80年代後半には学生数が増えていたので、政府は予算を増やし93校の小・中・高校の新設学校を作り、6,266個の教室を改築した。90年代の教育は量的に成長を見せている。94年度の文教統計年報によると、中学校から高等学校への進学率は98.7％であり、殆どの人が高校まで進学する時代になっていた。高等学校から大学へ進学する比率も1980年までは30％未満であったが、1994年度には高等学校の卒業者の45.3％が大学に進学した[41]。

　しかし、このような教育の量的成長に伴い教育現場では過密学級という問

題が残されていた。前述した通りに1970年代の小学校・中学校・一般系高校全部が60人以上の過密学級であったが、1990年現在の学級当たりの学生数は小学校が41.4名、中学校は50.2名、高等学校は53.6名である[42]。全体的に少しは改善されているものの、学級当たりの学生数が25名程度の先進国の2倍であり、高等学校で最も学生数が過密している。このような状況では教育課程の目標や基本指針を教育現場で効率良く実行させることは容易なことではなかったことが考えられる。

3.3　第5次教育課程期の日本語教育課程

この時期は英語だけではなく、第二外国語においてもコミュニケーション能力を重視するようになった。勿論、第4次教育課程期の日本語教育課程でも「話す」「聴く」能力に重点が置かれ、音声言語を中心とした教育課程が設定されていたが、抽象的な目標に過ぎず実際の教育現場では文法翻訳教授法(Grammar Translation Method)や言語形式中心の教育が主に行われていた。従って、第5次教育課程期には外国語教育とコミュニケーション能力に関するより具体的で体系的な提示と細部項目を設定している。この時期には日本語使用能力を養い、日本人の文化を理解させ韓国の文化発展に寄与させることが一般目標であった以前とは違う変化が見られる。それでは文教部告示第88-7号(1988.3.31)による第5次教育課程期の日本語教育の目標を見ると、次の通りである。

　（目標）
　1.　日常生活及び周辺の一般的話題に関する易しい言葉を聴いて理解し、簡単な会話を交わすことができるようにする。
　2.　日常生活及び周辺の一般的素材に関する文を読んで理解し、書けるようにする。
　3.　日本人の生活様式と思考様式を幅広く理解させる。

　以上のように、第4次教育課程期の言語の使用能力と文化教育側面を統合した一般目標が削除され、言語の4技能間の相関性を持った「聴く・話す」

能力、「読む・書く」能力、文化理解能力という三つの項目が目標として設定されている。特に、従来の日本語教育で求められていた「韓国文化の発展に寄与できること」という抽象的な記述の項目は削除され、日本の文化理解というより実践可能な項目に変わっている。つまり、国際理解能力が要求される時代の変化が反映されたのである。

また、日本語を選択した生徒に日本語を教える教育目標が具体的に提示されている。①高校生の経験範囲内での日常生活及び周辺の一般的話題を用いて難しい言葉を使わず簡単なことばで表現された簡単な対話を交わす、②高校生の経験範囲内の日常生活及び周辺の一般的素材に関する易しい文を読んで理解し、書けるようにする、③高校生の受容能力の範囲内で日本人の生活様式と思考方式などの日本文化を理解させる程度に止まった方が望ましい[43]、という目標が設定されている。高校生の能力と経験内という範囲を与えることによって10単位という教育時間の制約と第二外国語を初めて習うという状況を考慮しようとしている。また、日本の高校生及び日本人との交流のため、コミュニケーションに必要な基礎的な日本語会話能力を習得することが目指されている。高校生という学習者の属性に合うより現実的な目標が設定されていると言える。

第5次教育課程では日本語教育の内容を言語技能と言語材料に分けて提示している。言語技能の面では、①日本語の音声を識別し正確に区別する、②易しい内容の話を聞いて理解する、③口頭で文型練習する、④実物や絵を見て簡単に話す、⑤学習した内容を中心に対話する、⑥日常的話題に関して簡単な対話をする、⑦周辺の一般的素材に関する話しを聴いて要約する、という「聴く・話す」能力のために必要な細部項目が提示されている。

「読む」能力のためには、①仮名文字と常用漢字の範囲内の漢字を正しく読む、②文章を正確に読む、③文章の内容を理解しながら読む、④易しい文章の大意及び要旨を把握する、⑤読む文章の内容を要約し結論を付ける、という細部項目が設定されている。

「書く」能力のためには、①仮名文字と常用漢字及び正書法を学習する、②簡単な話しを聴いて正確に書き取るようにする、③文型練習を通して文章を作って書く、④簡単な韓国語を日本語に書き直す、⑤日常的な素材に関す

る考えや感じを易しい文章で表現する、⑥学習した内容を要約して書く、という細部項目が設定されている。それぞれの細部項目に対しては韓国語にはない日本語の特徴や言語学的・音声学的・教育学的知識に基づいた教授法などが取り上げられ、実際の指導に役立てられるように工夫されている。言語材料の素材も韓国文化や韓国での日常を扱うという側面に対する強調が無くなった。高校生にとって教育的価値があり、第二外国語の教育目的・目標に合う素材を求めている。具体的に見ると、次の通りである。

　　Ⅰ．素材は日常生活と一般的話題の中で選択し、言語の4技能の学習及び正しい価値観の形成に役立つものにする。
　　　◆　個人、家庭、学校、社会生活に関するもの。
　　　◆　趣味、娯楽、運動などの余暇善用に関するもの。
　　　◆　礼儀、風俗、地理、歴史、芸術など文化理解に役立つもの。

　　Ⅱ．文の内容においては次のような事項に留意する。
　　　◆　生徒たちの興味、必要、知的水準などを考慮し学習動機を誘発出来るものにする。
　　　◆　正確で実用的ものにするが、特定分野に偏重されないようにする。

　以上の素材内容に関する規定では第4次教育課程にはなかった「趣味、娯楽、運動などの余暇善用に関するもの」を新たに入れることによって、生徒たちの興味を引くような素材選定に心掛けている。文字の部分は平仮名、片仮名、漢字を使用するが、漢字は日本の常用漢字（1945字）の範囲内にすると規定されている。語彙は第4次教育課程では2,200個の語彙が必要であると提示されていたが、第5次教育課程では全体語彙数を10％程度減らした1,800内外の語彙数が規定された。これは実際の教育時間数が少ないという教育現場での実情を反映し学習者の負担を減らそうとする意図である。語彙は使用頻度と活用度を考慮し選定することと、単語レベルより文レベルでの学習が重視されており、韓国語の母語干渉の側面からも注意すべき点が記述

されている。文法と文型の面でも使用頻度と活用度を考慮した基礎的なものにすると規定されている。文法教育は単語と同じく文の次元で日本語を学習するために必要な文法事項を扱うのが望ましく、文型練習を中心とした教育が最も効果的言語教育として見なされている。そのため、基本的文型から派生的文型へ、易しい文型から難しい文型へ、使用頻度が高い文型から低い文型へと文型の選択及び導入順序など、文型に関する詳しい内容が提示されている。

4. 第5次教育課程期における教科書政策

世界化・国際化という時代的変化の中で国際的競争力を高める教育が求められていた第5次教育課程期には多様化と創意力を養うことが主な教育目標になっていたが、教科書政策では従来とあまり変わらない閉鎖性と中央集権的性格が維持されていた。つまり、教科用図書発行に関するすべての権限は教育部に集中されていた。例えば、教科書の改編時期、1種と2種科目の決定や教科書の量、構成、組織などの技術的項目までも教育部が関与していた。この際、学校の教科用図書の著作・検定・認定・発行・供給及び価格査定に関する事項などは大統領令である「教科用図書に関する規定」によって規定されることは従来と同じである。さらに、主に内容を規制している「執筆上の留意点」以外にも1992年からは編集・印刷・製本に関する事項などの外的体制分野を規制している「教科用図書体裁基準」が法制以外の規制装置として作られたが、1995年1月に廃止される。しかし、この体裁基準は廃棄後も事実上の準拠基準として現行の教科用図書に影響を与えている。

　基本的な教科書政策は第4次教育課程期と同じであるが、幾つかの変化は見られる。検定合格本の種類に関する規定が5種類から8種類に増え、教科書の多様化を図った。また、教科書の検定出願の資格が従来の「3年間毎年5種類以上の図書を出版した実績」から「3年間毎年10種類以上の図書を出版した実績」を持つ一般出版社と出版約定をした教科専門家と規定され、出版社の資格が強化された。合格した2種図書の有効期間は最小6年間であり、教育部長官が必要だと認定する際には教科目別に3年を超えない範囲内

で延長可能である。韓国の場合には検定周期が終わると、すべての教科書を改編しなければならない。制度上の改編は教科書や指導書の内容の全部あるいは総頁の3分の1を超える内容の変更が規定されている。しかし、実際には教育課程が部分改正されても教科書の場合には完全に新しく執筆しないと事実上検定には合格できないのが現実であった。これは合格本の数に制限があるので、審査の公正性を保つことに主な理由があるとされているが、短い執筆期間[44]以内に教科書内容の全部を変えないといけないということはあまり効率的だとは言い難い。しかも同じ時期に一斉に教科書を改編するので業務が急増し、教科書を作る側も、審査する側も十分な検討と検証を行うことが非常に難しい。

1991年現在の小・中・高等学校の教科用図書の発行実態を見ると、国定教科書である1種教科書は487種類の591冊、検定教科書である2種教科書は45種類の465冊である。1種、2種両方とも以前より種類が多くなっている。実業系の教科書は1950年の99種類から1991年には420種類になり、424％も急増している。特に電子工学関連教科書は第3次教育課程期には工業系専門教科書として4冊であったものが、1991年高等学校課程で使われている電子工学分野の教科書は、工業系では23種類、商業系では6種類、水産・海運系は1種類になっている[45]。先端工学の早期育成の必要性と情報化社会への社会的変化と情報の多様化に直面していたため、情報関係の専門教科を細分化し教科書の種類も大幅に増加させることによって、時代の変化と国家・社会的必要性に積極的対応しようとした。

外国語教科書の場合には国際化時代に対処するために5種類から8種類へと教科書の種類を増やした。国際化時代と共に外国語教育においても「話す・聴く」能力が重視されていたが、国語教科書においても大きな変化が見られる。具体的に見ると、小学校の場合、国語科の教育課程の学習指導内容構造が第4次教育課程期の①理解・表現、②言語、③文学という三つの構造に分けられていたが、第5次教育課程期には①話す、②聴く、③書く、④読む、⑤言語、⑥文学の六つの構造に分けられ、教科書も「国語」という単巻体制の教科書から「話す・聴く」「読む」「書く」という3巻の教科書体制に改編された。外国語教育で求められていた会話能力の効果を上げるためには

自分の母語で論理的に話す能力が必要であるが、文法や「読む」技能に重点が置かれていた従来の国語教育では、世界の舞台で外国語のコミュニケーション能力が必要とされる時代に効率良く対応出来ないという反省であった。従って、社会的コミュニケーション能力などの言語技能の使用能力の伸長に力を入れた国語教科書の政策は、外国語教育にも影響を与える政策変化であったと評価できる。

〈表5-10〉をみると、第5次教育課程期からは「執筆上の留意点」の規制方針が緩和され、「国是・国策との一致」を前提にしていた「一般指針」が「自由民主主義の体制との一致」に変更されている。

〈表5-10〉 教科用図書の執筆指針(第5次教育課程期)[46]

中学校の教科書	高等学校の教科書	
1種及び2種	1種	2種
① 自由民主主義体制との一致 ② 教育目的及び目標との一致 ③ 教育課程内容の反映 ④ 内容の精選 ⑤ 内容の水準 ⑥ 内容の陳述 ⑦ 内容の量 ⑧ 内容の正確性 ⑨ 内容の組織、配列 ⑩ 組織の均衡性	① 教育目的との一致 ② 教育目標との一致 ③ 国家政策との一致 ④ 公正性の維持 ⑤ 教育課程内容の反映 ⑥ 内容の精選 ⑦ 内容の水準と量 ⑧ 内容の真実、正確性 ⑨ 普遍性 ⑩ 内容の組織、配列	① 自由民主主義体制との一致 ② 教育目的及び目標との一致 ③ 教育課程内容の反映 ④ 内容の精選 ⑤ 内容の水準 ⑥ 内容の陳述 ⑦ 内容の量 ⑧ 内容の正確性 ⑨ 内容の組織、配列 ⑩ 創意性の発揮

教科書を作る際、本文・挿絵・図表・写真などの構成と配列に創意性を発揮し学習効果を高めることが表面上には求められていたものの、教科書編纂の全般的体裁に対する文教部の様々な規制により、個性ある教科書を作ることは難しい。第5次教育課程期に適用されていた22項目の編纂指針も第6次教育課程期には7項目に簡素化し、さらなる規定の緩和が行われた。第7次教育課程期になると検定申請資格が「検定申請日現在、最近2年間20種類以上の図書を発行した実績がある出版社」[47]とより強化された。また、教

科書の外形的な質の向上のために編集デザインの審査がこの時期から始まった。教科書の検定基準率の中で編集デザインが示す割合は〈表5-11〉の通りである。

〈表5-11〉 教科書検定基準率(第7次教育課程期)[48]

(単位:%)

区分	中学校	高等学校
教育課程遵守	20.3	22.1
教科書内容	26.3	23.9
教授・学習方法	21.3	13.0
構成体製	8.9	12.3
評価方法	2.5	1.8
編集デザイン	0.8	1.1
表現・表記	1.3	5.1
独創性と斬新性	18.6	20.7
合計	100	100

上記の通りに編集デザインの割合は一番低いが、教科内容との有機的な関連性を考慮した写真と挿絵の上手な活用や、視覚性・創作性・適合性を生かしたデザインの構成などに関する検定審査の実施は教科書の他の項目にも大きな影響を与えると思われる。従って、第7次教育課程期の教科書には写真や挿絵などの視覚デザインが改善され、学習者の理解力と興味を高めようとする試みが見られる。

5. 第5次教育課程期の教科書にみられるイデオロギー

5.1 国際化社会と情報化社会へ向けての教育強化

教育法第155条に示されている第5次教育課程期の改正基本方向をみると、韓国教育の目的は弘益人間の理念下に、韓国の国民の人格完成、自主的生活能力と民主市民としての資質の育成、民主国家発展への奉仕と人類共栄の理想実現への寄与である。第4次教育課程期にはなかった人類共栄という項目が新たに加わり、国際関係の多様な変化により広い視野を持って能動的に対

応している。また、この時期に教育を通して育成しようとした人間像をみると次の通りである。

　ア．健康な人
　　① 健康な身体
　　② 強靭な意志
　　③ 健全な趣味
　イ．自主的な人
　　① 主体的自己意識
　　② 自律的意志決定能力
　　③ 進取的開拓精神
　　④ 徹底した国家意識
　ウ．創造的な人
　　① 基本的学習能力
　　② 科学的探究能力
　　③ 合理的問題解決力
　　④ 創意的思考力
　エ．道徳的な人
　　① 正しい価値判断
　　② 人間尊重の態度
　　③ 健全な市民意識
　　④ 人類共栄の意識

　第4次教育課程期には、民主・福祉・正義社会建設に寄与できる人間的適合性と社会的適合性の間でのバランスを取れた人間像、さらに民族共同体意識、愛国愛族の精神、歴史的使命感を持ち、韓国人として誇りを持って世界舞台で活躍できる人間教育を求めていた。しかし、第5次教育課程期では、世界経済の保護主義強化と市場開放によって益々激しくなっている国家間競争で生き残るために必要な創造力と思考力、判断力、情報処理能力、情報活用能力などのより高度な能力を持つ人間を育成する必要があった。さらに、

世界各国との相互依存関係は益々深まっていたので、国家意識の徹底性だけではなく、より広い視野を取り入れた人類共栄の意識も求め、国際化時代に相応しい開放的で協同的な能力も高めようとした。そのため、この時期には基礎教育と情報化社会に対応出来る教育が強化された。

5.2 小・中・高校の教科書の内容

学校教育において一番中心的教科目の一つである国語教育を見ると、全人教育が強調された第4次教育課程期の国語教育とは違う変化が第5次教育課程期に見られる。教育部告示第1992–19号による第5次教育課程期の国語教育課程が目標としていた基本精神は①成熟した自我意識、②自立的意志決定、③基本的学習能力、④合理的問題解決力、⑤独創的表現力、⑥豊富な情緒を持つ人間を養うことであり、言葉と文を通し思考と感情を正しく、且つ正確に効果的に表現・理解出来る能力を養う内容を求めていた。学生の言語使用技能の伸張が国語科教育の具体的な到達目標であったので、国語科教授・学習状況においての主体は教師ではなく学生になり、自分の周辺世界について「話す」、「聴く」、「読む」、「書く」という言語活動を自分の言語で行う機会を生徒たちに多く与えようとした。

また、教室で行われる教授・学習が他教科の学習と実際の言語生活で効果的に活用出来るように、実用性が国語教育に強調されていた。従って、国語教科書の内容や素材が実生活を反映するものが多くなり、教科書に絵・挿絵・写真などを増やし、生徒自らが意味を考え、それを各自の言葉で表現する言語活動に重点が置かれていた。

このような言語使用技能の重視により、国語教育を通した民族的国民教育や主体性教育に対する強調は薄くなって来た。例えば、高等学校の国語教科書をみると、1990年に発行された『고등학교국어(高等学校国語)(上)』で民族や韓国人としての主体性を表す項目は全体の11課の中、第2課「読書の意義」の「(2)民族文化の伝統と継承」、第3課「言語と社会」の「(3)国語の純化」、第7課「国語の理解」だけである。「説明の意義と方法」、「言語と社会」、「小説と社会」、「作文の基礎」、「詩の世界」、「作文の実際」、「説得の意義と方法」、「読書の方法」、「エッセイの鑑賞」などの言語使用の技能的

能力の伸長のための内容が多くなっている。『고등학교국어（高等学校国語）(下)』においても「討議の意義と方法」や「討論の意義と方法」などの内容を通して、より高度な言語使用技能を高めようとしており、従来の国家・民族・愛国心・韓国民としての主体性などの内容は激減していた。

　社会及び国家の状況から影響を敏感に受けている社会科教育にはどのような傾向が見られるのか。第5次教育課程期の『政治・経済』(1993)教科書の構造と分量[49]をみると、「政治・経済現象の認識」(4.7％)、「民主主義と政治」(11.4％)、「国家と政治」(12.6％)、「わが国の民主主義」(15％)、「家計、企業及び市場」(18％)、「国民経済の構造と循環」(14.4％)、「国民経済の国家発展」(11.4％)、「わが国の経済」(12.6％)であり、国家を扱う部分は激減している。しかし、この時期に国家主義が弱くなっていたものの、従来のように国家が国民の優位になっている。例えば、「政治・経済」の教科書では「国家」を「一つの国家内のすべての個人と集団を包括的に支配出来る最も強い力」(p.61)、「国家は対外的に外部の侵略を防止し、対内的には国民間の理解関係を調整し、協力の上で秩序を維持する活動を行う。このために国家が政治権力を行使する。そして国家のこのような力にすべての国民は服従しなければならない。」(p.61) と明示されている。これは第6次教育課程期の『政治』(1996)教科書での市民が社会の主人であるという記述とは対照的である。しかし、国家主義が弱くなっていた第5次教育課程期は国家中心主義から市民中心主義へと移行している過渡期であったと言える。

5.3　日本語教科書

第5次教育課程期には世界化・国際化という時代的変化の中で創意力と国際的競争力を育成することが重要な教育目標になっていたが、この時期の日本語教科書の内容にはどのような特徴が見られるのかを考察する。

　この時期に使われた教科書は8種類(各上・下)の16冊の検定教科書である。具体的に見ると次の通りである。

　　F　『고등학교 日本語上』(박희태・유제도(1990)、금성교과서(주))
　　G　『고등학교 日本語上 』(오경자・신영언(1990)、동아출판사)

H 『고등학교 日本語上』(이현기・사쿠마 가쓰히코(1990)、진명출판사)
I 『고등학교 日本語上』(손대준・권만혁(1990)、보진재)
J 『고등학교 日本語上』(김봉택・양순혜(1990)、(주)천재교육)
K 『고등학교 日本語上』(이인영・이종만(1990)、금성교과서(주))
L 『고등학교 日本語上』(김우열・정치훈(1990)、박영사)
M 『고등학교 日本語上』(김효자(1990)、(주)지학사)
F' 『고등학교 日本語下』(박희태・유제도(1991)、금성교과서(주))
G' 『고등학교 日本語下』(오경자・신영언(1991)、동아출판사)
H' 『고등학교 日本語下』(이현기・사쿠마 가쓰히코(1991)、진명출판사)
I' 『고등학교 日本語下』(손대준・권만혁(1991)、보진재)
J' 『고등학교 日本語下』(김봉택・양순혜(1991)、(주)천재교육)
K' 『고등학교 日本語下』(이인영・이종만(1991)、금성교과서(주))
L' 『고등학교 日本語下』(김우열・정치훈(1991)、박영사)
M' 『고등학교 日本語下』(김효자(1991)、(주)지학사)

　FからMまでの「上巻」8種類とF'からM'までの「下巻」8種類である。それぞれ教科書の「上巻」と「下巻」は同じ出版社と著者によって作られている。FとF'、MとM'の著者らとJとJ'の著者김봉택、LとL'の著者김우열は第4次教育課程期の教科書『高等学校日本語上・下』の制作にも関わっていた。また、前文教部高等学校日本語審議委員の김우열は第3次教育課程期の『高等学校日本語読本(下)』(1977)も作り、一番長く高等学校の教科書制作に参加している。従って、5人の著者そしてF、F'とM、M'の二つの出版社だけが第4次と同じであり、6社の出版社と10人の著者は新しい教科書制作グループである。著者の属性を見ると、合計15人のうち、高等学校教師は1名、前文教部高等学校日本語審議委員1名、大学日本語関連専攻学科の教授13人である。第5次教育課程期の日本語教科書の執筆は第4次教育課程期と同じく大学の日本語教育関係の研究者が中心になっている。日本人1人、김우열、권만혁以外の12人の著者らは、日本の大学、あるいは

大学院を卒業した留学経験者である。また、14人のうち8人は韓国外国語大学、あるいは韓国外国語大学大学院を卒業している[50]。

それでは、「上巻」と「下巻」に分けて、それぞれの特徴を考察する。分析の際には構成、写真と絵、会話場面、人名、地名、内容の項目に分けて、第4次教育課程期には見られない変化や特徴などを明らかにしたい。

5.3.1　8種類の「上巻」の分析内容
(1) 構成

高等学校「上巻」の各課の構成を見ると、〈表5-12〉の通りである。

〈表5-12〉　8種類の「上巻」の全体構成

教科書	構成	総課数	全体頁数[51]
F	本文―ことばのきまり―練習―問題	22	123
G	本文―文型―活用―会話―練習問題	24	124
H	本文―学習事項と関連語句―確認―発音―練習	25	146
I	本文―会話―基本文型―練習	23	118
J	本文―参考―(発音)―文型―練習問題	22	126
K	本文―言葉の学習―文型練習―練習問題	21	119
L	本文―文型―練習―(会話)―問題	25	119
M	本文―(はなしてみましょう)―文型練習―練習問題	23	116

会話を中心とした本文と基本文型を中心とした練習という基本的な全体構成は第4次教育課程期と殆ど同じである。また、第4次教育課程期と同じく学習の便宜上8種類の「上巻」はすべての文が韓国語のように分かち書きになっている。しかし、発音練習項目を扱う教科書が増えているので音声言語がより重視されている。これは前述した通りに言語技能の面において「日本語の音声を識別し正確に区別する」という細部項目が目標の一つとして提示されているからだと考えられる。練習問題が絵を使った会話練習になっている教科書も多いという変化が見られる。また、部分的に総合問題の項目を作り文法と文型などのまとめをする構成になっている教科書や、練習と問題を分けて構成している教科書など、本文以外の練習部分での工夫がなされ、全

体的に練習部分の量も増えている。これは以前より本文の課数を減らし、練習問題の多様化と練習量の増加によって練習問題の一部を課題にすることで足りない授業時間を調節出来、実際授業時間が足りない教室現場での状況が考慮された変化であろう。

　第4次教育課程期との同一の著者によって作られた第5次教育課程期の教科書F、L、Mには構成の面においてどのような変化が見られるのか。Fは第4次教育課程期のAより量が少し減っているものの、構成の変化はない。しかし、Fには各課の練習に発音の項目を入れている。Lは第4次教育課程期のBより量が少し増え、練習と問題の項目を分離し会話練習を中心とした問題を増やしている。Mは第4次教育課程期のEより量は少し減り、「はなしてみましょう」の項目が新しく加わり、会話の練習部分を以前より増やしている。8種類の教科書の分量は第4次期の5種類より少ないものが多い。8種類の中から一番分量が多いHの場合は、146頁の中で本文、確認、練習の部分に挿絵を多く使っているので文字の分量は他の教科書とそれ程変わらない。8種類の教科書のうち、構成の面で従来の教科書とは違う大きな変化が見られる教科書はHとJである。第4次教育課程期の教科書は「上巻」ではなく日本語の読解力がある程度のレベルまで達している学習者向けの「下巻」で、しかも日本語で書かれた本文で日本文化理解を扱う場合が多かったが、Jでは本文とは独立した日本文化理解コーナーが3箇所あり、韓国語で日本文化が紹介されている。これは日本語が入門レベルの学習者にも日本文化に対する関心と理解力を高めさせようとする意図であろう。以前の教科書や第5次教育課程期の他の一部の教科書でも練習問題に発音の問題が扱われる場合があった。しかし、Hの場合は各課に独立した発音コーナーを作り、韓国人日本語学習者が間違い易い発音やイントネーションとアクセントの強弱に注意しながら声を出して練習させるように工夫されている。それにHの練習問題には絵や写真を使った会話練習が多く扱われているので、従来の文字で書かれた会話文を通し既に提示されている質問のパターンに従って答えるような会話練習とは違う特徴である。これは絵や写真の場面を用いて学習者が中心になって自由な発想で会話文を作れるという面でより能動的なコミュニケーション能力の向上を意図した構成になっている。

全体的に課数と頁数が少々減っているが、これと共に第4次教育課程より第5次教育課程で規定されている語彙数も減っている。このような減少の理由は前述した通りに第5次教育課程期には教師と生徒の負担を減らすために教科目単位が全体的に減縮運営されていたからである。文教部が規定している第二外国語の語彙数を第4次教育課程期と第5次教育課程期を比較して見ると、次の通りである。

〈表5-13〉 第4次教育課程期[52]と第5次教育課程期[53]の第二外国語の語彙数比較表

教科目語彙	区分	ドイツ語	フランス語	スペイン語	日本語	中国語
基本語彙数	第4次教育課程期	752	742	736	754	749
	第5次教育課程期	675	663	675	846	760
使用語彙数	第4次教育課程期	1,200	1,200	1,200	2,200	2,000
	第5次教育課程期	1,000	1,000	1,000	1,800	1,800

〈表5-13〉から分かるように、第4次教育課程期の日本語の使用語彙数は他の三つのヨーロッパの言語より2倍近く多い量になっている。これは日本語も中国語も同じ漢字圏であり、特に日本語は韓国人には学び易いという理由だと思われるが、日常生活に殆ど漢字を使わない韓国人日本語学習者には負担が大きかったので、文教部は第5次教育課程期の日本語の使用語彙数を他の言語より減らした。三つのヨーロッパの言語に対しては、基本語彙数と使用語彙数両方とも減らし、負担を少なくしている。日本語と中国語は第4次よりは随分使用語彙数が減っているものの、他の外国語より800～1000語彙も多く、さらに基本語彙数もそれぞれ92個、11個ずつ増えている。しかも、単位数も第4次教育課程期の10～12単位から第5次教育課程期の6～10単位へと減少しているので、使用語彙数が減っても日本語教師と日本語学習者の負担はそれほど変わらなかったことが伺える。第5次教育課程期の日本語の基本語彙は、高校生である日本語学習者を取り巻く学校、家庭、社会生活で使用頻度が高い語彙を選定し、文法的側面より実生活と結び付け

た日常会話を多く取り入れようとした試みが見られる。

　以上の考察から第5次教育課程期には第4次教育課程期とは違う部分的変化や改善はあるものの、構成的部分においては大きな変化は見られなかった。

（2）写真と絵

第3次期までは韓国的事象の写真が中心になっていた。第4次教育課程期に入ると表紙は全てが韓国的事象から日本的事象へと変わり、韓国的事象より日本的事象のものを主に写真資料として使う場合が多くなるなど大きな変化があった。しかし、本文との関連性や説明不足の写真もあったので、写真を異文化理解の資料としてどのように有効に使うかなどの課題と問題が残されていた。それでは、5次期の写真と絵にはどのような傾向が見られるのか。第5次教育課程期の8種類の教科書に使われた写真と絵の枚数は、〈表5-14〉の通りである。

〈表5-14〉8種類の「上巻」の写真と絵の枚数

教科書	写真				絵[54]				総数
	日本的	韓国的	その他	合計	日本的	韓国的	その他	合計	
F	7	2	7	16	0	6	89	95	111
G	23	3	2	28	12	11	119	142	170
H	5	3	3	11	18	13	301	332	343
I	10	0	2	12	2	24	190	216	228
J	11	0	4	15	1	9	68	78	93
K	11	3	10	24	3	7	57	67	91
L	8	0	0	8	4	0	61	65	73
M	7	0	2	9	5	3	142	150	159

　〈表5-14〉から分かるように、8種類の教科書では日本的事象を表す写真が一番多く使われており、絵もその他のものが一番多いという結果は第4次教育課程期の5種類の教科書と同じである。しかし、日本的事象を表す絵は第4次教育課程期より増えている。それでは、この8種類の教科書のそれぞ

れの写真と絵の内容を詳しく見てみよう。

教科書 F
裏表紙には「懸垂式の湘南モノレール」「御所人形(京都)」「京せんす(京都)」「歩行者天国(東京の銀座)」が、また国民教育憲章の次の頁には「代々木体育館(新宿)」「東京タワー」「若草山やき(奈良)」の日本の自然と場所や日本文化に関する写真が使われている。韓国的事象を表す写真は「逍遙山」「龍仁民俗村」である。特にその他の写真は同じ著者による4次期の教科書Aより増えている。この理由は発音練習のために発音している人の唇の模様を取った写真が5枚使われているからである。他の2枚は写真の説明がないので場所が明らかではない。絵の場合はどこにでもありそうな一般的事象を表すものが第4次教育課程期の教科書Aより大幅減っている。これは全体の教科書の量が25頁減り、教科書Aより場面を説明する絵の大きさが大きくなったものが多いからである。韓国的事象を表す絵は韓国の物、場所、ソウルオリンピックを記念するバッジである。

教科書 G
裏表紙には古い筆や食器などの日本の伝統文化を表す写真が13枚紹介されており、国民教育憲章の次の頁には「陽明門と東照宮の本殿」「木曽駒」が、その他は「富士山」「竿燈(秋田)」「土具(群馬)」「高山祭り」「七五三の祭り」「宮島(広島)」「お正月のはねつき」「大阪の春雪」が日本的事象を表す写真として使われている。韓国的事象は「慶州のお寺」「韓国の山の紅葉風景」「ソウルオリンピックの開会式」である。その他の2枚は説明が無いので何の物かが明らかではない。絵の場合には、物を表す絵や会話場面の状況説明になっている絵などの一般的事象を表す「その他」の絵が一番多く使われているのは第4次教育課程期の教科書と同じである。しかし、4次期には日本的事象を表す絵は二つの教科書だけで、しかも韓国的事象を表す絵の方がより多く使われていた。教科書Gの場合には日本的事象を表す絵が韓国的事象を表す絵より多く使われている。例えば、従来の教科書の切手の絵は韓国の切手であったが、日本の切手になっており、お祖母さんも従来の韓国人お祖

図5 ソウルオリンピックの開会式
（教科書Gの119頁から）

母さんではなく着物姿のお祖母さんの絵に変わっている。また、会話コーナーでも20頁の「こんばんは」や36頁の「いただきます」の日常会話に着物姿の日本人たちの絵が補助的に使われている。普通の挨拶や食事の場面が日本的事象を表す絵を挿入することによって、より現実感がある日本の場面へと変わっている。このように日本的事象を重視しながらも、国旗の絵は韓国の国旗を、家族を表す場面では韓国の伝統衣装姿のお祖父さんとお祖母さんの絵が登場する。つまり、韓国の理想的家族像が描かれている。

教科書H
裏表紙には「和菓子」「東京地下鉄路線図」「安田庭園」「盆踊り」「日本の野球」の日本的事象を表すものと、「韓国の無形文化財」「オリンピック・スタジアム」「漢江」の韓国的事象を表すものが使われている。説明無しの写真が3枚ある。写真の数は非常に少ないものの、八つの教科書のうち、一番多い数の絵が使われている。頁全体に会話場面を表す絵が描かれ、その絵の登場人物が会話を交わす場面が書かれているので、その場に学習者も一緒にいるかのような臨場感が見られる。特にこの教科書は韓国人家族と日本人家族という具体的登場人物と背景説明があり、この二つの家族間の交流を中心とした会話場面が絵として描かれており、教科書全体の本文の会話場面には連続したストーリーになっているため、同じ人物の絵が他の場面でも連続して登場する仕組みになっているのが特徴である。また、練習項目の部分にも会

話練習のために絵を多く使っている。多くの絵を使って、会話の場面の理解を高め、日本語のコミュニケーション能力の向上を図っている試みが見られる。

教科書 I
裏表紙には「東京の銀座の夜景」「新幹線」があり、表紙にも鹿がいる自然の絵が一枚使われているが、この写真に関する説明がない。中頁には、「日本の滝」「高松塚」「日光の東照宮」「日本のお城」「日本の春」「東京の金閣寺」「日本のお城」「奈良」の日本文化と自然を表すものが使われている。この中で写真の説明が無いものもいくつかあるので、場所やお城などに関する情報を得ることが出来ない。「その他」の写真2枚も説明が無いのでその写真の情報を得ることが出来ず、飾り的な物に止まっている。絵の内容を見ると、一般的事象を表すものが一番多く使われており、日本的事象を表す絵は2枚だけになっている。その反面、韓国的事象を表す絵は24枚使われている。韓国的事象を表す絵の例を見ると、韓国の伝統衣装姿のお祖父さん、韓国の国旗、韓国の物や場所が使われている。例えば、「あんま」という単語の発音練習項目には子どもが韓国のお祖母さんにあんまをしてあげる場面、学校を背景とする本文の会話場面に使われている学校の建物には韓国の国旗が描かれている。家族に関する本文の会話場面の背景には韓国のお祖父さんとお祖母さんを囲んで楽しい時間を過ごしている韓国の家族が描かれている。

教科書 J
裏表紙には「東照宮の五重塔」が、その他には「磐梯高原」「松島の風景」「蔵王の樹氷」「蔵王の奇岩」「東照宮の猿」「会津の蔵馬車」「こいのぼり」「雛祭り」「日本人の食事礼節」「七五三」の日本文化を表すものが使われている。特にこの写真中、「雛祭り」「日本人の食事礼節」「七五三」の写真は詳しい日本文化説明と一緒に提示されているので、説明無しの写真やタイトルだけが付いている写真と比べ日本文化理解に役立つ写真になっているのが、この教科書の特徴である。日本文化理解に写真を利用することに重点が置かれているため、韓国的事象を表す写真は一枚も使われていない。しかし、「そ

の他」の写真4枚は説明が無いので飾り的役割だけに止まっている。絵の場合には一般的事象が一番多く使われており、日本的事象を表す絵は「深川万年橋下の浮世絵」一枚だけである。その反面、韓国的事象を表す絵は9枚使われており、韓国の物、韓国のお祖父さん、韓国の地図が張ってある韓国の教室、韓国の国旗がある学校、家族の絵も韓国人の家族になっている。つまり、会話場面は韓国が背景になっていることを表す絵が多く使われている。

教科書K
裏表紙には「東京タワー」「清水寺(京都)」「日本の高等学校」、国民教育憲章の次の頁には「福俵」「羽子板」「ひな人形」「こいのぼり」、本文の方には「富士山」「銀座の夜景」「銀座の歩行者天国」「湖まつり」の日本的事象を表す物が使われている。特に、写真を使って日本の自然やお祭りなどが紹介される場合が多いが、日本の高校学校と高校生の写真も使われており、同じ高校生である日本語学習者により親密感と現実感を与える写真であると言える。韓国的事象を表す写真は「韓国の国旗」「佛國寺の多寶塔」「韓国の土産品」である。その他では本文や文の会話場面を表す一般的事象の写真が10枚使われている。絵の場合は一般的事象の物が一番多く、日本的事象を表す絵は「げた」「だるま」「日本の病院」であり、韓国的事象を表す絵は「韓国の新聞や雑誌などの物」「韓国の伝統家屋」である。

教科書L
裏表紙には「夕方の東京新宿ビルの密集街」が全頁を飾っており、表紙にも「鷲羽山から見た瀬戸内海」の写真が使われている。中頁には「七五三」「伝統婚礼式の新婦・新郎」「あるお葬式の場面」「十三日参拝」「境内を散策しているお坊さん」「談笑している老人たち」の日本の自然や場所、日本伝統文化などを表す写真が使われている。特に従来の教科書や他の教科書より普通の日本人の生活文化を近距離で捉えた写真を使っているのが特徴的ある。つまり、風景や伝統文化を表す写真には人間が登場していないか、あるいは人間が遠距離で捉えられている物が多かったが、この教科書では人間が中心になっている写真が多い。絵の場合は「着物姿のお祖母さんとお祖父さん」

「日本の人形」「日本の家屋」の日本的事象を表す物があり、韓国的事象を表す物は無い。その他では殆どが本文の会話場面を現す一般的事象が絵として使われている。この教科書の著者の一人は第4次教育課程期の教科書Bの執筆にも参加しているが、第4次教育課程期のB教科書の写真10枚と絵74枚より教科書Lではその数が減り8種類の教科書の中一番少ない数の写真と絵が使われている。

教科書M
裏表紙には「古川町」があり、表紙にも写真一枚が使われているが写真に関する説明がない。中頁には「歩行者優先の信号」「ある町の年中行事」「新宿の西口のターミナル」「富士山」「阿蘇山」「日本のお城」の日本の場所、自然などの写真が紹介されている。韓国的事象を表す写真は使われていない。その他の写真が2枚使われているが、写真に対する説明がないので場所などが明らかではない。絵の場合は単語や会話場面を表す一般的事象が一番多く使われている。韓国的事象を表す絵は「韓国の農民」「韓国の地図」であり、日本的事象を表す絵は「げた」「ざる」、そして広重画の「名所江戸百景」が3枚紹介されている。

　以上の考察から8種類の「上巻」の写真と絵には、次のような特徴が見られる。
　写真には日本的事象が、絵には一般的事象が一番多く使われていることは第4次教育課程期の5種類教科書と同じ結果である。しかし、視覚効果を上げるために写真と絵が使われている数は増えており、特に本文の会話場面や登場人物の紹介、練習問題での会話練習のために絵を積極的に取り入れ、より臨場感を与えようとする工夫が第4次教育課程期の教科書より改善されている。しかし、「その他」の写真のうち、本文との関連性が無く、また写真に関する説明もないため飾り的な役割だけに止まっている写真も少なくなかったので、この部分は残念である。他の特徴は、写真においても第4次教育課程期には人間が登場しない日本の場所、風景、伝統的物が非常に多かったが、第5次教育課程期の「上巻」には日本人が中心になっている写真や普

通の日本人の生活が理解出来る写真が増えてきた。日本語でのコミュニケーション能力が重視された第5次教育課程期の教育目標を達成させるためには、日本人の日常生活などの異文化理解に役立つ写真が増えてきたのは望ましい変化であると言える。

(3) 会話場面

第5次教育課程期の外国語教育にはコミュニケーション能力が強調されていた。そのために教育課程にはコミュニケーション能力に関して具体的で体系的な提示と細部項目を設定し、実践可能な目標にしようと試みられた。では、実際の8種類の教科書ではこの目標達成のためにどのような工夫がなされているのか。また、第4次教育課程期とはどのような変化が見られるのか。次のような分析の枠組みに従って考察していく。①本文が会話文になっているものはどの位あるのか。②会話文には会話場面の情報に役立つ登場人物や文脈に関する情報が与えられているのか。③会話文にはどのような文体で話されているのか。④日本人と韓国人との交流場面にはどのような特徴が見られるのか。

教科書F
22課の本文の全てが会話文中心になっている。同じ著者である第4次教育課程期の教科書Aより全体の課数が減っているものの、各課には場面の異なる二つの会話文が収載されている。全体の本文が会話文になっているので会話場面は全部で44箇所に増えている。第1課は人との出会いから始まるのではなく、「これ」「それ」「あれ」の文型練習を中心とした会話文になっている。第1課の本文はAudio-lingual Methodによる文型反復練習であるため、従来のような初級者のための文型を重視した会話文であり、自然な談話文にはなっていない。また、44箇所の会話場面で対話者として登場する人物を見ると、「わたし―あなた」だけになっているものが11箇所、登場人物が不明なものが18箇所もあり、登場人物に関する情報が少ない会話文が多いという問題点は第4次教育課程期の教科書Aと同じである。残りの会話場面においても、登場人物のうち一人は韓国人であり相手は「わたし」か

あるいは不明な会話文が 10 箇所、反対に登場人物のうち一人は日本人であり相手は「わたし」になっている会話場面が 1 箇所、「先生―生徒」による会話場面が 2 箇所である。具体的な韓国人と日本人の接触がある会話場面は第 22 課の二つの会話場面だけである。つまり、韓国に来ている日本人「松村」が「朴敬植」の家を訪問する会話場面である。父の友人である「松村」と高校で日本語を勉強している「朴敬植」が日本語で話をするという会話場面は実際にも起こりうる現実的な内容になっているため、日本語学習者により生きた会話場面として臨場感を与えることが出来る。コミュニケーション能力を向上させるためにはこのような具体的な登場人物と場面設定に対する教育的工夫が必要である。また、会話文において常体が使われている会話場面は 44 箇所のうち、1 箇所しかない。しかも、二人の登場人物のうち一人が常体を使い、もう一人が敬体を使っている会話文になっているが登場人物の情報がないため、二人の社会的関係性が分かり難い。日本語や韓国語は相手との社会的関係や人間関係の距離によって言葉使いが変わるので、二人の関係が分かる情報を与えることは非常に重要である。会話が行われている場面も日本ではなく韓国、その中にも韓国の学校生活を中心とした会話場面が中心になっている。日本語学習者が高校生だということもあって、学校生活に関する場面は親密感や現実感を与えるという良い面もあるが、日本文化の理解のためには同年代の日本人高校生の学校生活や日常生活などの場面も入れる必要がある。

教科書 G

24 課まである本文のうち、18 課の本文が会話文中心になっており、本文以外にも各課にはミニ会話コーナーが設けられている。第 1 課は物を使った指示代名詞の文型練習からではなく、始めて出合った人々の自己紹介からスタートしている。しかし、人々との交流が行われる場であっても第 1 課の会話場面に実際登場する 3 人のうち、二人は韓国人高校生であり、残りの一人は韓国人教師である。3 人の韓国人が日本語で会話をする場面は不自然である。44 箇所の会話場面で登場する登場人物を見ると、登場人物が明らかではない場面が 15 箇所で一番多く、その次は「韓国人―日本人」10 箇所、「韓

国人―韓国人」4箇所、「先生―生徒」4箇所、「韓国人―相手の情報無し」3箇所、「お客―店員」2箇所、「日本人―相手の情報無し」2箇所、「わたし―あなた」2箇所、「日本人―日本人」1箇所、「弟―姉」1箇所である。韓国人と日本人の会話場面も多くの割合を占めているものの、会話が行われる場所は韓国であり、韓国に来ている日本人と韓国人との会話場面が殆どである。42箇所のうち、会話の場所が日本になっている会話場面は第2課のミニ会話と第6課のミニ会話の2箇所だけである。しかも、会話の登場人物も日本人同士か、またはＡとＢの会話になっており、韓国人日本語学習者が日本で日本人と会話をする場面は一つもない。他にもお客と店員との会話が行われる場所も韓国になっている。

教科書 H

25課までの本文のうち、19箇所の本文が会話文中心になっている。この本の特徴は重要登場人物が全体の会話場面に連続的に登場するように構成されていることである。また、2頁が重要登場人物の紹介になっている。その中の1頁は重要登場人物が絵で紹介されており、各会話場面においても同じ絵の同じ登場人物による場面が詳しく描かれているので、会話の場面に非常に生き生きした臨場感を与えていると言える。広告会社の課長である45歳の「金敏基」の家族と新聞社特派員である50歳の「松田一郎」の家族との交流が韓国と日本で行われている。第1課の会話場面は韓国の金浦国際空港のロビーに到着した「松田」と大学1年生の娘「幸子」、そして迎えに来てくれた「金敏基」と日本語の勉強を春から習い始めた高校1年生の娘「秀姫」のお互いの自己紹介から始まり、第2課から20課まではソウルを中心とした日常生活の中での交流が描かれている。また、日本出張の父と一緒に3週間を東京で過ごすことになった「秀姫」の東京の松田さんの家族との交流や日本の花火大会などの日本文化の経験に関する会話場面が21課から25課まで展開されている。25課全体で自然な会話場面を通した相互異文化交流が行われている。しかし、日本の文化理解より韓国の文化を日本人に理解させるという側面がより重視されている。文体においては「幸子」のソウルと釜山での経験を書いた日記文2箇所と第17課の「秀哲」が妹の「秀姫」に、

第 20 課の父「金敏基」が娘「秀姫」に常体を使っている。日本人である「幸子」も一緒にいる会話場面に参加しているため韓国人同士である兄が妹に、あるいは父が娘に常体の日本語で会話をする場面は自然である。しかし、日記や家族の間で常体の文体が使われるだけではなく、より多様な人間関係や人間関係の距離の変化による言葉遣いが会話場面に組み込まれる必要がある。

教科書 I
23 課まである本文のうち、1 箇所の本文以外には全部会話文中心になっている。第 23 課は本文が二つに分かれており、五つの課に本文以外のミニ会話コーナーがあるので、全部で 28 箇所の会話場面がある。第 1 課は人との出会いから始まるのではなく、「これ」「それ」「あれ」の文型練習が、第 2 課では「ここ」「そこ」「あそこ」の文型練習が中心になっている会話文である。第 1 課と第 2 課の本文は Audio-lingual Method による文型反復練習であるため、従来のような初級者のための文型を重視した会話文であり、問答法による質問と答えの機械的反復によって退屈さを感じさせる会話文になっている。第 3 課から人間間の交流を表す場面が出ているものの、会話場面に参加する 3 人とも韓国人であるため不自然である。また、「このひとはだれですか。」「そのひとは田中さんです。」という会話場面はどういう状況かが明らかではない。つまり、写真を見ながら質問をしているのか、あるいは田中さんが目の前にいるのかがによって「このひとはだれですか」は失礼になる可能性がある質問であろう。第 3 課の本文には日本人と韓国人の挨拶の場面はないが、第 3 課のミニ会話では李さんと田中さんの初対面の挨拶場面がある。

　28 箇所の会話場面で登場する登場人物を見ると、登場人物が明らかではない場面が 11 箇所で一番多く、その次は「わたし―あなた」7 箇所、「韓国人―日本人」5 箇所、「韓国人―相手の情報無し」2 箇所、「先生―生徒」1 箇所、「お客―店員」1 箇所、「韓国人―韓国人」1 箇所である。全体的に場面の登場人物や場所などが明確ではない会話場面が多く、韓国で会話が行われる場面設定が 8 箇所でそのうち、買い物の場面も家の近くの文房具屋で買

い物をする場面も場所は韓国なのに日本語で会話をする不自然な場面設定になっている。韓国人が日本で日本人と会話をする場面は1箇所しかない。登場人物が不明確な会話文が多く、会話場面も日常生活や学校生活の日常会話を日本語に書き換えたような会話場面が多いので、学習者に学習の楽しさを感じさせるための工夫が必要である。

教科書J
22課の本文以外の8箇所の会話コーナーを含め、30箇所の場面のうち、23箇所が会話文中心になっている。教科書Jの著者の一人である김봉택は第4次教育課程期の教科書Bの制作にも参加しているが、教科書Jは教科書Bと同じく第1課のスタートは「これ」「それ」「あれ」の文型中心の会話練習から始まっている。第2課も「ここ」「そこ」「あそこ」の文型練習中心の会話文になっている。他にもAudio-Lingual Methodによる文型練習が重視されている本文が少なくない。第3課からは人間への関心が向けられている会話場面になっているが、韓国の学校の前で登場人物が明らかではない一人がもう一人の韓国人高校生に質問をし続ける会話場面である。このように一人が一方的に質問をし、もう一人の韓国人高校生である「金さん」は答えるパターンが続いている。質問をする側と答える側との関係性とその状況が明らかではない。また、この会話場面には日本人である「木村」と「山田」は第3者として出るだけである。文体も常体による会話場面がないので、人間関係による文体の多様性を学習されるためには敬体だけではなく、常体の会話文の工夫も必要である。23箇所の会話場面で登場する登場人物を見ると、登場人物が明らかではない場面が12箇所で一番多く、その次は「わたし―あなた」5箇所、「韓国人―韓国人」4箇所、「韓国人―相手の情報無し」1箇所、「母―娘」1箇所である。韓国人同士の日本語での会話場面は非現実的であり、日本人と日本語で会話を交わす場面や交流する場面が一箇所もなく、明らかになっている場所も韓国である。このように主に韓国の高校生の学校生活や日常生活が中心になっているので、学生に親しみ易い部分もあるものの、学生の身の回りの偏った会話場面では学生の学習興味を引くことが難しい。国際化という第5次教育課程期の教育目標を達成するためには、よ

り広い視野での会話場面の教育的配慮が必要である。

教科書K

21課まである本文のうち、19箇所の本文が会話文中心になっている。第1課では韓国人高校生である「李哲洙」と日本語の先生である「山田」との始めての出会いから始まる。互いの情報に関する質問と答えは一人だけの一方的な質問ではなく双方向的な会話のやりとりの中で自然に行われている。しかし、文型練習中心の会話文になっている。他にもAudio-Lingual Methodによる文型練習が重視されているため、不自然な会話文も見られる。例えば、「〜で〜を〜します」の身体表現を用いた文型練習が中心になっているので、その本文に使われている「あなたは目で何をしますか。→わたしは目でいろいろな物を見ます。」(p.50) などの文は、実際には殆ど使わない会話文になっている。学生の知的水準に合うより自然な会話文を工夫する必要があったのではないか。

21箇所の会話場面に登場する登場人物を見ると、「日本人―韓国人」による会話場面が7箇所で一番多く設定されている。その他は登場人物が明らかではない場面が6箇所、「わたし―あなた」5箇所、「客―花屋の店員」1箇所、「日本人―情報無しの相手」1箇所、「学生―図書館の職員」1箇所である。登場人物の情報が少ない会話場面が多いものの、日本人と韓国人との会話場面も3分の1を占めている。日韓両国人の会話が行われている場所は韓国2箇所と日本1箇所であり、残りの4箇所の場所は明らかではない。文体は、常体はなく全ての本文は敬体だけである。コミュニケーション能力を身に付けさせるためには、社会的関係や人間関係の親密度によって言葉の使い分けや場所などのより多様な情報が得られる会話場面が求められる。

教科書L

23課まである本文のうち、21箇所の本文と本文以外のミニ会話コーナー20箇所が会話文中心になっている。教科書Lの著者の一人である김우열は教科書Jの김봉택と一緒に第4次教育課程期の教科書Bの制作にも参加しているが、教科書Lは教科書Bと同じく第1課のスタートは「これ」「それ」

「あれ」の文型中心の会話練習から始まっている。第2課も「ここ」「そこ」「あそこ」の文型練習中心の会話文になっている。これは教科書Jの第1課と第2課の構成と同じである。また、教科書Jと同じくAudio-lingual Methodによる文型練習が重視されている本文が少なくなく、第3課から人同士の会話場面になっている。しかし、登場人物が明らかではない一人がもう一人の韓国人高校生に質問をし続ける会話場面の教科書Jとは違う構成が見られる。つまり、会話場面で質問をしている「わたし」という登場人物に対する説明が会話文の前に「わたしは金です。わたしは韓国人です。わたしは高校生です。」(18頁)と簡単に明示されている。そのため、会話文自体からは明らかになっていない会話文の質問者は韓国人高校生の金さんであることが分かる構成になっている。また、他にも主人公や会話場面の状況について簡単な説明が付いている本文が多くあるのが特徴的である。しかし、登場人物の情報が無い本文が19箇所で一番多い。その他は「日本人―韓国人」8箇所、「日本人―日本人」3箇所、「日本人―情報無しの相手」3箇所、「店員―客」3箇所、「あなた―わたし」2箇所、「韓国人―情報無しの相手」1箇所、「図書館の職員―学生」1箇所、「先生―学生」1箇所である。韓国人と日本人の交流場面が多くなっているものの、その殆どが韓国にいる日本人と韓国人の交流になっており、韓国の名所や文化について日本人に紹介することが重視されている。このような傾向は第4次教育課程期の教科書の内容とあまり変わっていない。文体においても第24課で母が自分の息子に話した「まあ、きれいな花びんね。ありがとう。」の一言だけが常体になっており、他は全部敬体になっているので、常体を使う場面に対する教育的配慮が足りない。

教科書M

23課までの本文のうち、本文14箇所と本文と関係がある会話コーナー6箇所が会話中心になっている。教科書Mの著者김효자は第4次教育課程期の教科書Eの著者でもある。教科書Bの第1課は「これ」「それ」「あれ」の文型中心の会話から始まっているが、教科書Mの第1課は挨拶言葉からスタートしている。また、第1課では「先生―学生」、「山田―李」、「知らない

人同士」「友だち同士」の四つの挨拶場面と挿絵が設けられており、社会的上下関係や人間関係などによって違う言葉使いの多様性が認識出来る教育的配慮がなされている。第4次教育課程期の教科書Eと同じく教科書Mでも会話文の登場人物や背景説明を説明文で表している本文が多い。第5次教育課程期の教科書Mでは説明文は本文で、会話文は「はなしてみましょう」の会話コーナーで扱うという構成的な変化が見られる課もあるが、会話場面の状況説明が重視されていることは第4次教育課程期と変わりがなく評価出来る。会話場面においても「日本人ー韓国人」による会話場面が一番多い7箇所であり、日韓交流に重点が置かれている。しかし、7箇所の日韓両国人による会話場面のうち、場所が明らかな会話場面3箇所の全てが韓国であるため、日本での会話場面に対する配慮が不足している。その他には「韓国人ー韓国人」同士による日本語の会話という不自然な場面が3箇所、「登場人物の情報無し」の場面3箇所、「あなたーわたし」1箇所、「先生ー学生」1箇所、「韓国人ー情報無しの相手」4箇所、「物語の主人公たち」1箇所である。登場人物が明らかではない会話場面が多い教科書と比べ、登場人物に関する情報を多く与えようとする工夫が見られるものの、韓国人同士の韓国での会話場面などの不自然な会話場面に対する改善が求められる。文体を見ると、20箇所の会話場面で常体は6箇所使われている。常体が使われている人間関係を見ると、「友人同士」2箇所と「目上の人→目下の人」4箇所である。この中で日本人と韓国人の間で常体が使われる親しい関係設定はないという問題はあるものの、常体が使われる会話場面が他の教科書より多く設けられている。このように常体が使われる会話場面から、人間関係や社会的関係などによる言葉の使い分けに対する教育的配慮がなされていたと言える。

　以上の8種類教科書の分析から、会話場面においては次のようなことが言える。
　日常生活及び周辺の一般的話題に関する易しい言葉を聴いて理解し、簡単な会話を交わすことが出来るという日本語の使用能力を養うことが一番重要な目標として設定されていたため、「上巻」では本文以外にも会話コーナーが設けられるなど会話場面の数が非常に増えている。会話の状況の説明など

が本文に加わるなど、第4次教育課程期より会話場面の文脈が重視されるようになっている。

　しかし、日本語学習の初期段階においては文型練習を中心とした不自然な会話文が見られる教科書が少なくない。文の構造を重視する Audio-lingual Method の影響を受けている文も多く見られる。さらに、8種類の教科書のうち、5種類の教科書において、登場人物が不明な会話場面の割合が一番多いという結果が出た。この結果は会話場面の理解に役立つ登場人物の情報が非常に少なかった第4次教育課程期の教科書と同じである。しかし、残りの3種類の教科書には違う変化が見られる。教科書KとMは日本人と韓国人との会話場面を一番多く設定している。また、教科書Hは登場人物に関する詳しい情報を与え、物語のような会話場面に同じ登場人物を登場させ、会話の臨場感を与えるという他の教科書には見られない特徴がある。文体においては教科書M以外には常体による会話場面に対する工夫が殆ど見られない。人間関係や社会的距離などによる言葉の使い分けを学習させるためには敬体だけではなく、常体が使われる会話文の教育的配慮が必要である。また、会話場面の中には韓国にいる韓国人同士が日本語で会話を交わす不自然な場面が第5次教育課程期の教科書にもまだ使われており、会話が行われている場所が韓国である場合が多いという結果は従来の教科書と変わらない。実際90年代の以降は、日本へ行く韓国人日本語学習者も増えていたが、韓国での場面だけではなく、日本での場面を通して日本文化理解に役立つ会話場面を取り入れる工夫が足りなかった。

(4) 人名

第4次教育課程期には愛国者や芸術家などの有名な偉人は殆ど登場しなくなり、一般人が多く登場している。多様な日本人名が使われているものの、登場する人名数と頻度数は韓国人の方が日本人より多く、本文や練習問題の内容の中心になっている。特に、韓国で韓国語や韓国の歴史などを勉強する日本人や韓国で観光や韓国人と交流している日本人が多く、「下巻」ではオリンピックで活躍した韓国の運動選手などの名前が頻繁に登場し、韓国人としての民族的自負心を高めようとする意図も見られた。それでは、第5次教育

課程期の人名にはどのような変化や傾向が見られるのかを考察する。

教科書F

人名の数は韓国人が日本人より多く、さらに頻繁に登場している。同じ著者による第4次教育課程期の教科書Aと同じ結果である。全体の人名の中でも具体的な名前(姓だけでなく姓・名)を持っている人物は5人だけであり、その登場頻度も少ない。そのため、殆どが名字だけの不特定人物が多い。日本人は3人のうち、2人は韓国へ来ている日本人という設定になっている。第4次教育課程期のように「アインシュタイン」のような偉人はなく、一般の人、その中でも学生が多い。つまり、韓国人の学生という人物の設定に重点が置かれている。

〈表5-15〉 8種類の「上巻」の国籍別の登場人名数と登場頻度数

教科書	回数	日本人名	韓国人名	その他
F	人名数	3	10	1
	頻度数	9	53	1
G	人名数	7	13	0
	頻度数	68	126	0
H	人名数	6	9	0
	頻度数	322	358	0
I	人名数	5	7	1
	頻度数	42	78	5
J	人名数	2	6	0
	頻度数	7	59	0
K	人名数	3	5	0
	頻度数	25	35	0
L	人名数	7	3	2
	頻度数	139	49	5
M	人名数	6	8	2
	頻度数	30	84	15

教科書 G

人名の数は韓国人が日本人より多く、さらに頻繁に登場する。8種類の教科書のうち、韓国人の人名が一番多く使われている。実名を持つ人物は日本の詩人一人だけであり、名字だけの不特定人名の一般人が殆どである。韓国人は先生、高校生、大学生、医者、運動選手といった一般人だけであり、日本人は大木実という詩人一人以外には不特定一般人である。特に、日本人の殆どは韓国語の勉強をして日本人、韓国に滞在している日本人、韓国の文化や観光に関心がある日本人という人物の設定になっている。

教科書 H

人名の数は韓国人が日本人より多い。日本人も韓国人も実在の人物ではないものの、職業、年齢、性別、家族構成などの具体化された架空の人物たちが登場人物として登場しているため、「岡」1回と「李」1回の不特定人名以外にはすべてが特定の人名が使われており、その頻度も8種類教科書の中で一番多い。他の教科書より非常に高い頻度で人名が使われている理由は本文の会話内容でよく相手の名前で呼びかける場面が多いこと、会話場面で登場人物の名前が明示されていること[55]、練習問題にもこれらの登場人物の名前が使われていることからである。教科書全体で取り上げられている偉人は韓国の英雄である「李舜臣将軍」だけである。

教科書 I

人名の数と頻度は韓国人が日本人より多い。日本人も韓国人も実在している人物の人名は使われていない。名字だけの人名の方が多く、「金さん」や「金君」の場合は27回も登場している。登場している人物たちは偉人や有名人は一人もおらず、一般人である。特に学生が多い。その他の人名であるアメリカ人「マイク」も偉人ではなく韓国高校で英語を教えている先生として登場している。

教科書 J

人名の数と頻度は韓国人の方が日本人より多い。特に日本人の人名と頻度数

は8種類の教科書のうち一番少なく、しかも「木村」と「田中」は日本人であるという情報しかない。他の韓国人の人名も一人以外には名字だけであり、その殆どが学生と先生という人物設定で韓国にいる韓国人同士が中心になっている。日本と韓国以外の国からの人や偉人などの有名人は一人も登場していない。韓国に来ている日本人だけではなく、仕事の出張で日本に来ている「金仁基」という名前の韓国人も一人登場している。

教科書K
韓国人と日本人の人名は非常に少ない数しか使われておらず、他の国の人名は一人もいない。また、偉人などの有名人は取り上げられていない。日本人の中には韓国で日本語を教えている先生、韓国にある貿易会社につとめている会社員、韓国の済州島の旅行経験がある人など、韓国にいる一般の日本人を中心に登場させている。韓国人の場合も高校生や先生、医者などの一般人であるが、日本にいる韓国人も一人登場している。

教科書L
同じ著者による第4次教育課程期の教科書Bには、日本人の人名数は韓国人より多かったが、登場している頻度数は韓国人の方が日本人より多かった。しかし、教科書Lでは人名の数だけではなく頻度数も日本人の方が韓国人より多くなっているのが特徴である。つまり、日本人を中心とした会話や話題が多くなっている。第4次教育課程期では有名な音楽家である「ベートーベン」の話しが出ているが、今回は偉人などの有名人は一人もいない。日本人以外にも、アメリカ人「ブラウン」と中国人「陳」が普通の一般人として登場する。韓国人は学生が多く、日本留学中の韓国人は一人だけ登場している。その反面、日本人は先生、学生、会社員などの一般人で、3か月ほど前に韓国に来た「山田」、韓国語が話せる「田中」、日本からの留学生で韓国語の勉強している「木村」など、韓国にいる日本人や韓国の文化や観光に関心がある日本人という人物の設定が多い。

教科書M

同じ著者による第4次教育課程期の教科書Eには、韓国人は一人だけ登場し色々な日本人と交流していくという全体構成になっていたため、人名の数は日本人の方が多く、頻度数は韓国人の方が多いという結果であったが、教科書Mには人名数も頻度数も韓国人の方が日本人より多い。特に韓国人は高校生が多く、「ミヒ」と「ミンホ」という二人の韓国人高校生が様々な場面に登場している。つまり、韓国人同士だけの韓国での場面が多くなっている。日本にいる韓国人という人物設定はない反面、日本人の場合は韓国にいるという設定が多い。日本人は「渡辺みち子」と「清水たみ子」という二人の詩人以外には大学生など一般人である。他の外国人は中学校の先生である中国人「チン」が登場しており、会話には参加していない。偉人は第4次教育課程期と同じ人物であるドイツ人数学者「ガウス」が登場しており、韓国人の偉人や有名人は一人もいない。

　以上の8種類の「上巻」の人名の分析からは次のようなことが言える。
　教科書L以外には使われている人名数と頻度数は日本人より韓国人の方が多い。教科書に登場している偉人や日本人以外の外国人の人名は第4次教育課程期より減っており、韓国人、特に高校生が会話場面や話題の中心として登場する場合が増加している。
　以前より偉人の登場が減っている理由は、読解力より実用的なコミュニケーション能力が外国語教育の主な目標として重視されるようになったからである。そのため、偉人に関する教訓的内容より高校生の経験範囲内での日常生活及び周辺の一般的話題を使うことが求められていた第5次教育課程期の日本語教育目標が反映されているのである。実際、日本語学習対象者は高校生であるので、日本語を学んでいる韓国人高校生を登場させることによってより親密感を与える効果は期待出来るであろう。
　しかし、韓国の学校での生活を韓国人同士が日本語で話すという状況は不自然であるが、このような人物間の設定も少なくなかった。また、韓国の状況が日本語で書かれている内容からは新しい情報を得ることが出来ないので、内容に対する興味と面白さを学習者に与えることは難しい。韓国の生活

が中心になっているため、登場している日本人も韓国で韓国語を勉強している大学生、会社員、観光客という場合が多く、韓国人が韓国にいる日本人に韓国を案内することや日本人と韓国の文化について語るという側面に重点が置かれていることは第4次教育課程期と変わらない。しかしながらも、教科書Hのように具体的な登場人物を与え、日本人家族と韓国人家族間の交流を通して互いに理解していくという今までなかった新しい人物設定の試みも見られる。

国際理解能力が要求されている時代に対応出来る日本語教育になるためには、日本の同年代の高校生の学校生活や日常生活を扱う内容や、日本で生活している韓国人という人物設定をより増やし、日本人との会話場面や日本での生活場面から韓国の文化と違う日本文化が理解出来るように工夫することが必要である。

（5）地名

第4次教育課程期の「上巻」では殆どの教科書が日本に関する紹介より、韓国の様々な地域と名所の紹介により重点が置かれていた。特に、ソウル市内を中心とした様々な名所が一番多く紹介されていた。それでは、第5次教育課程期の8種類の「上巻」に登場する地名にはどのような特徴が表れているのかを考察する。

〈表5-16〉 8種類の「上巻」に登場する国名と地名の頻度数

教科書	韓国	日本	その他
F	国名(10)、地名(10)	国名(6)、 地名(0)	国名(0)、 地名(0)
G	国名(10)、地名(21)	国名(7)、 地名(1)	国名(3)、 地名(3)
H	国名(30)、地名(101)	国名(31)、地名(45)	国名(1)、 地名(1)
I	国名(0)、 地名(19)	国名(5)、 地名(0)	国名(1)、 地名(0)
J	国名(4)、 地名(6)	国名(5)、 地名(0)	国名(6)、 地名(1)
K	国名(18)、地名(13)	国名(7)、 地名(18)	国名(1)、 地名(0)
L	国名(3)、 地名(28)	国名(6)、 地名(2)	国名(1)、 地名(0)
M	国名(3)、 地名(20)	国名(3)、 地名(3)	国名(2)、 地名(0)

〈表5-16〉を見ると、教科書F、G、Kは韓国を表す国名の方が日本の国名より多く使われている。その反面、教科書H、I、J、Lの場合は日本を表す国名の方がより多く使われており、第4次教育課程期の「上巻」より日本の国名の出現頻度が多くなっている。以前よりは日本文化理解という要素が考慮されてはいるものの、日本から韓国に来ている日本人という設定に日本という単語が多く表れている。

　韓国を中心とした日常会話場面が多いため、地名においても教科書K以外の全ての教科書に韓国の地名がより頻繁に使われている。特にソウル市内を中心とした様々な名所が一番多く紹介されている。ソウル以外の全国各地の名所なども多様に扱っている傾向は第4次教育課程期と同じである。

　その反面、教科書F、I、Jでは日本の地名が一つも紹介されておらず、一番多くの日本地名が紹介されているHにも大阪7回と東京が38回と二つの都市だけに止まっていた。つまり、日本の地名の頻度数も少なく、非常に偏った地域しか紹介されていない。日本の中での多様な文化に対する認識を高めるためには、より多様な日本の地域と文化紹介が必要である。その他の国としては、アメリカ・中国・イギリス・ドイツ・古代ギリシャであり、地名はエンパイアステートビル・ハワイ・オリンピア・アテネ・ロンドンである。アメリカは最も登場頻度が高い国であるという結果は第4次教育課程期と変わらない。

　国名と地名に見られる主な特徴は、殆どの教科書が日本人に韓国の地域や文化を紹介するという側面が重視されており、日本文化理解に対する教育的配慮が不足しているという点にある。

（6）　内容

第4次教育課程期の5種類の「上巻」の内容には学生生活や日常生活に関する「その他」の内容が一番多く使われており、勤勉・自助・協同などの教育理念が反映される場合が多かった。また、韓国に来る日本人に韓国の文化を紹介する内容や日本文化の紹介に関する内容が多くなっていた。しかし、日韓両国の文化差が認識出来るような内容が殆ど使われていないという問題があった。それでは第5次教育課程期の8種類の「上巻」にはどのような内容

的特徴が見られるのかを考察する。

教科書F

同じ著者による第4次教育課程期の教科書Aでは本文だけではなく練習問題においても日韓両国人の交流を表す例文を使っていたが、教科書Fでは日韓交流を表す内容は第22課の本文だけに止まっている。日韓交流の内容において、日本から韓国に来る日本人との交流や接触を前提にした内容が重視されていた第4次教育課程期の教科書Aと同じく、教科書Fの唯一の日韓交流の内容である第22課も「朴敬植」の父の親しい友だち「松村」が韓国に来て「朴敬植」の家を訪問するという内容になっている。しかし、この本文は「訪問」と「別れ」という内容だけが扱われているため、自文化とは違う日本文化理解という教育的効果が得られない。22課の44箇所の本文の内容を分析して見ると、韓国に関する内容（6箇所）、日本に関する内容（0箇所）、日韓両国に関する内容（2箇所）、「その他」の内容（36箇所）である。韓国に関する内容は、韓国の観光名所・自然・ショッピング・生活が主な内容になっている。日韓両国に関する内容はバナナの値段比較と日韓交流だけである。全体的に教科書Fの本文は日常生活・学校生活・日課・気候と天気・趣味などの「その他」の内容が殆どである。特に趣味に関する内容は第4次教育課程にはなかった「趣味、娯楽、運動などの余暇善用に関する内容」を第5次教育課程期の日本語教育の素材として入れることが求められていたために本文の2箇所に扱われている。第4次教育課程期には正直・善行・勤勉・自助・協同・環境などの教訓的メッセージが「その他」の内容に多く反映されていたが、第5次教育課程期には教訓的内容や政治的内容はない。つまり、生徒たちの個人・家庭・学校・社会生活や趣味に関する内容が中心になっているため、高校生が親しみ易い実用的内容にはなっているものの、文化理解に役立つ内容や生徒たちの興味を引き出せる内容に対する教育的配慮が不足している。

教科書G

24課までの本文の内容を分析して見ると、韓国に関する内容（12箇所）、日

韓両国に関する内容（2箇所）、その他の内容（10箇所）である。韓国に関する内容は「ショッピング」「日常生活と家族」「韓国料理」「りんごの有名な産地」「チュソク」「観光名所」「韓国の山」「オリンピック」である。特に12箇所の韓国に関する内容のうち、4箇所は韓国にいる日本人と韓国人との交流場面を通して韓国の自然や伝統文化などの内容が取り上げられている。また、韓国人高校生主人公の家族や日課などを通して韓国の日常生活や家族関係などが描かれている内容が4箇所あり、日本人に韓国人の生活文化を紹介するという視点になっている。しかし、日本語を勉強している韓国人生徒には自分の身の回りの知っている内容よりも同じ同年代の日本人主人公を取り上げ日本人の日常生活文化が理解出来る内容の方がより興味を与え、自文化とは違う異文化理解能力も向上させることが出来るはずである。韓国に関する内容の中には国家のイデオロギーが反映されている内容も見られる。例えば、第21課では友だちと韓国の有名な山である「道峰山」に登ることになった「昌圭」は山で料理をして食べる計画であったが母に次のように叱られる。

第21課　自然を守らなければなりません（106〜107頁）
（前略）
母：「外の人に迷惑をかけないりっぱな市民にならなければなりません。そのためには国民一人一人の努力が必要です。自然を愛することは国を愛することです。」

　自然保護を国家の愛国心と結び付け、環境を守る大切さを伝えようとしている。また、オリンピックに関する内容においては、韓国がソウルオリンピックでスポーツ国家として、また長い伝統と文化を持つ国として、世界中に知られるようになったことが強調され、韓国人としての自負心を高めようとした。このように韓国に関する内容が重視され、日本に関する内容は「日本語を勉強している韓国人と韓国語を勉強している日本人」「日本の国花と韓国の国花」の2箇所に少し出るだけである。特に国花の話は無窮花が主なテーマになっており、父が主人公によく言っていた「無窮花のような根気強

い人間になりなさい」という内容から国花に対する愛国心の強調よりも韓国人として期待される人間像が国花を通して描かれている。「その他」の内容も 10 箇所もあり、特に学校生活や余暇善用などの内容が主に取り上げられている。24 箇所の会話練習コーナーでは「その他」の内容が 15 箇所で一番多く、特に先生と生徒の学校生活や日本語の勉強を中心とした内容が 5 箇所もある。日韓両国の交流を表す内容は 7 箇所あるものの、日本の文化が理解出来る内容はチュソクとお盆の比較だけに止まっている。殆どが韓国に来ている日本人に韓国を案内する内容やオリンピックの内容など韓国中心になっている。全体的に韓国を理解させる内容や「その他」の内容になっているため、日常会話の中で日本文化や日本人を理解する内容に対する教育的配慮が不足している。

教科書 H

教科書 H は全ての課が韓国人家族と日本人家族の交流を中心とした内容になっている。第 1 課は広告会社の課長である 45 歳の「金敏基」と春から日本語を学び始めた高校 1 年生の娘「秀姫」が、金浦国際空港に到着した新聞社特派員である 50 歳の「松田一郎」と大学 1 年生の娘「幸子」と出会い、互いに自己紹介をする内容から始まっている。

　25 課までの本文の内容を分析して見ると、韓国に関する内容 (13 箇所)、日本に関する内容 (5 箇所)、日本と韓国に関する内容 (7 箇所) である。1 年間ソウルに滞在する予定の「幸子」がソウルでの生活を経験していくことが重要な内容になっているため、韓国に関する内容が一番多く扱われている。例えば「ソウル市内の観光」「韓国の音楽」「韓国の田舎と家族」「ソウルのバス事情」「釜山の観光」「韓国の伝統文化であるマダン劇とパンソリ」「高麗の青磁と朝鮮の白磁」などの内容を取り上げ、日本人が韓国の文化を理解していくという側面を強調している。

　しかし、韓国文化に関する内容だけではなく、夏休み中に会社の仕事で日本へ行く父と一緒に 3 週間東京で過すことになった「秀姫」が経験する日本に関する内容も扱われている。例えば、「成田空港から東京までの時間」「日本そば」「隅田川の花火」「新宿と原宿の観光」「買い物と注文」「日本のプロ

野球と高校野球」「神田の本屋」「日本の庭園」「浴衣体験」など、日本人の生活や文化に関する内容が5箇所の本文で扱われている。

　また、日本と韓国に関する内容が取り上げられている本文が7箇所ある。例えば、「東京とソウルの夏の気候」「東京の新宿と原宿、ソウルの明洞と大学路」「韓国と日本の車線の差」「韓国の庭と日本の庭」「東京とソウルの満員電車」「5月のソウルと東京」「韓国のお茶と日本のお菓子」である。この中でも特に日本の車線が韓国とは反対になっていることが原因で生じた出来事に関する内容は、自文化の基準を日本文化にそのまま適用した際の問題を認識させる良い内容構成になっている。このように本文全体の内容に異文化間コミュニケーションや日韓交流という側面が重視されていることは評価出来る。しかし、日本語学習者の学習意欲と興味をより高められるような内容構成にするためには、韓国に関する内容を減らし、日本に関する内容や日韓両国の文化差が認識出来る内容を増やす必要がある。

教科書I

23課までの本文の内容を分析して見ると、韓国に関する内容（11箇所）、日本と韓国に関する内容（2箇所）、日本に関する内容（0）、「その他」の内容は（10箇所）である。韓国に関する内容は「ソウルの町」「道峰山」「漢灘江」「家の庭」「家族」「文房具屋での買い物」「学校の生活」「韓国の伝統人形」であり、主に韓国の韓国人学生の学校生活を含む日常生活が扱われている。学校生活では日本語授業の様子や日本語の勉強に関する内容も取り上げ、日本語学習者である生徒に親しみを与えようとした。また、第7課の「みんなで七人家族です」では祖父母と一緒に住んでいる韓国の家族が紹介されており、15課の「冬休み」では田舎に帰って、父の仕事を手伝うことで親孝行をしたいという教訓的内容も扱われている。「その他」の内容も学校生活や日常生活に関する内容になっている。日本と韓国に関する内容は第20課と第22課だけに日韓交流を表す内容が扱われている。つまり、第20課では良子さんのお誕生日パーティに来た韓国人と日本人の友だちの交流を表す内容になっている。第22課は二つの場面のうち、一つは「山本」が日本から韓国の金浦国際空港に着き、知り合いの「李」と電話で会話を交わす内容であ

り、もう一つは用事で日本に来た「仁基」が「田中」の家に電話を掛け、「田中」の奥さんと会話を交わす内容になっている。しかし、二つの本文の日韓交流を表す本文の内容には日本の文化理解に役立つ内容はなく、「その他」の内容に止まっている。全体的に韓国の高校生の生活を中心とした内容が殆どであるため、学習者に新しい情報から感じられる興味や異文化理解に役立つ内容に対する教育的工夫が不足していると言える。

教科書J
22課までの本文の内容を分析して見ると、韓国に関する内容（10箇所）、「その他」の内容（12箇所）であり、日本に関する内容や日本と韓国に関する内容は一つもない。本文以外の会話コーナーでの内容も「その他」の内容が6箇所と韓国に関する内容が2箇所である。全体的に「学校」「学生の日課」「四季」「家族」「先生のお言葉」「人間の表情」などの学校生活や日常生活に関する「その他」の内容が多い。また、韓国に関する内容は「子供の日」「韓国の焼肉と冷麺」「買い物」「旅行者がソウルの道を聞く」「日本語の勉強」「学校のお休みの時間」「友達の部屋」「家族」などであり、韓国人高校生の学校生活や日常生活が主に扱われている。日常生活や学校生活の内容には「充実した生活態度」「人に喜びや笑いをあげるように努力する人間」「りっぱな人間」「家族間の愛と協力」という教訓的内容も入れ、望ましい人間像を求めようとしている。本文と会話コーナーではこのように韓国の高校生の生活を中心とした内容が殆どであり、学習者に新しい情報から感じられる興味や異文化理解に役立つ内容に対する教育的工夫が不足していた。しかし、教科書Jは本文以外の3箇所に日本の文化理解コーナーを作り、韓国語で説明しているのが特徴である。内容を見ると、「雛祭り」「日本人の食事マナー」「七五三」であり、日本文化の説明が初級者日本語学習者も理解出来るように韓国語で説明されている。写真も一緒に提供されているので、文字だけの説明より理解し易い。特に韓国との食事文化の差異が強調されている内容は、韓国の食事マナーを日本でそのまま使うと失礼になるし、日本の食事マナーを韓国でそのまま使うと失礼になるので、このような文化差を認識させることによって誤解を事前に防ぐことが出来る。韓国語を使った詳しい日本

文化理解に対する教育的配慮は評価出来るが、異文化間コミュニケーション能力を養うためには、本文を通して日韓交流や日本文化に接する内容を工夫する努力も必要である。

教科書K
21課までの本文の内容を分析してみると、韓国に関する内容(9箇所)、日本に関する内容(4箇所)、日本と韓国に関する内容(3箇所)、「その他」の内容(5箇所)である。韓国に関する内容は「日本語と英語の教科書」「学校の図書館」、「韓国の旗」「ソウルでの一日」「韓国に滞在している山田さんの韓国での日課」「慶州などの韓国の観光地」「韓国学生の日本語の勉強」である。特に韓国で仕事をしている日本人の日常生活から韓国社会が紹介されている内容や、韓国の済州道へ行ったことがある日本人と韓国の観光名所について話している内容を通して韓国社会の国際化が表れている。また、韓国の国旗に関する詩では以前のような国旗に対する愛国心を高揚させるような内容は見られない。「その他」の内容は「周辺の物」「夏休みと生年月日」「人間の身体技能」「学校の授業」「家族」などである。韓国に関する内容と「その他」の内容は主に学校生活や日常生活に関する内容が多くなっている。日本に関する内容は「花屋での買い物」、「富士山」「日本の着物」「銀座や新宿などの歩行者天国」である。第16課のデパートの着物売り場に関する内容では着物に関する絵や写真などの視覚的材料もなく、着物に関する説明もないため日本文化理解に役立つ内容になっていない。しかし、第20課では銀座の夜景写真と銀座の「歩行者天国」に関する説明や日本人の生活文化の理解に役立つ内容になっているのは対照的である。日本と韓国に関する内容は「韓国と日本の気候」、「日本語と韓国語の挨拶言葉」「お誕生日のパーティでの日韓両国人の交流」である。日本文化理解に対する配慮は見られるものの、全体的には韓国の日常生活や学校生活などの内容や「その他」の内容が重視されているので、日本文化理解に役立つ内容をより多く取り込む必要がある。

教科書L

25課までの本文の内容を分析してみると、韓国に関する内容(4箇所)、日本に関する内容(4箇所)、日本と韓国に関する内容(2箇所)、「その他」の内容(15箇所)である。「その他」の内容が一番多く、「生活の周辺の物」「物の所有」「出会いと自己紹介」「学校生活」「数字の数え」「曜日」「家族」「趣味」「ある日の日課」などの日常生活に関する内容が主である。韓国に関する内容は「ソウル駅やパゴタ公園などのソウルの道を聞く」「ソウルの紹介」「雪嶽山」「民俗村での韓国文化体験」であり、日本人観光客や韓国に住んでいる日本人に韓国名所や文化を理解させるという側面が見られる。日本に関する内容は「文房具店での買い物」「日本に留学中の金さんの日常生活」「日本で日本語を勉強している外国人学生」「日本の学校と受験勉強」「日本の学校生活」である。他の教科書では韓国での学校生活が扱われる場合は多かったが教科書Lでは日本の学校生活が扱われているので、学習者により興味を与えられる内容になっている。日本と韓国に関する内容は「高校で日本語を習っている朴さんと韓国語が少し出来る韓国に滞在している山田さんとの交流」「日本からの留学生である木村さんと李さんの交流」の2箇所である。同じ著者による第4次教育課程期の教科書Bより日本人と韓国人との登場人物間の日常生活における交流が重視されている。また、第4次教育課程期には韓国の国花を通して韓国の国民も「ムグンファ」のように強く美しく生きていくことが望まれていたが、国家や国民を強調する内容は一つもない。韓国に関する内容も日本に関する内容も学校生活や日常生活を中心とした内容に重点が置かれている。

教科書M

同じ著者による第4次教育課程期の教科書Eでは、韓国と日本の国花に関する内容から第1課が始まり、第2課から初対面の韓国人「リーミンホ」と日本人「山田」が出会う内容になっている。しかし、教科書Mでは第1課から「やまだ」と「ミンホ」などの人々の挨拶から始まっている。つまり、第4次教育課程期の教科書Eより人々とのコミュニケーションが重視されている。また、第4次教育課程期では「ミンホ」が「山田」の家や「中村」の下

宿に遊びに行く内容や色々な日本人と交流を深めていく内容が多かった。そのため、韓国に関する内容は一つもなく、日本に関する内容が一番多い11箇所もあった。しかし、教科書Mでは「ミンホ」が遊びに行く家は韓国人女性「ミヒ」の家である。また、第4次教育課程期の教科書Eでは「平田」と日光へのピクニック相談をする内容があるが、教科書Mでは韓国人の友達同士でピクニックへ行き、山で皆と協力してお昼ご飯を作りながら楽しい時間を過ごすという内容になっている。これは山へ行って食事を作る行為を批判し、山の保護を主張する内容になっている教科書Gとは対照的であり興味深い。教科書Mではピクニックを通した友達同士間の交流がより重視されている。また、韓国人間の日常生活や社会生活などの内容が増えている。23課までの本文の内容を分析してみると、日本に関する内容（3箇所）、韓国に関する内容（10箇所）、日本と韓国に関する内容（0箇所）、「その他」の内容（10箇所）である。韓国に関する内容が一つも無かった第4次教育課程期の教科書Eとは対照的に韓国に関する内容が多くなっている。内容を見ると、「買い物」「トボン山」「韓国の学校の新学期」「ソウル駅行きのバスに乗る」「韓国の高校での日本語教育と学校生活」「友たちの家を訪問」「韓国の料理」「ミンホとミヒの日課」などである。韓国にいる日本人や特に韓国人学生の日常生活や社会生活を扱っているものが多い。日本に関する内容は「日本の詩2篇」「日本の学校での部活」「日本人の考え方」である。特に第15課の日本の高校生の学校生活が分かる部活に関する内容は、同じ同年代の学習者が興味を持ち易い日本文化理解の内容になっている。また、第19課では韓国人と違う日本人の言語行動を「パクさん」の体験を通して理解させようとする内容である。

第19課　ごめんなさい（92～93頁）
（前略）パクさんは狭い通路で、あるおばあさんのかごにぶつかりました。するとおばあさんはびっくりして、「ごめんなさい。」とあやまりました。かごにふれたのはパクさんなのに相手のほうが先におわびを言ったのです。パクさんもあわてて「ごめんなさい。」と言いました。（後略）

また、この課では日本の人は自分が人にめいわくをかけたと思えばすぐに「ごめんなさい」とわびるという説明など日本人の考え方が扱われている。このような日本人の考え方に関する内容を扱う際には、固定的に日本人の考え方をステレオタイプ化しないように注意を払う必要がある。教科書Mでは第4次教育課程期の教科書Eと違い、韓国の高校生が親しみ易いが興味を与えにくい韓国人同士の学校生活を含む社会生活や日常生活に重点が置かれており、日本人や日本文化理解に関する内容が少なすぎる。実際は日本語でのコミュニケーションは韓国人同士ではなく韓国人と日本人という異文化を背景にする人同士間によるものである。このような側面に対する教育的配慮が求められる。

　以上の8種類の「上巻」の内容分析からは次のようなことが言える。
　第5次教育課程では日本語教育のコミュニケーション能力向上が以前より強調されていたため、日常生活と一般的話題の中で素材を選択することが求められていた。従って、第5次教育課程期の8種類の「上巻」には、第4次教育課程期のように「その他」の内容を通して勤勉、自助、協同などの教育理念が反映される場合が少なくなり、全体的に日常生活や学校生活を含む社会生活を中心とした内容が第4次教育課程期より増えている。特に、第5次教育課程期の素材内容に関する規定に新たに加わった「趣味・娯楽・運動などの余暇善用に関するもの」が各教科書の本文に反映されている。しかし、「その他」の内容や韓国人同士の対話でこの内容が扱われる場合が多い。生徒たちの興味を引き、学習動機を誘発するためには、教科書Mの第15課のように日本の学校の部活紹介で同じ同年代の高校生の余暇善用に関する情報を与えるような工夫が他の教科書にも求められる。
　教科書Hでは全体の本文に日韓交流の内容を取り組むという他の教科書とは違う試みが見られる。しかし、殆どの教科書は日本に関する内容を通した日本文化理解能力の向上より、日常生活でのコミュニケーション能力という側面が重視されている。そのため、韓国の高校生の個人・友人・家族との日常生活や学校生活に関する内容が多く使われ、初級者日本語学習者である生徒たちが親しみを感じ易くなっている。しかし、学習者の自文化である韓

国に関する内容より、日本の高校生の日常生活や学校生活を含む社会生活に関する内容をより多く取り扱った方が学習者に新しい情報から感じられる興味を引き易く、異文化理解にも役立つに違いない。特に、教科書Jの日韓両国の食事マナーの差や教科書Hの日韓両国の車線の差などのように互いの文化差によって誤解や問題が生じ易い内容が工夫されている教科書が少ない。全体的に日常会話の中で日本文化や日本人を理解出来る内容に対する教育的配慮が不足していたと言える。

5.3.2　8種類の「下巻」の分析内容

次は8種類の「下巻」の教科書を分析し、その特徴を考察する。

(1)　構成

8種類の高等学校「下巻」の全体構成を見ると、〈表5-17〉の通りである。

〈表5-17〉　8種類の「下巻」の全体構成

教科書	構成	総課数	全体頁数
F'	本文―対話―言葉のきまり―練習―問題	20	117
G'	本文―文型―会話―練習問題	20	122
H'	本文―学習事項と関連語句―確認―練習	25	147
I'	本文―(会話)―文型練習―練習	21	106
J'	本文―文型―練習問題	18	130
K'	本文―言葉の使いかた―練習問題	22	109
L'	本文―文型―会話―問題	20	97
M'	本文―言葉の決まり―言葉の使い方練習―練習問題	18	122

　会話を中心とした本文と基本文型を中心とした会話練習が主な全体構成になっていた「上巻」とは違って、「下巻」では紀行文、エッセイ、日記、論説文、小説などの多様な文の形式が使われ、「上巻」の会話中心から読解中心に全体的に変わっている。このような傾向は第4次教育課程期の教科書と似ている。しかし、第5次教育課程期の「下巻」の練習問題には、第4次教育課程期の「下巻」の練習問題に主に扱われていた文法、作文、文型練習以

外にも本文の内容に関する質問項目が数多く設けられている。特に、生徒個人の意見を聞く質問項目や絵を利用し考えさせる項目などを通して、読解力だけではなく創造力や思考力の強化も目指されている。このような変化は単純な質問と答えの機械的練習から脱皮し、文脈を重視したコミュニケーション能力の向上が試みられていることが伺える。特に教科書 H' の練習問題の中では従来の日本語教科書には見られない特徴が見られる。具体的な例を見ると次の通りである。

教科書 H'―第 22 課の「練習」(133 頁)
学校に日本人の高校生のお客さんが来ます。日曜日には、朝 9 時から夕方 6 時まで、時間があるそうです。どんなところを案内しますか。昼ご飯は、どこで食べますか。グループに分かれて、考えてみましょう。いろいろなことについて相談して、スケジュールを作ってみましょう。地図を書いてみましょう。

　上記の例から分かるように、自分の意見を表す練習だけではなく生徒たちがグループでの協同作業を通した言語活動からもコミュニケーション能力の開発や思考力などの能力開発を促す練習問題が試みられている。さらに、この練習問題は実際に修学旅行や姉妹校の訪問として韓国を訪れる日本の高校生が多かったその当時の現実を上手くコミュニケーション練習に結び付け、日本語学習者である生徒たちに学習動機と興味を与える練習項目になっていると言える。他にも、第 4 次期の「下巻」には文型練習を重視した文の言い換え練習が多かったが、第 5 次期の「下巻」には絵を使った会話練習や擬声語と擬態語に関する問題などのより多様な問題構成による練習項目が設けられているので、学習者がより楽しく練習問題に取り組んで日本語の学習が出来るように工夫されている。

（2） 写真と絵
〈表 5–18〉から分かるように、「下巻」では絵の数は全体的に大幅減っているものの、写真の数は増えている教科書が多い。これは第 4 次教育課程期の

〈表5-18〉 8種類の「下巻」の写真と絵の枚数

教科書	写真				絵				総数
	日本的	韓国的	その他	合計	日本的	韓国的	その他	合計	
F'	12	0	7	19	2	1	28	31	50
G'	22	1	1	24	8	4	20	32	56
H'	6	0	3	9	2	8	87	97	106
I'	10	3	5	18	3	5	4	12	30
J'	18	2	7	27	1	2	39	42	69
K'	9	0	5	14	0	2	18	20	34
L'	8	4	3	15	5	1	15	21	36
M'	19	1	3[56]	23	15	2	33	50	73

「下巻」では写真が同時期の「上巻」より減ったのとは対照的である。その原因は第4次教育課程期の「下巻」では本文の内容を増やし読解中心になっていたので、同時期の「上巻」より写真が減少していたが、第5次教育課程期の「下巻」ではコミュニケーション能力や日本文化理解力が第4次教育課程期の「下巻」より重視されていたため、日本文化理解に役立つ写真が増えているからである。

教科書F'
表紙には「七夕祭り(仙台)」「神田祭り(東京)」「桂離宮(東京)」「トーテムパーク(日光)」「和服」の日本の伝統文化に関する写真がある。表紙以外には「日本の農家」「日本の旧家の内部」「杉の森」「東大寺」「七五三の神社参り」「日本の子供たちの着物姿」韓国の古代文化の影響を受けた「法隆寺西院」があり、「その他」の写真としては本文の会話場面と関係がある「トルストイ」「牧場」「猫」「ロダンの『考える人』」「書店」と、日本の家屋と竹林の風景だということが推測出来る説明が無い写真が2枚ある。韓国的事象を表す写真は無い。
　絵の場合は「日本の手紙」「日本のお坊さんたち」の日本的事象を表すものと「重い荷物を持っている韓国のお祖母さんを助けようとする青年」の韓国的事象を表すものがあり、会話場面を表す「その他」の事象が一番多く使

われている。

教科書 G'

裏表紙には「お水取り(奈良の東大寺)」「葵まつり」「徳島市の阿波踊り」「横浜の港まつり」「横浜港」「銀座の歩行者天国」「祇園まつり」「羽子板市」「姫路城の天守閣」「床の間」「龍安寺の石庭」「節分の鬼」「川渡り神幸祭(福岡)」「端午の節句」「法隆寺の弥勒菩薩像」「青函トンネル」「大鳴戸橋」「関門橋」「瀬戸大橋」「東京の明治神宮」「元旦のはねつき」「薬師寺の昇陽」の日本的事象が使われている。特に日本の祭りが数多く紹介されている。韓国的事象は日本の法隆寺弥勒菩薩像に影響を与えた「韓国の金銅弥勒菩薩像」が紹介されている。他には鬼の姿の写真が説明無しで本文の説明として使われている。

　絵の場合には、本文の背景や内容の説明になっている一般的事象を表す絵が一番多く使われている。他には本文や本文以外の部分で日本の昔話に登場するお祖父さん、百姓、農夫、サムライ、お坊さんたちの日本人と昔の生活が日本的事象を表す絵として使われている。他にも日本の農村の挨拶文化に関する第10課「あいさつ」で使われている絵はお辞儀の角度のような非言語的情報を得ることが出来、異文化理解に役立っている。韓国的事象を表す絵は本文内容に登場する昔の韓国人百姓たちと歴史的人物である「李舜臣」将軍がある。

教科書 H'

裏表紙には「浅草寺の正月風景」「義士茶会」が、中頁には「夏祭り」「浅草の三社祭」「みこし」の日本文化が紹介されており、本文の内容と関係がある「ハチ公の銅像」も使われている。韓国的事象を表す写真は1枚も使われていない。他には日本の家屋に見られる写真3枚が目次の頁に使われているものの、写真の説明が無い。

　絵の場合は、本文の会話場面や練習問題の会話用としての一般的事象が一番多く使われている。日本的事象を表す絵は「日本の駅」「着物」があり、韓国的事象を表す絵は「バス」「伝統衣装」「喫茶店」「学校」「土産品」「地図」

「テグォンド」「陶磁器」である。

教科書 I'
裏表紙には「日本国会議事堂」「東京タワーと増上寺」「東京の新宿」が、中頁には「姫路城」「奈良の若草山焼き」「富士山」「阿蘇山」「北上盆地の散村」「松島」「日本の自然」が日本的事象を表す写真として使われている。韓国的事象を表す写真は「韓国の工場」「韓国の漁船」「ソウルオリンピック」の韓国人としての誇りを感じさせる写真が使われているのが特徴的ある。「その他」には本文以外の目次の頁に日本の自然と建築物に見えるものの、説明が無い写真が4枚ある。また、本文と関係がある「ロダンの銅像」の写真が使われている。

　絵の場合は、8種類の教科書のうち一番少ない数の絵が使われている。日本的事象を表す絵は「手紙」「日本の昔話の背景」「ひらがなのもとになった漢字」である。韓国的事象を表す絵は「韓国のお祖父さんと青年」「訓民正音」「測雨器」「李舜臣将軍」「鉄甲船」であり、韓国文化の誇りと愛国的な絵が使われている。

教科書 J'
裏表紙には「奈良の東大寺」「鎌倉大仏」が、中頁には「年賀状を書く」「松島の福浦橋」「日本の庭園」「こいのぼり」「鬼剣舞（岩手県）」「七夕」「カルタ遊び」「日本人の礼儀作法」「本尊仏座像」「法隆寺」「法隆寺の百済」「門松」「輪飾り」「かがみもち」「お月見」「大晦日」の日本文化を紹介している。特に、「七夕」「日本人の礼儀作法」「お月見」「大晦日」は日本文化紹介コーナーを通し、韓国語で詳しい説明がなされている。教科書Jの場合には入門レベルだったので、本文を通した日本文化の紹介と関連写真はなかったが、教科書J'は「上巻」よりレベルが上の学習者向けであるため本文の日本語の説明付きの写真が7枚もあった。この中では日本伝統文化に関する写真もあるが、「本尊仏座像」「法隆寺」「法隆寺の百済観音」のように韓国の古代文化の影響を受けている日本文化に関する写真を通して韓国人としての民族的誇りを持たせようとする意図も見られる。また、韓国的事象を表す写真2枚も

本文の説明と共に「高麗青磁」「朝鮮白磁」を紹介し、韓国文化の優秀性を伝えようとしている。「その他」では本文と関連がある「天体望遠鏡」「野球」の写真2枚以外の5枚は説明がないので、これらの写真に関する情報を得ることが出来ず、飾り的役割に止まっている。

　絵の場合は、本文の背景を表す一般的事象の絵が一番多い。韓国的事象を表す絵は「韓国の店」「韓国の伝統衣装姿の友たちのお母さんとの会話場面」、日本的事象を表す絵は「日本の昔話の背景」であり、絵の数は全体的に少ない。

教科書 K'
写真の内容を見ると、裏表紙には「和室」「那智の滝（近畿地方）」「きりたんぽ（秋田地方の郷土食）」があり、中頁の「日本固有の玄関」「狛犬」「伊雑宮の田植え」「法隆寺の金堂」と本文の「日本の歌舞伎」「お月見」が紹介されている。韓国的事象を表す写真はない。「その他」は本文と関連がある一般的写真4枚と練習の部分と関係がある一般的写真1枚が使われている。絵の場合も少ない数しか使われておらず、本文や練習問題と関係がある一般的事象を表す絵が18枚、「韓国の国際空港」と「売店」が本文の内容と関係がある韓国的事象として描かれている。

教科書 L'
写真の内容を見ると、裏表紙には「祇園祭り」が全頁を飾っている。また本の表紙には「明日香村（奈良県）」の写真がある。中頁には「京都の金閣寺の三層桜閣」「五重塔の夕景」「京都の竜安寺の庭園」「山紫水明処（江戸時代の学者の頼山陽の書斎）」「日本の伝統物」の日本文化が紹介されている。しかし、本文の中には日本文化と関係がある写真は一枚も使われておらず、本文と関係がある一般的事象を表す3枚と韓国的事象を表す「ソウルオリンピック」4枚が使われている。特に一般的事象の写真のうち、公害の問題を扱っている第19課「大都市の悩み」の本文で「発達している大都市」の写真と「ゴミの山」の写真が比較的に使われているので、公害の深刻さがより分かり易く強調されている。また、ソウルオリンピックの写真が4枚も使わ

れ、民族的誇りを高めようとした意図も見られる。

　絵の場合は、本文や練習問題などと関係がある一般的事象を表す絵が一番多く、「日本の伝統的貸家」「お中元の封筒」「日本人からの手紙」「日本の昔話」「サムライ姿の日本人」の日本的事象を表す絵と、「ソウルの南山」の韓国の場所が絵として描かれている。

教科書M'

写真の内容を見ると、裏表紙には「遠野の山林」があり、表紙にも写真があるが説明がないので場所などの情報を得ることが出来ない。中頁には「鉄製日用品の名物である南部の鉄器」「お茶を収穫している日本人少女」「久留米かすり」「町の年中行事の祭りに参加している日本の少女たち」「農業の仕事を終え、農業の神を家で祀る老人」「懐石料理」「慶州の遺跡地を訪問している日本の学生たち」「ソウルオリンピック競技場を見学している日本の学生たち」「着物姿の人々による日本の伝統挨拶」がある。本文の中には「奈良法隆寺の百済観音」「大阪枚方市の王仁墓城前での年列奉祝行事」「日本の家屋と自然」「室町時代の重要文化財であるすずり箱」「韓国修学旅行ニュースを扱っている日本の新聞」が日本的事象を表す視覚的資料として使われている。特に、「語り合う韓・日の女子高校生たち」などの日本語学習者と同年代の日本人学生の韓国訪問と交流の写真が使われ、日本語で日本人学生たちと交流をしてみたいという日本語学習の動機付けに役立てる試みであると評

図6　語り合う韓・日の女子高生たち
(教科書M'の78頁から)

価出来る。しかし、一方では日本文化紹介の写真は韓国の古代文化の影響を受けた日本の古代文化、韓国の古代遺跡、ソウルオリンピック競技場を訪問している日本人学生の姿などがあり、韓国文化に対する民族的誇りを高めようとする意図も見られる。この教科書には韓国的事象を表す写真にも「ソウルオリンピック」が、また「その他」でも「古代オリンピック」に関する写真が使われている。

絵の内容を見ると、他の教科書と同じく、本文や練習問題の背景説明として使われている一般的事象の絵が一番多い。しかし、同じ著者によって作られた第4次教育課程期の教科書E'より、全体の絵の数が大幅増えている。特に、日本的事象を表す絵は8種類の教科書の中で一番多く使われている。例えば、「日本の部屋構造」が理解出来る絵、「油を売る」という言葉のルーツの背景になっている絵、日本の笑い話の背景、「凧揚げ」「カルタ取り」「はねつき」「ひな祭り」「こいのぼり」の日本の風習に関する絵が使われており、教科書Mと同じく広重画の「名所江戸百景」が3枚紹介されている。韓国的事象を表す絵には「韓国の家庭」と日本の古代文化に影響を与えた「王仁博士渡日図」が資料として使われている。

以上の考察から8種類の「下巻」の写真と絵には、次のような特徴が見られる。

第4次教育課程期と同じく第5次教育課程期にも「上巻」より全体的写真と絵の数は減少されているものの、F'、I'、J'、L'、M'の「下巻」は写真の数が「上巻」より増えている。これは第4次教育課程期とは違う結果であり、「下巻」が読解中心の内容構成になっていることは第5次教育課程期も同じであるが、日本文化理解や視覚的効果を上げるために写真をより多く取り入れるようになってきたと言える。特に、教科書の本文を通して日本文化の紹介に役立つ写真の紹介が増えており、教科書J'のように本文以外の日本文化理解コーナーを作り、写真だけではなく韓国語で日本文化の理解を深めさせようとする試みも見られる。一方で、この時期にも韓国の影響を受けた日本の古代文化、ソウルオリンピック、韓国の経済発展などの韓国人としての民族的主体性や文化的優秀性を重視する写真や絵が使われている教科書

もある。しかし、以前より多くの写真や絵が日本文化理解に役立つ視覚的資料として活用されており、また日本の自然や伝統文化の写真だけではなく日本人の表情や情緒から日本人の生活文化を感じ取れる写真も見られるのが特徴である。このような写真はこの時期に求められていたコミュニケーション能力の学習のためにも、日本人を身近に感じさせるものとして重要である。しかし、第4次教育課程期と同じく、写真の説明がないものも少なくない。本文以外の部分で使われている写真に対する説明がないと飾り的役割だけに止まってしまうので、写真に日本文化理解に役立つ説明を付加することによって有効な視覚資料として活用出来ることが求められていた。

(3) 会話場面

第4次教育課程期の5種類の「下巻」では、本文には内容中心の読解力に重点が置かれていたため、本文以外の会話コーナーを通した会話場面が中心になっており、日韓両国人の接触場所が韓国になっている会話場面が多く、韓国に来る日本人に韓国の文化、自然、言葉、オリンピックなどについて説明や案内する会話場面に重点が置かれていた。それでは、8種類の教科書では第4次教育課程期とはどのような変化が見られるのか。また、第5次教育課程期の「上巻」からはどのように変化したのか。「上巻」と同じ分析枠に従って考察していく。つまり、①本文が会話文になっているものはどの位あるのか。②会話文には会話場面の情報に役立つ登場人物や文脈に関する情報が与えられているのか。③会話文にはどのような文体で話されているのか。④日本人と韓国人との交流場面にはどのような特徴が見られるのか、といった問題である。

教科書F'
20課まである本文のうち、7箇所に会話場面がある。しかし、第14課の本文には二つの会話文があり、また第19課には物語の中で会話文が一部分出ているだけなので、実際には5箇所の本文が会話文中心になっている。同じ著者が書いた第4次教育課程期の教科書Aより全体の課数が減り、練習問題の量が増えている。本文の会話文は第4次教育課程期と同じ数であるが、

本文以外の会話コーナーの数は教科書F'の方がより多い20箇所である。つまり、20課の全てに本文の内容と関係がある会話コーナーが設けられている。

　本文の会話場面を見ると、「山田さんが松本さんの家を訪問する場面」「李君と田中さんの日本語に関する対話場面」「お坊さんたちと小僧に関する昔話」「サムライと百姓に関する昔話」「安さんと近藤さんの百済と古代日本に関する対話場面」「承姫のバスの中での出来事に関する一部分の会話場面」である。このように本文の中では非常に限られた場面しか会話文が使われていないものの、「承姫」の会話場面以外には日本人の日常生活、日本人の考え方などの日本に関する場面を中心とした日本文化理解に役立つものである。しかし、登場人物に関する情報が無い会話場面が15箇所もあり一番多い。「日本人―韓国人」は3箇所しかなく、「韓国人―韓国人」も1箇所見られる。全体的に登場人物に関する情報が非常に少なく、また日本人と韓国人の接触場面が非常に少ない。日本語学習者により臨場感ある生きた会話場面を与えるためには、具体的な登場人物や日本人と日本語学習者である韓国人との接触場面設定に関する教育的工夫が必要である。

　文体は26箇所の会話文の中で8箇所に常体が使われているので、常体が1箇所しか使われなかった「上巻」より増えているものの、第4次教育課程期の教科書A'より減っている。しかし、第4次教育課程期の場合は友だち同士間の常体による会話場面が多かったが、教科書F'では「友だち同士間」2箇所、「家族間」2箇所、「お寺のお坊さん→小僧」1箇所、「サムライ→百姓」1箇所、「先生→学生」1箇所になっている。第4次教育課程期より多様な人間関係や社会の上下関係の場面で常体が使われているので、このような変化は実際様々な場面に遭遇した際に相手との関係による言葉の使い分けを認識させるための教育的学習効果が期待できるであろう。

教科書G'

20課までの本文のうち、5箇所に会話場面がある。しかし、第4課の本文には二つの会話文があり、また第14課の本文には会話文が一部分使われているだけなので、実際には3箇所の本文が会話文中心になっている。また、

20課の全てには本文以外の会話コーナーが設けられている。

　本文の会話場面を見ると、「貴人と少年」と「お坊さんと小僧」の二つの会話場面では日本の昔話が紹介されている。韓国人と日本人の接触がある本文の会話場面は2箇所ある。その一つは韓国人「尹」さんが日本人「山本」さんとの会話を通して日本の梅雨と生活文化について理解していく場面であり、もう一つは韓国1年間滞在している「石川」さんと「韓」先生との交流場面である。会話コーナーでは韓国人同士が日本語の勉強や日常生活に関する韓国を背景とした会話場面が一番多いが、日本語を勉強している韓国人と韓国語を勉強している日本人が互いに相手の言葉と文化に興味を持って会話を交わす場面も多い。全体的に会話場面では、日本について関心を持つ韓国人だけではなく、韓国について関心を持って韓国で韓国語を勉強している日本人を登場させることによって相互的交流と理解を求めようとする意図が見られる。登場人物に関する情報が無い会話場面は比較的に少ない4箇所であり、「韓国人―日本人」の登場人物による会話場面が8箇所で一番多く、「韓国人―韓国人」による会話場面も6箇所見られる。特に、韓国人同士の会話場面の中には日本語を習っている生徒同士や先生と生徒の日本語の勉強に関するものが多く、生徒が身近に感じやすい会話場面が設定されている。しかし、国際化が第5次教育課程期の重要な教育目標の一つになっていたので、韓国人同士の消極的会話場面より積極的に日本人学生と接触していく会話場面をより増やすべきであった。

　文体を見ると、殆どが敬体による会話場面であるが、「友だち同士」2箇所、「母→息子」2箇所、「父息→子」1箇所、「貴人→少年」1箇所、「お坊さん→小僧」1箇所で常体が使われている。様々な人間関係や社会の上下関係の場面で常体が使われているので、実際様々な場面に遭遇した際に、相手との関係による言葉の使い分けに対する学習効果のためには教育的に有効であろう。

教科書H'

25課まである本文のうち、21箇所の本文に会話場面がある。上巻である教科書Hと同じ登場人物が連続的に登場しており、会話が行われている場所

は全てが韓国である。教科書 H では春に韓国へ来た「幸子」と「松田」が経験する韓国での生活場面は夏までの季節であったが、教科書 H' ではその続きの場面として秋と冬、そして春という季節の変化が会話場面に表れており、それと共に韓国の文化と韓国人との交流を深めていく「幸子」と「松田」が描かれている。また、教科書 H では「金敏基」の家族と「松田一郎」の家族間の交流が中心になっていたが、教科書 H' では「幸子」と「秀姫」を中心とした同年代の人間関係を中心とした会話場面が多く扱われている。例えば、教科書 H の第 19 課で「幸子」と喫茶店で話をしている時に同じクラスの友たちである「李昌浩」と「金教勳」に偶然であった「秀姫」が、この二人を「幸子」に紹介する場面があったが、著者らはこの二人を教科書 H' に頻繁に登場させ、「幸子」が韓国での生活に慣れるにつれ同年代の韓国人友人が増え、さらに日本と韓国の同年代の人々の悩みや興味などの話題を通して相互理解を深めていくという連続的なストーリー性を保っている。そのため、同年代の日本語学習者が親しみ易い会話場面になっており、各会話場面の前後背景も分かり易くなっている。また、会話の中で相手の文化に対する疑問や興味などが上手く扱われている。生徒たちがよく知っている自分たちの文化である韓国の文化に対する内容に対しても、韓国文化について知らない日本人友人に説明しているという会話場面になっているため、より現実感を持って自文化を見つめることが出来るように構成されている。さらに、全体の場面が韓国に長期滞在している日本人に韓国の文化を理解してもらうことが中心になっているものの、日本の文化に対する質問や興味などが表れている会話場面を通して日本文化の理解を向上させようとする教育的配慮がなされている。

　しかし、文体を見ると、21 箇所の会話中心の本文のうち、3 箇所だけに常体が使われている。しかも、3 箇所とも親子関係だけという偏った常体の使われ方になっているので、より多様な人間関係で常体が使われる工夫が不足していた。例えば、「秀姫」と同じクラスの友たちである「李昌浩」と「金教勳」の間では敬体による会話より常体を使う方がより自然であろう。また、「幸子」と他の韓国人友だちとの交流が深まることによって人間関係の距離も近くなっていく変化を言葉使いの変化として表すという教育的配慮も

求められる。

教科書 I'
21課まである本文のうち、9箇所に会話場面がある。その中で2箇所は物語の中での部分的会話場面であるので、7箇所の本文が会話文中心になっている。本文以外には12箇所にミニ会話コーナーが設けられている。

　本文での日本人と韓国人の会話場面は第7課の「金」さんと「美枝子」さんが日韓両国の趣味の文化について話し合っている会話場面だけである。他は主に韓国人同士による韓国の日常生活文化が扱われている。このような韓国人同士による韓国の生活文化を中心とした会話場面はただ韓国の状況を日本語に書き換えた会話内容であるため学習者に新しい情報からの興味と刺激を与えられず、異文化理解学習という教育的側面も不足している。しかし、ミニ会話コーナーにおいては12箇所のうち、8箇所の韓国人と日本人との会話場面で「依頼」「お詫び」「道をきく」「誘い」「訪問」「郵便局」などの機能・状況・場面などの目的に応じた会話場面が設けられている。この際一般的状況を通した日本人と韓国人との会話内容になっているものが多いため、韓国文化と日本文化の差が認識出来るような内容的工夫が見られない。

　登場人物に関しては、「韓国人―日本人」の登場人物による会話場面が9箇所で一番多い。「韓国人―韓国人」による会話場面は比較的に少ない2箇所であるものの、「学生―先生」「家族間」「客―局員」などの登場人物間の会話場面が韓国で行われており、内容から韓国人同士であるという予測が可能であるため、全体的に韓国人同士による会話場面が少なくない。登場人物のうち、第9課では「ネール」さんという外国人が登場し、もう一人の登場人物である「金」さんと韓国経済の発展やビジョンについて会話を交わす場面があり、日本人ではない他の国からの外国人登場人物を登場させることによって韓国経済発展が国際的に認められているという側面が表れている。

　文体の面においては敬体が中心になっているが、総21箇所の会話場面のうち、6箇所で常体が使われている。「家族間」1箇所、「友人間」2箇所、「きつね―とら」1箇所、「鬼ばば→すずめ、おばあさん→すずめ」1箇所、「先生→学生」1箇所であり、比較的多様な状況で常体が使われているものの、

常体による友人間の会話場面は二つとも韓国人同士による場面であり、日本人と韓国人の間での常体による親しい人間関係の状況が一つもない。日本人との関係設定において交流が増えているものの、丁寧さによって距離を保つ人間関係だけではなく、より親しい人間関係の設定も必要である。

教科書 J'

18課まである本文のうち、1箇所だけが会話文になっており、17箇所は詩・随筆・論説文などの読解中心の内容になっている。本文の中で唯一の会話文は日本の昔話に登場するサムライと百姓の会話場面である。本文が読解中心になっているため各課には本文の内容に関する質問項目を作り、その答えを通して会話能力を向上させるための練習項目が設けられている。しかし、書かれた内容から文脈を把握し、答えるだけではコミュニケーション能力を向上させる目標に到達するのは難しい。日本の文化理解に役立つ談話レベルの会話場面に対する工夫が不足している。本文以外には8箇所のミニ会話場面が設けられているが、4箇所が韓国人同士による会話場面になっている。他は店員と客、店員と家族、AとB、先輩と後輩、母と娘という登場人物による会話場面である。韓国人と日本人の交流場面が一箇所もないので、学習者により臨場感を与えるためにはこのような場面に対する教育的配慮が必要である。

「友人間」「先輩→後輩」の4箇所の会話場面で常体が使われている。全体的に数が少ない会話場面の中で常体が使われる状況は比較的に多く設けられている。しかし、他の教科書と同じく日本人と韓国人との常体による会話場面がないので、異文化間コミュニケーションという側面が不足している。

教科書 K'

21課まである本文のうち、16箇所の会話場面がある。2箇所の部分的会話場面以外には14箇所の会話場面が会話文中心になっている。会話場面は場所が特定されていない日常生活を中心とした一般的な場面が一番多い。会話が行われる場所が韓国になっているものは4箇所、日本になっているものは2箇所である。日本での会話場面では韓国人「李」が「佐藤」の家に電話を

掛け、日本の有名な歌舞伎「忠臣蔵」を見に行く約束をする場面になっている。日本の伝統文化である歌舞伎の写真による視覚的効果もあり、日本で生活している韓国人留学生と日本人との交流の会話場面に日本文化の紹介が自然に出ている。それを除くと、学習者の日本文化に対する関心と理解を向上させるこのような会話場面が少なすぎる。もう一つの日本での会話場面は日本の電気製品の生産で世界的に有名な場所や日本経済に関する話題であるが、登場人物に対する情報がなく、写真の場所や会話場面の日本の場所が明らかではないという問題がある。日本にいる韓国人と日本人の交流場面は1箇所だけであり、韓国にいる韓国人と日本人との交流場面も1箇所だけに止まっている。登場人物に関する情報が無い会話場面が8箇所で一番多い反面、「日本人―韓国人」は1箇所しかない。登場人物に関する情報や、日本人と韓国人の接触場面も非常に少ない。学習者により生きた会話場面としての臨場感を与えるためには、登場人物に対する情報や日本人と学習者である韓国人との接触場面設定に対する教育的工夫が必要である。

　文体は敬体による会話文が中心であり、3箇所の会話場面に常体が使われている。しかしながら常体の場面が少ないものの、一つの本文の中に会話場面を二つに分け、一つの会話場面は敬体が使われる場面、もう一つの会話場面には常体が使われる場面があるので、人間関係や社会的上下関係による言葉使いに対する認識を高めさせようとする教育的意図が見られる。このような場面は2箇所ある。つまり、第1課の(1)は敬体による会話場面であるが、(2)は常体による会話場面になっている。また、第7課の(1)は先生と学生間の敬体による会話場面になっているが、(2)には同僚先生間の常体による会話場面になっている。二つの本文とも登場人物が明らかではないが、文体によって登場人物の間での人間関係の距離が推測出来る。しかし、これらの会話場面に登場する登場人物に関する詳しい情報を与えた方がより教育的効果が上がったはずである。

教科書 L'

20課までの本文のうち、5箇所の本文に7箇所の会話場面があり、そのうち5箇所は会話文中心になっている。同じ著者によって作られた第4次教育

課程期の教科書 B' と同じく読解力向上に重点が置かれている。また、読解力中心の本文以外に設けられている 20 箇所のミニ会話コーナーを通して簡単な会話練習をさせている。

　計 27 箇所の会話場面の中で日本人と韓国人が一緒に登場する会話場面は 1 箇所もなく、日本人同士による会話場面が多くなっているのが特徴である。韓国にいる韓国人同士が日本語で会話を交わすという非現実的な会話場面より日本人同士の会話場面は日本人の考え方や生活などの日本文化理解に役立つと考えられる。しかし、日本語学習者である韓国人と母語話者である日本人との会話場面は学習者に現実感を与え、さらに学習の動機付けにも繋がる教育的可能性も望められるにも拘わらず、このような会話場面が一つもない。勿論、一部の会話の内容から韓国人と日本人との交流が推測出来る会話場面も少しはあるものの、登場人物などの情報が少ないので明らかではないという問題がある。日本人同士による会話場面は 6 箇所あるものの、登場人物の情報が無い会話場面が 12 箇所で最も多く、「日本人―情報無しの相手」3 箇所と「韓国人―情報無しの相手」1 箇所の会話場面もあり、全体的に登場人物が明らかになっていない場面は多い。

　文体においては、敬体による会話場面が中心になっている。常体は 5 箇所の会話場面で「父→息子」1 箇所、「おじいさん→甥」1 箇所、「友達同士」2 箇所、「先生→学生」に使われている。特に、第 8 課では二つの会話場面を設定し、敬体による「木村」と「鈴木」の電話場面一つと、常体による「洋子」と「太郎」の電話場面がもう一つの会話場面として設けられている。この際、親しいクラスメート同士で交わす会話に言い換えてみましょうというタスクが加えられ、人間関係による言葉使いの違いを学習者に認識させようとする意図が見られる。しかし、他の教科書と同じく、韓国人と日本人との常体を使った交流場面が一つもないので、このような教育的配慮は不足している。

教科書 M'

18 課まである本文のうち、2 箇所の本文で四つの会話場面があるだけである。同じ著者によって作られた第 4 次教育課程期の教科書 E' と同じく読解

力向上が中心になっている。特に読解力中心の教科書 J'のように、本文以外の会話コーナーを設けず、本文に関連している問題に答えさせる練習問題を設けている。

　文体は韓国人と日本人との交流場面である二つの場面では敬体による会話文になっており、日本の昔話の主人公同士である「殿さま→商人」「ふたりの男同士」は常体による会話文が使われている。

　四つの会話場面を見ると、二つは日本の昔話に登場する人物間の会話場面であるが、他の二つの場面は日韓交流の現実的な場面が設定されている。つまり、日本人学生である山田君が韓国へ修学旅行に来て、「ミンホ」君の家に二日間のホームステイをしており、ソウル市内の宮殿や博物館などの見物が終わり、「ミンホ」君が「山田」君を自分たちの学校へ連れて行くという場面が第1の場面であり、第2の場面は韓国風の建物に住んでいる「ミヒ」さんの家を訪問して交わす会話場面になっている。会話場面が始まる前に登場人物と状況説明が詳しくなされている。特に「ミヒ」さんのお母さんは、日本語が話せないという説明があるので、「ミヒ」さんのお母さんと「山田」さんは韓国語で挨拶を交わすという会話場面もある。実際日本から修学旅行として韓国を訪れる日本人生徒が韓国人生徒と交流するという機会が増えていたので、日本語を習っている生徒にとっては臨場感がある会話場面であろう。しかし、この教科書には会話場面が少なすぎる。文で書かれた内容から日本文化や日本人の考え方を理解させるという方法も非常に有効な異文化理解教育の一つであると考えられるが、実際の交流の際に必要なコミュニケーション能力のためには様々な人間関係や状況による会話場面を通した学習も非常に重要であるので、より会話場面を増やす必要がある。

　以上の8種類の日本語「下巻」の分析から、会話場面については次のようなことが言える。

　読解中心の本文が増えているため、第5次教育課程期の「上巻」より会話場面は減っているものの、第4次教育課程期の「下巻」より本文での会話場面が増えている教科書が多く、本文以外にも多くの会話コーナーが設けられている。第4次教育課程期には本文に関する質問項目を作り、日本語で答え

させる練習問題がある教科書は E' だけであったが、第 5 次教育課程期には全ての「下巻」の教科書の練習問題にこのような項目が見られる。これは読解中心の本文になっていても読む能力だけではなく、コミュニケーション能力の向上が重視されている第 5 次教育課程期の外国語教育課程の教育目標による影響であろう。このように、「下巻」においても会話場面が増えているものの、登場人物に関する情報は無い会話場面が多く見られる。また、韓国で韓国人同士が日本語で会話を交わす不自然な場面も少なくないが、日韓両国人による交流場面が非常に少ない。臨場感と現実感を日本語学習者に与えられるような会話場面の教育的工夫が求められる。しかし、「その他」の内容を中心とした会話内容が多くの割合を占めているものの、日韓両国の文化について互い興味を持って交流と対話を通して相互理解を深めていく会話場面が少し増えている。会話場面を通して異文化理解を深めていくことは自文化をそのまま当てはめて生じ得る誤解や摩擦を事前に防ぐためには非常に重要である。従って、このような異文化理解に役立つ会話場面をより増やさなければならない。

　文体においては日本語「上巻」と第 4 次教育課程期の教科書より常体による会話場面における多様な人間関係が工夫されているものの、日本人と韓国人が常体で会話を交わす場面が見当たらない。また、人間関係の距離の変化によって言葉使いが変わるような会話場面もないので、このような側面が認識出来るような会話場面に対する教育的配慮も必要である。

(4) 人名
8 種類の「下巻」に登場する人名にはどのような特徴が見られるのかを考察する。

教科書 F'
人名数は同じであるが、日本人が韓国人より頻繁に登場している。同じ著者による第 4 次教育課程期の教科書 A' で見られる日本人より韓国人が頻繁に登場した結果とは対照的である。登場している日本人の人名の中には童話作家「新美南吉」と詩人「百田宗治」もあり、日本の詩と童話を通して日本文

〈表5-19〉 8種類の「下巻」の国籍別の登場人名数と登場頻度数

教科書	回数	日本人名	韓国人名	その他
F'	人名数	10	10	7
	頻度数	35	27	10
G'	人名数	21	11	1
	頻度数	62	80	5
H'	人名数	9	17	0
	頻度数	370	546	0
I'	人名数	7	11	3
	頻度数	55	111	10
J'	人名数	5	5	1
	頻度数	5	20	4
K'	人名数	7	6	1
	頻度数	11	36	1
L'	人名数	15	2	2
	頻度数	64	4	2
M'	人名数	20	12	1
	頻度数	48	52	1

化の理解を高めようと試みが見られる。他の日本人は普通の一般人であり、特に韓国を訪問したことがある「佐藤」、ソウルのある大学で韓国の古代史を専攻している「近藤」などの韓国に関心がある日本人が多い。韓国人の場合は学生が多く、韓国での日常生活の状況設定が多い。しかし、1週間の日本旅行を予定している「李成洙」という人物設定で、学習者に日本語を勉強して日本旅行に挑戦したいという動機付けを与え、より学習効果を上げようとする意図も見られる。このように日本との交流を記すという側面は第4次教育課程期の教科書A'より考慮されてはいるものの、日本の古代文化に大きな影響を与えた「王仁」という韓国の偉人を紹介することによって民族的自負心の高揚を図っていることは以前と変わりがない。他の偉人は「アンリ＝ファーブル」「レオン＝デフュール」「トルストイ」「ロダン」「ショーペンハウェル」「ベーコン」「オルコット」という西洋の哲学者、文学者、思想家、教育学者などが取り上げられ、教訓的な話をしている。つまり、規範になる

思想や良書は西洋のものが重視されていることが分かる。

教科書 G'
人名数は日本人の方が韓国人より多い。これは日本人の名字を紹介する内容があり、例として様々な日本人名が取り上げられていたからである。人物の登場頻度数は韓国人が日本人より多い。この教科書でも日本の古代文化に大きな影響を与えた「王仁」を取り上げ、韓国人としての民族的自負心を高めようとしている。他に有名な人名はアメリカ人学者「ウィルソン」が取り上げられているだけであり、殆どが一般人である。日本に留学中の韓国人は「允洙」一人だけである反面、日本人の中には韓国で韓国語を勉強している「石川」「森」「田中」や韓国の観光について韓国人の知り合いと話している「山田」など、韓国で韓国文化や韓国語に関心を持っている日本人が多いという人物設定になっている。

教科書 H'
人名数と頻度数は韓国人の方が日本人より多い。教科書Hと同じ登場人物たちが登場されているので、連続性が保たれている。教科書Hで中心人物として頻繁に登場していた「秀姫」と「幸子」は、教科書H'でも一番多く登場している。しかし、教科書Hでは「秀姫」の登場頻度数が最も多かったが、教科書H'には「幸子」の登場頻度数が最も多くなっている。これは、教科書Hでは韓国の生活にまだ慣れていない「幸子」が「秀姫」の家族と付き合いしていくのが中心的テーマであったので、この際「幸子」の韓国文化や場所などの案内役だった「秀姫」がより頻繁に登場しているが、教科書H'では韓国の生活と韓国語に慣れてきた「幸子」が人間関係を広げて、「李昌浩」や「金教勲」との交流場面などにも登場しているからである。著者が作り上げた架空の登場人物たち以外に取り上げられている人物は教科書Hより多く増えている。日本人は詩人「谷川俊太郎」、富士山伝説の主人公「かぐや姫」、日本のケチの話の主人公「チンとソウ」を取り扱い、日本文化理解を高めようとしている。韓国人は日本から国を守ろうとした愛国者ら「李舜臣」「論介」「安重根」や「世宗大王」「栗谷」「申師任堂」「韓石峰」とい

う韓国の偉人を多く紹介し、日本人との交流だけではなく韓国人としての主体性と愛国心を高めようともしている。

教科書 I'
人名数と頻度数は韓国人の方が日本人より多い。登場している人物たちは一般人である日本人と韓国人である。韓国人の中には学生、会社員、先生といった職業の人が少しはいるものの、職業や性別などの情報が得られない名字だけの韓国人と日本人の登場人物が多い。文脈の情報も無いものも多いが、日本人の中には日本の高校を卒業した韓国の留学生「山本」、韓国を訪問している「田中」、韓国を訪問する予定の「田中太郎」などの人物設定も見られる。韓国人の中でも日本を訪問したことがある「漢基」という人物が一人扱われている。また、一般人以外を見ると、日本人は詩人「武者小路実篤」と「豊臣秀吉」が紹介されており、韓国人は「豊臣秀吉」の侵略から国を守った韓国の英雄「李舜臣」、ハングルを作った「世宗大王」、古代日本文化に影響を与えた「王仁」が民族的自負心と愛国心を高めるために紹介されている。その他の人名を見ると、韓国人と韓国経済発展とビジョンについて話す場面に「ネール」という外国人を登場させているのが特徴であり、ドイツの「グーテンベルグ」やイタリアの「ガステリ」といった発明家の名前も取り上げられ、韓国文化の優秀性をより客観化しようとしていた。

教科書 J'
人名数は同じであるが、頻度数は韓国人の方が日本人より多い。全体的に芸術作品や教訓的内容を中心とした読解文が多いため、人名の登場は非常に少ない。特に日本人の場合は詩人「谷川俊太郎」と「宮原ハツ」、作家「有島武郎」「小林秀夫」「亀井勝一郎」の5人だけが紹介されており、会話場面などで普通の日本人の人名は使われていないのが特徴である。韓国人の人名も非常に少なく、「その他」の人名は「有島武郎」小説『ひと房のぶどう』の登場人物である「ジム」だけである。日本人作家の作品を通して日本文化が日本人の考え方の理解を高めようとしている。また、日本の古代文化に影響を与えた「王仁」の紹介も取り上げ、韓国人としての民族的自負心も忘れな

いようにする試みも見られる。

教科書 K'
人名数は日本人の方が多く、頻度数は韓国人の方が多い。教訓的な内容の読解文や名前がない登場人物による会話場面などが多いため、人名の登場は少ない。人名を持つ登場人物の中には学生、先生、または職業が分からない一般人が多いが、韓国の生活が終わり日本へ帰国する予定の「田中」や日本の留学中の「李哲洙」、「李哲洙」と交流している「佐藤」といった登場人物を通して日韓相互交流を図っている側面も見られる。また、韓国人の中には偉人などの有名人は取り上げられていないが、日本人の中には作家「宮沢賢治」「林寿郎」「宮代朋枝」と彼らの作品が紹介されており、「河野与一」によって翻訳された作品「イソップ」も日本人以外の人名として紹介されている。

教科書 L'
人名数と頻度数は日本人の方が韓国人より圧倒的に多くなっている。同じ著者による第4次教育課程期の教科書 B'でも日本人の人名と頻度数の方が韓国人より多いという特徴があった。しかも教科書 L'の場合には教科書 B'の韓国人の人名数と頻度数よりも減っており、「朴」と「金」という二つの人名が4回しか登場していない。これは会話場面が主に日本人同士による交流が中心になっているためである。先輩と後輩間の日本人同士、知り合いの日本人同士、親しい友だち間の日本人同士などの登場人物間の交流を通して日本文化を理解させようとする試みが見られる。しかし、離れた距離から日本人と日本文化を見るだけでは、学習者に現実感や実際日本人と日本語でコミュニケーションをしてみたいという自信感を与えるという教育的効果は得られ難い。また、日本語学習者である韓国人と母語話者である日本人との接触場面から自文化とは違う日本文化に気づくような交流場面は異文化間コミュニケーションの際生じうる誤解や摩擦を減らすためにも役立つので、このような面での教育的配慮が必要である。登場人物の中では学生などの一般人が中心になっているが、「相田みつお」「今道友信」「川端康成」「浦島太郎」

といった詩人・学者・作家・日本の昔話の主人公も取り上げ、彼らの作品を通して日本文化の理解を高めようとする試みも見られる。また、偉人としては「トルストイ」と「ヘミングウェー」が取り上げられている。

教科書 M'
登場頻度数は韓国人が多いものの、人名数は日本人の方が多い。特に修学旅行として韓国に来ている日本人高校生「山田」は架空の人物であるが、実際韓国へ修学旅行として来たことがある日本人女子高校生6人の名前を使い、彼女らが韓国の修学旅行で感じた韓国を紹介しているのが特徴である。韓国人の中には「山田」に韓国の学校や文化などを紹介している「ミンホ」と「ミヒ」、そして日本語を勉強している「パクヨンウ」と「キムスンヒ」、日本人のペンフレンドに手紙を書いている「金美姫」などの人物を通して日本語学習者に親しみを与えようとしている。このように高校生を中心とした一般人だけではなく、日本人側には詩人「俵万智」「武者小路実篤」「千家元麿」「高田敏夫」、作家「岡田章雄」、作詞家「三木露風」、作曲家「山田耕筰」が紹介され、彼らの作品を通して日本文化理解を高めようとしていた。このように芸術作品などを通した日本文化理解に対する教育的配慮は見られるものの、人間同士の交流においては日本人が韓国をどのように理解しているのか、あるいは韓国人が日本人に韓国文化を紹介するという側面の方に偏っている傾向がある。また、日本の古代文化に影響を与えた「王仁」とオリンピックで金メダルを獲得した「ソンキチョン」という韓国の偉人を通して韓国人としての民族的自負心を高めようとする意図も見られる。

　以上の8種類の日本語「下巻」の人名に関する分析からは次のようなことが言える。全ての「下巻」での日本人名の数は「上巻」より増えており、頻度数の場合はF'、H'、I'、M'が増加し、G'、J'、K'、L'が減少した。韓国人名の数と頻度数両方が「上巻」より増えている教科書はH'、K'だけであり、I'の韓国人名の頻度数とM'の韓国人名数は増えている。韓国人を中心とした日常生活の会話場面が多かったため、日本人の人物登場が少なかった「上巻」とは違い、「下巻」には日本文化理解や日韓交流に関する内容が増え

ているので、日本人の人名数と頻度数が増えている。また、日本人も韓国人も学生や先生などの普通の一般人が一番多く登場しているのは第4次教育課程期と同じであるが、第4次教育課程期と第5次教育課程期の「上巻」より芸術家や偉人などの人物が多くなっている。日本人の場合には日本の詩や小説などの芸術作品の紹介が多くなっているので詩人と作家が多く、韓国人の場合は日本から国を守った愛国者、日本の古代文化に影響を与えた「王仁」、オリンピックで金メダルを取った運動選手などの偉人の登場が増えている。これは日本文化理解に対する内容と日韓交流の内容を増やしているので、韓国人としての民族的主体性をよりしっかり保たせようとする意図であろう。日韓交流の側面が重視され、以前には見られない特性も見られる。つまり、教科書H'のように教科書Hの登場人物と同じ人物を登場させ、日本人家族が韓国の長期滞在中に韓国人と交流を深めて行くというプロセスが表れていたり、教科書M'のように韓国修学旅行の経験を実際の日本人女子高校生という人物を使うなど、日韓交流が強調されている。しかし、日韓交流の場面は韓国が中心になっており、そのため韓国に来る日本人と韓国人との交流、韓国の文化を日本人に理解させること、日本人が韓国語や韓国文化を勉強するという側面が重視されることは以前と変わってない。重要な教育目標の一つであった国際化とコミュニケーション能力の向上のためには、自文化の理解だけではなく、よりバランスを取れた異文化理解を追及しなければならない。

(5) 地名

第4次教育課程期の5種類の「下巻」では同時期の「上巻」より韓国と日本を表す国名が増えており、より多様な地名が紹介されていた。特に韓国の都市や名所が日本の地名より多く紹介されており、その他の国では中国の登場頻度数が一番多かった。それでは、第5次教育課程期の8種類の「下巻」に登場する国名と地名にはどのような特徴が見られるのかを考察する。

〈表5-20〉 8種類の「下巻」に登場する国名と地名の頻度数

教科書	韓国	日本	その他
F'	国名(11)、地名(16)	国名(33)、地名(9)	国名(0)、 地名(1)
G'	国名(27)、地名(21)	国名(29)、地名(20)	国名(3)、 地名(0)
H'	国名(63)、地名(76)	国名(57)、地名(17)	国名(18)、地名(1)
I'	国名(64)、地名(35)	国名(41)、地名(15)	国名(11)、地名(2)
J'	国名(22)、地名(2)	国名(26)、地名(1)	国名(7)、 地名(0)
K'	国名(1)、 地名(8)	国名(11)、地名(0)	国名(4)、 地名(0)
L'	国名(9)、 地名(15)	国名(13)、地名(15)	国名(9)、 地名(1)
M'	国名(43)、地名(27)	国名(49)、地名(5)	国名(8)、 地名(5)

　第5次教育課程期の「上巻」より韓国を表す国名数が増加している教科書は7種類であり、日本を表す国名数が増加している教科書は6種類である。このような増加は日常生活を中心とした初級者向けの「上巻」とは違い、国家や古代文化などの抽象的内容が増えているからである。特に韓国の国名で「わが国」や「わが祖国」という愛国心を高揚させる名称は52回も使われており、国家としての韓国の側面が「上巻」より強調されている。地名を見ると、第5次教育課程期の「上巻」より韓国の地名数が増加している教科書は4種類であり、日本の地名数が増加している教科書は5種類である。このように、日本という国名と地名の増加理由は、日本文化理解に関する内容が増えており、韓国の古代文化の影響を受けた日本と日本の地名に関する紹介も重視されているからである。また、地名においても東京中心の紹介に止まっていた「上巻」と比べ、「下巻」には秋田県・下関・本州・熊本などのより広い範囲の日本の地名が紹介されており、第4次教育課程期の「下巻」よりも多様な日本の地名が取り上げられている。しかし、日本の全体的紹介という教育的配慮は増えているものの、韓国の地名の多様な紹介がより重視されているという結果は第4次教育課程期の「下巻」と変わらない。「その他」の国は中国が21回も登場しており、第4次教育課程期の「下巻」と同じく中国古代の民話や韓国と日本の古代文化の影響などの面でその他の国の中で一番重視されている。また、オリンピック開催国やオリンピック関連都市が紹介され、ソウルオリンピックの成功が強調されている。国際化を目指すた

めに日本と日本の都市や名所の紹介が以前より増やされているが、韓国と韓国の都市や名所がより重視されるという立場は変わっていない。

(6) 内容

第4次教育課程期の5種類日本語教科書(下)の内容には韓国の経済発展と先進国入りへの希望や日本文化に影響を与えた韓国の古代文化などの韓国人としての自負心を高める内容が多く見られた。特にオリンピックに関する内容は殆どの教科書で扱われていた。また、韓国に来る日本人に韓国の文化を紹介するという内容設定や韓国で勉強する日本人留学生に関する内容を通して韓国の国際化を伝えようとする側面がより重視されていた。それでは、第5次教育課程期の8種類教科書(下)の内容にはどのような特徴が見られるのかを考察する。

教科書F'
20課までの本文を分析して見ると、韓国に関する内容(2箇所)、日本に関する内容(7箇所)、韓国と日本に関する内容(3箇所)、「その他」の内容(8箇所)である。同じ著者による第4次教育課程期の教科書A'と同じく「その他」の内容が一番多く扱われている。「その他」の内容は科学的思考力や創造力を向上させるための教養的内容や教訓的内容が多い。第4次教育課程期より韓国に関する内容が減り、日本に関する内容が増えている。特に「ソウルの歴史と発展」「韓国の経済発展」「韓国のテレビ放送の発展と生活」などのように韓国の経済や社会発展を表す内容が多かった以前とは違い、このような内容は無い。2箇所の韓国に関する内容を見ると、一つは「ジュン」という韓国人男子学生がソウルに住んでいる姉夫婦を迎えに行った時の出来事や学校の生活が扱われている。もう一つは韓国の出版事情に関する内容である。以前と比べ韓国に関する内容より日本に関する内容が重視されており、「日本の詩」「日本の童話」「訪問の際の礼儀」「笑い話」「日本の農家と建築の特徴」「日本の宗教」などの内容を通し日本文化理解を高めようとしていた。また、日本と韓国に関する内容では「百済と古代日本」「日本語と韓国語の比較」「ソウルと東京・横浜」がある。特に第17課の「百済と古代

日本」の内容は以前とは違う面が見られる。どのように書き方が変化しているのかを見てみよう。

第24課　我が国と日本の古代文化（고등학교日本語（下）、1985）
―教科書A'

（前略）古代の我が国は、日本よりも早く大陸文化を受け入れた先進国でした。それで、大陸のすぐれた古代文化が、我が国を通して日本へもたらされたのです。（後略）

第17課　百済と古代日本（고등학교日本語（下）、1991）―教科書F'

歴史に興味を持っている安(アン)さんは、近藤さんに百済(ペクチェ)と日本の交流について聞いてみます。近藤さんは、ソウルのある大学で韓国の古代史を専攻している学生です。
「近藤さん、日本にはじめてできた仏教文化は、何と言いますか。」
「飛鳥文化のことですか。」
「そうそう。あの飛鳥文化は、百済の影響によるものだそうですね。」
「百済の影響が大きいですね。主に、百済から日本に渡った人とその子孫によってできあがった文化ですから。」

　以上の同じ著者らによる二つの教科書で見られる記述の仕方は違っている。つまり、1985年の教科書では「我が国」という単語が頻繁に使われ、話し手も聞き手も同じ韓国人である。しかし、1991年の教科書では韓国で韓国の古代史を専攻している日本人近藤さんを登場させ、百済が古代日本に影響を与えたという歴史的事実が日本の方からも認められていることを伝えようとしている。さらに本文以外の対話コーナーの内容においても変化が見られる。

第24課　我が国と日本の古代文化（고등학교日本語（下）、1985）
―教科書A'
　　（対話コーナー）（96頁）

我が国で勉強している日本人の留学生は毎年ふえているってね。
―それは結構なことだよ。
特に、日本の古代史を研究するには、我が国のものを勉強しなければならないね。
―我が国の日本の古代文化の形成に大きく寄与したのは明らかな事実なんだから。
（後略）

第17課　百済と古代日本（고등학교　日本語（下）、1991）―教科書F'（対話コーナー）（97頁）

（前略）
―日本へ留学に行くと言っていたお兄さんのことですね。
日本では何を研究なさいますか。
―日本の古代史を研究すると言っていましたね。韓国には古代の資料があまりないので、日本がわの古い資料を研究して、両国の古代交流史を明らかにするんだと、はりきっていましたよ。

　上記の二つの対話を見ると、1985年の場合には韓国のものを習いに日本人が韓国に来るという側面を強調し、韓国人としての自負心を高めようとする意図が強かったが、1991年になると、本文のように韓国の古代史を勉強して来る日本人だけではなく、日本の古代史を勉強しに日本へ行く韓国人留学生の存在も取り上げ相互的関係性を認識させようとしている。さらに両国の古代交流史の言及からも日韓相互交流により前向きになっていることが伺えられる。

教科書G'
20課までの本文を分析して見ると、韓国に関する内容（2箇所）、日本に関する内容（12箇所）、日本と韓国に関する内容（1箇所）、「その他」の内容（5箇所）である。「上巻」の教科書Gでは韓国に関する内容が一番多く扱われていたが、教科書G'では韓国に関する内容が大幅減り、その代わりに日本

に関する内容が一番多くなっている。つまり、日本文化理解という側面が最も重視されていると言える。

「その他」の内容は教科書Gでは学校生活や余暇善用などの日常生活が殆どであったが、教科書G'では真面目な生活と自分の全力を出し切る生活が人生の生きがいに繋がるという内容や、独立心と親切、人生の希望、アリの科学的観察などの教訓的な内容に変わっている。韓国に関する内容は兄弟愛が昔話で描かれており、もう一つは韓国で韓国語を勉強している日本人留学生の韓国人家庭訪問が扱われている。日本に関する内容は「日本の詩」「笑い話」「日本の梅雨」「日本の名字」「挨拶」「日本の鬼とお祭り」「手紙の書き方」「ことわざと慣用句」「日本の正月」などである。「日本の名字」「挨拶」「日本の鬼とお祭り」では歴史的背景や日本人の考え方も一緒に説明されているため、より深層的な日本文化理解に結び付けられる内容になっている。また、「梅雨」では日本の梅雨についてよく知らない韓国人「尹」が日本人「山本」に色々な質問をし、情報を得るという会話形式になっている。つまり、コミュニケーションと異文化理解という両方面の教育的工夫がなされている。「正月」に関しても、年末年始の日本人の生活文化がよく理解出来る内容になっている。日本と韓国に関する内容は韓国修学旅行に来た熊本県の熊本高校2年の「石川三朗」の鑑賞文を通して、日本文化に影響を与えた韓国の古代文化や韓国高校生との交流会などが扱われている。この本文の内容からは韓国人としての民族文化に対する自負心だけではなく、両国の親善のための努力も促している。このように日本文化理解を中心とした内容が最も多くなっている本文とは違い、会話コーナーでは韓国に関する内容が一番多い8箇所あり、他は「その他」の内容7箇所、日本と韓国に関する内容4箇所、日本に関する内容は1箇所である。つまり、韓国に関する内容では日本人が韓国に来て韓国文化を経験していくという内容や韓国人として誇りを持つことを求める内容などで日本文化に関する一方的な理解ではなく、相互理解を求めようとしている。

教科書 H'

25課までの本文を分析して見ると、日本に関する内容 (3箇所)、韓国に関

する内容(6箇所)、日本と韓国に関する内容(15箇所)、「その他」の内容(1箇所)である。「上巻」の教科書Hでは韓国に関する内容が一番多く扱われ、日本人が韓国の文化を理解していくという側面が強調されていたが、教科書H'では日本と韓国に関する内容が一番多くなっている。つまり、相互異文化理解が重視されているのである。さらに、「その他」の内容では「世界の幸せ」に関する内容を通して、韓国と日本との両国間の理解だけに止まらず、より広い視野の異文化理解教育を求めようとしている。日本に関する内容は「日本の年末年始」「けちの話」「かぐや姫」である。けちに関する日本の昔話は第4次教育課程期の教科書A'、B'、E'にも扱われており、倹約精神を高めようとする意図として考えられる。また、この三つの日本に関する内容は著者が日本の文化に対して説明をするという形式ではなく、日韓交流場面の中で登場人物である「健一」や「幸子」が韓国人友だちに説明して上げるという形式になっているのが特徴である。

　韓国に関する内容は「韓国の文化祭と自然」「韓国の大学入試」「景福宮や国立博物館の青磁や白磁」「ハンソクポンの話」「陶磁器」「麗水や閑麗水道などの名所」「セマウル号」などが扱われ、韓国文化や自然が紹介されている。また、日本との歴史と関係がある「安重根記念館」と「独立記念館」や「李舜臣」と「論介」の遺跡がある場所を日本人「幸子」が韓国人友人と直接行って見る韓国文化の体験であり、これらの内容から著者らの願いが表れている。具体的内容を見ると次の通りである。まず、幸子と韓国人の友だちが安重根記念館を出た後の会話を見てみよう。

第14課　もうすぐ春(79～81頁)

(前略)

〈記念館から出て来て〉

幸子：　わたし、ショックでした……。

金教勲：歴史的事実も大切ですけど、もっと大切なのは、これから、わたしたちが、どんな歴史を作るか、ということでしょう？

(後略)

また、日本からの独立運動の記録など、色々な資料がたくさんある独立記念館を訪問した際の会話内容を見ると次の通りである。

第21課　独立記念館（124〜127頁）
（前略）
松田：（前略）日本が韓国を力で支配したということは、本当に残念なことですね。
幸子：日本人は、韓国でずいぶんひどいことをしたんでしょう。
秀哲：ええ。歴史の時間に習いました。もちろん歴史的な事実は消えませんが、本当に大切なのはこれからです。昔のいやなことばかり考えて、新しい友情を作ることができないのは、もっと残念なことです。

以上の会話内容から分かるように、日韓両国の歴史を乗り越え、より建設的な関係を築くことが望まれている。このように著者らは未来志向的な日韓両国の関係を望んでいるので、日本と韓国に関する内容を一番多く取り上げ、相互理解を求めている。特に、「オンドルとコタツ」「日本の桜と韓国のチンダルレとケナリ」「日本人と韓国人の思考」「日本語と韓国語」などの内容のように互い違う点に関する内容だけが取り上げられているのではなく、第3課「内藏山の休憩所と日本での花見」の際の大騒ぎに関する内容や、第14課「農業で人間の体に良くない薬を使ったり、果物にワックスをかけたり、おいしそうに見せるために、科学的な材料で色をつけることが多くなったこと」では互いの自文化を批判的に捉え、共通の問題意識と共感を求めようともしている。さらに、「高校生の悩み」や「血液型の話」では高校生が関心と興味を持ち易い内容から日本人と韓国人との特徴が扱われており、同じ国の中での個人差という側面も反映されている。同じ文化の中での個人差が認識出来る内容は、相手の文化のステレオタイプ化を防ぐためには必要な教育的配慮である。

教科書Ⅰ'

21課までの本文を分析して見ると、韓国に関する内容（7箇所）、日本に関する内容（7箇所）、日本と韓国に関する内容（5箇所）、「その他」の内容（2箇所）である。日本に関する内容が一つも無かった教科書Ⅰとは違って教科書Ⅰ'では日本に関する内容が大幅増えている。また、日本と韓国に関する内容も増えている。内容を見ると、韓国に関する内容は「雪嶽山、慶州、閑山島などの韓国の名所」「家族の協力」「病気の見舞い」「自然環境と公害」「韓国経済のビジョン」「韓国の海の開発」「ソウルオリンピック」である。特に、韓国経済のビジョンに関する内容では、以前は書き手が読み手である生徒たちに、あるいは韓国人同士や日韓両国人同士の会話による形式で韓国の経済発展が語られたが、「ネール」という外国人を登場させ、世界からも韓国経済の発展ぶりのめざましさが認められていることが表れている。また、もう一人の登場人物である「金」を通して、韓国が先進国として認められるのは動かぬ事実となるに違いないということが語られている。ソウルオリンピックでの内容では「なせば成る」という韓国民の強い精神で「金12、銀10、銅11」のメダルを獲得し、総合成績第4位を占めた結果から自信を持って、政治・経済・教育・芸術・体育などを世界的に発展させ、国力をよりいっそう伸ばしていくことが強調されている。

　日本に関する内容を見ると、「日本の昔話」「日本の風土」「詩」「敬語の使い方」「生活の中の慣用語」「日本のことわざ」である。日本の昔話からは勧善懲悪の思想が表れている。他の三つは日本語に関する内容であるが、韓国語による母語干渉を防ぐためには、韓国語との相違点が取り上げられるなどの教育的配慮が求められる。

　日本と韓国に関する内容を見ると、日韓交流の場面では「東京タワーから眺めた市内の景色の素晴らしさと韓国の雪嶽山や漢拏山の冬景色の素晴らしさ」「水石と茶道などの趣味」の内容が扱われている。しかし、「日本の文字と韓国のハングル」「古代韓国の影響を受けた日本の古代文化と韓国の文化」「豊臣秀吉の侵略から国を救った李舜臣将軍」では古代韓国文化の影響を受けた日本文化と韓国文化の優秀性や「李舜臣」将軍の功績を称え、韓国民としての愛国心と自負心を高揚しようとしている。特に、第18課では高麗時

代の1234年発明された金属活字は、ドイツの「グーテンベルグ」の発明より210年あまりも先立つものであり、測雨器はイタリアの「ガステリ」が作ったものより200年あまりも前の1442年に作られたものであることが取り上げられ、韓国人として祖先の偉大な文化遺産に誇りを持ち、さらに韓国の文化を発展させていかなくてはならない重い責務を強調している。

「その他」の内容では「自律性と創造性」と「祖先を大切にすること」の教訓的内容が取り上げられている。特に、第2課のクラス会での担任先生と生徒たちの会話では第5次教育課程期の一般目標が表れている。具体的に見ると次の通りである。

第2課　クラス会（8～9頁）
（前略）
先生：さっき話したように、これからは先生が命令するよりも、みずからすべてを規則正しくやってほしいです。（後略）
（中略）
学生B：先生、勉強のしかたは押し付けやつめこみよりも、私たちが自由に意見を取り交わす方法を、もっと取り入れたらと思うんですが……。
先生：結構な意見ですね。これからの人間は自分の考えぐらいはちゃんと述べられなくてはいけません。（後略）

上記の内容からも分かるように、自立的で創造的な思考を持つ人間像を生徒に求めている。先生の命令に順応し、協同性を重視していた従来の韓国の教育的雰囲気とは対照的な内容である。これは国際競争力を高めるために必要な国民を養成したいという第5次教育課程期の教育目的による変化であると言える。

教科書 J'
18課までの本文を分析してみると、日本に関する内容（10箇所）、韓国に関する内容（1箇所）、日本と韓国に関する内容（1箇所）、「その他」の内容（6

箇所)である。教科書Jでは日本に関する内容は一つも扱われなかったが、教科書J'では日本に関する内容が最も多くなり、日本文化理解という側面が重視されている。その代わりに韓国に関する内容は大幅に減っている。

　日本に関する内容は「詩2篇」「サムライと百姓の昔話」「共通語」「外来語」「擬声語と擬態語」「ことわざとカルタ遊び」「日本のお正月の風習」「有島武郎の『ひと房のぶどう』の作品紹介」「小林秀夫や亀井勝一郎のエッセイの紹介」である。日本人作家の詩やエッセイを通しては日本文化理解に役立つ内容よりも人間共通の情緒や教訓的内容が扱われている。また、「サムライと百姓の昔話」には日本人の本音と建前が表れており、「日本のお正月の風習」は日本人の伝統文化の理解に役立つ内容になっている。他には日本語に関する内容が最も多く扱われている。教科書Jと同じく、本文以外に日本文化理解コーナーを通し、「七夕」「日本人の挨拶礼節」「お月見」「大晦日」に関する内容が韓国語で写真と共に説明されている。このように日本人の思考や伝統文化の紹介などを通した日本文化理解に重点が置かれている。

　一方では、韓国の陶磁器に関する内容を取り扱い、早くも宋の時代に中国でも認めた高麗青磁の美しさなどの韓国文化の優秀性を強調している。また、日本と韓国に関する内容においても、「王仁」博士が日本に伝えた「天字文」や学問は日本文化のもととなり、それはまた平仮名や片仮名を生み出す結果をもたらしたことや古代日本文化形成に大きな影響を与えた古代韓国文化が強調されている。つまり、日本文化理解だけではなく、学習者が韓国人としての自文化に対する自覚と自負心を常に忘れないようにするための工夫であると考えられる。「その他」の内容では、「思いやり」「悩みの解決法」「一日一日を大切にして生きること」「言葉の力」「文学の楽しさ」「自分で道を選ぶ力」という教訓的な内容を扱い、初級者用の日常生活を中心とした教科書Jより教科書J'では日本語のレベルが上がった学習者のために読解を通し哲学的思考力を向上させようとしている。さらに、全体の本文が読解中心になっているため、本文以外の8箇所のミニ会話コーナーを通し日常会話の練習が出来るようにしている。しかし、韓国人同士による「買い物」「訪問」「天気」「映画の誘い」などの日常生活を扱った一般的な内容が殆どであり、日韓交流を通し、日韓両国の文化比較や韓国文化とは違う日本文化理解

に役立つような会話内容は一つもない。

教科書 K'

22課までの本文を分析して見ると、日本に関する内容(7箇所)、韓国に関する内容(8箇所)、日本と韓国に関する内容(0箇所)、「その他」に関する内容(7箇所)である。教科書Kでは韓国に関する内容が多く、日常生活や学校生活などを扱ったものが多かった。また「その他」の内容においても同じ傾向が見られた。しかし、教科書K'での「その他」の内容は「家族」「母のお手伝い」「時間の大切さ」「知恵」「正しい判断力や個性的な考え方」「言葉の働き」「思いやり」などであり、教訓的内容が多くなっている。国際競争力を高める人材育成を求めていた第5次教育課程期の教育理念が反映されている。

韓国に関する内容を見ると、「済州道への旅行」「かぜ」「韓国の日本語授業」「徳壽宮と金浦国際空港」「学校生活」「家族愛」「雪岳山」であり、主に韓国の学校生活を含む日常生活や韓国の名所が取り上げられている。また、第5課の「徳壽宮と金浦国際空港」では日本へ帰国する予定の「田中」さんを見送りに行く相談をする内容の中で金浦国際空港までの時間や直通のバスに関する情報が含まれている。日本に留学中の韓国人と日本人との交流だけではなく、第5課を通し韓国にいる日本人と韓国人との交流も示唆されている。

教科書K'では教科書Kと比べ日本に関する内容が大幅に増えており、「日本の経済」「日本の歌舞伎と忠臣蔵」「宮沢賢治の詩」「お月見」「上野動物園」「宮代朋枝の作品」「日本のことわざ」に関する内容がある。日本の経済については、電気製品の生産で世界的に有名な場所の紹介と日本が電気製品と機械や車などの品物を輸出するためには原料を輸入しないといけない日本経済の状況が取り上げられている。「日本の歌舞伎と忠臣蔵」では日本で留学中の「李哲洙」が知人「佐藤」に「忠臣蔵」という歌舞伎を一緒に見に行くことを誘う内容になっている。しかし、歌舞伎や忠臣蔵に関する説明がないので、「佐藤」が「李哲洙」に歌舞伎や忠臣蔵について簡単な説明をしてあげるような会話内容の構成にした方が日本文化理解に関する教育的効果がより

得られたに違いない。その反面「お月見」ではお月見の習慣が平安朝時代から始められたという歴史的経緯の説明やその習慣などの説明が詳しく取り上げられ、「お月見」の内容から日本文化だけではなく日本人の情緒も理解出来るように工夫されている。このように教科書Kより日本文化理解に役立つ内容が増えているものの、日本人と韓国人との異文化間コミュニケーションと交流を通し互いの文化を理解していく内容が少ない。

教科書L'
20課までの本文を分析して見ると、日本に関する内容(10箇所)、韓国に関する(3箇所)、日本と韓国に関する内容(0箇所)、「その他」の内容(7箇所)である。第4次教育課程期の同じ著者による教科書B'では「その他」の内容が最も多く扱われていたが、教科書L'では日本に関する内容が最も多くなっていることから、第4次教育課程期より日本文化理解が重視されていることが分かる。具体的に見ると、韓国に関する内容は「南山、ソウルタワー、ソウル」「ソウルのおじさんの訪問」「ソウルオリンピック」である。第1課「朝のひと時」で描かれているソウルタワーや南山などのソウルの風景は「きれいな空気を胸いっぱい吸いながら静かな公園の中をあちこち歩きまわった。ときどき小鳥のさえずりも聞こえてくる。」などの内容からも分かるように、第19課の「東京の悩み」で大気汚染やゴミ処理問題などのマイナス的イメージとは対照的にプラス的イメージが取り上げられている。「ソウルオリンピック」ではサマランチIOC会長の「これまでのうち最高の五輪でした。大会の成功に貢献した韓国国民とボランティアのみなさまに深く感謝します。」という閉会のあいさつの引用を使い、ソウル大会の成功に対する客観的評価を与えようとしている。また、競技での韓国の世界第4位の成果などが取り上げられ、国民にソウルオリンピックで発揮した愛国心と国民の底力をさらに生かして先進国の国造りに取り組んでいくことが呼びかけられている。

「その他」の内容は「レンズの働き」「サケの成長」「色と暮らし」「強い人間」「読書の大切さ」「言葉」「経済生活」である。科学的思考力や教養を高める内容や教訓的内容になっている。

日本に関する内容を見ると、「笑い話」「先輩と後輩間の手紙のやり取り」「お中元とお歳暮」「上野公園」「日本詩」「川端康成の『雪国』の文章」「浦島太郎の話」「ことわざ」「礼儀作法の差」「東京の悩み」である。特に、第18課「所変われば品変わる」では自国の文化や伝統を大切にしなければならないのと同時に、他国の文化や伝統に対しても開かれた態度で接しなければならないことが強調されており、今道友信「新しい知性と徳を求めて」の作品がその一つの例として取り上げられている。この例では場所を大切にする東洋と個人の「時間」を大切にする西洋文化差により、東洋では、よその家を訪ねると普通玄関さきでコートを脱ぐのが礼儀だと思う反面、西洋では「コートを脱いでください」と言われるまで脱いではいけないという礼儀作法の差があると分析されているのが特徴である。このような内容は学習者が自分と違う文化の人々と交流する際に、自文化のルールをそのまま当てはめると誤解や摩擦が生じ得る可能性があるということや異文化に対する開かれた態度の必要性を認識させ、異文化理解能力を高めることに役立つ教育的な配慮がなされていると言える。また、「東京の悩み」では「日本情報シリーズ『東京』」からの文が引用され、東京の人口集中による住宅問題・交通問題・ゴミ処理問題・大気汚染・水質汚濁などの否定的側面だけが取り上げられている。この本文にはまた「どの国の大都市もかかえている悩みではありますが、現在東京の人々が困っている問題をいくつかあげてみましょう。」というコメントも入っており、東京だけの問題として捉えられてしまう可能性を防ごうとしている。しかし、「東京の悩み」の本文以外の練習問題の例文や他の本文を通して東京のプラス的イメージを扱う内容、またはソウルなどの他の大都市の様々な問題についても考えさせるような質問項目などを工夫した方がバランスの取れた異文化理解に繋がるのではないだろうか。

教科書 M'

18課までの本文の内容を分析して見ると、韓国に関する内容 (3箇所)、日本に関する内容 (11箇所)、日本と韓国に関する内容 (4箇所) である。教科書 M では日本に関する内容が3箇所で、日本と韓国に関する内容は一つもなく、韓国に関する内容が重視されていたが、教科書 M' では日本に関する

内容が最も多くなっている。これは著者が第2課「となりの国」の本文の内容で示している「隣の国を理解するためには、お互いの違いをよくみつめ、みとめあって、その習慣や文化を大切にしなければならない」という考え方が反映されているからであり、やはり同じ著者による第4次教育課程期の教科書 E' でも日本文化理解が重視されている。

　日本文化に関する内容は「短歌」「日本語の文章」「四季に対する日本人の心」「日本の詩」「日本の家屋の構造とその中に住む家族の関係」「言葉のルーツ」「敬語の働き」「日本の笑い話」「慣用句」などである。自然を愛する心や美意識などの日本人や日本文化の理解に役立つ内容も扱われているが、第4次教育課程期の教科書 E' より敬語や慣用句などの日本語の理解に関する内容が多くなっている。また、第4次教育課程期の教科書 E' と第5次教育課程期の教科書 M' の両方に書かれている「隣の国」の本文内容には変化が見られる。つまり、第4次教育課程期の教科書 E' では「両国の交流は、大昔から行われ、韓国は、すすんだ大陸の文化を島国の日本へ伝えました。」になっていた記述が第5次教育課程期の教科書 M' には「両国の交流」の代わりに「わが国と日本との交流」の表現に変わっている。韓国人としての一体感を表している「わが国」という単語を使い、著者と読者の韓国人としての主体性を引き出している。そのため、教科書 E' の写真は韓国の「佛國寺」と日本の「東大寺」になっていたが、教科書 M' では「王仁博士の渡日図」「大阪枚方市の王仁墓域前での年例・奉祝行事」「奈良法隆寺の百済観音」の写真に変わっており、韓国古代文化の日本文化への影響がより強調されている。日本文化理解だけではなく、それと同時に韓国文化と韓国人としての自負心をも維持させようとする意図がより強くなっている。これは第4次教育課程期の教科書 E' には「応用会話」コーナーの内容を通して韓国文化の理解と韓国人としての自負心を保たせようとしていたが、第5次教育課程期の教科書には「応用会話」コーナーが無くなったので本文の内容を通してこのような側面を表そうとしていたからだと考えられる。

　韓国に関する内容を見ると、第3課には日本人「山田」君が韓国に修学旅行へ来て「ミンホ」君の家に二日間のホームステイをしている間、韓国文化を経験する内容になっている。また、第12課の本文の内容にも初めて韓国

を訪れた日本の女子高校生の紀行文の紹介から韓国と韓国人との触れ合い体験と印象などが取り上げられている。この二つの本文内容を通して高校生という同年代の日韓交流の重要性だけではなく、日本人学生の韓国人に対する良い評価や韓国文化水準の高さを感じた日本人学生からの紀行文を紹介することによって、韓国文化と韓国人としての自負心を感じさせようという意図も見られる。ソウルオリンピックに関する内容には、大会の成功とソウルの名が世界のすみずみまで知られると同時に韓国の民族文化の優秀性も広く知られることになったことが強調されている。ここでも著者は「わが国」「わが民族」という言葉を使い、より韓国人としての愛国心と自負心を高揚させている。しかしながらも、この教科書の内容は全体的には日韓交流を表す内容や日本に関する内容が多く使われており、韓国について日本人が体験していく側面や日本文化理解は日本語に関する言葉の理解が多くなっている。

以上の8種類の「下巻」の内容分析からは次のようなことが言える。
日常生活や学校生活を含む社会生活を主に取り扱ったコミュニケーション中心の内容が多かった「上巻」と比べ、「下巻」では日本語レベルが上がった学習者のために読解中心の本文を通し、自立的で創造的な思考力や科学的判断力を高める内容を多く取り上げ、国際競争力を高める人材育成を求めていた第5次教育課程期の教育理念を反映しようとしていた。また、第4次教育課程期の「下巻」より、日本に関する内容が大幅増えており、日本文化理解という側面が以前より重視されている。その代わりに韓国に関する内容が減っていた。このような変化は益々国際化されて行く21世紀を生きる韓国の若者たちが世界に向かって視野を広げ、国際競争力を高めなければならないという国家的要望の反映によるものと考えられる。そのためには日本語教育においても、コミュニケーション能力の向上と共に相手の文化理解により力を入れる必要があったであろう。従って、日本の「お正月」や「七五三」などの伝統文化だけではなく、「四季に対する日本人の心」などの日本人の美意識などの日本人理解に役立つ内容や、「訪問の際の礼儀」「礼儀作法の差」「所変われば品変わる」などのように文化差が認識出来るような内容など、日本文化理解に関する内容もより多様になっていた。その中でも、日本

語のことわざ、敬語、生活の慣用句などの日本語の言葉の理解に関する内容が最も多く扱われている。しかし、日本語だけの説明に止まっており、韓国語による母語干渉を防ぐために役立つ韓国語との相違点が取り上げられるなどの教育的配慮が全体的に不足していた。

　日本文化理解の重視により韓国に関する内容は減っていたものの、古代日本文化に影響を与えた韓国文化の優秀性やソウルオリンピックの大成功などの内容が強調され、日本語学習者が韓国人としての自文化に対する自覚と自負心を忘れないように工夫されていた。また、韓国経済発展や韓国文化については、韓国人だけではなく外国からどのように評価されているのかということも強く意識されていた。例えば、教科書I'では「ネール」という外国人を登場させ、世界からも韓国経済の発展ぶりのめざましさが認められていることや、教科書F'では韓国で韓国の古代史を専攻している日本人近藤さんを登場させ、百済が古代日本に影響を与えたという歴史的事実が日本の方からも認められていることが取り上げられている。教科書M'でも韓国へ修学旅行に来た日本人高校生たちの韓国と韓国人に対する印象や評価が取り上げられている。外国から韓国がどのように評価されているのかという内容には、韓国社会の国際化という側面も表れていた。

　「下巻」では本文が読解中心になっているものが多いため、教科書H'のように全体の本文に日韓交流の内容を取り組み、日本と韓国の文化を互いに理解していくという異文化間コミュニケーションという側面に対する教育的配慮が不足していた。また、教科書L'の「所変われば品変わる」の本文内容でよその家を訪問した際にコートを脱ぐのが礼儀だと思う日本と「コートを脱いでください」と言われるまで脱いではいけない西洋との礼儀作法の差の例のように、互いの文化差によって誤解や問題が生じ易い内容が工夫されている教科書が非常に少ない。特に日本と韓国は、よく似ているようで、実は異なっているところが多くあるので、互いの文化差が認識出来る内容は円満な異文化間コミュニケーションを行うためには非常に重要である。さらに、第4次教育課程期と同じように、韓国に来る日本人が韓国文化を理解していく側面が重視されていた。しかし、実際この時期には日本に長期滞在する韓国人の数の方が韓国に長期滞在する日本人の数より多く、日本へ留学する韓

国人も益々増えていたので、韓国人が日本へ行って日本文化の接触から経験する異文化体験や文化差の認識と克服などに関する内容に対する教育的工夫が必要であった。

6. 結語

1988年に開催されたソウルオリンピック大会の成功で国際的地位と経済力が向上した韓国は先進国入りの夢に向かって進んでいた。90年代にはより広い国際交流を求めて東ヨーロッパの共産圏国や中国との経済的交易や文化的交流を始めた。特に東ヨーロッパの共産圏の国家とベルリンの壁の崩壊で過去のイデオロギーによる冷戦的対立から、開放化と多元化が共存する世界秩序へと変わっていく中で、緊張緩和を追及しながら世界各国は互いに競争し、時には共同の利益のためには協力も必要であった。益々グローバル化されていく世界情勢の中で韓国は国際的市場開放圧力のもとに置かれていた。このような状況を克服するために、韓国は「国家競争力の強化」と「世界化」を国政の第1の目標として取り組んだ。従って、第5次教育課程期には21世紀に予測される多元化社会に能動的に対応出来る未来志向的人間を育成することが重要な教育目標になっていた[57]。つまり、国際関係に対する理解と予測される国際問題に積極的に対処出来る能力を持つ国際市民の教育が求められていたので、思考力・判断力・情報処理能力・情報活用能力・創造性などの育成を目指した教育課程と教科書政策が追求されていた。

　従って、外国語教育の目標にはコミュニケーション能力と異文化理解が重視され、国際理解能力が求められる時代の要求が反映されていた。しかし、第5次教育課程期においても一クラスの生徒数が多く、視聴覚などの教材と授業時間が充分ではなかった。日本語教育においても、日本文化に対する知識と日本語の会話能力が不足している教師が多いという問題が解決されていなかった。第4次教育課程期と同じように、この時期も実際の教育現場ではコミュニケーション能力の向上を目指した教育目標が実践されるのは容易ではなかったことが伺える。しかしながら、政府は教科書の種類の増加、教科書の分量と授業負担の減少、国内の教員現職研修の強化や教員海外研修事

業の実施などの様々な政策を施し、教員の質と教育環境を改善しようとした。つまり、国家中心主義から市民中心主義へ移行していく過渡期であった第5次教育課程期では、世界情勢の変化に能動的に対応出来る人材育成が可能な教育改革への模索が積極的になされていたのである。

　ソウルオリンピックを契機に日韓両国は政治・経済的レベルだけではなく、民間のレベルでの交流が益々増えていたので、日本語教育においてもコミュニケーション能力の育成は一層重要な教育目標になっていた。従って、第5次教育課程期の8種類の「上巻」は第4次教育課程期の5種類の「上巻」より日常生活でのコミュニケーション能力という側面が重視されていた。また、8種類の「下巻」では第4次教育課程期の「下巻」より、日本に関する内容が大幅増えており、日本文化理解という側面が以前より重視されていた。このような変化と共に自文化理解という側面は第4次教育課程期よりは弱くなっていたものの、古代の日本文化に影響を与えた韓国文化の優秀性やソウルオリンピックの大成功などの内容を取り上げ、韓国人としての自負心を学習者に自覚させるための戦略的な努力は続いていた。つまり、日本語のコミュニケーション能力の向上と日本文化の理解は日本との交流増進や国家競争力の強化だけではなく、韓国語と韓国文化の理解を深め、国家発展に寄与することも望まれていたのである。また、過去の歴史の認識とこれからの両国の交流の展望に触れている教科書も出てきたことは重要である。

注

1　손인수(1999b)『한국 교육운동사―1980년대 교육의 역사인식―』5、문음사、pp.219-260.
2　盧泰愚は朴正熙の死後戒厳司令部の合同調査本部長になった全斗煥が権力を握るために1979年起こした12.12軍事クーデターを支えた新軍部勢力の一員であった。
3　1980年5月16日を起点に学生デモが終わったにも拘らず、新軍部は政権を奪取するため5月17日に非常戒厳を全国的に拡大させた。その翌日非常戒厳の解除を要求する光州地域の学生デモからスタートし、市民へと拡散した「光州民主化市民運動」は10日間続いた。この期間中、新軍部勢力は強硬な鎮圧方法を取ったので、多くの

学生と市民の死傷者を出した。
4 교육신문사(1999a)『한국교육 100 년사』(주) 교육신문사、pp.532-549. 1989 年末まで全教組事態で政府から懲戒を受けた教員は 1,519 名に達した。全協組が合法化され、自由に複数組合を結成し団体交渉や協約を採決出来るようになったのは 1999 年である。
5 吳淇坪(1994)『한국 외교론—新國際秩序와 不確實性의 理論—』도서출판 오름、pp.262-263.
6 문교부(1988a)『고등학교 외국어과 교육과정해설』문교부고시 제 88-7 호、pp.89-91.
7 李德奉(2001)『日本語教育의 理論과 方法』시사일본어사、P.305.
8 李德奉(2001)、p.29.
9 教育人的資源部(2002)『教育統計分析資料集』
10 国際交流基金
11 김영우(1987)『한국 중등교원양성 교육사』교육과학사、p.290
12 その結果、一般大学の教育科は 1983 年度の 32 個大学、99 個学科の 4,480 名から、1988 年度には 23 個大学、71 個学科の 1730 名までに減少された。(大統領令第 12392 号)
13 교육신문사(1999a)、p.696.
14 1970 年に無資格者 338 (1.7%)、1980 年に無資格者 227 名(0.4%)がその他に含まれている。この統計は教育人的資源部・韓国教育開発院の各年度の教育統計年報によるものである。
15 ( )の中は比率を表す。この統計は教育人的資源部・韓国教育開発院の各年度の教育統計年報によるものである。
16 教育人的資源部(2003)『2003 年の教育統計資料分析集』、pp.103-105.
17 한국교육개발원(1994a)『국제화에 대비한 외국어교육 개선연구』연구보고 RR94-3、p.68.
18 伊勢田ら(1991)「韓国における高校の日本語教師の背景と直面している問題点— 1990 年度韓国日本語講師研修会のアンケートから—」『日本語教育』74 号、pp.123-133.
19 손인수(1999a)『한국 교육운동사— 1980 년대 교육의 역사인식—』4、문음사、p.134.
20 各大学、系列、学科別に卒業出来る最大限の卒業定員数を決め、1981 年から 30%(専門大学は 15%)を加算した新入生を選抜し、30%に当たる超過人員は在学中に中途修了させ、卒業の際には卒業定員数に合わせる制度である。これは大学の勉学雰囲気を作り、大学教育の質的向上を図るということや大学浪人を大学に吸収し入試競争を緩

和させることなどが目的であった。しかし、卒業の際には 30％ は必ず脱落させないといけないという制度だったので、一部の大学では中途修了者の自殺騒動があり、学生間あるいは教授と学生間においての人間関係を悪化させる結果も招いたので、結局 1987 年には廃止され 1988 年からは再び入学定員制に戻った。

21　한국교육개발원(1997)『한국의 교육과 국가발전』연구보고 RR97-9、p.219.
22　손인수(1999b), pp.542-547.
23　연구보고 RR94-3, p.88.
24　공은배외(2002)『한국의 교육정책 평가연구』연구보고 RR2002-10、한국교육개발원、pp.99-101.
25　연구보고 RR94-3, p.77.
26　日本語教育学会編(1982)『日本語教育事典』、大修館書店、pp.776-777.
27　고려대학교 교육대학원(1994)『한국 일본어 및 일본어교육관계 단행본 일람』
28　金淑子(1994)「日本語教育의 教材에 대하여」『日本學報』第 33 輯, p.90.
29　金淑子(1994)、p.91.
30　李徳奉(2001)、pp.29-31. .
31　李徳奉(2001)、p.55.
32　李徳奉(2001)、pp.48-50.
33　손인수(1999a), p.581.
34　문교부(1988a), pp.46-49.
35　韓国の教育自治制に対する構想は米軍政によって始まり、1948 年 8 月 12 日に軍政法令第 216 号と第 217 号で公布された。大韓民国政府の出帆により法的効力がなくなったが、その後の教育法の審議過程でこれが反映された。従って、韓国の教育自治制の原型がアメリカの住民自治の原理によるアメリカの教育自治制度にあった。しかし、地方自治が確立していない韓国の国家体制とは合わないという意見が多く、結局教育自治制度の実行に関して、財政の効率性などの理由で教育自治制の廃止乃至縮小を主張する内務部と、その存続乃至強化を主張する教育系の意見対立が第 1 共和国の期間中に続いていた。(정영수・한만길외(1985)『한국교육정책의 이념』한국교육개발원、pp.126-129.)
36　교육신문사(1999b)『한국교육 100 년사』제 2 권、(주) 교육신문사、pp.144-147.
37　문교부(1988a), pp.44-82.
38　교육신문사(1999a)、p.705.
39　문교부(1988a), p.77.

40　教育部（2003）『教育統計分析資料集』、p.75.
41　80年代以降から大学進学率が高まったのは、1981年から実施された卒業定員制によって入学定員が増加され大学教育機会が拡大されたことと、高学歴化を志向する社会的雰囲気によって大学進学を希望する学生が増えてからである。
42　손인수（1999a）、p.102.
43　문교부（1988a）、pp.348–350.
44　韓国の出版社の教科書編集期間を調査した研究結果をみると、1種図書（国定教科書）は68.6%、2種図書（検定教科書）は48.5%が9か月未満の期間で教科書を編纂するという答えだった。1年以上の場合、国定教科書は25.7%、検定教科書は19.7%に過ぎなかった。（조성준（2007）『교과서 편집실무론』（주）금성출판사、p.219.）
45　李鍾国（1992）、pp.232–235.
46　李鍾國（2001）、p.324.
47　教科用図書に関する規定第7条及検定実施公告 '2. 申請資格'（2006. 10.30）、조성준（2007）『교과서 편집실무론』（주）금성출판사、pp.158–159.
48　한국교육평가원（2001.9.）『2종 교과용도서의 질 어떻게 개선할 것인가』연구자료 ORM2001–17、P.21.（この表は2001年韓国教育課程評価院で中学校2年生及び高等学校1年生用の教科書検定委員を対象に行った「審査観点」についての調査結果である。）
49　문교부（1990a）『고등학교 정치 경제 교사용 지도서』문교부、pp.19–20.
50　詳しい著者の略歴と教科書の目次は資料を参考。
51　全体頁数は分析対象である最終課の練習問題部分まで数えた。付録と単語の頁数は数えられていない。日本語下も同じ。
52　文教部（1982）『고등학교 신교육과정개요』한국원호복지공단
53　文教部（1988b）『고등학교교육과정』大韓教科書（株）
54　場面を現す絵はその絵の中に色々な物や人物が書かれていても、一つの場面は一つの絵として数えた。しかし、単語の説明を表す絵はそれぞれ独立した単位として数えた。以下同。
55　分析対象のすべての日本語教科書の分析の際、会話文の内容上に人名が登場する頻度だけではなく、会話文が始まる前に登場人物が明示されている人名の頻度数も数えた。なぜならば、8種類の教科書の中には会話文の内容だけで登場人物間の会話が把握出来るような構成になっているものが多く、また登場人物が明らかではない会話文

構成のものも多く見られるので、会話文ごとに登場人物の名前が明確に表示されているものはそうではないものと比べ、学習者に与える登場人物に対するインパクトは違うと判断したからである。
56 第12課の写真「語り合う韓・日の女子高校生たち」はその他に入れて数えた。
57 文教部（1988a）、pp.44–59.

資料

(F) 『고등학교 日本語上』(박희태・유제도(1990)、금성교과서(주))

ひらがな・カタカナ……………… 4	13. 録音テープがほしいです……………66
発音………………………………… 6	14. 日本語が話せます…………………72
1. これは本です……………………12	15. あなたが行けば、わたしも行きます…78
2. わたしは高校生です……………16	16. 写真展示会を開いてもいいですか…84
3. これはわたしの本です…………20	17. 熱があるようです…………………90
4. ここに何がありますか…………24	18. 今にも雨が降りそうですね………96
5. 白い箱の中に何がありますか…30	19. 先生にほめられました……………102
6. わたしはスポーツが好きです…34	20. 新しい言葉を言って聞かせます……108
7. 毎朝、六時に起きます…………38	21 バッジをくださいました…………112
8. きのうは六月八日でした………42	22. 家にお客さんが来ておられます……118
9. 山の景色がたいへん美しかったです…46	付録………………………………………124
10. 日本語を習っています…………50	新出漢字一覧表(上)……………………124
11. 地図が張ってあります…………54	家族の呼称………………………………129
12. だんだん日が短くなるでしょう…60	さくいん…………………………………130

第4次教育課程期の日本語教科書AとA'の著者と同じ著者であるため、著者の略歴は省略する。

(G) 『고등학교 日本語上』(오경자・신영언(1990)、동아출판사)

・ひらがな 및 カタカナ의 필순………… 4	15. 写真を見ています……………………78
・일본어 발음……………………………… 6	16. 犬を飼っていました…………………82
제1장	17. 日本語が少しできます………………86
1. こんにちは……………………………14	18. 先生になろうと思います……………90
2. これはなんですか……………………18	종합문제Ⅲ…………………………………94
3. どこにありますか……………………22	제4장
4. このかばんはだれのですか…………26	19. 無究花を見たことがありますか……98
5. せいとがいます………………………30	20. もう帰ってもいいですか……………102
6. のはらは広いです……………………34	21. 自然を守らなければなりません……106
종합문제Ⅰ…………………………………38	22. 内蔵山へ行ったそうですね…………110
제2장	23. 親を喜ばせようと思います…………114
7. ぜんぶでいくつありますか…………42	24. オリンピック…………………………118
8. ぜんぶでいくらですか………………46	종합문제Ⅳ…………………………………122

9. 一年は十二か月です……………50	부록
10. 一時間ぐらいかかります…………54	1. 수사(すうし)……………………126
11. 漢洙君の家に集まりました…………58	2. 동사활용표………………………128
12. りんごのほうが好きです……………62	3. 형용사 형용동사 활용표…………130
종합문제Ⅱ……………………………66	4. 조사일람표………………………131
제3장	5. 조동사 일람표……………………133
13. 何で作りますか……………………70	6. 색인………………………………136
14. 早く起きた日は歩きます…………74	

　著者の略歴を見ると、오경자は日本成城大学文芸学科卒業、梨花女子大大学院修了、KBS国際放送局勤務、誠信女子大学日語日文学科教授（現）である。신영언は韓国外国語大学日本語科卒業、日本早稲田大学大学院と御茶ノ水大学大学院修了、誠信女子大学日語日文学科教授（現）である。

(H)『고등학교 日本語上』(이현기・사쿠마 가쓰히코(1990)、진명출판사)

「かな」の 발음……………………6	第13課 父は、日本語が上手です………73
등장인물………………………………16	第14課 ここから釜山へ行くんです……77
第1課 はじめまして…………………18	第15課 わたしは今、釜山にいます……83
第2課 漢江です………………………22	第16課 窓から船が見える………………87
第3課 韓国のお茶です………………27	第17課 大阪にも行くと思います………92
第4課 ジュースをいただきます………32	第18課 テレビで見たことがあります…98
第5課 本がたくさんありますね………36	第19課 いいかばんがあって、よかったですね…103
第6課 学校は、3時に終わります……42	第20課 東京まで何時間ですか…………110
第7課 きのう、バスに乗りました……48	第21課 写真を見せてくださいました……117
第8課 買い物に行きました……………53	第22課 60円の切手を10枚ください……123
第9課 ちょっと待ってください………57	第23課 兄は、病院へ行っています…130
第10課 勉強中ですか…………………61	第24課 これを着てみてください………136
第11課 電話をしてもいいですか……66	第25課 父がとった写真です……………142
第12課 韓国語は発音が難しい………70	さくいん……………………………147

　著者の略歴を見ると、이현기はソウル大学国文学科卒業、韓国外国語大学日本語科卒業、東京教育大学大学院文学研究科博士課程修了、高麗大学日語日文学科教授（現）である。

佐久間勝彦は東京学芸大学教育学部卒業、カリフォニアバクレー大学の客員講師、文部省在外研究員(韓国)、東京外国語大学外国語学部助教授(現)である。

(I) 『고등학교 日本語上』(손대준・권만혁(1990)、보진재)

발음연습……………………………… 3	11. きょうは何曜日ですか……………58
ひらがな………………………………12	12. いま何時ですか……………………62
I	13. きのうは暑かったです……………66
1.　これは　つくえです……………14	14. あの山はきれいです………………70
2.　としょうかんは　どこですか……18	15. 冬休み………………………………74
3.　わたしは　こうこうせいです……22	16. 一日の生活…………………………78
4.　ここに　でんわがあります………26	종합연습문제……………………………82
5.　りんごが　いくつ　ありますか…30	IV
종합연습문제……………………………34	17. 日本語の勉強………………………84
II	18. スポーツ……………………………88
6.　へやに　だれが　います…………36	19. 日記を書こう………………………92
7.　みんなで七人家族です……………40	20. 誕生日………………………………96
8.　買い物………………………………44	21. 日本語ができますか……………102
9.　ゆりの花は白いです………………48	22. 電話………………………………106
10. きのうは　いい　天気でした……52	23. 乗り物……………………………112
종합연습문제……………………………56	종합연습문제…………………………117
III	付録……………………………………119

　著者の略歴を見ると、손대준は日本法政大学卒業、同大学大学院卒業、圓光大学師範大学日語教育科教授、京機大学日語日文学教授(現)である。권만혁は高麗大学卒業、韓国外国語大学大学院日本語科卒業、日本仙台韓国教育院長、京機大学日語日文学教授(現)である。

(J) 『고등학교 日本語上』(김봉택・양순혜(1990)、(주)천재교육)

発音練習 4	13. もうすぐ夏休みです………………70
I	14. うれしい時は喜びます……………74
1.　これは　つくえです……………12	まとめの学習……………………………78
2.　ここは教室です……………………16	総合問題…………………………………80
あいさつのことば…………………20	会話………………………………………82

3. わたしは高校生です……………22	III
4. ここに本があります……………26	15. 李さんは本を読んでいます………86
5. この花は赤いです………………30	16. 壁には絵がかけてあります………90
6. きょうは何日ですか……………34	17. 私は妹の宿題を手伝ってやります…94
まとめの学習………………………38	18. もう日本語が読めます……………98
総合問題……………………………40	19. けが人もいるそうです……………102
会話…………………………………42	20. 私に部屋のそうじをさせます……106
II	21. 先生が入ってこられました………110
7. おじいさんはお元気ですか……46	22. 先生のおことば……………………114
8. みかんよりりんごのほうが好きです…50	まとめの学習………………………118
9. 何がおいしかったですか………54	総合問題……………………………120
10. 朝何時に起きますか……………58	会話…………………………………122
11. そろそろ試験が始まりますね…62	敬語…………………………………124
12. 春になるとあたたかくなります…66	付録…………………………………127

　著者の略歴を見ると、양순혜は日本早稲田大学卒業、日本御茶ノ水大学大学院とソウル大学大学院卒業、ソウル大学語学研究所講師、建国大学師範大学副教授(現)である。김봉택は第4次教育課程期の日本語教科書BとB'の著者の一人であったので、略歴紹介は省略する。

(K) 『고등학교 日本語上』(이인영・이종만(1990)、금성교과서(주))

発音練習……………………………4	14. 川には長い橋がかかっています……78
1. わたしは韓国人です……………12	15. この本を貸してください…………82
2. これは本です……………………16	16. きれいな着物が着せてあります……88
3. ここに机があります……………20	17. 「こんにちは。」と言います………92
4. えつらんしつの中に金くんがいます…24	18. わたしはスポーツが好きです……98
5. きくの花は一本いくらですか…30	19. あなたは日本語ができますか……104
6. きょうはいい天気です…………36	20. 回り道をしなければなりません……108
7. 先月は六月でした………………40	21. めざまし時計をもらいました……114
8. はたがあがる……………………46	付録…………………………………121
9. 手で物を持ちます………………50	・動詞活用表………………………122
10. いま、何時ですか………………54	・形容詞・形容動詞活用表…………124
11. 空が晴れてまっ青でした………60	・助数詞……………………………126
12. 電車に乗って会社へ行きます…66	単語一覧……………………………128

13. 母は台所で料理を作っています…72	

　著者の略歴を見ると、이인영は韓国外国語大学日本語科卒業、日本筑波大学大学院博士課程文芸・言語研究科修了、日本語学と言語学専攻、韓国外国語大学日本語学科教授(現)である。이종만はソウル教育大学卒業、国際大学日語日文学科卒業、韓国外国語大学教育大学院日本語教育科卒業、日本文部省招請教員研修留学(千葉大学教育学部日本語教育専攻)、ソウル空港高等学校教師(現)である。

(L) 『고등학교 日本語 上』(김우열・정치훈(1990)、박영사)

발음연습…………………………… 4	14. 空がきれいに晴れています…………66
1. これはえんぴつです………………10	15. 書き始めてもいいですか…………70
2. ここはどこですか…………………14	総合問題(3)……………………………74
3. わたしは高校生です………………18	16. 早く起きて散歩に行きます………76
4. ここに何がありますか……………22	17. やさしい漢字は読めます…………80
5. あれはだれの帽子ですか…………26	18. 雪嶽山に登ったことがありますか…84
・総合問題(1)…………………………30	19. 本がきれいにならべてあります…88
6. 窓のそばに机があります…………32	20. 寒くなったそうです………………92
7. 春は暖かいです……………………36	総合問題(4)……………………………96
8. いくつありますか…………………40	21. 母にしかられました………………98
9. 一本いくらですか…………………44	22. いろんな方法で勉強させます……102
10. 今日は二日です……………………48	23. いっしょに行くことにしました…106
・総合練習(2)…………………………52	24. 買って来てもらいました…………110
11. 毎朝8時前に家を出ます…………54	25. 先生はいらっしゃいますか………114
12. スポーツが好きです………………58	総合問題(5)……………………………118
13. 雨がよく降りましたね……………62	付録……………………………………121

　著者の略歴を見ると、정치훈は日本国学院大学日語日文科卒業、朝鮮大学大学院卒業、中央大学文理大副教授(現)である。김우열は第4次教育課程期のBとB'の著者の一人であるので、略歴紹介は省略する。

(M)『고등학교 日本語 上』(김효자(1990)、(주)지학사)

にほんごの　はつおん……………… 6	12. たんじょう日はいつですか……… 62
1	13. いくらですか………………………66
1. おはようございます………………14	14. すこし寒かったです………………70
2. わたしは　イーミンホです………18	15. スポーツが好きです………………74
3. オートバイです………………………22	3
4. どこにありますか……………………26	16. 「らいおおん」と呼ぼう…………80
5. 家にいます……………………………30	17. 服を作っています…………………84
6. 山へ行きます…………………………34	18. バス停はどこですか………………88
7. いくつありますか……………………38	19. ごめんなさい………………………92
2	20. もしもし……………………………96
8. 雲がきれいです………………………44	21. 数を足します……………………100
9. 鼻がじゃま……………………………50	22. 日本語ができます………………106
10. 今何時ですか…………………………54	23. 役に立ちます……………………110
11. 公園を散歩しました………………58	付録……………………………………117

　第4次教育課程期の日本語教科書EとE'の著者と同じ著者であるため、著者の略歴は省略する。

　次は8種類の「下巻」の目次である。日本語上と同じ出版社と同じ著者によって作られているので、著者の略歴の紹介は省略する。

(F')『고등학교 日本語 下』(박희태・유제도(1991)、금성교과서(주))

1. 夕やけの雲の下に……………………4	13. 手紙……………………………………70
2. 火…………………………………………8	14. 笑い話………………………………76
3. ごんぎつね……………………………12	15. 日本の住まいと気候………………82
4. ありと太陽の光………………………16	16. 悪書と良書…………………………88
5. 訪問……………………………………22	17. 百済と古代日本……………………94
6. 本とのめぐりあい……………………28	18. 他人を理解すること……………100
7. 生き物…………………………………34	19. バスの中でのできごと…………106
8. 日本語…………………………………40	20. 日本の宗教………………………112
9. 猫………………………………………46	付録……………………………………118
10. 辞書を上手に引くには………………52	新出漢字一覧表（上・下）…………118
11. 日記……………………………………58	さくいん………………………………126
12. 考えることと書くこと………………64	

(G') 『고등학교 日本語下』(오경자・신영언(1991)、동아출판사)

제 1 장	12. おにの話……………………62
1. 生きがいということ……………4	13. 日本語の敬語…………………68
2. 支度………………………………8	14. 小さな親切……………………74
3. 計算のことば……………………12	15. 手紙の書き方と手紙の実例……80
4. 笑い話……………………………16	総合問題Ⅲ……………………………86
5. 花咲かじいさん…………………22	제 4 장
・総合問題Ⅰ…………………………28	16. 減らない米……………………90
제 2 장	17. 日本のことわざと慣用句……96
6. つゆ………………………………32	18. 訪 問…………………………102
7. 日本の名字………………………36	19. 韓国修学旅行の思い出………108
8. 日記………………………………40	20. 正月……………………………114
9. 日本語辞典の引き方……………44	総合問題Ⅳ…………………………120
10. あいさつ………………………48	付録…………………………………123
・総合問題Ⅱ…………………………52	・常用漢字一覧表…………………124
제 3 장	・索引
11. ありの行列……………………56	

(H') 『고등학교 日本語下』(이현기・사쿠마 가쓰히코(1991)、진명출판사)

第1課 健一の手紙…………………6	第14課 もうすぐ春…………………79
第2課 韓国の秋……………………11	第15課 桜と日本人…………………83
第3課 内蔵山へ……………………16	第16課 母の日………………………90
第4課 秀姫の手紙…………………22	第17課 ハンソクボンの話…………96
第5課 高校生の悩み………………27	第18課 けちの話……………………103
第6課 オンドルの部屋で…………35	第19課 旅行の計画…………………110
第7課 クリスマス…………………41	第20課 血液型の話…………………116
第8課 正月の手紙…………………45	第21課 独立記念館…………………124
第9課 犬と猫………………………49	第22課 夏の旅行……………………130
第10課 ハチ公………………………53	第23課 急な別れ……………………134
第11課 試験の発表…………………58	第24課 かぐや姫……………………140
第12課 「生きる」…………………63	第25課 さようなら韓国……………145
第13課 韓国の経済…………………72	さくいん……………………………147

(I') 『고등학교 日本語下』(손대준・권만혁 (1991)、보진재)

I		11. 一個の人間	56
1.	レジャーを楽しむ 4	12. 敬語の使い方	60
2.	クラス会 8	13. 生活の中の慣用語	64
3.	お手伝い 12	14. ことわざ	68
4.	病気お見舞い 16	15. 手紙	72
5.	とらと きつね 20	総合練習問題	75
総合練習問題 25		IV	
II		16. 祖先を大事にしましょう	78
6.	日本のむかしばなし 28	17. 日本の文学	82
7.	趣味 34	18. 韓国の文化	86
8.	自然環境と公害 38	19. 海の開発	90
9.	韓国経済のビジョン 42	20. ソウルオリンピック	94
10.	日本の風土 48	21. 壬辰の倭乱と李舜臣将軍	100
総合練習問題 53		総合練習問題	105
III		付録	107

(J') 『고등학교 日本語下』(김봉택・양순혜 (1991)、(주) 천재교육)

I		III	
1.	バスの中で 6	11. 歴史の足跡	76
2.	詩 12	12. 青磁と白磁	80
3.	むかしばなし 18	13. お正月	84
4.	心のくずかご 22	まとめの学習	88
5.	夏の星空 28	総合問題	90
まとめの学習 34		会話	92
総合練習 36		IV	
会話 38		14.. 文学のおもしろさ	96
II		15.. 作品を読む	100
6.	共通語 42	16. わかれ道	108
7.	外来語について 46	17.. 美を求める心	114
8.	擬声語・擬態語 52	18. 青春の心	120
9.	ことばの力 56	まとめの学習	126
10.	ことわざ 62	総合問題	128
まとめの学習 68		会話	130

総合問題……………………………70	付録………………………………131
会話………………………………72	

(K') 『고등학교 日本語下』(이인영・이종만(1991)、금성교과서(주))

1. 正月には旅行をしようと思っています… 4	15. きつねとやぎ……………………64
2. よく母にしかられました……………8	16. ぼくは金魚………………………68
3. ラジオのニュースを聞かせました…12	17. テレビとわたしたち………………74
4. 原料がたくさんあればいいんですが…16	18. 言葉の働き………………………80
5. このお菓子はおいしそうですね……22	19. バスの中のできごと………………86
6. かぜを引いたらしいです……………28	20. 動物の能力………………………92
7. 本をお借りすることができるでしょうか…32	21. 貸してあげなかった傘……………98
8. もしもし、佐藤さんのお宅ですか…36	22 ことわざ………………………104
9. ふうせんガムを買ってもらった……40	付録…………………………………111
10. お手伝い……………………………44	・助動詞活用表……………………112
11. 雨ニモ負ケズ………………………48	・助詞一覧…………………………114
12. 生活文………………………………52	・助動詞一覧………………………117
13. お月見………………………………56	・新出漢字(上・下)………………118
14. 心に残る言葉………………………60	単語一覧……………………………128

(L') 『고등학교 日本語下』(김우열・정치훈(1991)、박영사)

1. 朝のひと時……………………………4	12. 言葉………………………………52
2. さけが大きくなるまで………………8	13. 経済生活…………………………56
3. レンズの働き…………………………12	14. つまずいたおかげで………………60
4. 笑い話…………………………………16	15. 文章………………………………64
5. 日記……………………………………20	・総合問題(3)………………………68
・総合問題(1)…………………………24	16. 昔話………………………………70
6. 贈り物…………………………………26	17. ことわざ…………………………75
7. 手紙……………………………………30	18. 所変われば品変わる………………80
8. 電話……………………………………34	19. 大都市の悩み……………………85
9. 色と暮らし……………………………38	20. われわれはついに成しとげた……90
10. 強い人間……………………………42	・総合問題(4)………………………96
・総合問題(2)…………………………46	付録…………………………………99
11. 読書…………………………………48	

(M') 『고등학교 日本語下』(김효자(1991)、(주)지학사)

1	10. 手紙の書き方⋯⋯⋯⋯⋯⋯⋯⋯61
1. 短歌⋯⋯⋯⋯⋯⋯⋯⋯⋯⋯⋯ 6	11. 平和のオリンピック⋯⋯⋯⋯⋯68
2. となりの国⋯⋯⋯⋯⋯⋯⋯⋯11	12. 世界は一つ⋯⋯⋯⋯⋯⋯⋯⋯75
3. ホームステイ⋯⋯⋯⋯⋯⋯⋯17	3
4. わたしのこと⋯⋯⋯⋯⋯⋯⋯25	13. 雁⋯⋯⋯⋯⋯⋯⋯⋯⋯⋯⋯⋯84
5. 正しい書き方⋯⋯⋯⋯⋯⋯⋯31	14. 敬語のはたらき⋯⋯⋯⋯⋯⋯89
6. 四季のこころ⋯⋯⋯⋯⋯⋯⋯37	15. 日本のわらい話⋯⋯⋯⋯⋯⋯97
2	16. 慣用句⋯⋯⋯⋯⋯⋯⋯⋯⋯⋯103
7. 忘れもの⋯⋯⋯⋯⋯⋯⋯⋯⋯44	17. いろいろの行事⋯⋯⋯⋯⋯⋯109
8. かぎのかからない部屋⋯⋯⋯⋯49	18. 個の人間⋯⋯⋯⋯⋯⋯⋯⋯116
9. ことばのルーツ⋯⋯⋯⋯⋯⋯55	付録⋯⋯⋯⋯⋯⋯⋯⋯⋯⋯⋯⋯123

第6章[1]
終章

1．まとめ

　本研究は軍事政権下で国家中心主義の影響が強く、教育課程の決定において中央集権的であった第3次教育課程期から第5次教育課程期までの日本語教育政策の変遷過程を考察し、その中でも特に高等学校の日本語教科書の内容変遷を異文化間コミュニケーションの観点から分析した。

　研究方法は、①第3次教育課程期(1974～1981年)、②第4次教育課程期(1982～1987年)、③第5次教育課程期(1988～1995年)の三つの時期に分け、韓国の高等学校の教育課程の教育政策と教科書政策や大学の日本語教育などの日本語教育全般について考察し、各教育課程別に見られる高等学校教科書内容の特徴と問題点を分析した。

　教科書の分析方法は「上巻」と「下巻」に分け、①教科書の構成、②写真と絵、③会話場面、④人名、⑤地名、⑥内容、という六つの側面からその特徴と問題点を考察した。分析の基準は①日本語教育課程の教育目標が反映されているのか、②教科書の写真や絵が異文化理解に役立つ内容として構成されているか、③会話場面の量的側面や、会話の登場人物の設定と内容に表れる特徴、④国籍別の登場人名数、登場頻度数と特徴、⑤登場する国名と地名の頻度と特徴、⑥日本に関する内容を素材にしているのか、あるいは韓国に関する内容を素材にしているのかであり、特に③④⑤⑥は異文化間コミュニケーションという教育的配慮が工夫されているのかという点を中心に分析・

検討した。

各教育課程期の特徴と問題点を見ると、次の通りである。

（1） 第3次教育課程期（1974〜1981年）

1965年の国交正常化後に日韓両国は経済協力を強化したので、日本語の需要も増えた。しかし、日韓経済協力は韓国経済が日本経済に従属する結果を招いてしまい、大幅な対日貿易赤字に対する韓国民の不満は反日感情を一層強化させ、朴政権に対する不満も高まっていたので、韓国の政府は60年代には日本語教育に対して、大学の日本語学科の増設や高校での日本語教育の実施などの政策を行わず、消極的な立場を取っていた。70年代に入り「デタント」の影響もあり、日朝間は積極的な経済・人的交流を推進しようとした。北朝鮮との経済競争を強く意識していた韓国は、日朝接近によって北朝鮮の侵略戦力が強化される可能性を恐れ、日朝交流を牽制しながら日韓経済協力の強化を図った。一方、日本に対する諸外国の理解を深め、国際相互理解を増進するとともに、国際友好親善を促進するために日本は1972年に国際交流基金を設立し、特に相互理解の手段として日本語普及を強力に推進しようとしていた。従って、政治経済的状況の必要性から日韓経済協力の強化を図ろうとした当時の朴大統領は、1972年7月に高校での日本語教育の実施を急遽指示したのである。しかし、日本語教育に必要な準備と検討の期間が非常に短かったため、高校での日本語教育の実施の際に教員の不足や教科書発行の遅れなどの問題が生じた。また、韓国の世論も日本語教育の準備不足や確固たる精神姿勢が確立されていない生徒たちに日本語を教えると国家観の確立に混乱が生じる可能性があり、日本に文化的に侵食される恐れがあると憂慮する声が多かった。従って、政府は国民のこのような憂慮の解決策として、高校の日本語教育に韓国人としての民族主体性を強調した。つまり、日本占領期下で国語として強要された日本語に対する教育は戦略的に他の外国語教育とは違う扱いをしなければならなかったのである。日本語教育課程には他の外国語の教育課程の規定にはない「素材はなるべくわが国の生活内容から多く選定する」と日本語の素材に関する規定が明示され、日本語を通して韓国文化の理解を深め、韓国人としての自負心と主体性を高めると

いう側面が日本文化の理解よりも重視されていた。また、学校生活や家族生活などの一般素材を扱う際にも、韓国人日本語学習者の生活文化環境が素材背景の前提になっている場合が多かった。第1次教育課程期(1954〜1963)から高校の第二外国語として開始されていた中国語の場合は常に中国文化理解が中国語教育の意義として一番強調されていた。特に、文献を通して中国文化が韓国に輸入され、中国の話し言葉が無視されてきた傾向が強く、中国の古代文化に盲従しながらも中国自体は十分理解されていないという矛盾を克服するために、現代の中国人が使う実用的中国語と中国人生徒の学校や家庭生活などの内容が重視されていた。この時期の英語教科書の内容も、日本語教科書とは対照的に韓国の民族主体性を表す内容はなく、西洋社会の日常生活を背景とした西洋人同士によるコミュニケーションと英語母語話者の文化理解という側面が重視されており、英語母語話者と英語学習者である韓国人との会話場面も設けられていた。その反面、この時期の日本語教育には民族主体意識の高揚、民族文化の理解などの韓国の国民としての価値観教育が重視され、「主体性ある教育」「国籍ある教育」「国民教育憲章理念の生活化」の教育理念を通して国家中心主義が強調されていた。

第3次教育課程期の日本語教科書の特徴をまとめると、次の通りである。

① 基本語彙数は3000字で、音声言語より文字言語に重点が置かれていた。また、教授法としては伝統的訳読方式と長沼式の問答法が使われており、実際の会話状況に対応できるコミュニケーション能力より、読解力中心になっていた。
② 人名・地名・歴史的事件名は韓国式発音を採択している。
③ 写真と絵に関する特徴を見ると、韓国の古代文化の影響を受けた日本文化に関する写真だけであり、しかもその数も非常に少ない。その反面、韓国の国旗や国花などの国家を象徴する写真や韓国の経済発展と近代化を表す写真などが多く使われている。絵は一般的なものや韓国的事象が多く、日本的事象を表す絵は殆どなかった。つまり、この時期には写真と絵を通して日本語学習に必要な日本文化の

理解に役立つ視覚的教育効果は考慮されていなかった。
④ 会話場面に関する特徴を見ると、会話場面が非常に少なく、しかも韓国人同士による会話場面が殆どである。
⑤ 人名に関する特徴を見ると、日本語を習っても韓国人としての誇りと民族的主体性を日本語学習者に認識させようとするため、日本の古代文化に影響を与えた人物や日本の侵略から国を守るために戦った愛国者などの韓国の偉人が多く扱われていた。また、韓国の経済発展や将来の明るいビジョンなどの内容に朴大統領も取り上げ、朴大統領の指導力を高く評価し、朴政権の支持を得ようとする意図がよく見られるのも特徴である。
⑥ 地名に関する特徴を見ると、日本の地名より朝鮮半島の地名の方がより頻繁に登場しており、特に韓国を表す単語、例えば、わが国・大韓民国・祖国などの表現が非常に強調されている。
⑦ 内容的な特徴を見ると、韓国の経済発展と近代化、日本の古代文化に影響を与えた韓国文化の優秀性などの韓国人としての民族的自負心や愛国心を高める内容が多く扱われている。つまり、日本語で書かれている韓国文化を中心とする自文化理解という側面が強調されていた。

（2） 第4次教育課程期（1982～1987年）

80年代初期にオリンピック開催地として選定され、オリンピックの成功が重要な懸案になっていた韓国は、先進国入りの目標で国民を統合しようとした。反日一色であった70年代とは変わり、80年代の韓国社会は日本を経済的競争相手国として意識し始め、日本がなぜ経済大国になれたのかをよく理解し、日本を克服しないといけないという雰囲気になっていた。先進国から注文を受けた製品を熟練工によって大量生産することで経済成長が可能であった韓国は、80年代に入り、韓国の固有モデルや独創的アイデアと販売戦力を開発し、世界市場で競争しなければならない状況に置かれていたので、国家競争力を高めるためには教育課程も創意力ある人材を育成する教育方向へと転換する必要があった。また、韓国人としての誇りを持たせるため

の民族文化教育にも力が入れられた。つまり、国家観の確立と同時に、望ましい世界観も育成し、韓国人としての自負心を持って国際人として世界で活躍出来る人材を作ることが教育政策の重要な目標になっていたのである。従って、「国民精神教育の体系化」「科学技術教育の強化」「全人教育の忠実化」「教育内容の量と水準の適正化」といった教育課程の基本方針が立てられ有能な韓国人育成教育が強化された。

　1983年に始まった日韓両国首脳会談や日韓最高首脳の公式相互訪問の実現は日韓両国の経済交流を増加させ、日本語の外国語としての経済的価値も高めた。また、中曽根内閣は留学生10万人計画を打ち出し日本語の国際化政策を積極的に取り組んだので、韓国の日本語教育に活気を与えた。第3次教育課程期には他の外国語とは違う扱いを受けていた高校の日本語教育は、第4次教育課程期になると他の外国語教育と同じ目標が立てられた。四技能の日本語能力と日本文化理解が主な目標になり、特に言語の四技能の中、「話す」「聴く」能力に重点が置かれ、音声言語中心の教育課程に変わった。しかし、大学や教員養成教育が文学や文法中心になっていたため、コミュニケーション教育を十分に受けてない教師が実際の教育現場で学生に「話す」、「聴く」指導をするのは非常に困難な状況であった。教員の現職研修のための専門化された独立機関がなく、専門化された研究プログラムの開発不足や語学実習室の施設設備の活用困難などで教育現場の要求を反映することができなかったため、形式的になっていた現職教員研修の活性化が課題として残されていた時期であった。

　第4次教育課程期の日本語教科書の特徴をまとめると、次の通りである。

① この時期から基本語彙数の選定が始まった。基本語彙数は754語と使用語彙数2,200語であり、第3次期より使用語彙数が減ったので学習者と教師の負担が少なくなっている。
② 第3次期と同じく、韓国の地名や人の名前などは韓国式発音になっている。
③ 文字言語より音声言語に重点が置かれており、会話文が増えてい

④ 写真と絵に関する特徴を見ると、第3次期の教科書より日本的事象を表す写真が増えており、特にオリンピック関係の写真が多いのも特徴である。絵は学校生活や本文の場面背景などの一般的事象を表すものが一番多く使われている。

⑤ 会話場面に関する特徴を見ると、登場人物や文脈が明らかではない会話文が多く、練習問題においても文型練習を中心とした会話文が多いなど、実際の異文化間のコミュニケーション状況に対応出来るような教育的配慮は不足している。

⑥ 第3次期より愛国者などの偉人の登場は大幅減り、学生・会社員・先生などの普通の一般人の登場が増えている。多様な名前の日本人が登場しているものの、全体的には日本人より韓国人が本文や練習問題の内容の中心になって登場する場合が多い。特に、登場する日本人は韓国で韓国語や韓国の歴史などを勉強する人や韓国で韓国人と交流している人が多い。他にはオリンピックで金メダルを取った韓国の有名な選手たちの名前が取り上げられているのが特徴的である。

⑦ 地名に関する特徴を見ると、日本の地名に関する紹介より韓国の様々な地域や韓国人日本語学習者が既に知っている名所の紹介が重視されている。また、オリンピック開催国やオリンピック関連都市が紹介され、ソウルオリンピックの開催と成功が強調されているのも特徴的である。

⑧ 内容に関する特徴を見ると、「上巻」では学校生活や日常生活に関する一般的内容に勤勉・自助・協同などの第4次期の教育理念を反映したものが一番多く扱われ、「下巻」では韓国に関する内容を多く使っている。特に、オリンピックに関する内容は殆どの教科書で取り上げており、オリンピックを成功に導くための韓国人としての愛国心が促されている。また、韓国内での国際化という側面が韓国に来る日本人に韓国の文化を紹介するという内容や韓国で勉強している日本人留学生の話しなどの内容に現われている。

（3） 第5次教育課程期（1988〜1995年）

　第5次教育課程期は世界経済の保護主義強化と市場開放によって益々激しくなっている国家間の競争で生き残るために必要な創造力・判断力・思考力・情報処理能力・情報活用能力などのより高度な能力を持つ人材の育成が必要であった。従って、言語能力や思考力などの基礎的能力を向上させる基礎教育の強化、情報化社会に対応する教育強化、教育課程の効率性の再考が第5次教育課程期の基本方針として立てられ、教育課程の目標が実際の教育現場で実践出来るように教育環境の改善が図られた。国際競争力を高めるために、重点教科目である国語科にも従来とは違う変化が見られる。実用性が国語教育に強調され、国語教科書に絵や写真などが増やされた。生徒自らが意味を考え、それを自分の言葉で表現する言語活動や、教室で行われる学習活動が他教科の学習と実際の言語生活で効果的に活用出来る実用性が国語教育に重視されるようになった。「説得の意義と方法」や「討論の意義と方法」などの内容を通して、より高度な言語使用技能を高めようとしていた国語教育は、外国語教育にも影響を与える政策変化であったと考えられる。従来の国語教育は文法や「読む」技能が重視されていたので、外国語教育に求められているコミュニケーション能力の効果を上げるためには自分の母語で論理的に話す能力が必要であった。世界の舞台で外国語のコミュニケーション能力が必要とされる時代により効率よく対応するための国語教育における新たな挑戦であった。

　日本語教育においても、従来の韓国文化の発展に寄与することを求める記述ではなく、高校生の生活を中心とした日常生活及び周辺の一般的素材を用いたコミュニケーション能力や高校生の受容能力の範囲内での日本文化の理解という目標が立てられた。特に、第4次教育課程にはなかった「趣味、娯楽、余暇善用に関するもの」を新たに入れることによって、生徒たちの興味をひくような素材選定を心掛けている。また、音声言語中心の教育課程が実際の教育現場では実行出来ず、抽象的な目標に留まっていた第4次教育課程期に対する反省から、第5次教育課程期には外国語教育とコミュニケーション能力に関するより具体的で体系的な提示と細部項目を設定している。教員

の質を上げるために韓国政府は、1988年から教員海外研修事業を始め、国内の現職研修も義務化し強化した。しかし、極めて少ない教員だけに海外研修が行われており、海外研修の予算を増やし研修期間と人数をより増やすための政策的方案の模索や教育の現場で求められている教育プログラムの開発という課題がまだ残されていた。

第5次教育課程期の日本語教科書の特徴をまとめると、次の通りである。

① 漢字は日本の常用漢字(1945字)の範囲内にすると規定され、8種類の日本語教科書で使われる基本語彙数は846語になり、第4次期の749語より増やされている。また、指導語彙数は第4次期の2200語から10%程度を減らした1800内外の語彙数に規定され、実際の教育時間数が少ないという教育現場での状況が反映されている。
② 第4次期と同じく、韓国の地名や人の名前などは韓国式発音になっている。
③ 本文の課数を減らし、練習問題の多様化と練習量が増加され、コミュニケーション能力向上のために練習問題が多く活用されている。
④ 写真と絵に関する特徴を見ると、この時期にも韓国人としての民族主体性や文化的優秀性を重視する写真や絵が使われているが、日本文化の理解に役立つ写真や絵が視覚的資料としてより多く使われている。特に、人間が登場しない日本の風景や伝統文化が多かった第4次期とは違って、第5次期には日本人の表情や情緒が感じられる人間中心の写真も紹介されている。また、練習問題での会話練習のために絵を積極的に取り入れ、より臨場感を与えようとする工夫が第4次期の教科書より改善されている。
⑥ 人名に関する特徴を見ると、「上巻」では韓国人、特に高校生が会話場面や話題の中心として登場する場合がより増加している。また、韓国に来る日本人も留学生、会社員、観光客という人物設定に

なっているものが多い。特に教科書Hでは「上巻」と「下巻」に同じ具体的な登場人物を与え、日本人家族と韓国人家族間の交流を通して互いに理解していくという今までなかった新しい人物設定の試みも見られる。「下巻」には日本人の詩人や作家が多くなっている。しかし、韓国人学習者の自文化への理解をも促すために、日本から国を守った韓国の英雄や日本の古代文化に影響を与えた「王仁」、オリンピックで金メダルを取った運動選手などの偉人も増やし、韓国人としての民族的主体性をよりしっかり保たせようとしている。

⑦ 地名に関する特徴を見ると、国際化をめざすために日本の都市や名所の紹介が以前より増やされているが、紹介される地域が偏っている場合が多く、韓国と韓国の都市や名所の紹介がより重視されているという立場は変わっていない。

⑧ 内容に関する特徴を見ると、第4次期のように「その他」の内容を通して勤勉・自助・協同などの教育理念が反映される場合が少なくなり、全体的に日常生活や学校生活を含め社会生活を中心とした内容が以前より増加している。特に、第5次期の素材内容に関する規定に新たに加わった「趣味・娯楽・運動などの余暇善用に関するもの」が各教科書の本文に反映されている。「下巻」には日本に関する内容が大幅に増えており、韓国文化理解より日本文化理解という側面が以前より重視されている。しかし、古代日本文化に影響を与えた韓国文化の優秀性やソウルオリンピックの大成功などの内容も取り上げ、韓国人としての民族的自負心を維持させようと努力は続いている。

2．結論と提言

第3次教育課程期の日本語教育には日本語教員確保や教材などの様々な問題が課題として残されていた。また、日本語の持つ経済的価値は認めつつも、反日感情は強く抱くという二重的な側面があったため、日本語教育は他の外国語教育とは違う扱いを受け、日本語教科書の内容においても韓国の高校生

が日本文化に同化されるのを防ぐために韓国文化理解を中心とする保護主義的立場を取っていた。日本語教育開始に対する反対世論にも関わらず、日本語教育を実施する学校は増えていた。その理由は日本語が韓国語と文法や語順などが似ているので、他の外国語より韓国人にとって学びやすく将来的にも有利だという生徒側の動機と、植民地期に日本語で教育を受けた教員に専門教科目以外に日本語も任せることで人件費を節約できるという学校側の計算があったからである、しかし、両国の政治関係の明暗に影響されやすい日本語教育に対する生徒と日本語教師の熱意は低く、日本語は隣国の文化の真の理解へと導く役割を果たせず、韓国社会で警戒の対象になっていた。

第4次教育課程期の日本語教育にはオリンピックの開催や国際化を意識した部分的開放主義が日本語教科書に反映されている。韓国に来る日本人に対する韓国文化の紹介という側面が重視されているが、第3次教育課程期より日本文化理解に役立つ内容が増えている。また、国家競争力を高めるために話す能力も重視され、会話文も増えている。しかし、教科書では文型練習を中心とした会話文が多く、実際の高等学校の教育現場では第3次教育課程期でも指摘されていた教師の会話能力の問題、大学入試を中心とした授業、50人以上の多人数学級などの問題が解決されていなかったので、会話中心の外国語教育が実施されることが困難な状況であった。従って、この時期も文法翻訳教授法（Grammar Translation Method）中心の教育が主に行われており、登場人物や文脈が明らかではない会話文が多く、練習問題においても文型練習を中心とした会話文が多いなど、実際の異文化間のコミュニケーション状況に対応出来るような教育的配慮は不足している。日本語教育課程の目標と実際の教育現場にはズレが大きかったと言える。

第5次教育課程期の日本語教育には国家競争力の強化のためにコミュニケーション能力の向上だけではなく日本文化理解に対してもより力が入れられている。しかし、日本文化に対して開放的になって来てはいるが、日本語学習者に韓国人としての自文化に対する自覚と自負心を維持させるための教育的工夫は続けられている。また、日韓両国人の交流という側面が以前より重視されるようになって来ているものの、韓国に来る日本人との交流や韓国文化の紹介という側面が重視されているのは第4次期と変わらない。つま

り、相互理解を追及する積極的な国際化という側面より韓国に来る日本人や外国人に韓国文化を紹介するという一方的理解が重視されている消極的な国際化という状態であったと言える。また、この時期においても、多人数クラス・視聴覚教材と授業時間数の不足・教員の日本語会話能力の不足などの問題が解決されていない。そのため、状況中心的シラバス(Situational Syllabus)や概念・技能中心的シラバス(Notional-Functional Syllabus)などの実際のコミュニケーションに役立つコミュニカティブ・アプローチ(Communicative Approach)[2]による教授法を取り入れた授業を進めるのは現実的には難しく、韓国の学校状況においてはオーディオリンガル方式(Audio-lingual Method)の影響が強かった。しかしながら、この時期は教科書の多様化、教科書分量と授業負担の減少、教員現職研修の強化などの政策が施され、教育環境改善の努力と教育改革への模索が積極的に行われた過渡期であった。

　外国語科教育課程の内容自体は第5次教育課程期までは教師中心の授業によって行われてきた文法・文型中心の教育課程であった。しかし、第6次教育課程期(1996〜2001)からは大きな変化が見られる。第6次期の日本語科教育課程の改定特徴は①学生中心の日本語教育、②目標より過程を重視する教育、③正確性より流暢性を重視する教育、④学生の自律を重視する教育、である。また、従来には無かった教科の「性格」を表す項目が新設され、日本の国際的地位に対する対応と相互協力・交流の持続に役立つ科目として日本語科の性格が明記されている。従って、異文化理解教育においても、日本文化の理解だけにとどまらず学習者の価値観形成を最終的な目標とし、①日本人の日常生活と慣習を理解する、②日本人の生活と文化を理解し、正しい価値観形成に役立てる、と設定されている[3]。

　この時期には教育課程の決定も中央集権型の教育課程から地方分権型の教育課程に変えられ、市・都教育庁及び学校の自律裁量権が拡大された。また、政府は教育課程の構造においても多様な履修課程と教科目を開設し、必修科目を縮小する一方、選択科目を拡大することによって教育内容の画一化を解消しようとした。生徒の適性・能力・進路を考慮し、学習と生活の基礎能力を伸ばし、評価方法を改善し学習者中心の教育課程の運営が効率よく運

営できるような施策を試みた。特に、日本語科の評価においても、1982年度から87年度までの大学入試の日本語問題の評価領域が文法、語彙、漢字が占める割合が非常に高く、知識中心に偏重されている評価に対する改善が求められた。

　1999年の日本語教員採用のための任用試験の問題にも、教育学38％、教授理論15％、言語能力23％、日本語学12％、日本文学10％に続き、日本文化に関する項目が10％の比率で反映されている[4]。李（2001）によると、2001年度の大学入試の第二外国語科目の内容領域に対する評価要素は〈表6-1〉のように変わっている。

〈表6-1〉　内容領域の評価要素と問題項目の比率[5]

評価要素	出提問題項目の比率（％）
発音及び綴りの識別力	10
語彙力	10
文法理解力	10
コミュニケーション技能の理解及活用能力	60
文化理解能力	10

　〈表6-1〉から分かるように、コミュニケーション能力が非常に重視されている。第6次教育課程期でも文法や文型中心のシラバスではなく技能中心のシラバスが重視され、言語材料も「挨拶技能」「情報伝達の技能」「要求の技能」「意思及び態度の伝達技能」「談話の展開の技能」の技能中心に構成され、コミュニケーション能力の向上を体系的に図っている。また、コミュニケーション能力だけではなく、日本文化に対して興味を持って、学習者の自分の考えを表現し、国際化社会に能動的に対処出来る能力も求めている。第6次教育課程期からは日本語教育の目的が相互交流を前提にしたコミュニケーション能力の伸張になっていたため、日本文化の理解に対しても能動的な態度を取っている。第6次教育課程期の日本語教科書にはどのような変化が見られるのかをまとめると次の通りである。

① 日本語ⅠとⅡに区分し、日本語Ⅰでは「聴く」と「話す」能力を中心に、日本語Ⅱでは「読む」と「書く」能力を中心に構成されており、日本語教科書は8種類から12種類に増えている。日本語Ⅰとの各課の構成は「聴く」→「読む」→「話す」→「書く」という学習順序になっており、さらに以前より絵と練習項目を多く増やし学習者が中心になってコミュニケーションの4技能の学習活動が出来るように工夫されている。
② 日本語の学習量を減らし学習者の負担を少なくすることにより、学習意欲を高めると同時にコミュニケーションに必要な最小限の語彙を最大に活用するという趣旨で、基本語彙は771語と使用語彙数は1400語に減らした。
③ 「聴く」技能が強化され、日本語Ⅰと日本語Ⅱは「聴く」項目を各課の始めの部分に設けており、写真や絵を見ながら「聴く」練習が出来る視聴覚資料が使われているのが大きな変化である。
④ 重要登場人物による会話場面や場面の状況に関する説明などの文脈が以前より重視されている。特に第5次期の教科書Hのように、同じ具体的な登場人物を与え、日韓両国人間の交流を通して互いを理解していくという人物設定を取り入れている場合が多い。
⑤ 環境問題においては第5次期の教科書とは違う変化が見られる。つまり、環境を守る問題を韓国の国内に限定していた第5次期とは違って、第6次期の教科書では地球を守る問題として扱われ、人類共栄の認識で環境問題が一層強調されている。
⑥ 日本文化と韓国文化の比較内容を通して相互理解を求めている内容が増えている。
⑦ 日本人と韓国人の交流を表す会話場面が増えている。

以上の考察から分かるように、第6次教育課程期には言語の実行可能性、適合性、実用性などの言語使用能力を考慮に入れたコミュニケーション能力の向上と日本文化理解に対する能動的姿勢が反映された教科書として改善されている。

2002年から始まっている第7次教育課程期の日本語科教育課程[6]には、「日本語は経済力と情報力の面で強い言語勢力を持つ代表的な言語である。現代のような情報の大量流通の時代において、印刷媒体とインターネットを通した素早い情報の収集は日本語の理解は勿論、韓国の発展のためにとても有益である。従って、日本語Ⅰ科目は情報収集能力の基礎を作り、日本語に対する興味と関心を高め、日本語による情報収集に興味を持てるように手伝ってくれる科目である」と日本語を位置付けている。日本語のコミュニケーション能力だけではなく、インターネットを通し日本語による情報検索の方法を知り、情報の収集と通信に対して能動的態度を持つことや、日本文化に対する深い関心を持って日本人の行動様式を理解し、日本との国際交流に能動的に参与する態度を持つことも目標として立てられた。日韓両国民の相互理解を深め、国際関係の理解を基にした政治・経済・社会・文化分野の日韓交流に能動的で積極的に参与することが求められている。特に相互理解に対する強調は他の外国語科には見られない日本語科の教育課程だけの特徴である。これは2002年のワールドカップサッカー大会の日韓共同開催を準備していた両国が歴史的認識の差を克服し21世紀には相互理解を前提にした協力関係を構築出来ることが望まれていたからだと考えられる。

さらに、第7次教育課程期には教科書検定の種類の制限が無くなり、教科書の大きさも従来のＢ５サイズからＡ４サイズに変わったので、絵・歌・漫画・ゲームなどの多様な構成を取り入れた教科書になっている[7]。特に、ゲームを通して楽しく日本語の表現や単語が学習出来るように工夫されており、小集団の構成員との協力学習が可能な会話練習項目や創意力の伸張のために生徒の自律性が最大限に反映出来るように教育的配慮がなされている。文化の理解と状況に相応しい言語使用能力の伸張が一層強調されているので、第6次期のように日本語Ⅰには「聴く」「話す」技能を中心に、日本語Ⅱには「読む」「書く」技能を中心に二分化せず、第7次期の教科書は言語の4技能を統合技能として学習できるように工夫し、コミュニケーション能力の効率性を高めようとしている。また、第7次期の教科書にはインターネットの場面を使った日韓両国の青少年らの文化交流やインターネット情報収集に役立つサイトの紹介、あるいはインターネットを使った日本文化理解に役立つ調査

活動などが扱われているのが特徴である。日本文化に関する内容も伝統文化だけではなく、日本の高校生の学校生活や生活文化を扱う内容が増え、日本語学習者である韓国の高校生たちに興味と関心を与え、学習動機を促進しようとした教育的配慮も以前より改善されている。また、韓国へ来る日本人との交流の場面が多いのは以前と変わらないものの、日本で仕事をしている韓国人や日本でホームステイをする韓国人が生活の中から日本文化と韓国文化の差について経験していく内容も扱われている。特に、『고등학교일본어Ⅱ』(2003)(주)블랙박스の日本のホームステイでの経験が書かれた「ソヨンの日記」(159頁)では次のように述べられている。

　（前略）おいしかったが、はしだけで食べるなど、韓国と日本ではご飯の食べ方がちがうようだ。おふろに　入った　時に　失敗をした。体を　洗った　あと、おふろの　おゆを　ぬいてしまった。おふろの　おゆは、家族みんなが　入るまで　ぬいては　いけないと　いうことだ。よく　考えて　みると、その　通りだと　思う。水を　むだに　してはいけないと　思う。

　この内容には日韓両国の文化差が認識出来、さらに自文化と違う異文化を理解しようとする態度についても教育的に配慮されている。現在使われている第7次教育課程期の教科書では日本文化への関心と理解の態度を育てようとする教育目標が反映されている。しかし、韓国教育課程評価院で行った第7次教育課程適用実態調査の結果によると、第二外国語教師及び第二外国語教育専門家たちは教育課程で提示している7項目の言語材料内容（①コミュニケーション技能、②発音、③文字、④語彙、⑤文法、⑥文体、⑦文化）の中、実際の学校現場で一番実現し難い項目が①と⑦だと答えた教師が多かった。⑦だと答えた理由は「文化関連教材の不足」「文化を理解させるのには不適切な教科書内容」「教科書で扱う文化部分のテキストや資料の皮相的な構成」「教科書の外国文化に対する短編的な紹介」などである[8]。第7次教育課程期では文化理解教育の必要性が強調され、教科書での文化内容も以前より増えているものの、まだ改善すべき問題と課題を残していることが分かる。文化

理解教育は単純に量的な知識の提示で学習されるものではない。相手の文化の知識を得ることが文化の理解に繋がり、コミュニケーション能力も向上すると認識されがちである。しかし、多角的な視点で相手の文化と自文化を客観的に見つめる必要がある。学習者や教師が持っている一面的な日本人像や日本観を、教室活動を通じて多面的に日本人や日本を見直すことができる日本語教育が求められる。

　教科書には日韓両国人の交流の際に誤解や摩擦が生じる可能性がある文化差が認識出来る内容が非常に少ない。韓国人日本語学習者は、日本語を外国語として認識しているにも拘わらず、韓国語と日本語が文法的に似ていて、また共通する漢字も多いことから、日本語を韓国語式に習おうとする傾向がある。このような傾向は、日本人が韓国語を習う時にも見られる。文法的な誤りに対しては、「今、相手が変なことを言ったが、本当に言いたかったことはこういうことだろう」と反射的に推測が可能であるが、適切性と関わりがある誤りに対しては、「今、相手は違和感があることを言った。何て失礼な人なんだろう」と思ってしまう。特に、相手の発話が発音や文法の点で誤りがなく流暢で、日本人と外観が似ている場合には、この傾向が一層強くなる。それが相手にとっては外国語なのだということを忘れがちになるからである。

　この意味で外観やことばと文化が似ている韓国人と日本人の間では感情的な誤解や摩擦が生じる可能性が非常に高くなる。日本人にとって韓国人はどこか「完全な外国人」として対処することを忘れさせてしまう相手なのだ。その逆も、また同じことである。日韓両国語は文法も語順も似ているところが多いため、韓国人が日本語を勉強し始めると、他の外国人のような苦労をすることなく、誰でも順調に進歩すると信じてしまう者が多い。しかし、韓国語の母語干渉が生じ、韓国人日本語学習者の日本語の上達を妨げている。最初、韓国人学習者は母語の「正の転移(Positive Transfer)」の影響で急速に上達するものの、それで安心していると、母語の「負の転移(Negative Transfer)」の影響を強く受けて、じきに進歩が止まってしまう場合が多い。日韓両国語のことばを支える発想にはかなり大きな違いがあるため、韓国人学習者は日本人とのコミュニケーションの際、自分の母語をそのまま日本語

に当てはめると誤解を与えてしまう可能性が高い。また、日本人側も、韓国人とコミュニケートする時に、日本の言語文化のルールを基準にして相手を判断する傾向が強い。これは、西田(1989)[9]が「日本人の間では、欧米人に合わせてコミュニケートしようとする傾向が強い。」と指摘しているように、欧米人に対する日本人のコミュニケーションの態度とは対照的である。

ことばと文化が表層的には似ているにも関わらず、いろいろな面でズレがあるために誤解が生じやすいのが日韓両国人なのである。

それでは日本人と韓国人が実際にコミュニケートする際、どのような誤解が起こりやすいのかを事例で考察してみよう。

事例1) 日本居住歴6年のJさん(韓国人男性、34歳)は2年前、韓国のお母さんが急病で亡くなったので、学校の指導教官には何も言えずに急いで韓国のお葬式に行った。日本に戻って来た後、指導教官に電話して「事情が出来まして韓国に急いで帰りました」と言ったら、その先生に「おめでとうございます。」と言われたという。Jさんはその話を聞いてムッとしたという。その後、自分が「じじょう」と発音せずに「じじょ」と発音してしまったのに気付いて恥ずかしくなったという。

事例1のように、学習者が「じじょう」を「じじょ」と発音してしまったのは、韓国語母語話者の日本語の音韻上の長・短の対立に対する認識が薄いため生じた誤りである。

韓国語 "눈" →目 [nun]
　　　　　　→雪 [nu：n]

上記のように韓国語にも長・短の対立はあるものの、日本語のように表記上の区別がないため上級レベルの日本語学習者さえも間違え易いところである。他にも、「ねこ」の代わりに「ねっこ」と発音してしまう促音添加現象や「はいって(入って)」の代わりに「はいて」と発音してしまう促音脱落現象は韓国人日本語学習者がよく犯す誤りの一つである。その原因として

は、韓国人日本語学習者は日本語の拍（mora）感覚に慣れておらず、促音を意識しても韓国語の終子音と同じ音として受ける傾向があることが考えられる。

　事例2）日本居住歴1年のCさん（韓国人女性、29歳）は、日本に来て4ヶ月になったある日、知り合いの日本人から日本人男女（20代）を紹介してもらった。Cさんはその二人が恋仲のように見えたので、「あの方はあなたの愛人ですか」と男性の方に質問したら、その二人は顔が赤くなって「いいえ」と不機嫌そうにその男性の隣にいた女性が答えたという。

　事例2の「愛人」は韓国語では日本語の「恋人」という意味として使われているため、この例の学習者が日本語の「愛人」も韓国語のそれと同じ意味であろうと思って生じた誤解である。同じ漢字は両国とも同じ意味として使われているだろうと思って辞書も調べずに韓国語をそのまま日本語に当てはめてしまう学習者が非常に多い。特に、送り手がニュートラルな単語、あるいはプラス方向の上昇的な単語の意味だと思って発したメッセージが受け手にマイナスの方向の感情や情緒をもつ単語の意味として伝達される誤解の場合は、双方の人間関係に悪い影響を与えてしまう恐れもある。このような誤解は単語だけではなく、韓国語の表現をそのまま日本語に置き換えて生じる場合も多い。

　事例3）日本居住歴1年8ヶ月のSさん（韓国人男性、41歳）はある日、韓国人と日本人の知り合い何人かと一緒に、新宿の韓国人が経営している韓国風の居酒屋へ飲みに行った。その時、カラオケのステージでお客さんの一人の韓国人女性が歌を歌った。その歌を聞いて感動したSさんの知り合いの日本人は「最高（さいこう）」と大きい声を出しながら拍手したが、それを聞いたその韓国人女性は顔が真赤になった。「さいこう」と言った日本人のところに来て「今、私に何と言いましたか。どうして私が精神病者ですか」と韓国語で怒り出しながら抗議したという。

事例3の場合は、誉め言葉として使った日本語の最高「さいこう」という単語を精神病者というマイナス意味を持つ韓国語の「사이코 [saiko]」と受け取ってしまって生じた誤解である。その誤解の原因としては、日本語学校の初級レベルのその韓国人女性が日本語の「最高」という単語の意味を知らなかったため、「さいこう」を韓国語の [saiko] だと思ってしまった可能性がある。あるいは、その時点ですでに彼女は日本語の「さいこう」という単語の意味は知っていたが、新宿の韓国式居酒屋という周りの環境もあって、「さいこう」と言ったその日本人を韓国人と間違えて韓国人が韓国語で [saiko] と言っていると思ってしまった可能性もある。

　事例4）日本居住歴3年6ヶ月のKさんはお正月の時、日本人の友達の家に招待され数日泊まったことがある。その友達のお兄さんの一人が多芸な人だと思ったKさんは誉めるつもりでその家族の前で「〜さんは八方美人ですね」と言ったら、その家族のお母さんが「そうですね」と答えながら苦笑したという。

　元来中国語である「八方美人」は日韓両国とも辞書の意味上はプラスとマイナス両方の意味を持っている。現代、日韓両国での「八方美人」の実用的な意味は、韓国では「八方美人」が「どの方から見ても欠点のない美人」や「何事にも通達している人」というプラスの方向の上昇的な単語の意味として解釈されるのが一般的であるが、一方、日本では「誰に対しても如才なくふるまう人」を、軽んじていう語としてマイナス方向の下降的な意味で解釈されるのが一般的であるため、ズレが生じてしまう。外国語教育の現場で、学習者側だけではなく教える側にもこのような問題点が認識されるべきである。

　事例5）日本政府の公務員であるIさん（日本人男性、48歳）は、韓国人青年グループを招待した日本政府の責任者としてそのグループと一緒に広島の原爆平和記念公園へ行った。その公園の記念碑（韓国人犠牲者のために作られた記念碑）の前で、Iさんは韓国人青年グループに向

かって「参拝してください」と言った。韓国人青年グループはIさんの「参拝」という言葉に非常に反発をしたので、Iさんは当惑してしまったという。

日本語の「参拝する」は韓国語で「참배(参拝)하다」と言う。この単語は辞書での意味は日本語と同じく「神社・寺・陵などにおまいりすること」(現代韓日辞典)である。しかし、日本の植民地下で韓国人が日本人に「神社参拝」を強要された歴史的な背景があるため、この単語は表面上にはニュートラルな単語、あるいはプラス方向の上昇的な単語に見えるが、韓国人には嫌われる下降的な単語である。この事例は「参拝」を上昇的な単語として使った日本人送り手の意図と下降的な単語の意味として受け取ってしまった韓国人受け手の解釈のズレによる誤解だと思われる。

事例6) 日本居住歴3ヶ月のKさん(韓国人女性、32歳)は友達のNさん(日本人女性、24歳)に招待されて一緒に食事をした。食事の後、Nさんが素早く片づけを済ませるのを見て感心したKさんは、何か月か過ぎたある日、他の友達の前でNさんを誉めてあげるつもりで「Nさんはとても手が早い人なの。」と言った。そう言われたNさんの顔が真赤になり、周りの人々の表情も変だった。異常な雰囲気に変わってしまった理由を聞いたKさんは、その表現の韓国での意味を説明しながらNさんに誤ってやっと誤解が解けたという。

事例6の場合は、韓国語の「손이 빠르다(手が早い)」は「物事をするのが、てきぱきと敏速である」という意味として使われているので、Kさんは日本語もそれと同じ意味を持っていると思ったという。しかし、Nさんを誉めたいという送り手であるKさんの意図とは異なり、受け手にはすぐ異性と関係をもつという意味で解釈されて誤解が生じたのである。また、韓国語の母語干渉による原因以外にも、他の可能性も考えられる。つまり、「手が早い」の辞書上の第一の意味が「物事をするのが、てきぱきと敏速である(広辞苑)」になっているため、辞書上の意味と実用上の意味のズレに気付いて

ない日本語学習者(韓国人以外の外国人も含む)が辞書上の第一の意味を日本人に使って事例6のような誤解が生じてしまう可能性もある。

　事例7)日本居住歴1年3ヶ月のKさん(韓国人女性、32歳)は、日本に来て7ヶ月経ったある日、日本人の知り合い(日本人女性、50代)を自分の家に招待した。Kさんの家を訪問したその日本人は「つまらない物ですが。」と言いながら持って来たおみやげをKさんに渡した。その時、Kさんは韓国式に「なんでこんな物を買って来ましたか。」と言ったら、相手の表情が変ったという。

　事例7で問題になっているのは「なんでこんな物を買って来ましたか。」という表現である。韓国でも日本のように、家に招待された人は、持って来たおみやげを招待した人に渡すときに「변변치 않은 것입니다만(つまらないものですが)」という儀礼的な表現をよく使う。また、そう言われた招待者は、相手に「뭘 이런 걸 사 오셨어요(なんでこんな物を買って来ましたか)」という相手の負担に対する詫びとおみやげに対する感謝の気持ちが混じり合いになっている表現を儀礼的によく使う。従って、事例7の学習者がその韓国語の儀礼的な表現をそのまま日本語に直訳して使ってしまったのが誤解を引き起こした要因である。例の韓国人は「気になさらないでよかったのに」と言う意味として儀礼的に使ったが、相手の日本人はどうしてつまらない物を買って来ましたかと言う非難ないし皮肉として受け取ったのである。その表現を話すときの韓国人の表情・発音の仕方等の非言語的な側面も誤解の要因の一つとして影響を与えた可能性もある。

　日韓両国語の大きな特徴の一つである敬語体系の発達によって、両言語とも複雑な待遇表現を持っているが、相手の言語でその言語の母語話者と会話をする時、両言語は類似しているという意識が強いため、自分の母語の基準で待遇表現をあてはめてしまう可能性が高い。特に、呼称は言語生活の対人関係において、相手に心理的影響を一番直接に与える。韓国語も日本語のように、相手との社会的身分、年齢、性別等の階層的関係によって呼称が細か

く使い分けられている。聞き手は自分が話し手にどんな呼称で呼ばれているのかによって、気分がよくなる場合も悪くなる場合もある。また、どんな呼称で呼ぶかによって、話し手と聞き手との親疎関係や話し手の心理的態度も把握できるのである。相手をどのように呼べば失礼にならないかは韓国人（日本人も同じだと思うが）が悩んでいる事柄の一つである。日本語による日韓両国人のコミュニケーションの際、呼称のどのような事柄によって互い誤解が生じているのかを見てみよう。

> 事例8) 日本居住歴6年のKさん（韓国人男性、30歳）は、親しい年下の同級生や上級生に砕けた話し方をされると親しみを感じるが、年下の人に「君」や「お前」と呼ばれると、Kさんは相手に無視されているような気がして相手と話しもしたくなくなってしまう。勿論、最近の若い人の間では年齢と関係なしにそのような話し方をしている人が多いということは知っているが、日本での生活が6年になった今でも「君」と言われると違和感を覚えるし、年下に「お前」と呼ばれると許し難いという。

　韓国では内集団の年下の人が年齢の上下関係によって、年上の人に丁寧な話し方をするのが当たり前であるが、相手と親しくなると年下の人も年上の人に砕けた話し方をすることも可能である。従って、事例8のKさんも親しい年下の人に言われる砕けた話し方を親しみの表われとして肯定的に解釈しているが、友達や目下の人に使う呼称で年下の人に呼ばれることに対しては否定的な立場を取っている。それは、韓国ではどんなに親しくなっても、友達や目下の人に使う呼称を年上の人に使うことは普通ないからである。
日韓両国とも相手との人間関係を内と外に分け、それに相応しい待遇表現を使うという意識が強いと言われている。しかし、日韓両国語は、相手との人間関係を内集団の関係としてみるか、あるいは外集団の関係としてみるかという判断基準、また内集団に対する待遇表現と外集団に対する待遇表現の規範が微妙に違っているため、韓国人学習者と日本人の間での誤解の種になりやすい。次の事例を見てみよう。

事例9）日本居住歴8ヶ月のJさん（韓国人男性、26歳）は、大学4年の時一年間の交換留学生として日本に来て、日本のある大学の学部3年と4年の両ゼミに参加していた。Jさんは同じゼミの3年生の日本人たちが年上の4年生である自分を先輩として扱い、丁寧なことばを使ってくれるだろうと思った。しかし、3年生の日本人たちは、Jさんの4年生の日本人の友達には丁寧なことばを使うが、Jさんにはぞんざいなことばを使う。その経験からJさんは自分がその人たちに外国人扱いをされていると思い、距離感を感じたという。

韓国人にとって、年齢は相手に対する言葉遣いを決める重要な要素である。年下の人は年上の人に向かって、「ぞんざい」なことばを使ってはいけない。つまり、同年および年下にしか使ってはいけないのが普通である。この場合の同年はそれほどきっちりしたものではなく、人によって外集団での5歳程度の差は同年として見てもいいと思う人もいる。韓国人の年齢に対する意識構造は、伝統的な儒教思想である「長幼有序」の概念から始まったと思われる。韓国人にとって年をとっているということは豊かな経験と知恵の象徴であり、人生について知っていることが多いことを意味しているので尊敬の対象になる。従って、年長者が集まりなどの代表になるのが普通である。このような韓国人の年齢に対する意識は対人関係での態度やことばを選択する尺度になるため、韓国人は初対面の相手にも年齢を聞く人が多い。学校でも学年の先輩と後輩による上下関係と共に年齢による上下関係がことば選択の基準になるのが普通である。

　日韓大学生を対象に1987年11月〜12月に行なった聞き手に対する敬語の日韓対照調査の結果から荻野（1989）[10]は次のように述べている。

「大学の上級生」と「大学の年上の同級生」に対する丁寧度の差をみると、日本では両者がまったく違っていて、上級生にはきわめて丁寧に接し、年上の同級生には丁寧でない接し方をするが、韓国では日本ほど大きな差はなく、上級生のほうが年上の同級生よりもやや丁寧だけであ

る。「上級生」と「年上の同級生」は大学生の間で考えれば、年齢差はほとんどなく、学年差という社会関係の差だけがある。日本では学年差を重視して両者をはっきり区別するが、韓国では年齢差を重視して両者の差が小さくなる。

　事例9の場合を見ると、3年間の軍隊の義務を終えたため大学4年生の同級生より年上であるJさんは、韓国の大学では同級生からも先輩として扱われていた。よって、Jさんは日本に来て自分は4年生であるので、3年生の年下の日本人たちが自分に当然丁寧なことばを使ってくれると思ったが、その期待がはずれてしまったのである。しかし、3年生の日本人たちは外から入って来た彼に対して先輩という認識がなく、彼を友達として考えてぞんざいなことばを使っていたのである。しかし、日本語初級レベルのJさんはぞんざいな言葉遣いを親しみの表現として解釈しないで、日本人と外国人との距離を置くための言語機能として解釈してしまったため誤解が生じたと言える。次はよく知らない他人である外集団ではどのような事柄が問題を引き起こしているのかを見る。

　　事例10）日本居住歴6年のLさん（韓国人女性、29歳）は、ある日近所の果物屋でスイカを買った。家でそれを二つに切って見たら新鮮ではなかったので、その果物屋へ戻って事情を説明した。その時、Lさんはその店の人（20代に見える）に「いくらだったけ」とぞんざいな話し方で言われ気分が悪くなってしまった。最初は他のものに交換するつもりだったが、その気もなくなってしまったので、お金だけをもらってその店を出た。それからその店では買い物をしないという。

　日本人同士だったら、事例10の学習者のような強い拒否感は生じなかっただろう。なぜなら、日本では、高級デパートでの客と従業員の間では立場的な上下関係が話し方の選択に影響を与えるが、近所の店では、親疎関係が話し方の選択に与える影響が大きいため、日本人がもし近所の果物屋さんの人に「いくらだったっけ」と言われたら、それを自分に対する親しみの表現

として解釈するか、あるいはニュートラルに受け取る人が多いだろう。しかし、韓国では、近所の店の人も客も互いに敬体を使うのが普通である。この場合、ことばの選択に影響を与えるのは、客と店の人という上下関係ではなく、むしろ自分と関係がある内集団か自分と関係がない外集団かという要素である。外集国の人とはまず敬語を使い、その相手が自分の内集団の一員になってくると、相手との年齢の上下関係や個人の話し方の好みによって話し方が変わるのが普通である。韓国人は相手が相当年の離れている年配の人ではないかぎり、初対面の人に砕けたことばで言われることに対しては強い抵抗感がある。以下の事例は外国人だという立場が誤解を引き起こす種になっている。

事例11）日本居住歴3年5ヶ月のJさん（韓国人女性、33歳）は、2ヶ月前、成田空港の税関を通る時、税関の人（日本人男性、20代に見える）に「留学している？」「これなに？」とぞんざいな話し方で聞かれて侮辱感を感じたという。

事例12）日本居住歴7年のCさん（韓国人男性、37歳）は、法律事務室へ客として電話をした。その時、電話に出た秘書は最初丁寧なことばを使ったが、Cさんが外国人だということを分かった後は砕けた言葉に変わった。気分が悪くなったCさんは「客として電話をしているのに、私が外国人だと無視してそんな話し方をしていますか。」と抗議したら、その秘書は謝ったという。

事例11のJさんのように入管、役所、学校の事務室で用事があって訪問した時、責任者に丁寧なことばではない砕けた話し方をされることや、事例12のように外国人だということが分かったら急に話し方が変わることに侮辱感を感じる韓国人が多い。上記の事例のように、話し手の日本人が聞き手である外国人を見下した気持で砕けたことばを使い、聞き手である外国人学習者が日本人のそのような気持を読み取った場合は誤解が生じなかったとも思われるだろうが、外国人学習者との関係を上下関係として見ている日本人

の話し手と、日本人との関係を平等関係として見ている外国人の聞き手との意識のズレによる誤解が内在していると言える。また、日本人は無神経に使った自分の話し方で相手が傷付けられたとは思っていないが、外国人学習者は日本人のその話し方を敏感に受け取って傷付けられるという面で誤解が生じたとも言える。待遇表現が発達している言葉を母語としている学習者の場合は自分に対する相手の話し方に非常に敏感である。特に、自分の故郷を離れて他郷や外国へ行くと緊張感が生じるため、相手の話し方により敏感になり、私が外国人だから、あるいは、私が何々人だからそんな話し方をするのではないかと過剰反応しまいがちである。しかし、学習者側の過剰反応も問題であろうが、日本人側も、自分の日本語の話し方によって外国人学習者が傷つけられる可能性があるということを認識する必要がある。

　日韓両国人は待遇表現以外の言語行動による接触の際にも、様々な誤解や問題が生じ得る。言語行動を行う際、話し手は自分が属する文化的・社会的集団の規範に影響を受けている。自分の国では常識である言語行動が、異文化の人の目には常識がない行動に見えてしまう場合がよくある。挨拶・誤り・断り・依頼などは全人類の普遍的言語行動である。しかし、場所・時・相手との関係などによって、どんなことばと非言語行動を選択して行うかは個人的・文化的・社会的に違うのである。異文化間コミュニケーションになると、言語行動は自分の意図通りに相手に解釈されなかったり、定型表現が違ったり、社会の規範や倫理観が違ったりして誤解が生じる可能性が一層高くなる。言語行動の際には、相手を傷つけないためのストラテジーが必要になる。社会・文化によってそのストラテジーが違うため、実生活の上で異なる文化を持つ人々と接触する時、非常に重要な問題になる。特に、日韓両国人は互いに似ている文化と言語を持っているというステレオタイプがあるため、その背景になっている文化の差は見逃して表面的な差だけを見てしまいがちである。日韓両国語の言語行動にはズレがあり、それが相互誤解の原因になる場合が多い。外国語教育の現場で、日韓両国人の異文化コミュニケーションの際にどこにズレがあって誤解や摩擦の可能性があるのか学習者側だけではなく教える側にもこのような問題点が認識されるべきである。

異なる文化間の円満なコミュニケーションのためには、その国の言語構造の正確な理解も重要であるが、その言語が持っている社会・文化的背景や目標言語の国民の価値観や思考類型などに対する正しい文化理解が必要である。自分と異なる文化に対して肯定的態度を持ち、目標言語の母語話者との社会的・心理的距離を減らすことが文化理解教育の重要な目標の一つである。最近、映画や歌などを通しての日韓両国の活発な文化交流が増えており、このような相手の文化に対する関心は外国語学習の動機付与に繋がっている場合が多い。前述のように、第3次教育課程期には日本人に対する感情は悪いが、就職や昇進などの社会生活に利するという理由で日本語を学ぶ大学生と高校生が非常に多かった。つまり、日本語は実用語としての役割だけが重視されており、日本語を通して日本文化を理解したいと思っていた韓国の日本語学習者は非常に少なかった。

　しかし、1999年の韓国の高校生の意識調査の結果[11]では日本及び日本語に対して親近感と高い関心を持っている高校生が多く、日本語の学習動機も多様であることが分かる。また、2000年の韓国の高校生の日本文化認識に関する調査研究の結果[12]においても、日本文化教育の必要性を問う質問に対して、全体の被調査者の中、男子生徒は82.6%、女子生徒は92.7%がその必要性を認めている。特に、韓国の高校生は日本の漫画、アニメーション、ファッションなどの日本の大衆文化に対する関心が高く、日本の伝統文化に対する関心は比較的に低いという調査結果も出た。しかし、この調査が行われた時期の第6次教育課程期の日本語教科書は日本の伝統文化の紹介が日本文化内容の一番多くの割合を占めていたため、高校生の日本文化に対する関心分野が上手く反映されていなかった。勿論、昔から今まで受け継がれている日本の伝統文化を通して日本人と日本文化を理解することは非常に重要である。しかし、韓国の高校生たちが関心を持っている日本の高校生の学校生活などの生活文化や大衆文化に関する理解も異文化間コミュニケーションの際に重要であるので、バランスの取れた多様な日本文化内容の紹介が教科書に反映されることが求められる。特に、日本文化の中でも地域による多様性や時代による可変性が認識出来るような文化内容はまだ充分とは言えない。これからの日本語教科書にはこのような側面に対する教育的工夫と配慮がよ

り多く反映されることが求められる。日本文化が画一的、または固定的に理解されてしまうと、日本あるいは日本人とはこういうものであるといった一般論から作られた日本人像や日本観を再生産する恐れがある。従って、日本人同士が日本国内の地域による文化差に気づく内容、時代や世代によって生じる習慣や考え方の差が認識できる内容などが日本語教科書や日本語の教育現場で扱われることが望められる。

　また、目標言語の文化理解教育の目標の一つは目標言語の文化の理解を通して自文化に対する正しい認識を持つことも忘れてはならない。Hendon (1980) は異なる文化間の差を分析することによって、生徒らの自文化をより客観的に理解出来る能力も養うことを指摘している。

> Furthermore, by analyzing basic differences between cultures, students will soon learn a great deal about their own culture, and they will become conscious of certain cultural attitudes they have never questioned before. And most important, they will begin to develop the insight necessary to accept another culture on its own terms, for what it means to the members of that culture.[13]

　教師は外国語教育における文化教育を通して学習者が自国文化に対する正しい認識を持つように考慮しなければならない。しかし、自国文化の紹介内容が過去の文化業績や遺産などの自国文化の優越性を強調する偏った自国文化紹介になってしまうと、学習者は自民族優越主義や自国文化中心主義に陥る恐れがあるので、目標言語の文化との相似点や相異点が正しく認識出来るような内容を客観的に扱うことが重要である。異文化理解教育は異なる文化についての知識の量を増やすことが目的ではなく、多様な文化に気付き、様々な人間の生き方や価値観に対する正しい理解と態度が形成できる異文化理解能力の養成に重点が置かれるべきである。

　真の相互理解を目指した日韓両国人のコミュニケーションの達成は、韓国側の努力だけでは成功できない。日本側の取り組みも重要である。韓流ブームで日本でも韓国と韓国文化に関心を向けている日本人が増えている。しか

し、韓国ドラマやマスコミなどの情報から得られた韓国文化や韓国人に対する理解が表層的でステレオタイプ的なものになってしまう恐れがある。日本でも異文化理解教育を重視した韓国語教育により一層力を入れることが望まれる。

　これからも日本語教育の研究において、異文化間コミュニケーションの観点からの教材研究や文化理解教育の効率化などに関するより多くの研究がなされることを期待する。

注

1　この章の内容の一部は、金賢信(2007)「国際理解教育の側面からみた韓国の外国語教育－英語と日本語を中心に－」『英語教育および第二外国語教育の早期開始に関する日韓比較研究』(平成17–18年度文部科学省科学研究費補助金研究　研究成果報告書(基礎研究(ｃ)課題番号：17530608　研究体表者：電気通信大学・国際交流推進センター準教授　志賀幹郎)と(2007)「日韓両国人の異文化ミスコミュニケーション－韓国人日本語学習者と日本人母語話者の事例から－」異文化コミュニケーション学会年次大会での発表内容がもとになっている。

2　Wilkinsなどによって始まったこの教授法の理論的根拠は機能言語学(Functional Linguistics)であり、文法や語彙などに対する言語知識(Linguistic Competence)を重視するより、言語の運用能力(Communicative　Competence)を重視している。そのため、教室での語学教育の活動においても実際に使用する言語に近い設定が重要であり、その場に適切なコミュニケーション能力を育成するための学習方法として重視されている。

3　교육부(1995)『고등학교 외국어과 교육과정해설(Ⅱ)』교육부 고시 제1992–19호、pp.286–296.

4　金淑子(2002)「韓国における日本語教育事情」『総合的日本語教育を求めて』国書刊行会、p.43.

5　李德奉(2001)、p.311.

6　교육부(1998)『고등학교 외국어과 교육과정(Ⅱ)』교육부 고시 제1997–15호、p.246.

7　第7次教育課程期から教科書編集デザインに対する審査が始まった。このような新しい教科書編纂政策は従来の教科書の外形体制面の体系的な研究とその専門家の不足、

教科書編纂過程での編集デザインの側面の軽視傾向が学習者の興味誘発ができない単調な教科書を作ってしまったという反省とその対策として実施された。(조성준 (2007)、pp.69-71.)

8 이근님 김영준 김영춘공저(2003)『제2외국어과 교육목표 및 내용체계연구』한국교육과정평가원、pp.203-205.

9 西田ひろ子(1989)『実例で見る日米コミュニケーション・ギャップ』大修館書店、p.197.

10 荻野綱男(1989)「対照社会言語学と日本語教育―日韓の敬語用法の対照研究を例として―」『日本語教育』69号、P.60.

11 鄭盛七(1999)「韓國高等學生의 日本語 學習에 관한 意識調査 硏究」東亞大學校 教育大學院 碩士論文, 日本語教育を実施している慶南地域と釜山地域の高等学校の在学生830名を対象にして行ったこの調査の「12問」に当たる日本語の学習目的を問う質問の調査結果を見ると、①日本語が好きだから(10.4%)、②日本の新聞を読みたい(1.7%)、③テレビやラジオを聴取したい(12.5%)、④文化や経済など日本について知りたい(14.5%)、⑤日本へ留学したい(14.1%)、⑥日本歌謡を習いたい(2.3%)、⑦日本の漫画が読みたい(4.7%)、⑧日本人と対話をしたい(12.7%)、⑨日本人とPC通信をしたい(0.7%)、⑩日本語関連学科に進学し、日本語と関連がある職業に就きたい(14.7%)、⑪日本語能力試験を受けるため(6.3%)、⑫その他(3.1%)である。

12 이차석(2001)「청소년들의 일본문화 인식에 관한 연구 - 마산, 창원지역 고등학생을 중심으로 -」慶南大學校 教育大學院、pp.41-42. この調査は慶南地域の五つの高等学校の日本語選択学習者192名と日本語非選択者43名、合計235名を対象にしている。

13 Ursula S. Hendon (1980), Introducing culture in the high school foreign language class, Foreign Language Annals, 13, p.192.

参 考 文 献

日本語文献（あいうえお順）

飽本直子（1991）「異文化接触からみた日本語教育」『日本語教育研究』25 号、財団法人言語文化研究所

荒木晶子（1995）「異文化接触とコミュニケーション」『異文化接触の心理学』川島書店

荒木晶子（1980）『日本語から日本人を考える』朝日新聞社

安西裕一郎（1985）『問題解決の心理学』中公新書

安藤博（1992）「摩擦の情報と情報の摩擦」『日本語学』12–11、日本語学会

李云順（1982）「韓国における日本語教育」『日本語教育』48 号、日本語教育学会

李圭泰（1995）『韓国人の情緒構造（尹淑姫・岡田 聡訳）』新湖選書

池上嘉彦（1980）『文化人類学と言語学』弘文堂

池田摩耶子（1973）「日本語教育と日本の文化」『講座日本語教育』第 9 分冊、早稲田大学語学教育研究所

池田摩耶子（1974）「日本文化との接触－日本語学習者の場合－」『言語』3 巻 6 号、大修館書店

池田摩耶子（1975）「日本語教育の中での"言葉と文化"の扱い方」『日本語教育』27 号、日本語教育学会

生田正輝・金圭煥・辻村明編（1983）『日本と韓国の文化摩擦』出光書店

石田敏子（1985）「英語・中国語・韓国語圏別日本語学力の分析」『日本語教育』58 号、日本語教育学会

石田敏子（1990）「日本語教育の動向」『異文化間教育』4 号、異文化間教育学会・アカデミア出版会

伊藤 直也・加納 那光・山中智之（1995）「平成 6 年度（第 2 回）言語文化シンポジウム報告」

李徳棒（2003）「異文化理解教育の範疇と方向」『接触場面と日本語教育』明治書院

李庭植（1989）『戦後日韓史』小此木政夫他訳、中央公論社

井上尚美・福沢周亮・平栗隆之（1974）『一般意味論―言語と適応の理論―』河野心理教育研究所

井上秀雄・鄭早苗訳（1983）『全訳世界の歴史教科書シリーズ 31. 韓国』帝国書院

李栄九(1982)「韓国の日本研究」『国際交流31』第8巻3号季刊(通巻31号)
任栄哲(1993)『在日・在米韓国人および韓国人の言語生活の実態』くろしお出版
石渡延男・益尾恵三編(1988)『外国の教科書の中の日本と日本人』一光社
伊勢田涼子他(1991)「韓国における高校の日本語教師の背景と直面している問題点― 1990年度韓国日本語講師研修会のアンケートから―」『日本語教育』74号
稲葉継雄(1973)「高校における日本語教育の現況」『韓』第2巻第9号、韓国研究院
稲葉継雄(1979)「韓国の『高等学校日本語読本』について」『外国人と日本語』4、筑波大学文芸・言語学系
稲葉継雄(1986)「韓国における日本語教育史」『日本語教育』60号、日本語教育学会
今田滋子・中村妙子(1975)「初級日本語教科書の文化語」『日本語教育』27号、日本語教育学会
入谷敏男(1981)『話しことば』中公新書
上野田鶴子(1988)「日本語学習者の多様化」『日本語教育』66号、日本語教育学会
上原麻子(1989a)「日本事情」『広島大学留学生日本語教育』第1号、広島大学教育学部
上原麻子(1989b)「留学生と文化教育」『留学生日本語教育に関する理論的・実践的研究』、広島大学教育学部
上原麻子(1990)「日本語教育教授法の理論と現状－留学生のコミュニケーション能力開発のために」『異文化間教育』4号、異文化間教育学会・アカデミア出版会
上野麻子・小島勝・山中速人(1990)「外国語としての日本語の教育」『異文化間教育』異文化間教育学会
ウィドウソン, H.G. 著、東後勝明・西出公之訳(1991)『コミュニケーションのための言語教育』、研究社
ウォーフ, B.L. 著、池上嘉彦訳(1993)"Language, thought and reality"『言語、思考、現実』講談社学術文庫
浮田三郎(1992)「日本語教育と異文化理解」『広島大学留学生センター紀要』第3号、広島大学留学生センター
浮田三郎(1994)「日本語・日本事情」『広島大学留学生日本語教育』第7号、広島大学教育学部
江川清(1986)「言語行動の比較研究―日独比較を中心に」『日本語学』12-5、日本語学会
江淵一公(1991)「在日留学生と異文化間教育－研究の視角と課題」『異文化間教育』5号、異文化間教育学会・アカデミア出版会
江淵一公(1993)「異文化間教育と多文化教育―研究の意義と課題―」『異文化間教育』7号、

異文化間教育学会・アカデミア出版会
ＮＨＫことば調査グループ（昭和55年）『日本人と話しことば』日本放送出版協会
太田修（2003）『日韓交渉―請求権問題の研究』クレイン
大濱徹也（1992）「日本語教育と日本文化」『日本語学』11巻3、明治書院
岡崎敏雄・大坪靖直・中条和光（1988a）「異文化教育としての日本語・日本事情―対照語用論による教材開発の基盤の拡充と強化―『断りにくさ』の研究叙説」『広島大学教育学部紀要』第2部、広島大学教育学部
岡崎敏雄・大坪靖直・中条和光（1988b）「日本語日本事情：異文化教育としての指導―方法論・カリキュラム・教材開発論：文化論未確立の場合―」『言語習得及び異文化適応の理論的・実践的研究』広島大学教育学部
岡崎敏雄・大坪靖直・中条和光（1990）「異文化教育としての日本文化の指導―統合的認知経験モデルによる指導―」『日本語教育国際シンポウジウム報告書（主催：南山大学）』坂本正・阿部泰明篇
岡崎敏雄・大坪靖直・中条和光・岡崎眸（1990）『新しい外国語教授法と日本語教育』凡人社
岡崎敏雄・大坪靖直・中条和光・岡崎眸（1991）「コミュニカティブ・アプローチ―多様化における可能性」『日本語教育』73号、日本語教育学会
岡崎正道（1988）「『日本事情』指導の問題点」『東北大学日本語教育研究論集』第3号、東北大学教養部
岡崎正道（1992）「留学生教育の背景にある日本文化の特質と日本社会の閉鎖性」『Artes Liberales』51、岩手大学人文社会科学部
岡崎正道（1995）「日本事情教育の視角」『Artes　Liberales』56、岩手大学人文社会科学部
岡田久子（1988）「学生中心の『日本事情』―基本的な着眼点と授業研究―」『日本語教育』65号、日本語教育学会
岡野ひさの他（1988）「外国人の言語行動に対する日本人の意識」『日本語教育』67号、日本語教育学会
岡部朗一（1988）『異文化とコミュニケーション』東海選書・東海大学出版会
岡本能里子（1991）「コミュニケーション教育から見た日本語教育と国語教育」『日本語学』9-10、日本語学会
小川貴士（1996）「日本事情教育の一視座としての日本人論」『ICU日本語教育研究センター紀要』6号、ICU日本語教育研究センター
小川誉子・徳井厚子（1997）「誤解発生のメカニズム分析―意味化の過程を中心に―」

『International Journal of Pragmatics』vol. Ⅶ、日本プラグマティックス学会
荻野綱男(1986)「待遇表現の社会言語学的研究」『日本語学』12-5、日本語学会
荻野綱男(1989)「対照社会言語学と日本語教育」『日本語教育』69号、日本語教育学会
荻野綱男・金東俊・梅田博之・羅聖淑・盧顕松(1991)「日本語と韓国語の第三者に対する敬語用法の比較対照」『朝鮮学報』141、朝鮮学会
奥田邦男編(1992)「日本語教育学」『教職科学講座』第25巻、福村出版
奥西俊介(1990)「日本事情の授業・3―日本事情から日本文化へ、そして…」『言語』19巻10号、大修館書店
生越直樹(1994)「各国語話者と日本人との誤解の事例―朝鮮語話者の場合―」『在日外国人と日本人との言語行動接触における相互『誤解』のメカニズム』(平成5年科学研究費補助金(一般研究B)研究成果報告書)国立国語研究所
生越まり子(1993)「謝罪の対照研究―日朝対照研究―」『日本語学』11-12、日本語学会
生越まり子(1994)「感謝の対照研究―日朝対照研究―」『日本語学』7-13、日本語学会
小野由美子(1996)「マンガを用いた日本事情・日本文化授業の試み」『鳴戸教育大学実技教育』6、鳴戸教育大学
門倉正美(1992)「『日本事情』の可能性」『山口大学教養部紀要人文科学篇』26号、山口大学教養部
門倉正美(1995)「『日本事情』ビデオ教材の可能性―ビデオ教材『高度経済成長』『憲法と日本人の生活』を見て」『横浜国立大学留学生センター紀要』第2号、横浜国立大学留学生センター
金本節子(1988)「日本語教育における日本文化の教授」『日本語教育』65号、日本語教育学会
金本節子(1994)「'Cultural Studies' としてみた『日本事情』」『茨城大学教養学部紀要』第27号、茨城大学教養学部
刈谷剛彦編(1997)『比較社会・入門』有斐閣選書
川上郁雄(1997)「日本文化を書く―「日本事情」を通じてどのような力を育成するか―」『宮城教育大学紀要』第32巻、宮城教育大学
川上郁雄(1999)「『日本事情』教育における文化の問題」『21世紀の日本事情』1号、くろしお出版
川口義一(1991)「敬語指導から見た日本語教育と国語教育」『日本語学』9‐10、日本学会
川﨑晶子(1992)「日本の敬語と世界の敬語」『日本語学』3-11、日本語学会

川成美香(1993)「依頼表現」『日本語学』5-12、日本語学会
河原崎幹夫・吉川武時・吉岡英幸共篇著(1992)『日本語教材概説』北星堂書店
菊地康人(1994)『敬語』角川書店
北原保雄編(1978)『敬語―論集日本語研究9―』有精堂
君島和彦(1996)『教科書の思想』すずさわ書店
木村修三(1976)「日本の対外政治課題」日本国際問題研究所編『国際年報(1972年版)』第14巻
木村宗男(1982)『日本語教授法―研究と実践―』凡人社
金淑子(2002)「韓国における日本語教育事情」『総合的日本語教育を求めて』国書刊行会
金田一春彦(1975)『日本人の言語表現』講談社現代新書
金田一春彦(1991)『日本語の特質』日本放送出版協会
金田一秀穂(1991)「日本事情の考え方」『日本語国際センター紀要』第1号、日本語国際センター
金鍾学(1976b)「韓国高校における日本語教育の展望」『日本語教育』30号、日本語教育学会
金賢信(2002)「日本の韓国・朝鮮語教育における異文化理解教育へ向けて(序説)」『一橋研究』第27巻第3号
金賢信(2007)「戦略としての「日本語」教育―韓国の高校における日本語教科書内容変遷を中心」『台湾・韓国・沖縄で日本語は何をしたのか』三元社
金賢信(2007)「国際理解教育の側面からみた韓国の外国語教育―英語と日本語を中心に―」『英語教育および第二外国語教育の早期開始に関する日韓比較研究』(平成17-18年度文部科学省研究費補助金研究　研究成果報告書)
金永佑(1977)「韓国における日本語教育の現状と問題点」『日本語教育』32号、日本語教育学会
金容雲(1983)『韓国人と日本人』サイマル出版会
久米昭元＆ウィリアム・S・ハウエル共著(1992)『感性のコミュニケーション』大修館
熊井浩子(1992)「留学生にみられる談話行動上の問題点とその背景」『日本語学』12-11、日本語学会
倉地曉美(1988)「中級学習者の日本語日本事情教育におけるグループ研究プロジェクトの試み―異文化間教育心理学の視座から―」『日本語教育』66号、日本語教育学会
倉地曉美(1990)「学習者の異文化理解についての一つ考察―日本語・日本事情教育の場合―」『日本語教育』71号、日本語教育学会

倉地暁美(1994a)「国際化時代における「日本事情」教育の課題：グローバル教育の視点から」『広島平和科学』17号、広島大学平和科学研究センター
倉地暁美(1994b)「ジャーナル・アプローチの展開―日本語・日本事情教育の新しい方向に向けて―」『日本語教育』82号、日本語教育学会
倉地暁美(1996a)「異文化間教育学と日本語・日本事情の接点を求めて―回顧と展望―」『異文化間教育』10号、異文化間教育学会・アカデミア出版会
倉地暁美(1996b)「大学における日本事情：多文化間教育としてのインディペンデント・スタディ」『広島大学日本語教育学科紀要』第6号、広島大学日本語教育学科
小泉保(1990)『言外の言語学－日本語語用論』三省堂
小泉保(1997)『ジョークとレトリックの語用論』大修館書店
国際交流基金(1973)『国際交流基金のあらまし―国際文化交流の拡大を目指して―』
国際交流基金(1974)『国際交流』春季号（第1号）
国際交流基金(1990)『国際交流基金15年のあゆみ』
国立国語研究所日本語教育研修室(1989)「異文化間接触と日本語教育」『日本語学』8巻12号、明治書院
後藤明美(1982)「日本人と外国人の表現と行動」『*Social Behavior and Language Acquisition*』Bunka Hyoron Publishing Company
河野理恵(1997)「「日本事情」教育としての"ジャーナル・アプローチ"の意義」『地域文化研究』1、東京外語大学大学院地域文化研究会
河野理恵(2000)「"戦略"的「日本文化」非存在説」『21世紀の日本事情』2、くろしお出版
小林裕子(1986)「あいさつ行動の日米比較研究」『日本語学』12-5、日本語学会
小牧輝夫(編)(1986)『朝鮮半島・開放化する東アジアと南北対話』アジア経済研究所
コンドン, ジョン著、近藤千恵訳(1980)『異文化間コミュニケーション(Cultural Dimensions of Communication)』サイマル出版会
斎藤修一(1975)「現地教育としての日本事物事情」『日本語教育』27号、日本語教育学会
斎藤修一(1984)「日本語教育と文化の問題―ことばと背景―」『講座日本語教育』第20冊、早稲田大学語学教育研究所
斎藤修一(1997)「日本事情教育」『日本語教育』94号、日本語教育学会
坂橋洋(1988)「南朝鮮の経済」『日本と南朝鮮』朝鮮問題研究会編、十月社
坂本正・小塚操・架谷眞知子(1989)「日本語のフォリナー・トークに対する日本語学習者の反応」『日本語教育』69号、日本語教育学会

崎山理（1992）「言語と文化のかかわり方」『日本語学』3-11、日本語学会
佐々木瑞枝（1988）「大学正規科目としての日本事情教育」『日本語教育』65 号、日本語教育学会
佐々木瑞枝（1990a）「日本事情の授業・1―日本人学生を交えて」『言語』19 巻 10 号、大修館書店
佐々木瑞枝（1990b）『日本語教育の教室から：外国人と見た日本事情』大修館書店
佐々木瑞枝（1995）『日本事情入門（アルクの日本語テキスト）』アルク日本出版編集部
佐々木瑞枝（1997）「『日本事情』と日本語教育－国内・国外の連携」『日本語学』16 巻 6 号、明治書院
佐々木倫子（2000）「日本語教育と文化」第 7 回日本語教育巡回セミナー
佐藤勢紀子（1998）「学習者主体の『日本事情』―異文化間コミュニケーションを考える」『高等教育の国際化に向けて／研究報告』No.3、J. バクニック・メディア教育開発センター
佐藤勝巳・池田進（1976）「1972 年の朝鮮半島」『国際年報（1972 年版）』第 14 巻
佐藤洋子（1977）「日本語教育における文化接触の問題」『講座日本語教育』第 13 分冊、早稲田大学語学教育研究所
佐藤洋子（1979）「文化の比較について」『講座日本語教育』第 15 分冊、早稲田大学語学教育研究所
佐藤洋子（1985）「日本語教育における『文化』の扱い方」『講座日本語教育』第 21 分冊、早稲田大学語学教育研究所
佐藤洋子（1989）「『日本事情』の構築にむけて」『講座日本語教育』第 24 分冊、早稲田大学語学教育研究所
佐藤洋子（1990）「『日本事情』で扱う年中行事」『講座日本語教育』第 25 分冊、早稲田大学語学教育研究所
佐野正人（2007）「日本語との抗争から和解へ－韓国での日本語をめぐる言語編成史・概説」『台湾・韓国・沖縄で日本語は何をしたのか』三元社
Samovar, L.A. and R.E. Porter, N.C.Jain、西田司他訳（1983）『異文化間コミュニケーション入門』聖文社
篠田義明（1986）『コミュニケーション技術』中央公論社
秦明夫（1977）「南北対話の停滞と両朝鮮」日本国際問題研究所編『国際年報（1973 年版）』第 15 巻
杉戸清樹（1994）「お礼に何を申しましょう？―お礼の言語行動についての定型表現―」『日

本語学』7-13、日本語学会
杉本良夫・ロス，マオア(1982)『日本人論に関する12章』学陽書
鈴木一彦・林巨樹編著(1984)『研究資料日本文法②―用言編(一)動詞』明治書院
鈴木孝夫(1975)『閉された言語・日本語の世界』新湖選書
鈴木佑司(1983)「軍拡と不況の中での経済協力」『世界』
砂川裕一(1993a)「日本事情論ノート」『日本語教育論集―日本語教育の現場から―』吉田満寿緒夫先生還暦記念論集編集委員会
砂川裕一(1993b)「日本事情の理念的イメージについて」『外国人留学生のための日本事情教育のあり方についての基礎的調査・研究－大学・短大・高専へのアンケート調査とその報告』日本事情研究会
牲川波都季(2002)「学習者主体とは何か」『ことばと文化を結ぶ日本語教育』凡人社
関正昭(1990)『外国人に教える日本語の文法』一光社
関正昭(1997a)『日本語教育史研究序説』スリーエーネットワーク
関正昭　平高史也編(1997b)『日本語教育史』株式会社アルク
関本照夫(1988)「文化の違いを見る目の違い」『東京大学公開講座46　異文化への理解』東京大学出版会
総合研究開発機構(1985)『日本語教育および日本語普及活動の現状と課題』NRC-83-2委託研究
高崎宗司(1993)『「反日感情」韓国・朝鮮人と日本人』講談社
高崎宗司(1996)『検証日韓会談』岩波新書
高橋睦(1987)「『日本事情』とその周辺」『日本語学校論集』14号、東京外国語大学外国語学部付属日本語学校
高見澤孟(1989)『日本語学と日本語教育』アルク
立川健二(2000)『ポストナショナリズムの精神』現代書館
田中春美・田中幸子編著(1996)『社会言語学への招待』ミネルヴァ書房
朝鮮問題研究会『日本と南朝鮮』十月社
鄭大均(1995)『韓国のイメージ』中央公論社
寺村秀雄(1984)『日本語のシンタクスと意味Ⅱ』くろしお出版
徳井厚子(1995)「誤解はどこから生まれるか－留学生と日本人学生のコミュニケーション・ブレークダウンへの対処をめぐって」『信州大学教育学部紀要』86号、信州大学教育学部
徳井厚子(1996)「『日本事情』の役割とイメージ学生たちの眼をとおしてみえてくるもの」

『信州大学システム研究開発センター紀要』第1号、信州大学教育システム研究開発センター

徳井厚子(1996a)「異文化理解と日本事情教育―異文化接触における自己変容の気づきをとおして学ぶ」『信州大学教育学部紀要』87号、信州大学教育学部

徳井厚子(1996b)「戦後50年と日本事情教育」『信州大学教育学部紀要』88号、信州大学教育学部

徳井厚子(1996c)「異文化理解と日本事情教育(ニ)誤解のプロセスをテーマにした異文化トレーニングの試み」『信州大学教育学部紀要』89号、信州大学教育学部

徳井厚子(1997a)「文化モデルと日本事情教育」『信州大学システム研究開発センター紀要』第2号、信州大学教育システム研究開発センター

徳井厚子(1997b)「異文化理解教育としての日本事情の可能性―多文化クラスにおける「ディベカッション」(相互交流型討論)の試み―」『日本語教育』92号、日本語教育学会

徳井厚子(1998)「伝統を考える授業―日本事情教育の中で―」『信州大学教育学部紀要』93号、信州大学教育学部

友沢照江(1985)「海外における日本語普及・日本語教育」『日本語教育および日本語普及活動の現状と課題』総合研究開発機構、NRC-82-2委託研究

友沢昭江(1989)「大学教育における『日本事情』科目のあり方」『香川大学一般教育研究』香川大学一般教育部

豊田豊子(1988)「日本語教育における日本事情」『日本語教育』65号、日本語教育学会

豊田豊子(1989)「日本語教育と日本事情―現状と問題点―」『日本語学』8巻12号、明治書院

豊田豊子(1992)「日本事情って何を教えるの」『日本語』5月号、アルク

豊田豊子(1996)『日本の地理と社会:日本事情テキスト』凡人社

中川敏(1992)『異文化の語り方』世界思想社

永瀬治朗(1992)「外国語によるコミュニケーション」『日本語学』12-11、日本語学会

名柄迪・茅野直子・中西家栄子(1989)『日本語教育機関におけるコミュニカティブ・アプローチ』アルク

西川吉光(2002)『日本政治外交史論(下)－敗戦～吉田ドクトリン神話の形成』晃洋書房

西坂仰(1997)『相互行為分析という視点』金子書房

西田司編(1996)『文化とコミュニケーション』八朔社

西田直敏(1987)『敬語―国語学叢書13―』東京堂出版

西田ひろ子(1989)『実例で見る日米コミュニケーション・ギャップ』大修館書店
日本語教育学会編(1982)『日本語教育事典』大修館書店
日本語教育学会編(1991)『日本語教育機関におけるコース・デザイン』凡人社
日本貿易振興会編(1974)「わが国海外投資の現状」『海外市場白書』第2分冊
根井豊・新島龍美編(1998)『人間と文化』九州大学出版会
ネウストプニー, J.V.(1981)「外国人場面の研究と日本語教育」『日本語教育』45号、日本語教育学会
ネウストプニー, J.V.(1982)『外国人とのコミュニケーション』岩波書店
ネウストプニー, J.V.(1983)「日本語教育と二重文化教育」『日本語教育』49号、日本語教育学会
ネウストプニー, J.V.(1989)「日本人のコミュニケーション行動と日本語教育」『日本語教育』67号、日本語教育学会
野田尚史(1991)『はじめての人の日本語文法』くろしお出版
野元菊雄(1974)「文化の接触」『言語』3巻6号、大修館書店
野元菊雄(1994)「異文化理解としての日本語教育」『日本語学』3–13、日本語学会
芳賀綏(1977)「日本人の思考と表現」『ことばと文化―日本語と文化・社会3―』三省堂
Hayakawa, S.I.(1972)*"Language in thought and action"*『思考と行動における言語(大久保忠利訳)』岩波書店
橋本良明&異文化コミュニケーション研究会'91(1992)「婉曲的コミュニケーション方略の異文化間比較」『東京大学社会情報研究所調査記要』No.1、東京大学社会情報研究所
橋本敬司(1996)「日本語中級における『日本事情』―『なんですか』から『なぜですか』への移行・転換」『広島大学留学生日本語教育』7号、広島大学
橋本敬司(1997)「創造する日本事情」『広島大学留学生センター紀要』第8号、広島大学留学生センター
長谷川恒雄(1970)「日本語教育における日本文化の扱い方―日本歴史を中心として―」『日本語と日本語教育』第2号、慶応義塾大学国際センター
長谷川恒雄(1975)「日本語教育における文化―その位置づけへの試み―」『講座日本語教育』第11分冊、早稲田大学語学教育研究所
長谷川恒雄(1992)「日本語教育能力検定試験の日本事情」『日本語学』11巻6号、明治書院
長谷川恒雄(1999)「『日本事情』―その歴史的展開―」『21世紀の「日本事情」日本語教育

から文化リテラシーへ』創刊号、21世紀の『日本事情』編集委員会
早川嘉春(1977)「韓国における日本語教育管見」『日本語教育』33号、日本語教育学会
林伸一(1989)「外国人学習者の日本社会への適応パターンと日本語教育の課題」『日本語教育』70号、日本語教育学会
林さと子(1989)「日本語教育における文化の問題」『日本語学』8巻12号、明治書院
原土洋(1988)「日本事情のとらえ方―東北大学教養部の場合―」『日本語教育』65号、日本語教育学会
原土洋(1993)「日本事情―私はこう教えた―」『東北大学日本語教育研究論集』第7号、東北大学教養学部外国人留学生日本語研修コース
半田淳子(1997)「楽しく学ぶ日本事情(地理・産業篇)―野菜や果物の産地を調べる」『日本語』10巻9号、アルク
船曳建夫(1988)「文化と理解」『東京大学公開講座46 異文化への理解』東京大学出版会
ブレイクモア, ダイアン(1994) "Understanding Utterances"『ひとは発話をどう理解するか(武内道子・山崎英一訳)』ひつじ書房
ベフ, ハルミ(1997)増補新版『イデオロギーとしての日本文化論』思想の科学社
文化庁文化部国語課(1973年7月)『外国人に対する日本語教育の振興に関する報告集』
文化庁(1981)『国内の日本語教育の概要―日本語教育の手引―』(株)凡人社
文化庁(1982)『国内の日本語教育機関の概要』(株)凡人社
文化と人間の会企画(1991)『異文化へのストラデジー』川島書店
星野命(1989)「異文化間教育とコミュニケーション」『異文化間教育3』異文化間教育学会
細川英雄(1990)「日本事情の授業・2―教養部スタッフと協力して」『言語』19巻10号、大修館書店
細川英雄(1993)「日本事情教育の現状とその対応について」『外国人留学生のための日本事情教育のあり方についての基礎的調査・研究―大学・短大・高専へのアンケート調査とその報告―』日本事情研究会
細川英雄(1994)『日本語教師のための実践「日本事情」入門』大修館書店
細川英雄(1995)「教育方法論としての『日本事情』―その位置づけと可能性―」『日本語教育』87号、日本語教育学会
細川英雄(1997)「言語習得における＜文化＞の意味について」『早稲田大学日本語研究教育センター紀要』9号、早稲田大学日本語研究教育センター
細川英雄(1999)『日本語教育と日本事情－異文化を超える』明石書店

細川英雄(2000a)「ことばと文化はどのように教育されてきたか—『日本事情』教育研究小史の試み—」『早稲田大学日本語研究教育センター紀要』12号、2000・3

細川英雄(2000b)「崩壊する『日本事情』—ことばと文化の統合をめざして—」『21世紀の日本事情』2号、2000・10

細川英雄(2002a)「日本語教育におけることばと文化の統合へ向けて—総合活動型言語教育としての問題発見解決学習—」『総合的日本語教育を求めて』国書刊行会

細川英雄(2002b)「ことば・文化・教育—ことばと文化を結ぶ日本語教育をめざして」『ことばと文化を結ぶ日本語教育』凡人社

堀江・インカピロム・プリヤー(1993)「謝罪の対照研究—日タイ対照研究—」『日本語学』11-1、日本語学会

堀江・インカピロム・プリヤー(1994)「各国語話者と日本人との誤解の事例—タイ語話者の場合—」『在日外国人と日本人との言語行動接触における相互「誤解」のメカニズム』(平成5年科学研究費補助金(一般研究B)研究成果報告書)国立国語研究所

ポリー・ザトラウスキー(1986)「談話の分析と教授法—勧誘表現を中心に」『日語学』11-5、日本語学会

本多英由美(1994)「日本事情教育と留学生教育」『ひととことば 1993』ひつじ書房

牧野成一(1983)「文化原理と言語行動」『日本語教育』49号、日本語教育学会

馬越徹(1991)「異文化接触と留学生教育」『異文化間教育』5号、異文化間教育学会・アカデミア出版会

正宗鈴香(1996)「日本語教育における異文化理解プログラムの指導の試み」『筑波大学留学生センター日本語教育論集』第11号、筑波大学留学生センター

正宗鈴香(1996)「日本語初級学習者のための異文化理解プログラムの一試案」『筑波大学留学生センター日本語教育論集』第12号、筑波大学留学生センター

松井嘉和(1991)「『日本事情』をめぐる諸問題—従来の議論と日本語国際センターの研修から考える」『日本語国際センター紀要』第1号、国際交流基金日本語国際センター

松本重治・萩原延寿(1974)「文化交流は人に始まり人に終る」『国際交流』春季号(第1号)

三浦陽一(1988)「『日本文化論』の現在と未来—外国人留学生への日本事情教育のための覚書1—」『岐阜大学教養部研究報告』岐阜大学教養部

水谷修(1979)『話しことばと日本人—日本語の生態』創拓社

水谷修(1990)「日本事情とは何か」『言語』19巻10号、大修館書店

水谷修 他篇(1995)『日本事情ハンドブック』大修館書店

溝口博幸(1995)「インターアクション体験を通した日本語・日本事情教育―『日本人家庭訪問』の場合」『日本語教育』87号、日本語教育学会

光田明正(1989)「日本語教育における日本事情」『講座日本語と日本語教育』第13巻日本語教授法(上)、明治書院

南不二男(1979)『言語と行動』大修館書店

箕浦康子(1990)『文化のなかの子ども』東京大学出版会

箕浦康子(1991)『子供の異文化体験』思索社

宮本美智子・永沢まこと(1982)『アメリカ人の日本人観』草思社

閔光準(1989)「韓国語話者の日本語音声における韻律的特徴とその日本語話者による評価」『日本語教育』68号、日本語教育学会

森田芳夫(1985)「韓国における日本語教育」『日本語教育および日本語普及活動の現状と課題』総合研究開発機構、NRC-83-2委託研究

森田芳夫(1991)「戦後韓国の日本語教育」『講座日本語と日本語教育』第15巻、明治書院

森田良行(1985)『誤用文の分析と研究―日本語学への提言―』明治書院

森山卓郎(1988)『日本語動詞述語文の研究』明治書院

文部省学術国際局留学生課(1983)「21世紀への留学生政策に関する提言について」『学術月報』10、日本学術振興会

三宅中子(1985)『習慣と懐疑』南窓社

平林周祐・浜由美子(1988)『敬語―外国人のための日本語例文・問題シリーズ10―』荒竹出版

安田敏朗(2007)「『日本語』という『配電システム』―その複製と継承と」『台湾・韓国・沖縄で日本語は何をしたのか』三元社

ヤスモト,T.デニス(1989)『戦略援助と日本外交』渡辺昭夫監訳、同文舘

山下誠(1997)『高等学校における韓国・朝鮮語教育の現状と課題』神奈川県高等学校教育会館研究助成事業による1996年度助成対象研究報告書

山本恭子(1996)「『日本事情』授業の実践報告―留学生が自分で見つける日本事情―」『高知大学学術研究報告人文科学』第45巻、高知大学

山本富美子(1989)「待遇表現としての文体」『日本語教育』69号、日本語教育学会

尹学準監修(1989)『韓国の教科書の中の日本と日本人』一光社

俞炳鶴(1984)『言語生活』教学研究社

横田雅弘(1996)「留学生教育交流と異文化間教育学―回顧と展望―」『異文化間教育』10、異文化間教育学会

横田淳子(1985)「ほめられた時の返答における母国語からの社会言語学的転移」『日本語教育』58号、日本語教育学会

横山杉子(1993)「日本語における、『日本人の日本人に対する断り』と『日本人のアメリカ人に対する断り』の比較―社会言語学のレベルでのフォリナートーク―」『日本語教育』81号、日本語教育学会

ロメイン, スザーン・著、土田滋・高橋留美訳(1997) "Language in Society"『社会のなかの言語』三省堂

ロング, ダニエル(1992)「日本語によるコミュニケーション―日本語におけるフォリナー・トークを中心に」『日本語学』12-11、日本語学会

脇田里子(1996)「留学生と日本人学生による異文化コミュニケーション『現代日本事情』より」『福井大学教育学部紀要　第1部人文科学(国語学・国文学・中国語学篇)』第47号、福井大学

渡辺昭夫編(1985)『戦後日本の対外政策』有斐閣選書、有斐閣

渡部学編訳(1982)『世界の教科書・韓国2』ほるぷ出版

英語文献 (ABCD順)

Adelman, Mara B., Cross-Cultural Adjustment: A Theoretical Perspective on Social Support, Intercultural Journal of International Relations, 12,1988.

Appel, Rene, and Pieter Muysken, Language Contact and Bilingualism, University of Amsterdam, 1987.

Baker, C., Foundation of Bilingual Education and Bilingualism, Multilingual Matters Ltd., 1993.

Bosch, Barbara, and Vivian De Klerk, Linguistic stereotypes:nice accent-nice person?, International Journal of the Sociology of Language 116, Mouton de Gruyter, 1995.

Briggs, Charles L., Learning How to Ask: A Sociolinguistic Appraisal of the Role of the Interview in Social Science Research, Studies in the Social and Cultural Foundations of Language Ⅰ, Cambridge University Press, 1986.

Brislina, Richard W., Cross-Cultural Encounter: Face-to-Face Interaction, New York: Pergamon Press, 1981.

Brooks, Nelson D., Language and Language Learning: Theory and Practice, New York: Harcourt

Brace & World Inc., 1964.

Brown, H., Douglas, Principles of Language Learning and Teaching, 3rd.ed., Englewood Cliffs, New Jersey: Prentice Hall Regents, 1994.

Canale, M., and Swain, M., Theoretical Bases of Communicative Approaches to Second Langugae Teaching and Testing, Applied Linguistics 1, 1–47, 1980.

Chastain, K., Developping Second Language Skills: Theory to Practice, 2nd. ed.,Chicago: Rand McNally College Publishing Co., 1976.

Cole R.H., The Koreanization of Elementary Citizenship Education in South Korea 1948–1974, Unpublished Ph.D. Dissertation, Arizona State University, 1975.

Condon, John C., and Fathi S. Yousef, An Introduction to Intercultural Communication. Indianapolis,Ind.: Bobbs-Merrill, 1977.

Finocchiaro, M. and Bonomo, M., The Foreign Language Learner: A Guide for Teacher, New York: Regents Publishing Co., 1973.

Freed, Barbara F. (ed.), Second Language Acquisition in a Study Abroad Context, John Benjamin Publishing Company, 1995.

George, H.V., Common Errors in Language Learning, Newbury House Publishers, INC., 1972.

Goodenough, W.H., Culture Anthropology and Liguistics, Report of the Seventh Annual Round Table Meeting on Linguistics and Language Study, ed. P. Galvin, Washington, D.C.: Georgetown University Press, 1964.

Grimshaw, Allen D., Conflict talk: Sociolinguistic Investigations of Arguments in Conversations, Cambridge University Press, 1990.

Hall, Edwards, The Hidden Dimension. Garden City, N.Y.: Doubleday, 1966.

Hall, Edwards, Beyond Culture, Garden City, N.Y.: Coubleday, 1966.

Halliday, M.A.K., Explorations in the Functions of Language, London: Edward Arnold, 1973.

Harris, Phillip R.,and Robert T. Moran, Managing Cultural Differences: Strategies for Global Management, Houston: Gulf, 1990.

Hendon,Ursula S., Introducing Culture in the High School Foreign Language Class, Foreign Language Annals, 13, 1980.

Hymes, D., On Communicative Competence, England: Penguin, 1972.

Hymes, D., Ethnography, Linguistics, Narrative Inequality :Toward an Understanding of Voice, Taylor and Francis Ltd., 1996.

Jay, C., Study of Culture: Relevance of Foreign Languages in World Affairs Education, pp.84–92 in Pat Castle and Charles Jay, eds., Toward Excellence in Foreign Language Education, Springfield, IL: Office of Public Instruction, 1968.

Kasper, G., Linguistic Politeness : Current Research Issues, Journal of Pragmatics 14, 1990.

Kenneth, D. McRae, Conflict and Compromise in Multilingual Societies:Belgium, Wilfrid Laurier University Press, 1986.

Kroeber, Alfred L., and Clyde Kluckhohn, eds., Culture: A Critical Review of Concept and Definitions, New York: Random House, 1954.

Lado, Robert, Language Teaching: A Scientific Approach, New York: Mcgraw-Hill, 1964.

Lander, H., Language and Culture, New York: Oxford University Press, 1966.

Larsen-Freeman, Diane, and Michael H. Long, An Introduction To Second Language Acquisition Research, Longman.1991.

Levine, Deena R., and Mara B. Adelman, Beyond Language: Cross-Cultural Communication .New Jersey:Prentice Hall Regents, 1993.

Lewald, H., A Tentative Outline in the Knowledge, Understanding, and Teaching of Cultures Pertaining to the Target Language, Modern Language Journal 52(May): 301–9, 1968.

Petrikis, P., Language and Culture at the Crossroads, pp.13–24 in A.J. Singerman,ed., Toward a New Integration of Language and Culture.Reports of the Northeast Conference on the Teaching of Foreign Languages, Middlebury, VT: Northeast Conference, 1988.

Rivers, W., Teaching Foreign Language Skills, 2nd. ed., Chicaco: University of Chicago Press, 1981.

Samovar, Larry A., and Richard E. Porter, eds., Intercultural Communication: A Reader, Belmont Calif.: Wadsworth, 1991.

Seelye, H. Ned, Teaching Culture: Strategies for Foreign Language Educators, Skokie, IL: National Textbook Co., 1976.

Seelye, H. Ned, Teaching Culture: Strategies for Intercultural Communication. 3rd ed., Illinois: NTC Publishing Co., 1997.

Smith, Larry E., Discourse Across Cultures, Prentice Hall, 1987.

Smith, Michael Sharwood, Second Language Learning: Theoretical Foundations, Longman, 1994.

Stern, H.H., Teaching Foreign Language Skills, Chicago: The University of Chicago Press, 1992.

Stubbs, Michael, Discourse Analysis: The Sociolinguistic Analysis of Natural Language, Basil Blackwell, 1983.

Swain, Merrill, Communicative Competence: Some Roles of Comprehensible Input and Comprehensible Output in its Development, Chapter 14 in S. Gass and C. Madden, eds.,Input in Second Language Acquisition, Cambridge, MA: Newbury House, 1985.

Taylor, A., Language and Culture, University of Chicago Press, 1954

Taylor, E., Primitive Culture, London and Basingstoke ,The Macmillan Press Ltd., 1986.

Taylor, Talbot J., Mutual Misunderstanding, Duke University Press, 1992.

Tinsely, Royal L. Jr., A culture Is a Culture Is…?, The Arisona Foreign Language Teachers FORUM.19. No. 3, 1972.

Tomalin, Barry, and Susan Stempleski, Cultural Awareness, New York: Oxford University Press, 1993.

Wardhaugh, Ronald, How Conversation Works, Basil Blackwell, 1985.

Widdowson, H.G., Teaching Language as Communication, Oxford: Oxford University Press, 1978.

韓国の文献 (가나다라順)

姜旼廷(2006)「문화 상호적 접근법에 의한 일본의 문화이해교육에 대한 고찰—한·일의 正月 문화를 중심으로—」단국대학교 교육대학원 석사논문

강성순(2001)「高等學校 日本語 教科書에 나타난 文化要素 分析」계명대학교 국제학대학원 석사논문

康充浩(1973)『開化期의 教科用圖書』教育出版社

고려대학교 교육대학원(1994)『한국 일본어 및 일본어교육관계 단행본 일람』고려대학교

공은배외(2002)『한국의 교육정책 평가연구』연구보고 RR2002-10、한국교육개발원

곽병선외(1986)『교과서와 교과서 정책』연구보고 RR86-6、한국교육개발원

郭炳善외(1994)『현행 교과서 제도 개선 방안』한국교육개발원

교육부(1995)『고등학교 외국어과 교육과정해설(Ⅰ)』교육부고시 1992-19 호、대한교과서 주식회사

교육부(1995)『고등학교 외국어과 교육과정해설(Ⅱ)』교육부 고시 제 1992-19 호、대한교과서 주식회사

교육부(1998)『외국어과 교육과정(Ⅰ)』제 7 차 교육과정 교육부고시 제 1997-15 호 [별책 14]、대한교과서 주식회사

교육부(1998)『외국어과 교육과정(Ⅱ)』제7차 교육과정교육부고시 제1997-15호 [별책 14]、대한교과서 주식회사

교육부(2001)『고등학교교육과정해설―외국어―』교육부고시제1997-15호、대한교과서 주식회사

교육신문사(1999a)『한국교육 100년사―교육사건편』제1권、(주)교육신문사

교육신문사(1999b)『한국교육 100년사―자료편』제2권、(주)교육신문사

教育人的資源部・韓国教育開発院(2003)『教育統計分析資料集』한국교육개발원

권오현(1996「간문화적 커뮤니케이션으로서의 외국어교육」『독어교육』14집、5-52、독어교육학회

기수창(2003)「제7차 교육과정 고등학교 일본어교과서의 문화내용분석」부산외국어대학교 교육대학원 석사논문

金璟東(1985)「韓國의 工業化와 産業民主主義―政治的 選擇性의 原理에 의한理解―」李克燦編『民主主義와韓國政治』法文社

김민정(2006)「제7차 교육과정 일본어(Ⅰ)교과서 문화분석 및 문화 지도방안」경기대학교 교육대학원 석사논문

金淑子(1994)「日本語教育의 教材에 대하여」『日本學報』第33輯、韓國日本学会

김영우(1987)『한국 중등교원양성 교육사』교육과학사

金鍾學(1976a)「韓国の高校における日本語教育」『日本學報』第4輯、韓国日本学会

金鎭宇(1996)『言語와文化』中央大学出版部

南潤珠(2005)「高等学校의 日本文化教育에관한 考察―『日本語Ⅰ』教科書中心으로―」韓國外國語大學教 教育大學院 석사논문

노재성(2004)「고등학교 일본어 교과서 삽화분석」계명대학교 교육대학원 석사논문

노홍국(2006)「한국 청소년문화에 유입된 일본 대중문화의 수용실태분석―부산지역 고등학생을 중심으로―」부산대학교 교육대학원 석사논문

大韓民国広報部(1965)『韓日会談의 어제와 오늘』大韓民国広報部

大韓民国政府発行(1965)『한일회담백서』大韓民国政府

동아일보사(1961)『동아연감』동아일보사

문교부(1954)『국민학교・중학교・고등학교・사범학교 교육과정 시간배당 기준령』문교부령 제35호、문교부

문교부(1963)『고등학교 교육과정』문교부령 제121호、한국교과서주식회사

문교부(1982)『고등학교 신교육과정개요』한국원호복지공단

문교부(1983)『文教統計年報』문교부

문교부(1984)『文教統計年報』문교부

문교부(1985)『文教統計年報』문교부

문교부(1986)『초・중・고등학교 교육과정(1946～1981) 총론』대한교과서주식회사

문교부(1987)『文教統計年報』문교부

문교부(1988a)『고등학교 외국어과교육과정해설(독일어, 프랑스어, 에스파냐어, 중국어, 일본어)』문교부고시 제 88-7호, 대한교과서 주식회사

문교부(1988b)『고등학교교육과정』문교부고시 제 88-7호, 大韓教科書(株)

문교부(1990a)『고등학교 정치 경제 교사용지도서』문교부

문교부(1990b)『1種図書編纂細部計画』文教部

文教部編(1990)『編修資料』Ⅰ、大韓教科書株式会社

文究熙(1999)「고등학교 일본어 교과서의 문화 내용 분석」祥明大學校 教育大學院碩士論文

문창준(2004)「고등학교 일본어 교과서에 나타난 문화내용에 관한 연구」중앙대학교 교육대학원 석사논문

朴美貞(2006)「고등학교〈日本語Ⅰ〉에서의 문화지도방안에 관한 고찰―제 7차 교육과정 중심으로―」경희대학교 교육대학원 석사논문

朴鵬培(1997a)『韓国国語教育全史(中)』대한교과서주식회사

朴鵬培(1997b)『韓國國語教育全史・下』대한교과서주식회사

朴成信(1996)「文化教育을 통한 日本語教育 向上方案에 관한研究―日本文化 理解度測定을 중심으로―」『高大日語教育研究』제 1호、고려대학교

朴順萬(1973)「日語教育과 高校用日本語讀本」『出版文化』4月號

박진숙(2006)「현행 고등학교 교과서 일본어(Ⅰ)의 문화내용 분석―제 7차 교육과정 목표와의 연관성을 중심으로―」고려대학교 교육대학원 석사논문

박철(1996)「고등학교 제 2외국어 교육의현황과문제점」『外国語教育研究論集』第 10号、韓国外国語大学校外国語教育研究所

박호근(2000)『한국교육정책과 그 유형에 관한연구(1945-1979)』高麗大學校大學院教育學科 博士論文

방정희(2006)「고등학교 일본어 교과서의 삽화 오류분석에 관한 연구―제 7차 교육과정『일본어Ⅰ』교과서를 대상으로―경남대학교 교육대학원 석사논문

서울특별시(2002)『서울통계연보』서울특별시

서인숙(2003)「고등학교 일본어 교과서의 삽화 오류분석」고려대학교 교육대학원 석사논문

손인수(1999a)『한국교육운동사— 1980 년대 교육의 역사인식』 4、문음사
손인수(1999b)『한국교육운동사— 1980 년대 교육의 역사인식』 5、문음사
신행숙(2006)「한국고등학생의 일본 이미지에 대한 연구—전북지역 고등학생을 중심으로—」전주대학교 교육대학원 석사논문
신형욱(1999)「외국어 수업을 위한 교재 개발의 원칙」『한국 외국어교육학회』 5 (2)、한국 외국어교육학회
安貴德(1982)「第三・四次教育課程期의 教科書」『韓国의 教科書変遷史』 한국교육개발원
吳淇坪(1994)『한국외교론—新國際秩序와 不確實性의 論理』 도서출판오름
吳眞卿(2006)「일본문화가 일본어 학습자에게 미치는 영향—대중문화를 중심으로—」원광대학교 교육대학원 석사논문
尹英鮮(1985)『教育課程과 評價』博英社
윤혜진(2003)「일본문화 교육의 교과내용 분석」부산대학교 교육대학원 석사논문
이근님 김영준 김영춘공저(2003)『제 2 외국어과 교육목표 및 내용체계연구』한국교육과정평가원
이규환(1993)『한국교육의 비판적 이해』한울아카데미
이남영(1982)「사상사에서 본 단군신화」『한국사상의 심층 연구』도서출판 우석
이대근(1987)『한국경제의 구조와 전개』創作社
李德奉(1994)「日本語教育課程의 變遷過程과 構成」『日本學報』第 33 輯、韓国日本学会
李德奉(2001)『日本語教育의 理論과 方法』시사일본어사
李恩鏞(1998)「문화어에 대한 일고찰—고등학교 일본어교과서를 중심으로—」중앙대학교 교육대학원 석사논문
이정숙(2002)「제 7 차 교육과정 고등학교 일본어 교과서의 문화내용 분석」동아대학교 교육대학원 석사논문
이정전(1966)『녹색 경제학』한길사
李鍾国(1992)『한국의 교과서—근대 교과용 도서의 성립과 발전—』教科書研究叢書・10、大韓教科書株式會社
李鍾国(1999)「한국의 교과서 변천에 대한 연구—근대 교과서 성립 이후의 출판과정을 중심으로—」『출판연구』제 11 호
李鍾国(2001)『한국의 교과서 출판변천 연구』서울、도서출판 일진사
이차석(2001)「청소년들의 일본문화인식에 관한 연구」慶南大學校教育大學院碩士論文
임대식(2003)「1960 년대 초반 지식인들의 현실인식」『역사비평』겨울、통권 65 호、역사비평사

임영철(1994)「일본어 교수법의 변천」『日本學報』第33輯、韓国日本学会
임휘철(1995)「청구권 협정Ⅱ―협정이후의 한일경제관계―」민족문제 연구소『한일협정을 다시 본다― 30주년을 맞이하여』아세아문화사
장명준(1999)「일본어교육사 2―그환경과요인―」『日語日文學』제11집、大韓日語日文學會
張英愛(2000)「高等學教 日本語教科書에 나타난 文化內容에 대한 考察―第6次教科書를 中心으로」경희대학교 교육대학원 석사논문
全国経済人聯合会編・発行(1987)『韓国経済開発概観』
田泰重(1994)「고등학교 일본어 교육의 흐름」『日本學報』第33輯、韓国日本学会
전태중(2004)「고등학교『일본어Ⅰ』교과서 일본문화내용분석―제7차『日本語Ⅰ』교과서 12종을 중심으로―」고려대학교 교육대학원 석사논문
전재호(2002)「자유주의와 민주화운동 : 제1공화국에서 제5공화국까지」『민주주의의 한국적 수용』책세상
全希頂(2005)「고등학교 일본어 교과서에 나타난 일본문화 고찰―제7차 고등학교 일본어Ⅰ 교과서을 중심으로―」檀國大學校教育大學院
鄭盛七(1999)「韓國高等學生의 日本語學習에관한 意識研究」東亞大學校教育大學院碩士論文
정영수・한만길외(1985)『한국교육정책의이념』한국교육개발원
조문희(2001)「일본어교과서 변천사연구」『日本學報』第49輯、韓国日本学会
조성준(2007)『교과서 편집실무론』(주) 금성출판사
조소리(2005)「고등학교 일본어교과서(제3차 제7차) 분석―문화어의 변천과정에 관하여―」경희대학교 교육대학원 석사논문
조용환・김희목・이찬희(1990)『외국교과서 한국관련 내용분석 및 비교연구의 활성화 방안』한국교육개발원
愼克範他(1979)『外國語教育方法 改善에 관한 研究報告書(Ⅳ)―外國語教員養成機關의 教育課程 分析―』韓國教育開發院
채미경(2002)「고등학교 일본어 교과서의 삽화분석」부산외국어대학교 교육대학원 석사논문
최진항외(1988)『외국어 교육방법 개선연구』연구보고 RR86-4、한국교육개발원
통계청(1999)『한국주요경제지표』통계청
하영애(2003)「제7차 교육과정의 고등학교 일본어Ⅰ교과서에 나타난 문화내용 분석」경상대학교교육대학원 석사논문

韓國教育開發院(1986a)『韓國外國語教育의 課題와 發展方案—國民 海外進出의 活性化를 위하여—』研究報告 RR86-5、韓國教育開發院
韓國教育開發院(1986b)『교과서와 교과서 정책』연구보고 RR 86-6、한국교육개발원
韓國教育開發院(1994a)『국제화에 대비한외국어교개선연구』연구보고 RR94-3、한국교육개발원
韓國教育開發院(1994b)『국가간 상호 이해 증진을 위한 교과서 개선 방안 탐색—한국과독일、일본、인도를 중심으로—』수탁연구자료 RM 94-6、한국교육개발원
韓國教育開發院(1997)『한국의 교육과 국가발전(1946-1995)』연구보고 RR97-9、한국교육개발원
한국교육과정평가원(1999)『2종교과용도서 과목별 적정합격종수 연구』연구보고 CRC99 한국교육과정평가원
한국교육과정평가원(2001)『2종교과용 도서의 질 어떻게 개선할 것인가』연구자료 ORM2001-17、한국교육개발원
韓国日語日文学会編(1981)『日本語教育実態調査』韓国日語日文学会
韓国日語日文学会編(1999)『韓國日本語教育實態—日本語教育機關調查 1998-1999 年』韓国日語日文学会
韓国日本学会(第 61 回国際学術大会)(2000)『日本語教育国際シンポジウム Proceedings-21 世紀型総合的日本語教育における語学・文学・文化及びメディアのあり方』시사일본어사
한상헌(1998)「제 7 차 교육과정에 따른 제 2 외국어 교과서 개발방향」한국외국어교육학회、98 겨울 국제학술대회발표논문자료집
韓中瑄(1997)「開化期日語教育에 關한 考察—學部編纂『日語読本』을 中心으로—」『日語學報』第 38 輯、韓国日本学会
홍웅선(1986)「5 차에 걸친 교육과정 개정사업의흐름」『교육개발 제 8 권제 3 호、한국교육개발원
황병순(1996)『말을 알면 문화가 보인다』태학사

分析対象教科書

・일본어연구회편(1973)『고등학교 日本語読本(上)』고등교과서 주식회사
・日本語教育研究会編(1977)『高等学校日本語読本(下)』高等教科書株式会社

・한국일어일문학회편(1979)『고등학교 日本語(上)』국정교과서주식회사
・한국일어일문학회편(1979)『고등학교 日本語(下)』국정교과서주식회사
A 박희태・유제도(1984)『고등학교 日本語上』금성출판사
B 김우열・박양근・김봉택(1984)『고등학교 日本語(上)』시사영어사
C 김학곤・田中節子(1984)『고등학교 日本語(上)』한림출판사
D 이봉희・이영구(1984)『高等學校 日本語上』교학사
E 김효자(1984)『고등학교 日本語(上)』지학사
A' 박희태・유제도(1985)『고등학교 日本語下』금성출판사(주)
B' 김우열・박양근・김봉택(1985)『고등학교 日本語(下)』시사영어사
C' 김학곤・田中節子(1985)『고등학교 日本語(下)』한림출판사
D' 이봉희・이영구(1985)『高等學校 日本語下』교학사
E' 김효자(1985)『고등학교 日本語(下)』지학사
F 박희태・유제도(1990)『고등학교 日本語上』금성교과서(주)
G 오경자・신영언(1990)『고등학교 日本語上』동아출판사
H 이현기・사쿠마 가쓰히코(1990)『고등학교 日本語上』진명출판사
I 손대준・권만혁(1990)『고등학교 日本語上』보진재
J 김봉택・양순혜(1990)『고등학교 日本語上』(주)천재교육
K 이인영・이종만(1990)『고등학교 日本語上』금성교과서(주)
L 김우열・정치훈(1990)『고등학교 日本語上』박영사
M 김효자(1990)『고등학교 日本語上』(주)지학사
F' 박희태・유제도(1991)『고등학교 日本語下』금성교과서(주)
G' 오경자・신영언(1991)『고등학교 日本語下』동아출판사
H' 이현기・사쿠마 가쓰히코(1991)『고등학교 日本語下』진명출판사
I' 손대준・권만혁(1991)『고등학교 日本語下』보진재
J' 김봉택・양순혜(1991)『고등학교 日本語下』(주)천재교육
K' 이인영・이종만(1991)『고등학교 日本語下』금성교과서(주)
L' 김우열・정치훈(1991)『고등학교 日本語下』박영사
M' 김효자(1991)『고등학교 日本語下』(주)지학사

あとがき

　本書は、著者が 2005 年 2 月に一橋大学大学院言語社会研究科に提出した博士学位論文『韓国高等学校の日本語教育―異文化間コミュニケーション教育の観点から―』に加筆訂正を行ったものである。

　本書は異文化間コミュニケーションの観点から韓国の外国語教育のありかたを分析し、日韓両国間の国際理解と国際交流に役立つ研究になることを心がけている。外国語教育においては異文化理解にもとづくコミュニケーション能力の育成が重視されねばならないという立場から、本書は韓国の日本語教育の問題点を分析した。1998 年から始まった韓国の日本文化に対する開放政策、2002 年のワールドカップサッカー大会の日韓共同開催、また近年始まった日本での「韓流」ブームなど、日韓相互交流の機会が急増している。国家レベルの交流だけではなく民間レベルの接触と交流も増えてきた。さらに、旅行や居住による接触の増大によりお互いのイメージも改善されつつある。そこで、接触の量よりもどのような接触が行われており、またどのような接触が求められるべきかについて考慮すべきである。また、そのような考察をもとにした質の高い関係構築が求められる。異文化理解教育、異文化間コミュニケーション教育を重視した日本語教育の重要性を論じている本書はこのような時代性と緊急性に答えるものである。さらには、昨今の研究動向を見ると、異文化理解教育研究では、公教育における外国語教育において、どのような異文化理解が意図されているかが注目されてきている。韓国の外国語教育研究でも、従来は教授法や文法教育が主要に研究されてきたが、最近は外国語教育が持つ国際的な意味を考察する研究が出てきている。

　本書の内容はいくつかの場を通して発表した論文がもとになっている。

〈第3章1節〉
「韓国高等学校の日本語教育開始に関する史的考察：その社会政治的背景」(2006年8月)ニューヨーク市コロンビア大学開催の日本語教育国際研究大会(ICJLE)
〈第6章〉
「日韓両国人の異文化ミスコミュニケーション―韓国人日本語学習者と日本人母語話者の事例から―」(2006年7月)異文化コミュニケーション学会年次大会
〈第3章、第4章、第5章〉
「戦略としての『日本語』教育―韓国の高校における日本語教科書内容変遷を中心に」(2007)川口隆行・林珠雪・古川ちかし編『台湾・韓国・沖縄で日本語は何をしたのか』三元社
〈第3章、第4章、第5章、第6章〉
「国際理解教育の観点からみた韓国の外国語教育―英語と日本語を中心に―」『英語教育および第二外国語教育の早期開始に関する日韓比較研究』(2007)志賀幹郎(研究体表者)平成17～18年度文部科学省科学研究費研究成果報告書(基盤研究(C)課題番号：17530608)

　一橋大学大学院言語社会研究科では古澤ゆう子、安田敏朗、イ・ヨンスク、糟谷啓介の各先生にご指導と励ましの言葉をいただいた。また、刊行に際してはひつじ書房の松本功さんと吉峰晃一朗さんに大変お世話になった。あらためて感謝の意を表したい。なお、本書を出版するにあたって、文部科学省の平成19年度科学研究費補助金「研究成果公開促進費」の交付を受けた。お礼のことばを申しあげたい。

索　引

事　項　索　引

A
Audio-lingual Method ……………211, 262

い
維新体制 ……………………………… 62
1種教科書 ………………………138, 139
1種図書 ……………………………58, 59
異文化間コミュニケーション ……2, 3, 13, 21, 360, 361
異文化理解教育 ……………………130, 362

え
英語（の）教科書 …………………… 92, 93

お
オーディオリンガル・アプローチ ……… 85
オーディオリンガル方式 ……………… 9, 345
オリンピック開催 ………………116, 190, 191

か
外国語教員の退職率 ………………… 216
外国語教員の任用試験 ……………… 222
外国語教員免許 ……………………… 130
学習者中心の教育課程 ……………… 345
韓国外国語大学（校） …………27, 42, 43, 131,
韓国語の母語干渉 …………………… 350
韓国的民主主義 ……………………… 49

き
北朝鮮との経済競争 ……………… 32, 93
基本語彙数と使用語彙数 …………… 247
教育課程審議委員会 ………………… 47
教育民主化宣言 ……………………… 116
教員研修 …………………37, 124, 220
教科書の検定出願の資格 …………… 237
教科書の執筆期間 …………………… 139
教科書問題 …………………………… 118
教科用図書検定規定 ………………… 55
教科用図書検認定規定 ……………… 56
教科用図書体裁基準 ………………… 237
教科用図書に関する規定 ……58, 138, 237
教師資格証 …………………………… 121

け
経済優先政策 ………………………… 93
検認定教科書 ………………………… 54

こ
弘益人間 …………………………60, 240
光州民主化運動 …………115, 116, 190, 207
国際交流基金 …………………… 34, 125
国際理解能力 ……………………235, 318
国定教科書 …………………………… 54
国民教育憲章 ………………48, 61, 113
国民統合政策 ………………………… 62
コミュニカティブ・アプローチ ………14, 345

し
私設日本語講習所 …………………… 39
執筆上の注意点 ……………………… 140
執筆上の留意点 …………………142, 239

す
ステレオタイプ ……………………9, 10, 363

せ
請求権問題 ……………………… 26, 28
戦略的な国家主導型の日本語教育 …… 94

た
大学入試 …………44, 45, 46, 126, 127, 214, 216
大学入試の日本語出題の問題比率 …… 211
大学評価認定制 ……………………… 209
対日貿易赤字 ………………28, 118, 209
談話重視の外国語教育 ……………… 210

ち
中央集権的（教育）体制 ……………47, 54
中国語教育 …………………………51, 52
直選制改憲 ……………………116, 207

て
デタント ……………………………… 93

な
- 長沼式の問答法 ………………………… 65, 154
- 7・30 教育改革 ……………………… 126, 132, 221
- 南北 7・4 共同声明 ……………………… 31, 93

に
- ニクソン・ドクトリン ………………………… 31
- 2種教科書 ……………………………… 138, 139
- 2種図書 …………………………………… 59
- 2種図書の図書編纂発行過程 ……………… 140
- 日韓会談 ……………………………… 26, 28
- 日韓閣僚会議 …………………………… 32
- 日韓国交正常化 ……………………… 27, 29
- 日本映画輸入問題 …………………… 32, 33
- 日本語教育拡大方案 ………………… 39
- 日本語教育センター ………………… 33, 36
- 日本語教員数 ………………………… 121, 122
- 日本語教師の研修状況 ……………… 125
- 日本語教師の数 ……………………… 44
- 入試 …………………………………… 215
- 認定図書 ……………………………… 141

は
- ハングル専用準備 ……………………… 65
- 反政府民主化運動 …………………… 62
- 反日感情 ……………………… 29, 42, 46, 67
- 反米感情 ……………………………… 116

ふ
- 文化理解能力 ………………………… 235
- 文法翻訳教授法 …………… 136, 234, 344

も
- 問答法 ………………………………… 67

り
- 留学生 10 万人計画 …………………… 118

人 名 索 引

B
- Brooks, N.D. ……………………………… 9, 12
- Brown, H.D. ……………………………… 7

C
- Cande, M. and Swain, M. ……………… 12, 13, 210
- Chastain, K. ……………………… 8, 10, 17

F
- Finocchiaro, M. and Bonomo, M. ……… 16, 17

G
- Goodenough, W.H. ……………………… 7

H
- Hendon, U.S. ……………………………… 362
- Hymes, D. ……………………… 2, 9, 210

R
- Rivers, W ………………………………… 11

S
- Seelye, H.M. …………………………… 10, 13
- Stern, H.H. ……………………………… 7

W
- Widdowson, H.G. ……………………… 210

い
- 李鍾国 …………………… 56, 60, 139, 142, 238, 239
- 李徳奉 …………………………… 136, 228, 346
- 稲葉継雄 …………………………… 16, 27, 42
- 今田滋子・中村妙子 ………………………… 18

お
- 太田修 …………………………………… 25
- 呉淇坪 …………………………… 115, 117, 208

き
- 金鍾學 ……………………………… 40, 41, 43
- 金淑子 ………………………………… 128, 225

さ
- 佐々木倫子 ……………………………… 16, 18

し
신행숙 ……………………………………… 20

そ
손인수 ………………… 144, 207, 220, 221, 222, 234

た
高崎宗司 ………………………………… 118

ち
全斗煥 ………………… 115, 116, 117, 126, 144

に
ニクソン大統領 ………………………… 93

の
盧泰愚 ……………………………… 207, 209

ね
ネウストプニー, J.V. ………………………… 15

は
朴成援 ……………………………… 66, 128
朴正煕 …… 27, 28, 39, 49, 61, 62, 68, 115, 116, 134, 230

ほ
細川英雄 ……………………………… 15, 16

わ
渡辺昭夫 ……………………………………… 26

[著者] 金賢信 (キム・ヒョンシン)

1965年、韓国浦項に生まれる。韓国外国語大学西洋語学部卒業。
1997年〜2001年、文部科学省の国費留学生として日本留学。
2005年、本書の基となった論文で一橋大学大学院言語社会研究科より博士（学術）の学位を取得。
専攻は言語社会学、外国語教育、異文化間コミュニケーション。聖徳大学非常勤講師を経て、現在は中央大学総合政策学部非常勤講師。（主要業績）「日本の韓国・朝鮮語教育における異文化理解へ向けて（序説）」『一橋研究』第27巻3号（2002）、『kim & kim のハッピー・コリアン（共著）』(2004)白帝社、「戦略としての『日本語』教育 − 韓国の高校における日本語教科書内容変遷を中心に」川口隆行・林珠雪・古川ちかし編『台湾・韓国・沖縄で日本語は何をしたのか』(2007)三元社、「国際理解教育の観点からみた韓国の外国語教育 − 英語と日本語を中心に−」『英語教育および第二外国語教育の早期開始に関する日韓比較研究』(2007)志賀幹郎(研究代表者)、平成17〜18年度文部科学省科学研究費研究成果報告書(基盤研究(C)課題番号：17530608)

シリーズ言語学と言語教育
【第12巻】
異文化間コミュニケーションからみた
韓国高等学校の日本語教育

| 発行 | 2008年2月14日　初版1刷 |

定価	8800円＋税
著者	ⓒ 金賢信
発行者	松本功
装丁者	吉岡透 (ae) ／ 明田結希 (okaka design)
印刷所	三美印刷 株式会社
製本所	田中製本印刷 株式会社
発行所	株式会社 ひつじ書房

〒112-0011　東京都文京区千石2-1-2 2F
Tel 03-5319-4916　Fax 03-5319-4917
郵便振替　00120-8-142852
toiawase@hituzi.co.jp
http://www.hituzi.co.jp/

造本には充分注意しておりますが、落丁・乱丁などがございましたら、小社かお買い上げ書店にておとりかえいたします。
ご意見、ご感想など、小社までにお寄せ下されば幸いです。

❖

ISBN978-4-89476-360-9 C3081
Printed in Japan